权威·前沿·原创

皮书系列为
"十二五"国家重点图书出版规划项目

中国非传统安全研究报告
（2014~2015）

REPORT ON CHINA'S NON-TRADITIONAL SECURITY STUDIES
(2014-2015)

主　编／余潇枫　魏志江
副主编／樊守政　安晓平　崔顺姬

社会科学文献出版社
SOCIAL SCIENCES ACADEMIC PRESS (CHINA)

图书在版编目(CIP)数据

中国非传统安全研究报告.2014~2015/余潇枫,魏志江主编.
—北京：社会科学文献出版社,2015.5
（非传统安全蓝皮书）
ISBN 978-7-5097-7435-9

Ⅰ.①中… Ⅱ.①余… ②魏… Ⅲ.①国家安全-研究报告-中国-2014~2015 Ⅳ.①D631

中国版本图书馆 CIP 数据核字（2015）第 082465 号

非传统安全蓝皮书
中国非传统安全研究报告（2014~2015）

主　　编／余潇枫　魏志江
副 主 编／樊守政　安晓平　崔顺姬

出 版 人／谢寿光
项目统筹／周　丽　王玉山
责任编辑／王玉山

出　　版／社会科学文献出版社·经济与管理出版分社（010）59367226
　　　　　地址：北京市北三环中路甲29号院华龙大厦　邮编：100029
　　　　　网址：www.ssap.com.cn
发　　行／市场营销中心（010）59367081　59367090
　　　　　读者服务中心（010）59367028
印　　装／北京季蜂印刷有限公司

规　　格／开　本：787mm×1092mm　1/16
　　　　　印　张：19.75　字　数：297千字
版　　次／2015年5月第1版　2015年5月第1次印刷
书　　号／ISBN 978-7-5097-7435-9
定　　价／79.00元

皮书序列号／B-2012-246

本书如有破损、缺页、装订错误，请与本社读者服务中心联系更换

▲ 版权所有 翻印必究

本报告由浙江大学非传统安全与和平发展研究中心、塔里木大学非传统安全与边疆民族发展研究院共同主持

本报告为国家社会科学基金重大项目"中国非传统安全威胁识别、评估及应对研究"（12&ZD099）阶段性成果

《中国非传统安全研究报告（2014~2015）》编委会

顾　　　问　蒋正华　张　曦　张蕴岭　袁　明　王逸舟
　　　　　　　崔启明

主　　　编　余潇枫　魏志江

副 主 编　樊守政　安晓平　崔顺姬

编委会成员（按姓氏笔画排序）
　　　　　　　王逸舟　朱　锋　米　红　李开盛　李健和
　　　　　　　李金珊　杨　闯　时殷弘　余潇枫　沈丁立
　　　　　　　安晓平　张　曦　张蕴岭　刘跃进　陈　坤
　　　　　　　寿远景　倪世雄　袁　明　秦亚青　崔顺姬
　　　　　　　蒋正华　廖丹子　樊守政　魏志江

主要编撰者简介

王逸舟　中国国际关系学会副会长，中国人民外交学会理事，北京大学国际关系学院副院长，教授、博士生导师

余潇枫　中国人民外交学会理事，浙江大学非传统安全与和平发展研究中心主任，教授、博士生导师

魏志江　中山大学亚太研究院韩国研究所所长，教授、博士生导师

米　红　浙江大学非传统安全与和平发展研究中心常务副主任，教授、博士生导师

安晓平　塔里木大学人文学院教授、硕士生导师，塔里木大学非传统安全与边疆民族发展研究院院长

傅荣校　中国档案学会理事、浙江大学信息资源管理研究所副所长、教授

谭　荣　浙江大学公共管理学院土地资源管理系教授、博士生导师

钱显明　宁波市出入境检验检疫局风险管理处处长

樊守政　中国人民公安大学警务战略战术教研室主任、副教授

崔顺姬　浙江大学公共管理学院政治学系副主任、副教授

杨　震　国际关系学博士，南京政治学院军事政治学研究中心研究员，浙江大学非传统安全与和平发展研究中心兼职研究员

周云亨　浙江大学公共管理学院助理研究员，浙江大学环境与能源政策研究中心秘书长

余家豪	英国伦敦国王大学欧洲能源及资源安全中心副研究员
谢贵平	塔里木大学非传统安全与边疆民族发展研究院常务副院长，副教授，硕士生导师
甘均先	国际关系学博士、非传统安全管理方向博士后，浙江大学国际政治所讲师，哥本哈根大学高级访问学者
周　伟	浙江大学人口与发展研究所讲师，博士
杜雁芸	国际关系学博士，国防科学技术大学国际问题研究中心、人文与社会科学学院讲师
邵一平	浙江卫视新闻中心采编部记者，主任记者
程　昉	澳大利亚卧龙岗大学跨国犯罪预防专业硕士，浙江警察学院侦查系讲师
周　冉	浙江大学公共管理学院非传统安全管理专业博士生，英国伦敦经济政治学院交流生
章雅荻	浙江大学公共管理学院非传统安全管理专业博士生
谢金凤	中山大学亚太研究院国际关系专业博士研究生
王荣宇	浙江大学公共管理学院土地资源管理专业博士生
邹海燕	宁波市出入境检验检疫局风险处副科长
蒋小周	宁波市出入境检验检疫局风险处科员
庞加欣	中山大学亚太研究院研究助理，硕士研究生
郑　昀	中山大学亚太研究院研究助理，硕士研究生

摘　要

《中国非传统安全研究报告（2014～2015）》2015年春又与读者见面了。过去的一年，是中国安全史上树起诸多丰碑的一年，国家安全委员会第一次会议的召开，"总体国家安全观"的提出，涵盖十一大类的新国家安全体系的建构，"人民安全是宗旨，政治安全是根本，经济安全是基础，军事、文化、社会安全是保障"的国家安全方针的确立，"共同、综合、合作、可持续"为基本原则的"亚洲新安全观"的倡导等，为我国深化改革开放铸就了新的航标。

本书共分三部分：总报告、综合报告、专题报告。总报告通过新视角对"场域安全"做了深入的阐述，对多源/元性、外源性、双源性、内源性非传统安全威胁分别进行了分析，介绍了中国学者对"国际社会共生论"、"可持续安全论"、"创造性介入论"、"道义－实力论"、"共享安全论"、"有效安全论"等的理论建构。综合报告第一篇着重分析了非传统安全话语中的中国亚洲安全新认知，第二篇分析了海域安全复合体理论及东海的安全化问题。专题报告分别按照多源/元性、双源性、外源性、内源性四大非传统安全威胁类型，着重阐述了全球反恐、海洋安全、网络安全、跨国犯罪治理、能源安全、检验检疫安全、环境安全、边疆安全、移民安全、城市安全、土地安全以及公共危机应对等内容。

本书概述了"场域安全"语境下对总体国家安全观的解读，深化了不同非传统安全威胁类型的理论探讨，特别是对国际与国内、传统与非传统相交织的安全问题进行了重点阐述，并对非传统安全与民生关系给予了关注。本书在重点介绍中国非传统安全研究成果的基础上，展示了中国非传统安全研究的新进展。

Abstract

The *Report on China's Non -Traditional Security Studies* (2014 – 2015) was released at the start of the Chinese New Year in 2015. During China's security experience over the past year several milestones have been reached. The first meeting of the China's State Security Commission has been held, and the "overall national security outlook" has been introduced. This concept covers the entire outlook of China's new national security system and consists of constructing eleven new national security subsystems. In addition, in the past year we have seen the establishment of several national security strategies such as "People's security as the purpose, political security as the base, economic security as the foundation, military security and cultural security and societal security as protection. " Moreover, the promotion of an "new Asian security concept " based on principles such as "commonness , comprehensiveness, cooperation and sustainability" has provided a beacon for deeper Chinese reforms.

This study is composed of three parts, namely a general report, a comprehensive report, and a selection of individual reports. There are ten important aspects of security studies that are stressed in the foreword. The general report introduces an important concept of "field security", and classifies non-traditional security into four categories: heterogeneous, exogenous, dual-genic, and endogenous. According to this classification, general report has drawn on a scenario of non-traditional security challenges in 2014 – 2015. It also explains the theoretical explorations and recent contributions to the paradigms of "sustainable security", "international symbiotic relations", "creative involvement", "morality realism", "shared security", "effective security" by Chinese researchers. The comprehensive reports expound on the new Asia security concept from the author's own unique perspective and analyse the "securitization" of the China-Japan-Korea Maritime Security Compound and the East China Sea. Meanwhile, fourteen individual reports are classified into four types: "Heterogeneous Non-traditional Security Threats", "Exogenous Non-traditional Security Threats", "Dual-genic Non-traditional Security Threats", and "Endogenous Non-traditional Security Threats". Collectively, the individual reports cover issues such as global anti-terrorism, maritime security, transnational crime governance, energy security, inspection and quarantine security, environmental security, frontier security, immigration security, urban security, and land security.

This book reexamines "the overall national security outlook" in the context of "field security", then revisits the analytical framework for classifying and analyzing non-traditional security threats. In particular, this study emphasizes issues interwoven across international and domestic, as well as traditional and non-traditional fault lines. We focus on the relationship between non-traditional security and the people's livelihood. In a word, this book showcases some of the recent improvements and progress made by Chinese scholars on non-traditional security studies.

代序　安全研究的转型

王逸舟*

浙江大学非传统安全与和平发展研究中心组织完成的这个皮书系列已有几年。它不只是余潇枫团队持续努力的结晶，也从一个侧面展示了学界有关安全研究的新方向，是21世纪全球范围正在出现的安全研究转型的缩影。

在我看来，所谓安全研究转型，至少包括十个方面——

- 从数量上测量，安全研究从过去相对单一且静止的目标，逐渐转向日益丰富、多样层化、变幻生成的目标群。比如，国家主权安全之外，增加了族群安全、社区安全、地区安全等新对象。
- 从形态上观察，安全研究从以往那种比较封闭的、过于自我的形式，逐渐转向更加开放和互信互鉴的形式。即使是国家之间，在全球化、信息化与相互依存的背景下，也不得不加强安全对话与危机管理。
- 从内涵上分析，安全研究从旧式的高政治议题为中心，逐渐转向包含大量低政治议题的全方位、综合性的方向。不难看到，反恐、地区冲突、裁军等涉及战争与和平的课题依然重要，但研究光谱同时延展至生态保护、气候变化、贸易持续和能源维护等领域。
- 从地理空间透视，安全研究从狭隘的战与非战、存与废的国家博弈维度，逐渐扩展到人类、外空、宇宙、其他族类如何优态共存的复合性关切。所有国家所有民族同处"地球村"的意识，正在从稚嫩的幼芽变成枝繁叶茂的大树。

---

* 王逸舟，中国国际关系学会副会长，中国人民外交学会理事，北京大学国际关系学院副院长，教授、博士生导师。

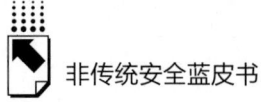

• 从政治哲学讲，安全研究从国家中心主义驱动和不容置疑的优先性，逐渐转向容纳日益增多的个体、小单元、多个层次非国家行为体的复合社会本位。借用建构主义的术语，安全研究正在推进社会化转向。

• 从思想维度说，安全研究从零和论主导的各种学说及重点，逐渐转向非零和思想广泛应用的多重安排。必须提到，20世纪的两次世界大战和二战后曾长期威胁全人类的美苏核对峙局面，从反面促成零和思维走上不归路。

• 从学术自觉过程研判，安全研究从抽象的、高高在上的、"不食人间烟火"的大政治，逐渐转向具象的日常生活，尤其是鲜活的"人的安全"。

• 从资源配置和人才培养角度衡量，安全研究从过去那种把几乎所有研究力量和财政资源用于国家军事安全的样式，逐渐转向有不同的财政配置的重点项目、有不同的安全研究人才与分析范式、有不同关注方向与利益需求（及投入）的局面。

• 从外交和国际关系的操作层面看，安全研究从一味加固"围墙"、自我保全的安全思路，逐渐转向"同舟共济"的合作安全、共同安全、可持续安全的各种尝试。

• 从世界政治的决策过程探究，安全研究从民族、国家主权、政府部门或官方智库的垄断专利，逐渐转向包括国际组织、不同专业人士和民间团体广泛参与又相互制约的格局。

总之，伴随着新时代环境的变化，特别是国际关系演化与各国的进步，传统安全研究一统天下不再，非传统安全研究的新思维、新方法、新观点受到更多欢迎，安全研究朝着符合时代发展的方向转型。

由此看待手边的这部作品，虽然还有不完备之处，但是它是值得阅读和思索的。

记于2015年2月8日北大朗润园住所

目 录

BⅠ 总报告

B.1 "场域安全"与非传统安全治理 …………………… 余潇枫 / 001
  一 "场域安全":考察非传统安全的新视角 ……………… / 002
  二 "多源/元性"非传统安全威胁 ………………………… / 006
  三 "外源性"非传统安全威胁 …………………………… / 013
  四 "双源性"非传统安全威胁 …………………………… / 019
  五 "内源性"非传统安全威胁 …………………………… / 025
  六 非传统安全治理理论创新 ……………………………… / 031

BⅡ 综合报告

B.2 中国亚洲安全认知新趋势:基于非传统安全
  话语的分析 …………………………………………… 崔顺姬 / 041
B.3 论中日韩三国海域安全复合体与
  东海的"安全化" …………………… 魏志江 庞加欣 郑 昀 / 063

BⅢ 多源/元性非传统安全研究

B.4 2014~2015重大国际与地区恐怖威胁问题
分析报告 …………………………………………… 樊守政 / 078

B.5 非传统安全视域下的中美海洋事务合作 …… 杨 震 杜雁芸 / 094

BⅣ 外源性非传统安全研究

B.6 美俄能源博弈及对中国能源安全的影响 …… 周云亨 余家豪 / 112

B.7 国际贸易与国门安全
——检验检疫应对非传统安全问题时的两难
困境分析 ……………………………………… 甘均先 / 132

B.8 检验检疫非传统安全威胁的识别与评估
……………… 周 冉 王梦婷 钱显明 蒋小周 邹海燕 / 145

BⅤ 双源性非传统安全研究

B.9 中外学术界关于东盟环境雾霾污染问题的研究现状与展望
……………………………………………… 魏志江 谢金凤 / 165

B.10 论"一带一路"建设与国家安全战略 ……… 安晓平 谢贵平 / 185

B.11 跨国犯罪的全球安全治理
——以烟草制品非法贩运为例 ……………… 程 昉 / 203

B.12 中国移民安全问题综述 ……………………… 章雅荻 / 219

B Ⅵ 内源性非传统安全研究

B.13 基于非传统安全视角的中国城镇化路径
优化研究 …………………………………… 米 红 周 伟 / 237
B.14 土地开发补偿的安全威胁：硬币的两面 …… 王荣宇 谭 荣 / 252
B.15 政府在突发公共事件中运用媒体的策略研究 ………… 邵一平 / 271

皮书数据库阅读 **使用指南**

CONTENTS

B I General Report

B.1 "Field Security" and Non-traditional Security Governance *Yu Xiaofeng* / 001

B II Comprehensive Report

B.2 New Trends in Chinese Perceptions of Asia Security: Based on the analysis of Non-traditional Security Discourse *Cui Shunji* / 041

B.3 The "Securitization" of the China-Japan-Korea Maritime Security Compound and the East China Sea
  Wei Zhijiang, Pang Jiaxin and Zhen Yun / 063

B III Heterogeneous Non-traditional Security Studies

B.4 Major International and Regional Terrorist Threats in 2014
  Fan Shouzheng / 078

B.5 An Examination of Sino-American Maritime Cooperation from the Perspective of Non-traditional Security *Yang Zhen, Du Yanyun* / 094

B IV   Exogenous Non-traditional Security Studies

B.6   The Energy Game between the U.S. and Russia, and Its Impact on Chinese Energy Security   *Zhou Yunheng, Yu Jiahao* / 112

B.7   International Trade and State Security
       —The Dilemma in Coping with Non-traditional Security Issues
                                                         Gan Junxian / 132

B.8   Recognition and Assessment of Inspection and Quarantine Non-traditional Security Threats
       Zhou Ran, Wang Mengting, Qian Xianming, Jiang Xiaozhou and Zhou Haiyan / 145

B V   Duo-genous Non-traditional Security Studies

B.9   Research Status and Prospects of Haze Problems in ASEAN States   *Wei Zhijiang, XieJinfeng* / 165

B.10   "One Belt and One Road" Initiatives and China's National Security Strategy   *An Xiaoping, XieGuiping* / 185

B.11   Global Security Governance on Transnational Crime:
       A Case Study of Illegal Tobacco Trafficking   *Cheng Fang* / 203

B.12   A Review of Chinese Migration Security Issues   *Zhang Yadi* / 219

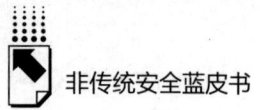

BVI Endogenous Non-traditional Security Studies

B.13 Optimization of Chinese Urbanization under the View of Non-traditional Security　　*Mi Hong, Zhou Wei* / 237

B.14 Security Threats of Compensation of Land Development: Two Sides of the Same Coin　　*Wang Ronyu, Tan Rong* / 252

B.15 Strategies for Using the Media in Dealing with Public Emergencies　　*Shao Yiping* / 271

总 报 告
General Report

"场域安全"与非传统安全治理

余潇枫*

摘　要： "场域安全"是一种考察非传统安全的新视角，"场域安全"强调安全不是一种单一的、线性的、局部的、纯技术的安全，而是复合的、非线性的、整体的、技术与价值混合的安全。"场域安全"新视角可以帮助我们深化对"总体国家安全观"及各类安全事件的认识，也可以帮助我们深化对不同非传统安全威胁类型的认识。在"场域安全"的分析中，安全不仅是一种状态，还是一种条件、能力与愿景；安全不仅是一种事件，还是一种趋势、互动与建构；安全不仅是一种情势，还是一种关系、结构与语境。中国学者对国际关系

---

* 余潇枫，浙江大学公共管理学院教授、博士生导师，浙江大学非传统安全与和平发展研究中心主任，浙江大学非传统安全管理专业博士点负责人，主要研究方向为非传统安全理论。

理论与非传统安全治理理论的建构有着持续的努力与贡献，"可持续安全"论、"国际共生"论、"道义－实力"论、"创造性介入"论、"安全全球治理"论、"共享安全"论、"有效安全"论以及其他的安全治理理论汇聚成了中国学者的理论创新与智慧努力。2015年中国的非传统安全治理将形成更富有理性与自觉的可操作体系。

关键词：　场域安全　总体国家安全观　非传统安全治理

　　人类文明的演化透射着人类对"人之为人"的从自在、自发到自主、自为再到自由、自觉的追求；无论是对"物质文明"、"精神文明"、"技术文明"、"制度文明"的观照，还是对"政治文明"、"经济文明"、"社会文明"、"生态文明"的反思，都离不开对"安全文明"的关切与建构。众所周知，夜不闭户、路不拾遗的社会是最安全的社会，繁荣昌盛、和谐稳定的国家是最安全的国家，和平共处、和合共享的世界是最安全的世界，"安全文明"正是这样的一种诸多要素与层面在当下"整合"的文明，是最安全的社会、最安全的国家与最安全的世界在当下"统和"的文明。对安全进行"整合"和"统和"式的"总体性"观照，需要建构"场域安全"新视角。

一　"场域安全"：考察非传统安全的新视角

　　在《中国非传统安全研究报告（2013～2014）》的总报告中，我已经提出"场域安全"这一非传统安全研究的重要范畴，认为"非传统安全挑战构成的不是单一的安全问题或安全威胁，也不是单一的危机事件或事故灾害，而是一个具有特定性质的'场域'，进而形成具有整体、交织、复合、时变性质的'场域安全'"①。

"场"是一个在日常生活中出现频度不低的专用词，其含义有三：一是指空间点，如场地、场所、晒谷场、体育场等；二是指时间点，如开场、中场、闭场、出场等；三是指价值点，即人们出于价值追求需要而为之从事和投入资源的关系网络，如商场、官场、情场等。"场"又是一个在物理学中广泛使用且有专门界定的学术词，如"引力场"、"电场"、"磁场"等，"场"被用来指称在特定时空中特定物质的关系状态与特征。在物理学中场的基本特征有四：一是场的分布状态"延伸至整个空间"，有"全空间"特征；二是场作为一种动力系统"具有无穷维自由度"，有"多变量"特征；三是场在不同的时空点上有不同的强度，有"量值性"特征；四是场还与时间变化紧密相关，是时间的函数，有"时变性"特征。这些特征构成了"物理场"运动的"场效应"及其演化规律。

在安全研究中引入"场"的范畴，强调安全的"场域"性质，能够更具象地反映出社会安全关系的多重性与复杂性。换言之，在安全研究中，"场域"范畴较之"场"的概念更好地表征了安全要素构成的社会关系的集合特征。② 因而"场域安全"是指处在复合关系状态下的"总体性安全"，"它强调的安全不是一种单一的、线性的、局部的、纯技术的安全，而是复合的、非线性的、整体的、技术与价值混合的安全。场域安全更强调反映在安全问题上的社会活动的复杂关系，更凸显多重时空关系与多种活动性质在安全问题上的叠加、复合与交织。提出场域安全的目的是要强调运用场域思维的方式来考察安全，把安全看作一种具有整体性、交织性、强弱性、动态性的'效应'，继而对安全的维护也会具有更为合理与有效的筹划与实施。"③

"场域安全"新视角可以帮助我们深化对各类安全事件的认识。2014

---

① 余潇枫主编《中国非传统安全研究报告（2013~2014）》，社会科学文献出版社，2014，第7页。
② 余潇枫：《非传统安全治理能力建设的一种新思路——"检验检疫"的复合型安全职能分析》，《人民论坛·学术前沿》2014年第5期（上）（总第49期），第86页。
③ 余潇枫：《非传统安全治理能力建设的一种新思路——"检验检疫"的复合型安全职能分析》，《人民论坛·学术前沿》2014年第5期（上）（总第49期），第85~86页。

年发生的"斯诺登事件(凌镜门事件)"、"埃博拉病毒事件"、"马航失联事件"、"查理周刊袭击事件"等,无一不是震惊世界的安全事件。当我们用"场域安全"对安全进行深入观照时,安全事件则只是一种现象或表象,其背后关联着安全语境的复杂关系,可见,安全不仅是一种"事件",安全还是"场域"中的一种"条件"、一种"结构"、一种"价值"。如"斯诺登事件(凌镜门事件)"的本质透露出了尚不为人所知的"网络安全"的条件、结构与价值;"埃博拉病毒事件"反映了公共卫生安全的条件、结构与价值;"马航失联事件"显示出航行安全的条件、结构与价值;"查理周刊袭击事件"昭示着反恐安全的条件、结构与价值;而这一切均反映了"场域安全"的"整体性、交织性、强弱性与动态性"的现实。

"场域安全"新视角有利于我们从学科的角度阐释"总体国家安全观"。中国新确定的国家安全方略是:"坚持总体国家安全观,以人民安全为宗旨,以政治安全为根本,以经济安全为基础,以军事、文化、社会安全为保障,以促进国际安全为依托,走出一条中国特色国家安全道路。"国家安全方略中的"总体"一词,揭示出国家安全是一种"场域安全",既是作为具有总体社会空间性质与价值复合体的"场域安全",又是作为政治、经济、社会、文化、环境等各个领域间体现安全关系网络与互为保障的"场域安全",还是作为一种安全理论之"分析单位"与"思考基点"的"场域安全"。为此:

"以人民安全为宗旨"揭示出总体国家安全是作为一种本质追求的"价值安全",是一切其他安全的目的性所在;

"以政治安全为根本"揭示出总体国家安全是作为一种体制取向的"积极安全",安全是一种政治,政治安全是政治中的政治,具有积极的体制取向与决策导向意义;

"以经济安全为基础"揭示出总体国家安全是作为一种条件与可能的"状态安全",既是国家安全确立的必需的基础,又是服务于其他安全的可能条件;

"以军事、文化、社会安全为保障"揭示出国家安全是作为一种关系交

互与动力关联的"结构安全",是保障国家安全的必要的关联性条件;

"以促进国际安全为依托"揭示出总体国家安全还是作为一种开放、共同、和合、平等、可持续的"共享安全",表明国际社会是共生的、共和的、共创的,共享安全是国家安全促进国际安全的依托所在。

由诸多安全扇面构成的"总体国家安全"既体现了中国安全智慧的辩证与成熟,又呈现了当代中国领导人与中国人民对安全文明的理解与追求。"总体国家安全观"不仅统一了发展与安全的对立,统合了传统安全与非传统安全的两分,统和了国土安全与国民安全的对开,而且还统筹了中国与世界关系中极具挑战意味的自身安全与共同安全的两难。这种"统一"、"统合"、"统和"、"统筹",体现了中国人对安全追求、国家安全追求与安全文明追求的当下"适然性"。

总体国家安全观完好地体现了"场域安全"思维。"安全观事实上是人们对安全认知和思考后形成的安全思维上升至理性层面,用于应对安全问题特别是现实安全问题的安全理念。既是研究安全问题的理论基础,又是应对安全问题的基本方针。也就是说,有什么样的安全观就会形成什么样的安全理论,并形成什么样的应对安全方法。"① 在总体国家安全观的观照下,离散的、局部的、本位的、传统的安全理解被超越和提升,总体国家安全观创设了这样一个"安全之境":安全是一种跨越边界的状态,因而既要重视外部安全,又要重视内部安全;安全是一种相互关联的结构,因而既要重视国土安全,又要重视国民安全;安全是一种整合关系的场域,因而既要重视传统安全,又要重视非传统安全;安全是一种不可或缺的条件,因而既要重视发展问题,又要重视安全问题;安全更是一种普世共享的价值,因而既要重视自身安全,又要重视共同安全。

基于"场域安全"的新视角,我们对非传统安全威胁做如下分类:"多源/元性"、"外源性"、"双源性"、"内源性"非传统安全威胁,并结合2014年非传统安全威胁现状与2015年发展趋势做一概括性的阐述。

---

① 刘强:《中国总体国家安全观的确立与前景》,《前线》2014年第5期,第15页。

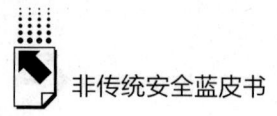

非传统安全蓝皮书

二 "多源/元性"非传统安全威胁

"多源/元性"非传统安全的内涵有两种，一种是"Heterogeneous"（多源性）①，该词源于希腊的组合词汇，意思是"不同种类"。在物理学中它通常用来描述一种物质是多种元素构成的，如"混凝土"就是一种典型的物理学的"Heterogeneous"。在计算机网络中，"多源性"是指网络的运行协议、运行系统、运行平台的各不相同。另一种是"Multi-meta"（多元性），该词强调不同领域与性质的事件相互交织，在社会科学中，"多元性"常被用来描述不同质的事物的共存，揭示不对称的异质性"冲突"的混和。非传统安全威胁的多样性与复杂性往往体现在"多源/元性"上，这种"多源/元性"既是不同种类的多源，也是不同性质的多元，特别是指非军事武力性的非传统安全威胁与军事武力性的传统安全威胁相互交织，是"多元性"非传统安全威胁的典型现象。只要与军事武力相关涉的非传统安全威胁，按此界定就是"多源/元性非传统安全威胁"。

"多源/元性"非传统安全是指安全威胁源于不确定的时空场域，但其对国内乃至世界产生危害的严重性，足以引起国家在政治安全上进行考量，甚至需要运用国防力量进行"军事武力"的介入。这样非传统安全与传统安全之间形成了一个相互介入的可能，或者转化成新的形态即用传统安全的手段去实现非传统安全的目标，反之则以非传统安全为手段去达成传统安全的目标，因而传统安全与非传统安全相互交织是这类安全的根本特征。

"多源/元性"非传统安全威胁是一种"混合性复杂威胁"，它还具有"主体多重性与领域交叠性，手段复合性与目标综合性，地缘多源性与威

---

① 在2013年秋季浙江大学公共管理学院的"非传统安全管理Ⅰ"硕士课程中，多源性非传统安全问题研究小组提出用Heterogeneous取代原来使用的Multi-genic，并给出了定义："多源性非传统安全有复杂的源头、影响和回应方式。它源于国内或国外，传统安全威胁源和非传统安全威胁源相互交织，往往通过内政和外交手段联合解决。"

流动性,过程逐变性与属性变异性"① 以及问题持久性与危害严重性等特征。"多源/元性"非传统安全问题的发生机制见图1。

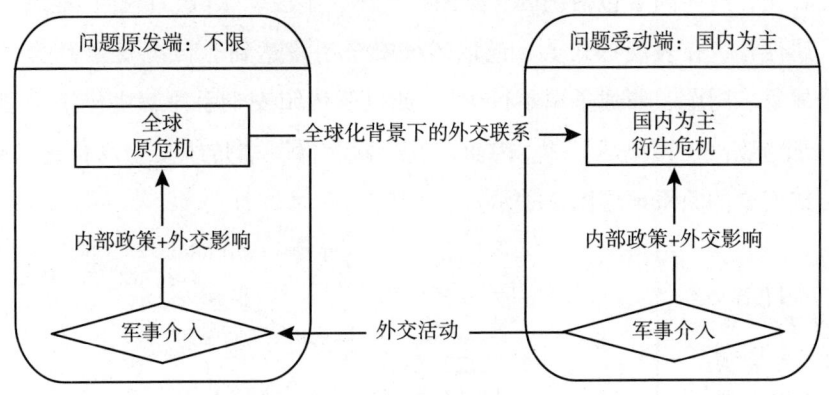

图1 "多源/元性"非传统安全问题的发生机制﹡

﹡在2013年秋季浙江大学公共管理学院的"非传统安全管理Ⅰ"硕士课程中,外源性非传统安全问题研究小组最早提出该模型进行"外源性非传统安全问题的发生机制"分析。

"多源/元性"非传统安全威胁有复杂的发生源与影响面,或源于国内或源于国外,传统安全威胁源与非传统安全威胁源相互交织,问题的原发端与问题的受动端相互缠绕与转化,除了政治与外交的介入,还需要军事力量的介入,对"多源/元性"不安全事件的应对需要通过内政和外交手段联合解决。从"交织性"的角度看,"多源/元性"非传统安全主要有两大类型:一类是以传统安全手段来解决非传统安全问题;另一类是以非传统安全手段来解决传统安全问题。"多源/元性"非传统安全威胁包括恐怖主义、网军、重大跨国犯罪、民防、重大资源冲突等。

"多源/元性"非传统安全还被其他的研究者如姜维清称之为"交织安全",即威胁国家的"第三种威胁"②。廖丹子则认为"多源/元性"非传统

---

① 廖丹子:《"多源性非传统安全"与中国"现代民防"体制建构》,载余潇枫主编《中国非传统安全研究报告(2012~2013)》,社会科学文献出版社,2013,第327页。
② 姜维清:《交织:国家安全的第三种威胁》,世界知识出版社,2011。

安全威胁不仅具有非传统安全威胁的一般特征,还"突出表现为非传统与传统安全威胁的多源/元因素相互诱发、相互交叉、相互交混、相互交叠与相互转化,这些因素包括诱因、意图、主体、手段、领域、目标、地缘、过程、属性等;在表现形式上,或以传统安全手段达到非传统安全目的(如反恐战争、网军、非战争军事行动),或以非传统安全手段解决传统安全问题(如生物战、网络战)"①。因而,"多源/元性"非传统安全与传统安全、非传统安全的关系可用图 2 表示。

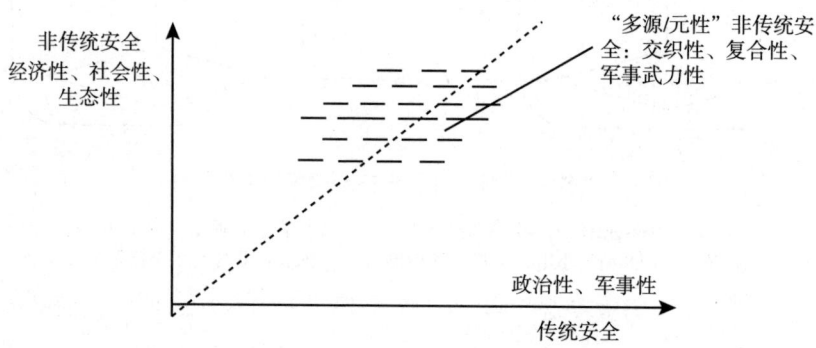

图 2　传统安全、非传统安全、"多源/元性"非传统安全的大致分类*

*廖丹子:《"多元性"非传统安全威胁:网络安全挑战与治理》,《国际安全研究》2014 年第 3 期,第 30 页。

如图 2 所示,从全球范围看,军事武力介入的多元性非传统安全议题较多,主要是恐怖主义威胁、核安全威胁、网络安全威胁、生物安全威胁等。

以反恐为例,恐怖主义作为需要用军事武力手段参与应对的跨国性的多元性非传统安全威胁,基本被各国所认可。美国在 2001 年"9·11"事件发生后的十多年中,坚持不懈地致力于反恐,认为恐怖主义是全球化时代众多重要威胁之一。2014 年"伊斯兰国"(ISIL)的兴起,形成全球恐怖威

---

① 廖丹子:《"多元性"非传统安全威胁:网络安全挑战与治理》,《国际安全研究》2014 年第 3 期,第 30 页。

胁，使国际反恐形势更加严峻。2014年9月22日，美国五角大楼宣布，美国及其盟友已经动用了包括F22、B-1及战斧式导弹等多种武器，对叙利亚境内的"伊斯兰国"目标实施空中打击，并且形成了包括英国、澳大利亚、法国、意大利等西方国家，以及沙特、卡塔尔、约旦、巴林等阿拉伯国家在内的54个国家加入的打击"伊斯兰国"的国际联盟。目前，美国还致力于进一步革新侦察敌情和破坏恐怖行动的技术，无人机技术的发展使美国在反恐中无须在国外部署过多人员。英国认为其随时有可能遭遇更频繁、但技术含量较低的恐怖袭击，而以阿富汗和巴基斯坦交界处为窝点的基地组织以及它们的分支和支持者是英国及其国家利益的最大威胁。德国主要的国家安全问题之一是来自伊斯兰激进分子的恐怖主义。法国政府则急于摆脱像在巴黎犯下连环杀人案的"独狼"枪手这样危害国家社会安全的恐怖分子，于是提高了反恐水平。在澳洲恐怖主义被列为最受关注的非传统安全威胁之一，自21世纪初以来，已有100多名澳大利亚人在海外死于恐怖袭击。许多其他袭击在澳境内被遏制，40多名澳大利亚人因牵连恐怖主义而被废除护照。澳政府情报部门预测，恐怖主义将在未来任何时点再次侵袭，果然，2014年12月15日悉尼发生了支持"伊斯兰国"的恐怖主义劫持事件。当然军事介入的"武力反恐"前景仍令人担忧，2014年11月，美国经济与和平研究所发布的《全球恐怖主义指数报告》指出，军事行动或许并不是打击恐怖主义最有效的手段，通过对1970年至2013年总数超过12.5万次恐怖袭击的相关数据进行分析，40多年间全球恐怖主义事件的终结方式中，政治介入占43%，警力管制占40%，而只有7%的恐怖主义事件是通过军事行动解决的。① 全球反恐安全表明，"多源/元性"非传统安全威胁意味着非传统安全威胁与传统安全威胁之间的交织与转化，如"2014年，产生于叙利亚、猖獗于伊拉克的'伊斯兰国'即是最新的典型案例。其已迅速成为具有正规军作战能力的非政府、非国家武装集团，采取恐怖、杀戮与军事

---

① 《悉尼发生支持"伊斯兰国"恐怖主义劫持事件》，2014年12月16日，人民网：http://world.people.com.cn/n/2014/1216/c157278-26212857.html。

行动相结合的手段，对美国及其盟国宣战。蒙面的隐形杀手未来有可能公开化。对于伊拉克政府来说，这种非传统安全意义上的国际恐怖组织已经发生质变，转化为传统安全领域的现实威胁。"①

以网络威胁为例，一旦国家把网络纳入自己的军事与国防战略内容，以特别的网络军事力量展开对抗性活动，网络威胁就升级为多元性非传统安全威胁。美军在世界上率先成立了网络空间司令部，随之俄、日、德、印等国也都公开成立了各自的网军。美国陆军网络司令部第2集团军发布2014年绿皮书，强调美国"已经在执行、集成和协同陆军网络空间作战并实现任务指挥方面取得了巨大的成就"，并且"在联合参谋部和美国网络司令部的指示下，各个军种总共会建设133个网络任务分队、4个网络联合部队总部、一个网络国家任务部队（Cyber National Mission Force），到2016财年底，它们将具备初始作战能力"②。针对网络安全威胁，各国形成了加强网络安全领导的趋势，美国在白宫设立"网络办公室"，并任命首席网络官，直接对总统负责，2014年2月，总统奥巴马又宣布启动美国《网络安全框架》；德国总理默克尔于2014年2月19日与法国总统奥朗德探讨建立欧洲独立互联网，拟从战略层面绕开美国以强化数据安全；欧盟三大领导机构明确提出，计划在2014年底通过欧洲数据保护改革方案；日本2013年6月出台《网络安全战略》，明确提出"网络安全立国"；印度2013年5月出台《国家网络安全策略》，目标是"安全可信的计算机环境"；与此相应，2014年2月27日中国成立网络安全和信息化领导小组，也标志着拥有6亿网民的网络大国加速向网络强国挺进③。

"网络安全威胁是多元性非传统安全威胁中的重要议题，其呈现了主权难以界定、合法性难以判定、身份难以限定、过程难以追踪、应对难以依靠

---

① 刘江永：《从国际战略视角解读可持续安全真谛》，《国际观察》2014年第6期，第1页。
② 《美国陆军网络司令部第2集团军发布2014年绿皮书》，2014-11-03，搜狐网：http://mil.sohu.com/20141103/n406189535.shtmlhttp://mil.sohu.com/20141103/n406189535.shtml。
③ 《中央网络安全和信息化领导小组成立》，2014年2月28日，新华网：http://news.xinhuanet.com/yuqing/2014-02/28/c_126204989.htm。

单一主体的非常规特征。"① 廖丹子认为，网络安全威胁的多元性非传统安全威胁特征有：一是行为主体的多样性，包括了国家与非国家、组织与个人、官方与非官方、主动与被动等；二是行为动因的多源性，其军事报复、政治对抗、宗教差异、贸易壁垒、认同冲突、历史记忆等都可以成为动因；三是行为攻击的多向性，由于网络的技术门槛低，网络攻击的空间点是多向的；四是行为转换的多变性，如"斯诺登事件"中，个体的信息披露行动，瞬间升级为国家间的信息较量与世界组织关于人权的抗争。② 沈逸则通过"数据主权"的概念对"后斯诺登时代的全球网络空间治理"进行了探讨，他认为"'数据主权'概念的兴起，是以云计算为代表的互联网最新应用刺激的结果，也是自互联网诞生之日起就内嵌其中的技术特征与客观特点使然，其最主要的表现形式就是数据所有者、使用者、存储者在地理位置上的分离以及由此带来的权利/权力识别和有效行使的问题。"③ 董青玲基于对"网络空间不是超国家主权和超国家权威的全球公域"、"网络空间并非没有权威和强制的自治区域或问题领域"、"网络空间安全治理人人负责即是人人不负责"的理据分析，认为网络安全治理可以得出这样的结论："国家间商谈始终处于网络安全共同体建构的最基础层面，国家是网络空间安全事务的倡议者、领导者、组织者和最终的安全保障。"④

再以应对战争空袭威胁的"平战结合"的"民防"为例，民防（在我国亦称人民防空）组织是国防军事力量与国家非军事力量相结合的安全维护方式，战争空袭威胁是"多源/元性"非传统安全威胁。现代空袭的新特点为：一是空袭已经成为信息化条件下独立的战争形态，如2014年8月8日，美军从波斯湾"布什号"航母上派出了大批大黄蜂战机和无人机，对伊拉克北部实施定点空袭，成为依靠空中打击达成战争目的的重要战例；二

---

① 廖丹子：《"多元性"非传统安全威胁：网络安全挑战与治理》，《国际安全研究》2014年第3期，第25页。
② 廖丹子：《"多元性"非传统安全威胁：网络安全挑战与治理》，《国际安全研究》2014年第3期，第31~33页。
③ 沈逸：《后斯诺登时代的全球网络空间治理》，《世界经济与政治》2014年第5期，第145页。
④ 董青玲：《多元合作主义与网络安全治理》，《世界经济与政治》2014年第11期，第72页。

是现代空袭的基本样式是防区外打击重要目标；三是防空与空袭斗争特点是整体较量和体系对抗。① 另外，空袭兵器的高智能化是一大标志，如隐身飞机有"先发现、先射击、先脱离"的优势，不仅适合超视距空战，而且还可以与其他机种协同，实现全球隐身打击。再如，无人机有着如下优势：不搭载操作人员、利用空气动力提供所需升力，能够自主飞行或遥控飞行，能够重复使用或回收，能够携带致命性或非致命性载荷的无人驾驶飞行器。② 从空袭南联盟行动开始，无人机就已经大量装备于美军部队，执行了侦察监视、电子干扰、通信中继、对地攻击等多种作战任务。因而，美国空军正式将无人机部队确定为独立"兵种"。③ 除此还有"低慢小"航空器肇事等，如1987年联邦德国青年马蒂·鲁斯特驾驶轻型单引擎运动飞机，穿越有多重警戒的苏联防空系统，在莫斯科红场轻松降落，使苏联防空系统饱受质疑；2012年7月4日两名瑞典人驾驶单引擎飞机进入白俄罗斯的明斯克上空，竟成功投放了876个带降落伞的玩具熊，飞机在白俄罗斯领空逗留1小时20分钟顺利返回立陶宛机场，为此白俄罗斯军队多名高官受到处理。应对现代战争空袭的现代民防体制的建构要实现全方位、全覆盖、全动员的目标，而基于信息系统的体系作战则要求实施信息互通、力量融合的体系防空、联合防护、主动防护，民防行动也应呈现新的特征。④ 我国的现代民防建设需要在总体国家安全观的指导下，以"人民安全"为宗旨，实现"战备民防"与"灾害民防"的融合式发展。"战备民防"是为减少（轻）战争中的生命、财产损失而采取的一切防控措施；"灾害民防"是为减少（轻）一切由非战争威胁而导致的生命、财产损失而采取的一切防控措施，"平战结合"的平战转换机制与能力是其重要支撑。我国现代民防"防空防

---

① 阚立奎：《树立总体国家安全观　拓展和深化人防军事斗争准备》，《中国人民防空》2014年第10期，第4页。
② 傅前哨：《什么是无人机》，《中国空军》2014年第1期，第53页。
③ 张海珍、张利敏、陈宇：《美军无人机操作员的尴尬身份》，《中国空军》2014年第12期，第71~73页。
④ 和治伟、王云龙：《对人民防空行动的再认识》，《中国人民防空》2013年第8期，第20~21页。

灾一体化",实质上就是"战备民防"与"灾害民防"的有机统一。战争威胁与非战争威胁相互交织的安全现实,决定了新时期我国民防要加快推进单一防空向防空防灾一体化的战略转型。

三 "外源性"非传统安全威胁

"外源性"非传统安全（Exogenous Non-traditional Security）是指安全威胁由国外导入的特定安全治理领域,即源起于全球或国外的非传统安全威胁,经过扩散而导入本国或与本国安全场域相关联的地区,需要本国以外交为主、内政为辅进行预警、防控、应对、处置,以消除其危害或负面影响的安全治理领域。

这类源起于国外的非传统安全威胁可以是自然的复合性灾害,也可以是人为的复合性事故、人为的不安全事件、人为的非军事性暴力冲突等。或者按安全场域的层次如全球、区域、国家间的范围来分类,全球范围内的有:生物圈危机,气候变化危害（如全球平均温度显著上升、海洋酸化、北冰洋海冰迅速消失、世界各地极端天气事件频发等）,环境恶化（如大气和江海污染加剧、大面积土地退化、森林面积急剧减少、大气臭氧层空洞扩大、生物多样化受到威胁等）,资源匮乏（淡水资源日益短缺、耕地面积缩小、能源供应不足等）;区域范围内的有:经济危机特别是金融危机加重,跨国犯罪增加（如海盗）,海洋安全问题特别是岛屿争端增加,网络空间安全问题凸显,太空安全成为新的安全领域;国家间的有:国际恐怖主义或跨国恐怖主义威胁不断,因历史、领土、宗教、文化、发展等因素而引发的国家间冲突时有增加而波及他者。特别值得一提的是,全球气候变化已经被中国、美国及其他许多国家共同确认为"人类面临的最大威胁"。美国国家航空航天局和美国国家海洋和大气管理局在2015年1月16日发布分析报告,证实2014年绝对是有气象记录以来的最暖年,而"未来温室气体持续排放将导致气候继续变暖,自然生态系统和人类社会面临的风险进一步加大,并可能产生新的风险。预计21世纪全球部分地区的高温和暴雨事件将增多、干旱程度加剧,威胁各国粮食、水资源和能源安全,并可能引发饥荒、气候移民和社会动荡。"①

与"多源/元性"、"双源性"和"内源性"非传统安全威胁相比较,"外源性"非传统安全威胁的主要特征是:①问题原发端的可控性低;②原发端对受动端的影响通过全球化的客观影响实现;③问题受动端一般难以采取根治性手段;④问题的应对需要多行为体的跨国联动;⑤应对不当会产生涟漪危机,甚至需要军事介入而转为"多源/元性非传统安全威胁";⑥问题受动端的负面影响反过来会加剧整体性危机的程度。

"外源性"非传统安全问题的发生与应对机制见图3。

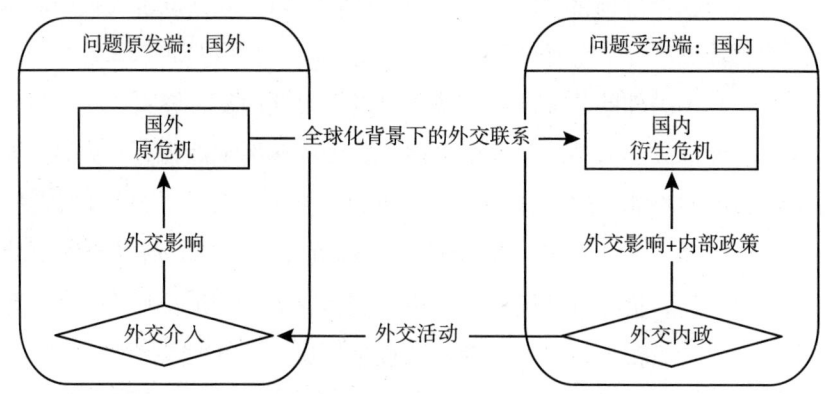

图3 "外源性"非传统安全问题的发生与应对机制

"外源性"非传统安全威胁的最基本特点是危机的原发端不在国内,受动端则为原发端的衍生危机的所在地,由于全球化过程中的人流、物流、资金流、信息流和体制流的频频交互与密切关联,原发端的危机通过全球化影响必然会扩散而导入受动端的国家,危机发生的整个过程中受动端一直处于较被动状态。在危机发生前,受动端由于对原发端所在地不享有主权,因此对原发端危机的发生发展难以控制。即使受动端对原发端危机具有预见性,

---

① 《美国公布分析报告:2014年成有气象记录以来最暖年》,中国日报网,2015-01-17,http://news.sina.com.cn/w/2015-01-17/151031411985.shtml。

但由于原发端危机往往涉及第三方乃至多方国家，故也难以完全摆脱其负面影响。受动端对危机主要通过外交手段进行应对和处置，但由于问题的源头（致灾因子）在国外，受动端往往只能在外部施压，或联合多方共同治理，或克服己方存有的脆弱性以加强己方的承灾与抗灾能力来应对。

以气候变化为例。气候变化是最典型的外源性非传统安全威胁，它也考验着各国的"非传统安全外交"策略的制定与内政策略的改变。众所周知的是："全球科学界明确提出，人类活动已在改变世界气候系统。日益加速的气候变化已经造成严重影响。更高的温度和极端天气事件正在损害粮食生产，日益升高的海平面和更具破坏性的风暴使我们沿海城市面临的危险加剧，并且气候变化的影响已对包括中美两国在内的世界经济造成危害。这些情况迫切需要强化行动以应对气候挑战。"[1] 联合国政府间气候变化专门委员会（IPCC）主席帕乔里指出："气候变化的影响已经在世界各地显现出来，没有一个人会不受影响。今后，气候变化会产生什么影响，取决于国际社会如何为此做准备，以及是否能够削减温室气体排放。"[2] 可喜的是中美两国在应对全球气候变化这一人类面临的最大威胁上有了进一步的共识与行动。2014年11月12日两国于北京发表了《中美气候变化联合声明》，宣布了2020年后两国各自应对气候变化行动计划：美国计划于2025年实现在2005年基础上减排26%~28%的全经济范围减排目标并将努力减排28%；中国计划2030年左右二氧化碳排放达到峰值且将努力早日达峰，并计划到2030年非化石能源占一次能源消费比重提高到20%左右。[3] 在四年前的坎昆气候大会上中美曾互相指责，如今能携手合作，这不能不说是国际非传统安全合作的一大进步，而且《中美气候变化联合声明》具有里程碑意义的是：各自2020年后的减排目标第一次公开；以气候变化为人类最大威胁的

---

[1] 《中美气候变化联合声明》，2014年11月13日，新华网：http://news.xinhuanet.com/energy/2014-11/13/c_127204771.htm。

[2] 《联合国气候峰会将成为全球努力新起点》，2014年9月21日，新华网：http://news.xinhuanet.com/world/2014-09/21/c_1112563815.htm。

[3] 《中美气候变化联合声明》，2014年11月13日，新华网：http://news.xinhuanet.com/energy/2014-11/13/c_127204771.htm。

共识第一次达成；把气候变化这一非传统安全威胁与国家安全、国际安全第一次紧密关联；两个大国对应对气候变化的"共同但有区别的责任"原则第一次共同认可。

以环境安全为例，国内环境问题的"外溢"就成为了对他国的"外源性非传统安全威胁"。2014年"六·五"世界环境日联合国环境规划署提出了新的环境安全维护口号："提高你的呼声　而不是海平面。"联合国呼吁国际社会采取可能的紧急行动，应对气候变化带来的各类风险与威胁。世界环境日的中国主题是"向污染宣战"，全面防治大气污染，水污染，土壤污染，重金属、化学品和危险废物污染以及工业污染。对环境造成严重破坏的是"环境犯罪"，环境犯罪是直接损害环境的行为，包括非法的野生动植物贸易（全球此项贸易额的25%在东南亚完成）、消耗臭氧层物质、非法的有害垃圾贸易、非法捕鱼（印度尼西亚宣称自己是世界上最大的此项牺牲者，每年损失1600万吨鱼，约流失30亿美元）、非法砍伐和盗卖木材等（占全球木材产品的8%~10%，每年全球市场流失超过100亿美元，其中东南亚占35亿美元）。① 如被美国称为"生物'9·11'"的墨西哥湾漏油事件以及阿拉斯加港漏油事件等造成的危害不可估量，其他相对较小的意外和漏油事件每天都在发生。此外，化工产业是环境污染的又一祸首，并且非点源污染、栖息地丧失、水污染、空气污染等问题均是困扰美国政府和社会的环境安全问题。再如德国位于几个高度工业化国家之间，这些国家的空气和水资源污染通过风、雨水和河流进入德国境内。在德国的环境问题中，最重要的可能是过度工业化和机动车交通问题。每到夏天，大量汽车，包括来自其他欧洲国家的汽车，经过德国的高速公路，开往南欧。

以反海盗为例，对大多数国家来说，海盗威胁是外源性非传统安全威胁。全球90%的货物经由水路运输，但是海盗的威胁如影随形。虽然全球海盗威胁有所缓解，但是区域性海盗事件更为集中与恶化，如国际海事局于

---

① Mely Caballero-anthony, Alistair D. B. Cook, *Non-Traditional Security in Asia: Issues, Challenges and Framework for Action*, Singapore: ISEAS Publishing, 2013, pp. 236 – 249.

2015年1月4日发布年度报告称，2014年全球共发生海盗袭击事件245起[①]。2004年以后，新加坡、马来西亚和印度尼西亚等国开始在马六甲海峡联合巡逻，该海峡的海盗活动趋于减少，但近年来，东南亚海域的海盗活动出现反弹，再度成为全球海盗最活跃的地区。2014年上半年全球116起海盗袭击和抢劫事件中，发生在东南亚海域的事件占总数的56%，其中印度尼西亚、马来西亚和新加坡海峡更是全球发生海盗袭击和抢劫事件最多的海域之一。[②] 事实上2005~2009年海盗袭击逐年增加，2009年，海盗袭击的总数超过了2000年的历史最高纪录达到469次，其中大多数发生在东南亚海域。[③] 2010年达到445次，2011年为439次[④]。虽然在各国联合打击下，东南亚海盗袭击次数有所减少[⑤]，但威胁仍然存在。海盗作为"外源性"非传统安全威胁，对英国具有特别重要的影响。英国是一个岛国，通过各港口进行能源、食物、制成品的交易，保证各港口、海路的安全对其十分重要。全世界80%的交易、英国92%的交易由国际船运完成，但其面临较多的海盗威胁，2008~2013年索马里海盗在亚丁湾和印度洋上进行了将近1000次袭击，2012年索马里海盗造成的国际损失估计达60亿美元。中国也越来越多地面临海盗的威胁，特别是东南亚海域的海盗威胁。在2014年上半年备案的18起海盗劫掠案件中，15起案件发生在中国享有主权的南中国海。另外，有6艘中国货船在东南亚海域遭到海盗的劫掠。

当然，海盗威胁对受害国来说可以归入为"外源性"非传统安全威胁，但如果受害国派出了军事武力进行应对，则这类非传统安全威胁已经拓展为"多源/元性"非传统安全威胁，或者说作为"外源性"非传统安全威胁就

---

① 《中国海洋报》2015年1月20日第4版。
② 刘丽仪：《15艘本地注册船，上半年被海盗袭击》，《联合晚报（新加坡）》2014年8月28日。
③ Greenblatt, A.（2009, August 1）. Attacking piracy. *CQ Global Researcher*, 3, 205-232.
④ Andrew S. Erickson and Austin M. Strange, No Substitute for Experience: Chinese Antipiracy Operations in the Gulf of Aden, Rhode Island: Naval War College Press, 2013, p. 1.
⑤ 从2003年到2008年东南亚/世界受海盗袭击的次数分别是：170/445次、158/329次、102/276次、83/239次、70/263次、54/293次。见Mely Caballero-anthony, Alistair D. B. Cook, Non-Traditional Security in Asia: Issues, Challenges and Framework for Action, Singapore: ISEAS Publishing, 2013, p. 244。

上升为"多源/元性"非传统安全威胁。以军事力量介入的海洋非传统安全维护的反海盗行动,是一种国际性的海军行动,如在亚丁湾,有俄罗斯、美国、中国、丹麦、印度、加拿大、法国、德国、英国、意大利、荷兰、西班牙,甚至日本和韩国派出的海军舰只,参与护航行动。由于各国海军护航行动的有效开展,2014年索马里地区只发生11起海盗袭击事件。在孟加拉国,2014年共发生21起海盗袭击事件,高于2013年的12起。① 中国海军迄今为止已先后派出15批护航编队。为了配合索马里的反海盗行动,2008年以来中国人民解放军海军亦派出16批护航编队、1.5万人次,以维护海上运输线的安全。②

在国家公共安全体系建设中,随着中国与世界交往的拓展,出入境检验检疫越来越成为维护人的安全、社会安全、国家安全、国际安全等的重要"场域"。出入境检验检疫发挥的保国安民的重大作用有:口岸公共卫生防控,维护生态环境安全,维护食品安全,维护经济安全,防止生物恐怖威胁入侵,维护政治安全等。与出入境检验检疫直接相关且具有"外源性"特征的非传统安全威胁有"公共卫生安全"领域的传染病疫情。据2015年1月28日中新网报道,世界卫生组织(WHO)发布消息,"在全球范围内,埃博拉病毒感染病例为22057例,死亡人数上升至8795人。西非地区埃博拉疫情最为严重。利比里亚死亡人数最多,为3686人,感染病例为8622例。其次为塞拉利昂,死亡3199人,累计感染者为10518人。几内亚死亡1910人,感染病例为2917例。另外,在马里、尼日利亚、塞内加尔、西班牙、英国和美国也出现了埃博拉患者。"③ 埃博拉疫情警示人类,非传统安全威胁需要多国共同参与应对和治理。对有些国家来说,公共卫生安全危机是"内源性"非传统安全威胁造成的,但对大多数亚洲国家来说,公共卫

---

① 君怡:《东南亚海域成为海盗案高发地》,《中国海洋报》2015年1月20日第4版。
② 《美媒:中国护航亚丁湾反海盗活动的真正意义》,2014-01-09,环球网:http://oversea.huanqiu.com/military-articles/2014-01/4736769.html。
③ 《世卫组织:埃博拉近8800人致死 感染者逾2.2万》,2015年1月28日,中国新闻网:http://www.chinanews.com/gj/2015/01-28/7011317.shtml。

生安全危机更具有"外源性"和"双源性"非传统安全威胁的特征。在亚洲，每年1400万死亡人数中，有40%死于传染疾病（全球平均是28%），其中亚洲死于麻风病的占全球的80%，死于结核病的占全球的34%，死于抗药性疟疾的占全球比例最高；每年约有25万儿童死于麻疹，75万成年人死于麻风病，500多万人患有艾滋病（主要分布于印度、泰国、缅甸、印度尼西亚、尼泊尔等），近2.5亿人处于因贫困和被社会边缘化而造成的种种疾病的困境与危险之中。[1] 2013年5月25日上海复旦大学专门召开了上海论坛，公共卫生健康议题"如何保障亚洲四十亿人的健康"成为论坛主题。[2] 本书发表由甘均先撰写的《国际贸易与国门安全——检验检疫应对非传统安全问题时的两难困境分析》一文、周冉和王梦婷执笔的《检验检疫非传统安全威胁识别与评估》一文，试图让读者更多地了解对检验检疫与外交的相关性以及作为"场域安全"的检验检疫非传统安全威胁的类型与排序。特别是"口岸公共安全管理体系"的再建构，需要基于新时期国家安全治理能力现代化与公共安全体系建设的新要求，进一步理清其与海关、边防、边检、海警、海事等相关部门的职能边界，逐步建立统一、规范、协调、高效、安全的检验检疫"场域安全"的维护体系。

四 "双源性"非传统安全威胁

"双源性"非传统安全威胁（Duo-genous non-traditional security threats）是指同时源起于国内和国外，特别是源起于边疆的与之接壤的跨境地区，需要国家同时从外交与内政两个方面予以应对的安全威胁。

"双源性"非传统安全问题的发生机制见图4。

"双源性"非传统安全威胁的主要特征有：第一，威胁产生主体和诱发

---

[1] Mely Caballero-anthony, Alistair D. B. Cook, Non-Traditional Security in Asia: Issues, Challenges and Framework for Action, Singapore: ISEAS Publishing, 2013, p.17.
[2] 中国新闻网，《2013上海论坛开幕 首次关注公共卫生健康议题》，2013年5月25日，http://www.chinanews.com/df/2013/05-25/4856206.shtml。

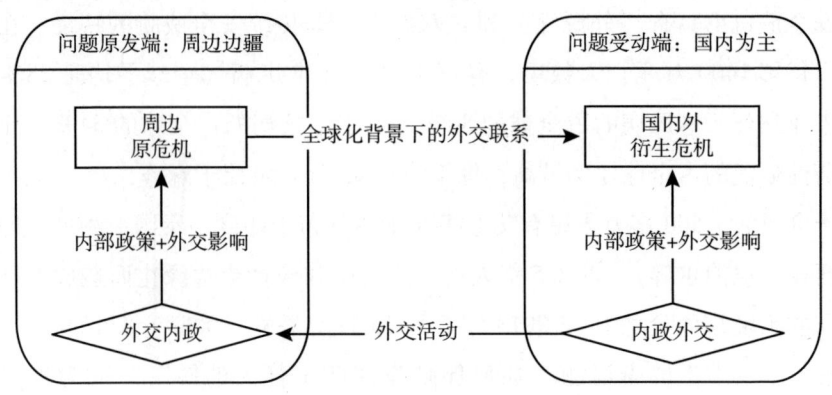

图4 双源性非传统安全问题的发生机制

因素具有内外联动"双重性",或者是国外的因素影响到国内而导致威胁的产生,或者是国内本身的矛盾、问题没有得到及时解决而招致国际因素的介入而导致威胁的产生与扩大。第二,威胁扩散与影响具有内外共振的"双向性",威胁的发生会同时对国内和国外产生影响与危害。第三,威胁应对与治理的"复合性",国家需要在内政和外交两个方面进行复合应对。第四,威胁形态往往与军事武力相交织而与"多源/元性"非传统安全威胁相互转化。"双源性"非传统安全威胁主要涉及陆地边疆问题和海疆问题中存在的非传统安全问题,例如非法移民、跨国犯罪、海洋资源开发问题以及共同流域内水资源和生态环境问题等。许多"双源性"非传统安全问题是传统安全问题直接引发的后果,如区域间的军事冲突导致难民非法入境的增长。当然,一些非传统安全问题也可能诱发传统安全领域的矛盾和冲突,如跨国犯罪有可能引起国家间的军事冲突。

亚洲面临的诸多非传统安全威胁大都具有"双源性"特征。以移民安全为例,移民问题中的"强迫迁移"(forced migration)日趋严重,强迫迁移有多种原因,如2008年以来国际媒体大量报告了从缅甸冒着危险从水路逃到泰国和马来西亚的穆斯林少数民族群体——罗兴亚人等,还有因人口贩卖、跨国犯罪等造成的大量无国籍者。国际移民组织估计东南亚每年至少有20万到22.5万妇女儿童被拐卖,其中大多被强迫利用于性服务与劳力。澳大利亚是许多犯罪分子从东亚、东南亚、西欧——特别是中国、韩国和泰国——贩卖人口的目的国。澳大利亚犯罪委员会报告指出，越来越多带欺骗性的合同条款欺良为娼。根据一些有关移民的报道，移民特别是来自印度、中国、韩国的移民，起初是自愿来到澳洲工作而后来却陷入饱受剥削的境地。法国也是妇女儿童贩卖的目的国之一，受害者通常来自罗马尼亚、保加利亚、阿尔巴尼亚、尼日利亚、塞拉利昂、喀麦隆、马来西亚以及其他亚洲国家，政府估计，在法国15000~18000名从事性交易的妇女中，有约10000~12000名可能是人口贩卖的受害者。成为无国籍者的原因也是多样的，有政治变动和歧视、被贩卖、因跨国婚姻后离异、非法移民的子女出生无法入籍（在泰国无国籍儿童有百万之多）、基于血统获得国籍而无法入籍（在尼泊尔达百万之多的儿童没有国籍）。根据联合国儿童基金会2008年的统计，全球有657万多无国籍者，其中泰国有350万人，缅甸有72万人，马来西亚有4万人，越南有7000多人。① 另外，移民问题对一个国家的经济安全会产生间接的影响。根据2014年中国国际移民报告，2000~2013年，移民人口数量年平均增长率2.2%；2013年世界移民人口数量达到2.32亿，占世界人口总数的4.2%，比2010年的2.14亿增加了0.18亿，比2005年的1.95亿增加了0.37亿。② 2013年中国掀起了第三波狂热移民潮，申请移民的人数达2200万之多，而且申请移民的人数还在攀升，"个人资产超过一千多万元人民币高净值人群中，近60%已完成投资移民或有此考虑，而个人资产在一亿元人民币的财富人群中，约27%完成了投资移民"。③ 移民安全需要有多个国家共同维护（本蓝皮书有章雅荻撰写的移民安全问题专题报告）。

许多跨国犯罪如非法贩毒等也可归入"双源性"非传统安全威胁。2010年《世界毒品报告》显示，有超过1500万人使用非法麻醉剂如鸦片、吗啡和

---

① Mely Caballero-anthony, Alistair D. B. Cook, *Non-Traditional Security in Asia: Issues, Challenges and Framework for Action*, Singapore: ISEAS Publishing, 2013, pp. 158 – 169.
② 《中国国际移民报告》，2014 – 03 – 05，凤凰网：http://abroad.edu.ifeng.com/ym/139/97776.html。
③ 搜狐焦点网：《移民潮再袭 2013将会成最艰难的移民年》，2013年7月15日，http://house.focus.cn/news/2013 – 07 – 30/3713371.html。

海洛因。阿富汗是世界上最大的海洛因制造地,缅甸次之,中国是世界上使用海洛因人数最多的国家。澳大利亚的毒品走私十分严重。澳大利亚犯罪委员会2013年5月20日公布的2011~2012年毒品数据报告显示,根据安非他命、可卡因和类固醇的截断情况,2011~2012年期间非法药品的查处量是十年来最高的。根据政府犯罪报告,藏于玩具中的可卡因和添加在咖喱酱中的甲安菲他明是在澳洲政府同毒品贩卖分子的对抗中最惊人的发现之一。2011~2012年,有超过76000家的破产和超过93000个的拘留案例同毒品犯罪有关,达到十年来最高水平。

再以跨国水资源安全为例来探讨双源性非传统安全问题的解决。人口增长、城市化和经济发展引发水资源紧张,到2050年世界人口将达到91亿人,其中有70%的人口将住在城市里,因而粮食需求将增加70%,这给水资源安全带来新的挑战。水是人类社会越来越短缺的没有替代品的资源,在世界某些地区,水资源不仅是居民生活保障的必需品,更是国家安全保障的重要支柱,水资源被国家作为战略资源而受到特别重视,跨境的界河、界湖的水资源冲突常被执政者看成是"一场战争"。近半个多世纪以来,随着水利科技的发展、流域国家控制水量能力的增强,跨境河流开发强度的增加等,由水坝引起水量分配不公、在跨界河流上游建设大坝控制水量等所导致的国际纠纷大大增加。如以色列与黎巴嫩围绕哈斯巴尼河的用水争端很多,湄公河的争端还在加剧。2012年美国国家情报总监办公室发布了一份情报评估报告——《全球水安全》,对主要位于非洲和亚洲地区的七大跨国河流——尼罗河、底格里斯河、幼发拉底河、湄公河、印度河、布拉马普特拉河以及阿姆河流域——进行战略价值的评估,认为"未来10年,强势的上游国家会减少流向下游的水量,或直接切断河流。还有些上游国家会把水资源作为政治工具,拿来要挟邻国,以维护本国的水资源利益,提升地区影响力"。[①]根据2014年3月21日发布的联合国《世界水发展报告2014(WWDR)》,

---

① 蒋明君:《跨境水资源管理:和谐共享世界水资源》,《国际问题研究报告(2012~2013)》,世界知识出版社,2013,第40页。

未来几十年，各国的发展特别是新兴经济体，对能源的需求仍将显著增长，而这也可能给水资源带来负面的影响。

在亚洲，跨界河流湖泊较多，根据联合国2002年统计，全球263条国际跨界河流中亚洲就占有57条，而且可利用的水资源少之又少。可以说亚洲是世界水危机的中心，某些世界上经济发展最快速的国家如中国、印度、韩国和越南都处在或接近水资源紧张的状态中。目前，亚洲的许多城市严重依赖地下水资源（如也门首都桑纳布、巴基斯坦西部城市奎塔），北京则依赖于从外地调水，数百万口井的使用将导致亚洲地下水的干枯，甚至导致大陆河流的过度损耗，特别是亚洲需灌溉耕地占世界的36.9%，用于农业的淡水占世界的74%，加上水的使用的浪费与被污染，水资源安全威胁十分严重。《水：亚洲的新战场》是这样概括水资源冲突的：昨天人们为土地而发动战争，今天人们正在为能源而战，然而在明天人们将为水而战。该书作者特别指出：水将是亚洲国家之间新的战争分界线，需要通过预防性外交来避免即将来临的亚洲水战争，而亚洲今天所遭遇的水战争危机，恰恰是其他国家明天所要面对的。① 中国涉及的跨界河流众多，这些河流的合理利用和协调管理影响着15个毗邻国的睦邻友好以及30个跨境民族和2.2万多公里陆地边界的维护与管理。跨界河流冲突需要模塑以"相互责任主权"为核心价值的共享方案，寻求一种共赢互利的整合式解决方案。② 2014年11月7日，中国和老挝签署了《中华人民共和国水利部与老挝人民民主共和国自然资源与环境部在水资源领域的合作谅解备忘录》。老挝方感谢中方在澜沧江水电开发中所采取的负责任的做法和对下游国家的无私帮助，并希望与中国水利部加强在澜沧江 - 湄公河合作中的沟通与协调。2014年12月4日，中欧水资源交流平台高层对话会在北京召开，主题是城市在气候变化环境下的水安全保障，中欧双方在小水电、水与能源 - 粮食纽带关系、城市水一体

---

① Brahma Chellaney, Water: Asia's New Battleground, Washington, D. C., Georgetown University Press, 2011, p. 7.
② 余潇枫、周章贵：《中印跨界河流非传统安全威胁识别、评估与应对》，《世界经济与政治》2014年第12期，第52页。

化管理、水生态修复等领域继续开展深入合作达成共识。

在非战争条件下,边疆安全威胁多属双源性的非传统安全威胁。以陆疆双源性非传统安全为例,陆疆非传统安全威胁是指在国家与国家之间发生的源头具有"双源性"、过程具有"突发性"、区域具有"跨国性"、内容具有传统安全与非传统安全"交织性"、后果具有"强危害性"、影响具有"长期性"的重大自然或人文威胁。在周边国家的影响下,特别是我国有诸多的跨境民族存在,我国陆疆民族地区与民族问题相关联的非传统安全问题表现出诸多特点:民族成分与民族文化的多样性,多种宗教信仰并存形成的异质性,跨境民族因国-族关系互相重叠而产生的复杂性,边疆地区非传统安全与传统安全的相互交织性,传统与现代思维方式相冲突而产生的代际转换性,分裂主义、极端主义与恐怖主义的恶性交互性等,使边疆民族地区非传统安全问题具有多样性、异质性、复杂性、交织性、代际转换性与恶性交互性。边疆危机事件主要分三类:一是与内地相同的一般危机事件,如自然灾害、事故灾难、公共卫生事件、群体性社会安全事件;二是与民族分裂、宗教极端、暴力恐怖势力联系在一起的各类暴恐事件;三是双边国家因偶发原因或突发事故而引发的危机事件。2014年我国边疆地区的暴恐与危机事件不断,"2·14"新疆乌什县袭警案,"3·1"云南昆明火车站暴力恐怖案,"4·23"新疆巴楚暴力恐怖事件,"4·30"乌鲁木齐火车站恐怖袭击案,"5·22"新疆乌鲁木齐菜市场暴恐案,"6·15"新疆和田暴恐案,"6·21"新疆叶城县袭击公安机关暴恐案,"7·28"新疆莎车暴恐袭击案,"7·30"新疆大毛拉被杀事件,还有"12·27"朝鲜士兵打死中国公民案件等。2014年我国边疆危机事件的主要特征有:暴恐事件更加频繁,制造了更大的社会恐慌;恐怖活动进一步向内地蔓延;"三股势力"的政治意图更加明显,甚至对爱国宗教人士下毒手。2014年末,美国从阿富汗撤军进一步加强了中阿两国之间的关系,但同时也增加了中国所面临的安全风险,阿富汗的毒品和恐怖主义活动频繁,将会对中国的边疆安全产生负面影响。

随着中国走向海洋,建设"海洋强国",海疆的"双源性"非传统安全问题也开始凸显。与领海疆界相关联的海疆安全(也可以称为海上安全或海洋安全），一般是指国家海洋权益不受侵害或不遭遇风险的状态。根据《中国海洋发展报告》的分类，海上恐怖主义、海上非法活动（海盗行为）、海洋自然灾害、海洋污染和海洋生态恶化等是海上非传统安全的重点问题。海上恐怖主义是指从事危害国际海上运输安全或利用海上运输危害国家的行为，目的在于引起公众恐慌或胁迫政府。海上非法活动，是影响和破坏国际海运安全的非传统安全威胁，受到国际社会的高度关注。海洋自然灾害包括海底地震、海啸、台风、风暴潮、赤潮等自然灾害。海洋污染问题主要包括石油污染、有毒有害化学物质污染、放射性污染、固体垃圾污染、有机物污染，以及海水缺氧等。海洋生态破坏，主要指人为原因造成的海洋生态失调，如海洋荒漠化、生物多样性危机等。而我国目前面临的海疆非传统安全问题还包括岛屿归属争议问题、海域划界争议问题、海洋资源开发纠纷问题和海上执法争议问题等。

五 "内源性"非传统安全威胁

"内源性"非传统安全（Endogenous Non-traditional Security）是指非传统安全威胁源起于国内，经过扩散与"溢出"国界而影响他国或与他国安全场域相关联的地区，继而反过来再次影响本国的非传统安全类型，这类安全治理领域需要本国以内政为主、外交为辅进行预警、防控、应对、处置，以消除其危害或负面影响。这类非传统安全威胁的主体往往是国内行为体，其诱发因素往往是国内各种矛盾长期积聚，没有得到及时发现、疏导、妥善解决或者应对不当、处置过度，从而引发非传统安全问题。这类非传统安全治理需要通过深化改革来提升能力，特别是需要政府、公民和社会组织的共同参与和复合联动。

"内源性"非传统安全问题的发生机制见图5。

"内源性"非传统安全威胁除了"政治安全"领域的腐败问题外，涉及较多的是以"社会安全"与"人的安全"为主要领域的各种威胁，这意味着日常生活中的"低政治"事件——食物、居所、求职、健康、公共安全

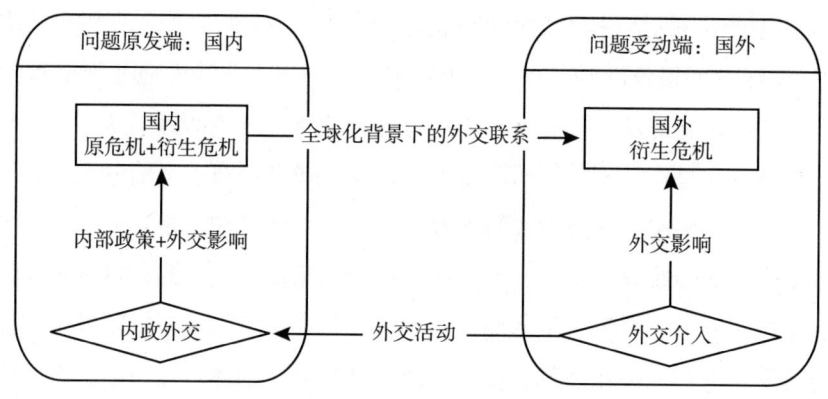

图5 内源性非传统安全问题的发生机制

和人的权利等，会经过"安全化"而上升为政府十分关注的"高政治"议题。2013年，党的十八大报告以从未有过的篇幅讨论了中国面临的诸多安全问题，特别是非传统安全领域的安全问题。十八大报告中的主要"涉安"领域有：粮食安全、食品安全、公共卫生安全（包括医疗安全与药品安全）、社会保障安全、生产安全、信息安全、经济安全、人民生命财产安全、公共安全、生态安全、能源安全、资源安全、海洋安全、太空安全、国防安全、网络空间安全、国际安全等，这其中大多是与"社会安全"和"人的安全"相关的内源性非传统安全内容。国家安全委员会首次会议建构了我国新时期的新国家安全体系，提出了11大类的安全领域，大部分的安全都可直接归入非传统安全领域，其余的也与非传统安全相交织。

国内的气候问题主要是大气污染，其已成为"内源性"非传统安全威胁的一大来源。中国人不禁要问奥运"蓝天模式"与"APEC蓝"为何不可持续？2008年北京奥运会期间，京、津、冀、晋、蒙、鲁6省（市、区）实施大气污染治理联防联控，取得积极成效，打造出奥运"蓝天模式"。但这只是短期行为，不能从根本上解决大气污染问题。有数据显示，2013年京津冀地区环境污染治理投资增速与GDP增长速度呈现负向趋势。主要原因是"在经济发展面临下行压力的形势下，各省市政府将大部分资金投入到经济建设的其他方面，降低了对大气环境治污的投入比例。同时，由于地区界限、行业界限，并没有形成先进技术的良好传导机制，最好的科技成果不能及时投入应用到大气污染治理上，造成京津冀地区大气污染联防联控的推进速度趋向减缓。"①

针对资源环境的不安全，中国需要向"污染"宣战。李尚勇曾在《人口困局》一书中指出"局部有所改善，总体在恶化"的局面是当今中国面临的现实，继而他发文指出中国面临的生存环境问题：一是全国安全饮用水高度稀缺。二是全国118个城市中约64%的地下水遭受严重污染。三是农业不得不用劣Ⅴ类水灌溉。四是过量使用化肥、农药、动植物激素、抗生素等。五是近海渔业资源几近枯竭。六是重金属污染形势相当严峻。七是垃圾围城，城市垃圾总量每年以8%~10%的速度增长。八是农业和农村污染总量超过城市和工业。九是空气污染危机开始大爆发，出现"大范围环境危机"现象。②国家环境保护部部长周生贤认为，向资源环境的污染宣战，是解决损害群众健康突出环境问题的必然选择。改革开放以来30多年的快速发展，使我国的资源环境污染呈现明显的结构型、压缩型、复合型特点，为此需要创造出新理念新思路新方法来进行综合治理。③可喜的是，全国人大常委会审议通过了新修订的《环境保护法》（2015年1月1日正式实施），强化了对大气污染特别是雾霾的治理和应对，并且在基本理念、公众参与、法律责任等方面实现了诸多突破。

能源安全是综合性的安全领域，至少包括能源供应的保障、能源价格的承受和能源系统的环境可持续性三方面安全。根据世界能源理事会2014年12月最新发布的报告，从能源供应看，在129个国家和经济体中，中国的

---

① 韩晶、王赟：《京津冀地区治理大气污染的战略选择》，《中国国情国力》2014年第5期（总第256期），第37页。
② 李尚勇：《中国最大最基本国情：资源环境与人口的紧张关系》，2014年4月10日，中国改革论坛网：http://www.chinareform.org.cn/people/L/lishangyong/Article/201404/t20140410_194154_1.htm。
③ 周生贤：《坚决向污染宣战——写在2014年"六·五"世界环境日》，2014年6月5日，中华人民共和国环境保护部网站：http://www.zhb.gov.cn/gkml/hbb/qt/201406/t20140605_276493.htm。

排名是第 19 位，排名还比较靠前；从能源价格的承受能力看，在 129 个国家和经济体中，中国排名第 82 位，落到了中游以下的水平；从能源系统的环境可持续性分析，在 129 个国家和经济体中，中国排名第 127 位，基本处于垫底的落后位置；综合考虑能源供应保障、价格、环境三要素，世界能源理事会编制了一个综合的能源安全指数，中国排在第 74 位。① 目前，亚洲的经济增长与迅速发展很大程度上取决于有效的能源保障，并且需要在经济发展、能源安全与环境保护三者间取得平衡，或者说决策者需要对"人口－能源－资源－环境－法律"作出综合考量，而亚洲解决能源安全问题的主要思路是发展"核能"与"再生能源"。对中国来说，能源需求增长和消费结构堪忧，即能源消费需求总量增长过快且煤炭占比过高。长期以来我国坚持"以煤为主自给，以引进油、气为重心"的能源战略，在消费的一次性能源中煤炭长期占七成以上。同时，我国能源生产和消费环节造成的环境问题严重且难以治理。2014 年雾霾污染席卷全国，多个省市频频发布雾霾红色预警，其中最重要的污染排放源，正是煤炭和石油的利用，解决环境污染问题迫在眉睫。解决能源问题必然会与外部世界交互，进而对能源安全造成更复杂的局面。我们必须认识到"能源，是人类活动的物质基础，关乎人类的生存与发展，更关乎一国的存亡与兴衰。在当今世界，能源的稀缺性已成为世界各国所关注的焦点，能源也成为世界各国争夺的焦点，甚至是战争的根源。"②

食品安全一直是我国"内源性"非传统安全威胁的一大方面。自《食品安全法》颁布六年以来，食品安全与监管受到了我国政府的充分重视，但食品安全问题仍然是人的安全中不可忽视的一个环节。在"中国全面小康进程中最受关注的十大焦点问题调查中，食品安全的关注度在 2010 年排第 4 位，2011 年排第 3 位，2012 年和 2013 年均排名首位。"③ 2014 年，"全

---

① 《中国能源安全并不安全》，2014 年 12 月 08 日，新浪网：http://finance.sina.com.cn/zl/energy/20141208/140221022538.shtml。
② 赵文明：《能源战争：破解世界能源密码》，中国铁道出版社，2013。
③ 张启良：《理性看待我国粮食安全》，《中国国情国力》2014 年第 10 期（总第 261 期），第 147 页。

国食药监系统共查处不符合食品安全标准的案件8.45万件,查处食品146.16万公斤;各地共检查食品经营者1389.3万户次,检查批发市场、集贸市场等各类市场37.98万个次,捣毁售假窝点949个,查处违法添加或销售非食用物质及滥用食品添加剂案件1531件,查处非食用物质和食品添加剂1.38万公斤,吊销许可证658户,创建食品安全示范店13.39万户。"[1] 2014年关乎民生的十大食品安全事件是:沃尔玛售含有"狐狸肉"的驴肉(在驴肉中有其他动物的DNA),杭州黑心企业售过期烘焙食材被央视曝光,上海福喜食品大量采用过期肉,台湾统一19款产品涉黑心油,"吸血鬼饮料"是三无产品,恒天然奶粉出现食物中毒症状,统一泡面被检出大肠杆菌超标,无籽水果含避孕药,昆明黑心商贩造有毒米线,淡水鱼生鱼片含肝吸虫。这些事件读来真让人触目惊心,想来胆战心惊。中国人历来"民以食为天",而"食以安为先",但是食品安全问题居然成为当今一种普遍存在的威胁是以往中国人所难以想象的。食品安全维护最直接考验着我国政府的非传统安全治理能力与中国人的道德良心底线。

　　中国较多的社会公共问题源起于"土地",为此土地政策与社会安全形成了直接的相关性。"土地承载着国家社稷的安宁,也承载着黎民百姓的福祉;从商鞅变法到圈地运动,对于土地的每一次变动,既有可能是一场革命性的变革,也可能是苍生刍狗、生灵涂炭的肇端。"[2] 王荣宇、谭荣在本书的《土地开发补偿的安全威胁:硬币的两面》一文以中国和德国为例,揭示土地开发补偿的政策设计与其可能诱致的安全威胁之间的内在逻辑关系。作者认为只有努力完善相关基础性制度,重塑土地伦理观和土地安全观,尊重公众意愿,更好地发挥政府作用和集体行动的力量,才能确保土地开发补偿的价值、政策、结果的协调一致,有效地防范和化解潜在的生态、社会和文化等安全威胁。

　　随着中国社会转型的深化,各类新的社会公共安全问题越来越多地成为政府的重要议题。周李娟对单位安全进行了研究,探讨了单位安全与非传统

---

[1] 《2014年全国查处8.45万件食品安全事件》,2015年1月29日,新华网:http://news.xinhuanet.com/food/2015-01/29/c_127436791.htm。

[2] 杜运泉、叶祝弟:《土地流转的价值与风险》,《探索与争鸣》2014年第2期,第11页。

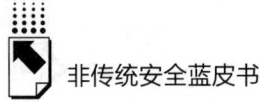

安全之间的相关性,认为非传统安全问题对单位安全管理造成的威胁有:事故灾难、极端事件、环境污染突发事件、恐怖袭击。与此相应单位应对非传统安全威胁的对策有四:一是建立宣传教育培训机制;二是建立公众参与机制,开展参与性与体验性强的培训演练活动,提高避险自救与互救的能力;三是完善危机管理机制,做好公众聚集场所的反恐治安防控工作,开展报警、救助、求生教育;四是健全风险评估机制。①

有关内源性非传统安全问题的研究还有很多方面,以2013~2014年出版的著作为例,如程国强著的《重塑边界:中国粮食安全新战略》和《全球农业战略:基于全球视野的中国粮食安全框架》两本书在分析全球粮食危机与中国粮食新挑战之后,提出要重塑中国粮食安全边界。公茂刚著的《发展中国家粮食安全问题研究》对发展中国家的粮食安全从粮食供给能力和粮食获取能力两方面做了系统分析。白美清编的《粮食安全·国计民生的永恒主题:关于国家粮食安全课题系列研究报告》一书给出了国家粮食安全的新战略和政策建议。何昌垂编的《粮食安全:世纪挑战与应对》提出要融入全球粮食安全的战略体系。伍新木著的《中国水安全发展报告2013》一书全景式地展现了中国水安全建设的成就,水安全制度的演进,水安全产业的发展和水环境恶化的忧患。李舒东著的《传媒安全研究》一书探讨了在域外文化入侵、信息安全危机、社会转型所带来的利益群体冲突频发的时代,如何利用大众传媒确保国家安全、公共安全和群体安全。韩源等著的《国家文化安全论——全球化背景下的中国战略》指出,在复杂的国际环境中,中国作为社会主义国家的安全利益在很大程度上表现为国家文化安全。胡象明等著的《大型工程的社会稳定风险管理》一书对诸如核电站、大型石化、垃圾焚烧等特殊重大工程项目中存在的"技术、环境等方面的隐患与社会稳定方面的风险"进行了分析,特别是对从厦门到大连再到宁波的PX项目所引发的民众不满和抗议进行了分析。

---

① 周李娟:《非传统安全背景下单位安全面临的威胁及对策》,《中国国情国力》2014年第12期(总第263期),第64~66页。

六 非传统安全治理理论创新

鉴于国际安全是国际关系领域中的一个分领域,国际安全治理理论既可以是直接对安全领域的抽象,也可以是对国际关系理论的具体运用。因而"非传统安全治理理论"的再创造也同样既是对直接安全领域的理念创造,也是对国际关系理论范畴新创造的再运用。近期值得一提的非传统安全治理理论主要有以下几种。

(一)"可持续安全"论

习近平在2014年5月的上海亚信峰会上发表了题为《积极树立亚洲安全观共创安全合作新局面》的主旨讲话,提出了"共同、综合、合作、可持续安全"的"亚洲安全观",刘江永认为这堪称是对和平共处五项原则的继承和发展,其意义十分重大。"第一是该范畴涵盖了传统安全与非传统安全两大领域;第二是弥补了现行的安全观并未包含国内安全和公民个体安全的缺陷;第三是联合国的人类安全以及其他国家提出的综合安全观不太强调安全的可持续性,特别是依靠战争谋求单方面绝对安全必然会发生安全异化;第四是迄今的安全观难以弥合主权与人权之争,致使发展中国家的安全观往往倾向于维护主权,发达国家的安全观则强调所谓的人权;第五是某些大国或强国的安全观不大重视经济和社会成本;第六可持续安全是中国的核心利益而非难以实现的理想"。① 为此,"可持续安全战略是政府长期维护国家安全的一种能力与艺术,旨在确保国家和平与安全可持续安全战略作为国家安全战略大系统,包括传统安全和非传统安全两大子系统、国内和国际两个安全大局,以及在这个总纲下的若干细目"。②

刘江永对可持续安全战略的目标、特点、本质、实施、运作、内容做

---

① 刘江永:《从国际战略视角解读可持续安全真谛》,《国际观察》2014年第6期,第10~11页。
② 刘江永:《从国际战略视角解读可持续安全真谛》,《国际观察》2014年第6期,第11页。

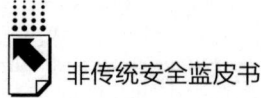

了全面的阐述,即可持续安全战略的目标是争取实现低成本、高安全的可持续性;特点是国内安全与国际安全的协调性;本质是和平与非暴力性;其实施具有预防性、综合性与合作性;其运作具有尊重各国安全利益的多样性与共同性;同时其还强调维护国家、地区及全球安全的整体性,其目标的实现还有赖于各国发展与安全的相对同步性,有赖于国际合作的可持续性;其内容还包括地缘战略概念的创新性,如用"海陆和合论"取代传统只为霸权服务的"海权论"、"欧亚大陆中心论"和"欧亚大陆边缘地带论"等。①

(二)"国际共生"论

《国际观察》编辑部于2014年第1期组织了一组主题文章,围绕"国际共生论"② 展开讨论。金应忠的观点是,人类命运共同体以共生关系为存在形式,因而作为共生关系中的国家必须自强不息、尊重他者、约束自我,从而在多元共生的国际社会里,所有人类共同体成员生存、发展的最佳选择是"包容共进"。③ 黄平的观点是,"中国学者发掘自身文化资源,参考西方先进理论,提出了'国际社会共生论',试图对国际社会的深刻变化做出解释和提供解决之道","国际社会的新'共生论'特征:就客观而言,国际社会的形成虽以国家的共生为基础,但传统国际体系结构下的共生关系是一

---

① 刘江永:《从国际战略视角解读可持续安全真谛》,《国际观察》2014年第6期,第11~13页。
② 2014年以前已有不少学者探讨过"国际社会共生论",如金应忠:《国际社会的共生论——和平发展时代的国际关系理论》,《社会科学》2011年第11期,第12~21页;金应忠《共生性国际社会与中国的和平发展》,《国际观察》2012年第4期,第43~49页;苏长和:《共生型国际体系的可能——在一个多极世界中如何构建新型大国关系》,《世界经济与政治》2013年第9期,第4~22页;任晓:《论东亚"共生体系"原理——对外关系思想和制度研究之一》,《世界经济与政治》2013年第7期;2014年发表的相关论文还有:金应忠:《为什么倡导共生型国际体系——与熊李力先生对共生性学说理论批判的商榷》,《社会科学》2014年第9期;蔡亮:《共生国际体系的优化:从和平共处到命运共同体》,《社会科学》2014年第9期;等等。
③ 金应忠:《试论人类命运共同体意识——兼论国际社会共生性》,《国际观察》2014年第1期,第37~51页。

种'弱肉强食、欺诈霸凌'的逻辑,并非真正的共生关系,新兴的共生关系则是一种相互包容、相互克制、互利共赢、共同发展的共生关系"。① 黄平认为,全球金融危机、生态危机、恐怖主义威胁、贫困加剧、失业、文化毁灭、认同瓦解和社会分化等全球性问题凸显了国际社会新型共生关系,而针对这些问题的跨国治理调整着国际社会旧有共生关系,从而以"共生论"为话语的"全球治理",体现了以往人们所不具备的世界秩序观,体现了人们对自己所遭遇问题之解决方案的革新,体现了得以在国际社会扩散和实践的由中国倡导的新国际规范的形成。② 杨洁勉的观点是:"共生性国际体系可分为和平共处、和平共生及和谐共生三个发展阶段。"③ 蔡亮的观点是,"目前人类社会彼此利益交融、兴衰相伴、安危与共的客观局势使共生体系正从和平共处向和平共生阶段发展。但是要优化共生体系,使之发展到更高的阶段,需要一系列的理论自觉和实践创新"。④

2014年底,《国际展望》编辑部在11/12月第6期设立"中国特色外交理论与实践·路径与建构",推出了上海国际问题研究院课题组的成果,即全面阐述了强调海纳百川、包容共生且以"国际共生论"为核心的"上海学派"。⑤ "国际共生论"理论对确立非传统安全维护方略具有指导意义,当今世界不仅国家间的关系是共生的,而且全球性的问题乃至威胁也是共生的。"共生"方式与"共生"威胁已经是人类生存所赖以为基与共同面对的客观事实,要解决国际社会共同面临的非传统安全威胁,"国际共生论"范式必然有其特别的优先性。

---

① 黄平:《变迁、结构和话语:从全球治理角度看"国际社会共生论"》,《国际观察》2014年第1期,第63~64页。
② 黄平:《变迁、结构和话语:从全球治理角度看"国际社会共生论"》,《国际观察》2014年第1期,第63~70页。
③ 杨洁勉:《中国走向全球强国的外交理论准备——阶段性使命和建构性重点》,《世界经济与政治》2013年第5期,第4页。
④ 蔡亮:《共生性国际体系与中国外交的道、术、势》,《国际观察》2014年第1期,第52页。
⑤ 上海国际问题研究院课题组:《海纳百川、包容共生的"上海学派"》,《国际展望》2014年第6期,第1~17页。

(三)"创造性介入"论

王逸舟认为,在世界格局中,中国曾是国际地位低下的被视为"东亚病夫"的"受欺压者",但进入21世纪,中国已经以一个负责任的新兴大国姿态站立在全球高地上,中国的外交需要改变过去曾经奉行的"低调不介入"的冷漠态度,而应以"创造性介入"作为中国外交的新取向。在外交实践中"介入"(involvement 或 intervention)是一个敏感词,王逸舟采用的是关涉意义上的"介入"(involvement)而不是干涉意义上的"介入"(intervention),这表明,"它强调的介入,不是一种霸权式介入,不是一种单纯的军事介入,而是积极的建设性的富有中国人智慧的介入,它更多不只是让中国自己享受了,中国人通过在全球的活动发展了,而且国际社会、周边国家也会看到这样一个和平的狮子,一个崛起的巨人,为周边,为世界做出更多的努力,提供更多的好处"。① 可见,"创造性介入"论强调的是:既要对"韬光养晦"做"适度调整"或哲学意义上的"扬弃",又绝非西式的干涉主义和强权政治,而是对中国统筹内外两个大局"提出更多的国际方案与建设性思路"②。

"创造性介入"论的最大贡献是对和平共处五项原则中的"不干涉内政"原则的拓展,"在新的时代,国际安全的保障,各国自身的稳定,乃至全球性治理的推进,都要求对于传统的不干涉原则做出某种修正,使之允许在保证当事方基本权利的前提下,尤其在与联合国宪章精神一致的条件下,由周边地区、一些重要国家和国际社会参与个别国家内部危机的解决。必须承认,在这方面,包括非洲大陆不少国家在内,对于中国可能扮演的新角色有越来越多的期待与要求"。③ 王逸舟认为,"创造性介入"战略有三个层次:一是立足全球"高地",发挥世界性大国应有的全方位作用;二是面向

---

① 《王逸舟:中国应积极地创造性介入全球性事务》,2014年11月17日,凤凰网:http://phtv.ifeng.com/a/20141117/40871271_0.shtml。
② 王逸舟:《创造性介入:中国外交新取向》,北京大学出版社,2011,第2、149页。
③ 王逸舟:《创造性介入:中国之全球角色的生成》,北京大学出版社,2013,第77~78页。

各种各样的"高边疆"能够有中国自己的作为,能起到带头和引导作用;三是面对既有的国际体系,中国应当更多地参与国际规则的制订,有更充分的话语权。①

王逸舟明确指出,中国对外要防止"中国越强大越富有、朋友越少、亲和力越弱"的趋势,但中国独特的文化传承与巨大规模的市场所形成的国内重心,"很容易使领导人不自觉地把主要注意力放在解决当下迫切的国内事务上,而忽略(甚至是轻视)外部世界对中国的关注、需要以及敏感复杂的批评意见",何况"中国的全球政治角色(包括对整个人类文明的政治哲学引导符号)显然不太明晰,它的全球安全目标和策略也不太系统连贯,其对于全球社会和文化领域的作用杠杆更是乏善可陈"。② 而"创造性介入"正是突破这一"瓶颈"的指导性理念。哈佛大学江忆恩教授的评价是《创造性介入》"为中国深化与外部世界的关系提供了极富思想和创造性的导向"。③

(四)"道义-实力"论

2014年第5期的《国际问题研究》发表了阎学通的《道义现实主义的国际关系理论》一文,作为国际关系研究"清华路径"代表理论的"道义-实力"论(或"道义现实主义")被完整提出和初步认证,并为如何取代霸权、如何拓展现实主义国际关系理论开辟了新的方向。

阎学通认为"道义优先"原则具有普适性,当然如摩根索所指出的,道义优先中的"道义"是具体的而非抽象的、是世界的而非民族的,因此,道义是容于现实主义的。同时,"道义现实主义并不认为讲道义就排除了使用武力,反而认为绝不使用武力是不讲道义的。在无序的国际体系中,中小国家无力自己保障,于是采取将安全委托给大国的战略。当一个强国采

---

① 《王逸舟:中国应积极地创造性介入全球性事务》,2014年11月17日,凤凰网:http://phtv.ifeng.com/a/20141117/40871271_0.shtml。
② 王逸舟:《创造性介入:中国之全球角色的生成》,北京大学出版社,2013,第77~78页。
③ 王逸舟:《创造性介入:中国外交新取向》,北京大学出版社,2011,封底文字。

取绝不使用武力的政策,意味着它不用武力保护受侵略的中小国家。对于中小国家来讲,这样的大国也是没有道义的,而且也是没有国际战略信誉的。"①

阎学通将"政治领导类型"和"国家实力"视作影响国家对外战略取向的两个核心因素,认为政治领导类型按行为方式的张力可分为"无为"、"守成"、"进取"和"争斗"四类,而国家实力按在国际体系中的位置可分为"主导国"、"崛起国"、"地区大国"和"小国"四类。"当国家实力达到主导国或崛起国水平时,道义的有无与水平高低对国家战略的效果,特别是建立国际规范的效果,具有重大影响。"②

阎学通指出,中国应建立以道义优先、国家实力为基础的"德威并重的战略信誉",丰富"亲、诚、惠、容"的奋发有为的外交政策。在中国道义中的"义"有"正义"与"信义"双重含义,因而"在当今时代,中国要实现民族复兴就需要在'正义'和'信义'两个方面超越美国。'正义'的具体表现是,中国在国际冲突中比美国更多地维护弱者的合法权益;而'信义'的表现是,中国有比美国更高的战略可靠性。鉴于美国提倡的'平等、民主、自由'价值观目前在世界上占有主导地位,中国需要借鉴'仁、义、礼'三个中国古代概念,结合'平等、民主、自由'的现代政治概念,在世界上推行'公平、正义、文明'的价值观。'公平、正义和文明'对于'平等、民主和自由'来讲是包含和超越"。③

(五)"共享安全"论

国际关系学院、国际战略与安全研究中心、《国际安全研究》编辑部曾于2013年底在北京召开了以"共享安全与全球治理"为主题的国际关系学院第13届国家安全论坛,共35篇论文分为八大议题围绕论坛主题展开了讨

---

① 阎学通:《道义现实主义的国际关系理论》,《国际问题研究》2014年第5期,第118页。
② 阎学通:《道义现实主义的国际关系理论》,《国际问题研究》2014年第5期,第102页。
③ 阎学通:《道义现实主义的国际关系理论》,《国际问题研究》2014年第5期,第127页。

论。冯绍奎的《"共享安全"语境下的能源安全》①一文对"共享安全"概念提出的背景,能源安全"共享性"的增强及其原因,"共享安全"与我国能源安全战略的关系进行了分析,特别提出了共享安全与立体化的"全球治理"构想。2014年1月《国际安全研究》发表余潇枫的《共享安全:非传统安全研究的中国视域》一文,"共享安全"作为非传统安全治理的一种新范式被较详尽地阐述。2014年6月《中国非传统安全研究报告(2013~2014)》发表的魏志江、庞加欣的《论"共享安全"与中韩非传统安全合作(2008~2013)》一文②,对"共享安全"的历史理论基础与中韩非传统安全合作现状做了深入阐述。

余潇枫指出,"共享安全"是全球化时代人类共同解决非传统安全问题的重要范式。我们既可以从中国历史中挖掘"共享安全"的丰富思想资源,如《周易》中提出的"保合太和"的天下大同情怀,"万国咸宁"的人类安全理想,《尚书》提出的"协和万邦"的治世理国方略;我们还可以从中国现实中提炼"共享安全"的外交实践经验。以中国新近向世界倡导的"一带一路"方略为例,这不是一种单向性援助,而是一种多向性共建;不是一种对抗性结盟,而是一种合作性结伴;不是一种"例外主义"的算计,而是一种"关系主义"的互惠;更不是一种"殖民主义"的强制,而是一种"和合主义"的联动。进入21世纪以来,"共享安全"作为一种全球化时代的安全理念与战略性话语越来越被中国人重视。

余潇枫认为,在面对全球性非传统安全威胁的体系性应对缺失的众多难题中,最难的也是最关键的是对"异质性"冲突的超越。或者说"共享安全"的困境"便是如何对待现存的不同层次的'异质性'因素:既包括文明、文化、宗教、民族、社会等种种'异质'的历时性遗在,也包括因历史、地缘、利益、资源、制度、方式甚至误解引起的冲突与对抗而转化成的

---

① 国际关系学院等:《"共享安全与全球治理"研讨会论文集》,2013年11月30日,第362~370页。
② 魏志江、庞加欣:《论"共享安全"与中韩非传统安全合作(2008~2013)》,《中国非传统安全研究报告(2013~2014)》,社会科学文献出版社,2014,第39~52页。

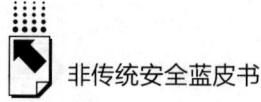

'异质'的现时性此在,也包括因对未来走向持有不同图景与追求的'异质'的可能性彼在。"① 一般说来,美国惯用自己的善恶去判定美国与别国之间的"异质"冲突,较多采用的是对"异质"世界的独断与强制的策略;欧洲的国际安全观与安全政策有其自身的较为包容与共享的特色,面对"异质性"冲突较重视"契约式安全"、"机制化安全"、"法理性安全"的路径;而中国的"命运共同体"意识、"和平发展"方略、"和谐世界"愿景以及"亚洲新安全观"和"总体国家安全观"的提出与贯彻等均呈现了对"异质性"冲突进行非暴力消解的中国式努力。"纵观人类社会的历史走向与现实发展,我们无疑会发现,正是在共同威胁不断地扩大范围并对人类生存造成普遍挑战的情境下,人类社会不断经历着从努力实现小型共同体的'同质性'共建共享逐步甚至是艰难地走向能包容'异质性'的更大共同体及至全球性的共建共享的过程。"②

魏志江认为,在国际安全研究领域,现实主义的安全理论主要是通过均势、联盟抑或霸权手段,相互间进行实力博弈,以维持单一国家或联盟的所谓和平;自由主义、建构主义的安全理论,其基本内容和范式均是建立在西方单一国家相互建构安全的基础上,以实现和平主义的价值取向;而"共享安全"论则以中国历史哲学与政治思想为基础,以东亚传统的安全实践为传承,提出了与西方"建构安全"相对的"共建安全"的安全理论,以期通过"共存"、"共依"、"共建"、"共享"的努力,为自身面临的"崛起困境"与避免陷入所谓"修昔底德陷阱"探求新路,为世界的和平发展做出贡献。③

(六)"有效安全"论

2014 年 11 月 15 日《复旦中国国家安全战略报告——安全、发展与国

---

① 余潇枫:《共享安全:非传统安全研究的中国视域》,《国际安全研究》2014 年第 1 期,第 31 页。
② 余潇枫:《共享安全:非传统安全研究的中国视域》,《国际安全研究》2014 年第 1 期,第 31 页。
③ 魏志江:《非传统安全研究中"共享安全"的理论渊源》,《国际安全研究》2015 年第 2 期。

际共进》发布并首次提出"有效安全"的概念，其具体界定为："一个有效国家安全战略，应该追求增强的安全、相对的安全、开放的安全、可持续的安全、全向度的安全、发展的安全、共同的安全、统筹的安全和避免过度安全化的安全。"① 报告为突出安全前置词"有效"，将上下两篇的篇目定为"有效国家安全的总体战略"和"有效国家安全的领域战略"，提出中国需要以"有效安全"为核心的国家安全战略。报告基于"有效安全"的理念界定与分析，进一步提出了相应的可操作的具体政策建议，如"结伴不结盟"、"选择性的战略投入"等，并强调"有效安全需要自身主动设置安全议程，牵引而不是被牵引，集中安全和外交资源，避免安全和外交资源在被动应对中消耗"。②

该报告强调，经济社会的持续发展是有效安全的基础，不断转化和创造有利于自己的安全环境的能力是有效性安全的标志，建构有治本效应的体制机制是有效安全的关键，在扩展国际安全合作的同时培育和发展手段多样的反制能力是有效安全的提升，国内安全治理与国际安全治理统筹考虑是有效安全的必需③。

陈志敏认为，"有效安全"体现在推进安全与发展两者之间的平衡中，特别是要实现"增强的安全和持续的发展两者之间的有机结合"，与此同时，还要处理好多种多样安全利益之间的关系，当今中国"随着安全问题范围的扩展，如各种非传统安全问题的出现，各种安全利益之间存在重要性和紧迫性上的差异；一些安全利益更加重要，或更加紧迫，需要国家优先重视。与此同时，国家外交战略也服务于其他重要国家利益，如国家的发展利益和获得国际地位等。在资源和手段既定的情况下，国家需要平衡追求国家的安全利益和其他重大国家利益，在追求安全利

---

① 《复旦智库报告：中国应在发展中追求"有效安全"》，2014 年 12 月 8 日，中国社会科学网：http://ex.cssn.cn/zx/yw/201412/t20141208_1433092_3.shtml。
② 《复旦智库报告：中国应在发展中追求"有效安全"》，2014 年 12 月 8 日，中国社会科学网：http://ex.cssn.cn/zx/yw/201412/t20141208_1433092_3.shtml。
③ 《〈复旦中国国家安全战略报告〉发布 追求"有效安全"》，2014 年 11 月 17 日，中国社会科学网：http://www.cssn.cn/gx/gx_gxxx/201411/t20141117_1401857.shtml。

益的过程中,优先实现重要的和紧迫的安全利益。如果局部和次要安全的追求会妨碍到整体、重要和紧迫的安全利益的实现,或者损害到其他重大国家利益的实现,那么中国应该优先去追求其他更为重要的利益。这需要中国的安全战略与外交战略有更好的顶层设计,来实现各种利益诉求有序和有效地实现。"①

---

① 《复旦智库报告:中国应在发展中追求"有效安全"》,2014年12月8日,中国社会科学网:http://ex.cssn.cn/zx/yw/201412/t20141208_1433092_3.shtml。

综合报告

Comprehensive Report

B.2
中国亚洲安全认知新趋势：
基于非传统安全话语的分析

崔顺姬*

| 摘　要： | 2014年中国的亚洲安全认知有了新的变化。中国所倡导的"共同、综合、合作、可持续"的亚洲新安全观和"命运共同体"意识成为一种形成亚洲意识和亚洲责任的动力。试图摸索"以亚洲方式解决亚洲问题"的努力也使"亚洲"作为一个整体的地区概念成为思考安全战略的单元。这种趋势体现在学术研究领域也体现在中国的周边安全合作实践中。在学术上，"命运共同体"、"共同/共享安全"等成为2014年安全 |

---

* 崔顺姬，浙江大学公共管理学院国际关系学副教授，浙江大学非传统安全与和平发展研究中心研究人员。研究成果包括：《人的发展与人的尊严：再思人的安全概念》，载《国际安全研究》（2014）；"Conflict Transformation：East China Sea Dispute and Lessons from the Ecuador-Peru Border Dispute", Asian Perspective (2014)。

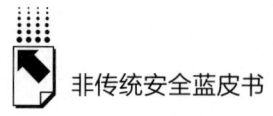

研究关注的热点。同时,安全观的研究、大国关系与国家战略的研究也进入非传统安全研究领域,丰富了研究的内容也提升了非传统安全研究的政策相关性。在周边外交实践领域,出现了一系列以新的周边外交与安全理念为指导的区域合作。显然,构建开放包容的亚洲安全新架构已经成为中国周边外交战略的重要方向。展望2015年,亚洲新安全观将继续推动中国非传统安全研究朝着创建中国特色的国际关系理论方向发展,并更具政策导向内涵。亚洲新安全观也将进一步推动中国周边外交朝着建设利益与命运共同体的方向发展。

关键词: 亚洲新安全观 命运共同体 非传统安全研究 周边安全合作实践

序　语

当前和未来一段时期既是中国和平发展的关键时期,也是中国面临诸多现实挑战和困难的时期,然而近年来,中国周边地区的安全形势变得更加复杂,不仅美国的战略重心向东转移,日本的右倾化倾向日益明显,同时朝核问题变得更加复杂,东海南向等海洋纷争不断升级,宗教极端主义和恐怖主义势力也呈现扩张之势,而且环境问题、能源问题、跨国犯罪等各种非传统安全威胁不断加剧。这种传统安全与非传统安全问题互为交织,增大了我国周边安全的不确定性和复杂性,同时,中国的迅速崛起也对外部世界,尤其是对周边国家形成了更大的压力,近几年,"中国强硬"论在国外媒体中频繁出现。这些都给我国的和平发展战略提出了新挑战,引发人们思考,应该如何准确把握周边安全形势,并作出正确判断,同时又如何向周边正确而恰当地释放出中国的战略意图,这对我国和周边国家共同实现和平稳定发展具有重要意义。

中国亚洲安全认知新趋势：基于非传统安全话语的分析

回顾2014年，面对复杂而严峻的挑战，中国并没有以恶性循环的对抗性战略来应对，也没有显得束手无策，而是以更加积极和有为的方式进行了周边战略的调整。这种调整不仅体现在周边外交在我国的战略地位得到了提升，更重要的是周边外交"理念"得到了更新。我们清晰地看到中国的周边战略有了明显新气象。首先，在2013年10月中国周边外交工作座谈会议之后，中国周边外交释放出更加"奋发有为"的决心，也明确了中国继续坚持"巩固睦邻友好、深化互利合作"的方向。"亲、诚、惠、容"的周边外交理念和坚持在周边国家树立"命运共同体"的意识成为2014年中国周边外交的主旋律。① 其次，在考量周边安全问题时，相比以往更多从东北亚、东南亚、中亚等次区域层面的考量，2014年，"亚洲"作为一个整体的地区概念也成为思考安全战略的单元。2014年5月在上海召开的亚信会议和习近平在会上提出的亚洲新安全观更成为一种"增强亚洲意识、提高亚洲责任、倡导以亚洲方式解决亚洲问题"的新尝试。② 在以上理念和方针的指导下，中国的亚洲安全认知呈现出探索亚洲作为命运共同体的新动向，这些不仅体现在学术研究领域，也反映在安全合作的实践中。本文基于2014年发表的官方文件、媒体报道以及学术期刊文献，从非传统安全话语分析的视角探讨：①亚洲新安全观如何成为中国考量周边安全的指导方针；②亚洲安全认知如何体现在非传统安全的研究领域；③亚洲安全认知又如何体现在中国与周边安全合作的实践中。

一 亚信会议与亚洲新安全观的确立

1. 上海亚信峰会及其意义

2014年5月20~21日，亚洲相互协作与信任措施会议（简称亚信会议）第

---

① 参见《习近平在周边外交工作座谈会上发表重要讲话强调：为我国发展争取良好周边环境》，《人民日报》2013年10月26日。
② 参见习近平《积极树立亚洲安全观共创安全合作新局面——在亚洲相互协作与信任措施会议第四次峰会上的讲话》，《人民日报》2014年5月22日。

四次峰会在中国上海举行,会议的主题为"加强对话、信任与协作,共建和平、稳定与合作的新亚洲"。本次峰会有47个国家和国际组织的领导人和代表相聚在一起商讨了亚洲安全大计。中国国家主席习近平主持本次峰会并发表主旨讲话,提出应该积极倡导"共同、综合、合作、可持续"的亚洲安全观,"创新安全理念",并"走出一条共建、共享、共赢的亚洲安全之路"。会议还通过了《上海宣言》,强调把亚洲建成持久和平、共同繁荣的和谐地区。因此,本次会议被认为是一次具有里程碑意义的会议,意味着亚洲又站在了一个新的历史起点上。①

2014年5月20~21日,亚洲相互协作与信任措施会议第四次峰会在上海举行

新华社记者张铎摄。照片来自新华网:http://news.xinhuanet.com/world/2014-05/23/c_126537983.htm。

亚信是哈萨克斯坦总统纳扎尔巴耶夫在1992年第47届联合国大会上提出成立的,主要目的是要在亚洲大陆建立起有效的、综合性的安全保障机制,中国是亚信创始成员国。目前亚信已有26个成员国,横跨亚洲各次区域,涵盖不同社会制度、宗教、文化、经济发展阶段,具有广泛代表性,成为亚洲地区涵盖国家最多的安全对话论坛。②

---

① 有关2014年亚信峰会的专题报道参见:《亚洲相互协作与信任措施会议第四次峰会:共建和平、稳定与合作的新亚洲》,中国日报网,http://www.chinadaily.com.cn/2014yaxinfenghui/。
② 亚信现有26个成员国:中国、阿富汗、阿塞拜疆、埃及、印度、伊朗、以色列、哈萨克斯坦、吉尔吉斯斯坦、蒙古国、巴基斯坦、巴勒斯坦、俄罗斯、塔吉克斯坦、土耳其、乌兹别克斯坦、泰国、韩国、约旦、阿联酋、越南、伊拉克、巴林、柬埔寨、卡塔尔、孟加拉国和13个观察员(国家或国际组织),参见《卡塔尔、孟加拉国相继加入亚信新成员国扩至26个》,中国新闻网,2014年5月20日,http://www.chinanews.com/gn/2014/05-20/6192765.shtml。

亚信成立22年来，虽然已成为亚洲为数不多的跨文明和跨区域的讨论地区安全与合作问题的重要多边平台，但是一直以来，基于地理、文化、宗教、发展水平等各种原因，亚洲地区内的众多次区域组织发挥了更多的作用，比如东盟、东盟+N、亚太经合组织、上合组织等，而亚信作为一个地区安全与合作问题的多边平台尚未发挥其应有的作用，亚洲仍缺乏一个有效的代表整个亚洲的安全架构。① 甚至，亚洲作为一个地区的概念也常常模糊不清，比如，当人们说1997年"亚洲金融危机"，实际上指的是"东亚金融危机"，亚洲、东亚、亚太等地区概念也常常被混为一谈，在安全认知上也缺乏整体的亚洲安全观和安全认知。那么我们应该如何理解亚洲作为一个整体的地区，亚信上海峰会所提出的亚洲新安全观在促进亚洲意识和亚洲责任方面又有哪些重要意义呢？这也是有待研究和回答的问题。

2. "亚洲地区"与"亚洲意识"

首先，本文对亚洲的界定沿用了中国外交部对地区的划分，因而亚洲指包括东北亚、东南亚、南亚、西亚和中亚在内的47个国家/地区。② 然而，亚洲作为一个地区为什么长期以来没有形成一个覆盖整个亚洲的安全架构？要回答这个问题，我们首先要回答什么是地区一般来说地区指某一特定的地理范围，它往往带有某种"可持续的特性，是特定人群对其有持久的所属感的一种世界单元"。③ 更进一步说，地区应超越简单的地理概念，而包含观念因素，即要被一种区域意识所支撑，因而构成一种地区国际社会或

---

① 《亚信峰会推动"亚洲新安全观"》，《新京报》2014年5月19日。
② 其中东北亚包括，中国、日本、韩国、朝鲜、蒙古国5个国家；东南亚包括：越南、老挝、柬埔寨、泰国、缅甸、马来西亚、新加坡、印度尼西亚、文莱、菲律宾、东帝汶11个国家；南亚包括：印度、巴基斯坦、孟加拉、尼泊尔、不丹、斯里兰卡、马尔代夫7个国家；中亚包括：哈萨克斯坦、乌兹别克斯坦、吉尔吉斯斯坦、土库曼斯坦、塔吉克斯坦5个国家；西亚包括：（近中东的）土耳其、（中东的）伊拉克、科威特、沙特阿拉伯、阿联酋、巴林、也门、阿曼、卡塔尔、黎巴嫩、叙利亚、约旦、巴勒斯坦、以色列；（外高加索的）格鲁吉亚、亚美尼亚、阿塞拜疆；（非中东的）伊朗、阿富汗等共19国家/地区。可参见中国外交部网站，国家（地区），http://www.fmprc.gov.cn/mfa_chn/gjhdq_603914/gj_603916/yz_603918/。
③ Hara, Yonosuke, *Area Economics: Topology of the Asian Economy*, NTT Press, 1999.

"国际公共领域"。① 正是这种区域意识使"地区"区别于单纯的地理意义上的地域概念，地区也才会相应地扩张或收缩。② 对于亚洲而言，作为一个地区它所缺乏的正是这种区域意识，因此长期以来虽然所谓的"亚洲观"也不胜枚举，但是亚洲从未在真正意义上成为一个"整体"。③ "冷战"结束后所成立的东盟地区论坛和亚信会议在一定程度上弥补了这种缺失，尤其是东盟地区论坛有27个成员国，并已成为亚太地区最主要的官方多边安全对话与合作渠道。然而东盟地区论坛覆盖的范围主要是亚太地区而没有涵盖中亚和西亚国家。而亚信会议的26个成员虽然覆盖面很广也没有包含所有的亚洲国家，而且其发展也比东盟地区论坛相对滞后。④ 由此可见，"冷战"后虽然出现不少安全对话与合作机制，但是仍然没有形成一个覆盖整个亚洲的整体性安全合作架构，亚洲仍然缺乏一种亚洲的事务应由亚洲自己主导解决的主体意识。

因此，上海亚信峰会提出增强亚洲意识、提高亚洲责任对于形成真正意义上的亚洲地区具有重大意义。而事实上，亚洲成为一个整体的地区国际社会的条件日趋成熟。虽然"二战"后受"冷战"两极格局的影响亚洲长期呈现出碎片化局面，亚洲人民希望团结一致走出独立自主道路的决心和努力并没有间断。早在20世纪50年代的亚非会议（万隆会议）上，中国、印度等国家共同提出的和平共处五项原则成为指导亚洲国家国际关系的基本原则，这一原则至今发挥着作用。⑤ 今天，亚洲已经成为一个"拥有全世界

---

① Jang, In-Sung, "Publicness of Modern East Asian International Society and 'Public Opinion in All Nations'", inMitani, Hiroshi (ed.), *Public opinion formation in East Asia*, Tokyo: Tokyo University Press. 2004.
② 有关地区的更详细的研究，参见 Pempel, T. J., (ed.), *Remapping East Asia: The Construction of a Region*, Ithaca: Cornell University Press, 2005。
③ Mori, Kazuko, "Community Building in East Asia and the New Regionalism", Paper presented at the Conference on "Beyond History: Reconciliation, Cooperation and Social Integration in Northeast Asia", Hangzhou, China, 3 December 2011.
④ 有关东盟地区论坛与亚信会议的比较研究参见，魏玲：《小行为体与国际制度——亚信会议、东盟地区论坛与亚洲安全》，载《世界经济与政治》2014年第5期。
⑤ 陆庭恩：《论万隆会议及其影响》，载《西亚非洲》2005年第3期。

67%的人口和三分之一的经济总量"的地区,① 也是世界上最具经济发展活力和潜力的地区,甚至不少人在预测"亚洲世纪"的到来。② 同时在安全领域,亚洲已经建成东盟、东盟地区论坛、上合组织、独联体、东盟+N等组织,为弥补亚洲安全合作"短板"提供了基础。同时,随着中国实力的上升和希望成为更加负责任大国的努力也为推动亚洲安全与合作架构的进程增添了可行性保障。此次在上海亚信峰会上中国正式接任2014~2016年亚信主席国,并试图采取一系列积极举措以提升亚信的地位和影响力,亚洲很多国家正期待"中国智慧"。在这种时代背景下中国提出亚洲新安全观,反映了时代的声音,它将成为构建和推动亚洲安全大厦的理论依据。

3. "亚洲新安全观"的确立

"亚洲新安全观"是中国国家主席习近平于2015年5月在亚信上海峰会上首次全面阐述的理念,受到国际社会的广泛重视,被认为是"中国智慧"在国际社会的体现。那么亚洲新安全观的主要内涵是什么,具有哪些安全认知上的特点,对于构建亚洲乃至全球安全大厦有什么意义?本文根据习近平在亚信上海峰会上所做的《积极树立亚洲安全观共创安全合作新局面》主旨讲话来具体考察亚洲新安全观的内涵、特性及意义。

亚洲安全观的内容可概括为"共同、综合、合作和可持续"的安全观。虽然简明扼要,这四点所体现的内涵却极其丰富,是复合型的多维度的安全概念,它明确了安全的本质、所要实现的目标、关注的主体、实现的手段等。我们可以逐一进行分析。

"共同安全",界定的是安全的本质和安全实现的目标,其核心是要"尊重和保障每一个国家安全"。这种核心观点体现在如下三个方面。首先,安全应该是"普遍"的,这种普遍性体现在"不能一个国家安全而其他国家不安全,一部分国家安全而另一部分国家不安全,更不能以牺牲别国安全

---

① 习近平:《积极树立亚洲安全观共创安全合作新局面——在亚洲相互协作与信任措施会议第四次峰会上的讲话》,《人民日报》2014年5月22日。
② 参见李长久《"亚洲世纪"与美国对外经贸关系重心东移》,载《世界经济》1994年第7期;朱宇伦:《新亚洲世纪来临?》,载《新民周刊》2014年第38期。

谋求自身所谓绝对安全"。① 其次,安全应该是"平等"的。这种平等性意味着,尽管亚洲各国大小、贫富、强弱很不相同,历史文化传统和社会制度千差万别,安全利益和诉求也多种多样,但是,"各国都有平等参与地区安全事务的权利,也都有维护地区安全的责任"。最后,安全应该是"包容"的。一直以来亚洲存在的多样性和差异性常被认为是地区一体化建构的弱点和阻碍,但是亚洲新安全观试图将这种弱点转化为活力和动力,并通过以"尊重各国自主选择的社会制度和发展道路,尊重并照顾各国合理安全关切"的方式来实现亚洲安全。基于这种安全本质的认知,亚洲新安全观提出了"要尊重和保障每一个国家安全"的共同安全目标,即亚洲作为一个地区,其"利益交融、安危与共",因而日益成为"一荣俱荣、一损俱损的命运共同体"。②

"综合安全",主要指"要统筹维护传统领域和非传统领域安全"。是否要将安全概念局限在狭隘的传统安全理解上,还是要扩展到非传统安全领域,是长期以来国际安全研究所争论的焦点问题。亚洲安全观明确了安全认知应该超越传统安全。综合安全的综合性可理解为既包括安全研究领域的综合性,也涵盖安全维护手段的综合性,这完全符合亚洲安全的现实情况。因为亚洲地区所面临的安全威胁极为复杂,这里既有热点敏感问题,又有民族宗教矛盾;既有主权争端、边界冲突、核安全等传统安全问题,又有恐怖主义、跨国犯罪、资源能源、自然灾害等非传统安全问题。因此,我们需要的是"通盘考虑亚洲安全问题的历史经纬和现实状况"。同时,亚洲的安全治理也要超越"头痛医头、脚痛医脚"的被动应对,而要统筹谋划多管齐下,"既要着力解决当下最突出的地区安全问题,又要统筹谋划应对各类潜在的安全威胁",并努力建构良好的安全环境。③

---

① 习近平:《积极树立亚洲安全观共创安全合作新局面——在亚洲相互协作与信任措施会议第四次峰会上的讲话》,《人民日报》2014年5月22日。
② 习近平:《积极树立亚洲安全观共创安全合作新局面——在亚洲相互协作与信任措施会议第四次峰会上的讲话》,《人民日报》2014年5月22日。
③ 习近平:《积极树立亚洲安全观共创安全合作新局面——在亚洲相互协作与信任措施会议第四次峰会上的讲话》,《人民日报》2014年5月22日。

"合作安全",指的是实现安全的手段和方式,即通过对话和合作的方式来达到实现安全的目的。在"冷战"期间,现实主义试图以对抗的方式、增强自身军事力量的方式、使用武力或以武力相威胁的方式实现本国安全,其结果是陷入安全困境往往造成你也不安全我也不安全的恶性循环。今天我们所面临的安全挑战更加复杂而多元,传统安全与非传统安全互为交织,任何国家都难以独善其身,唯有通过合作,才能实现共同安全。因此,亚洲新安全观要求我们在理念上摒弃"冷战"思维和同盟对抗,在方法上善于找到共同安全利益,"从低敏感领域入手,积极培育合作应对安全挑战的意识,不断扩大合作领域、创新合作方式",并努力实现"双赢、多赢、共赢"的积极安全局面。①

"可持续安全",就是指要超越被动的应对安全威胁的局面,而要积极的创建一种可持续的安全环境。而在亚洲要创建这种积极的可持续的安全环境,解决发展问题是关键,因此习近平提出"要建造经得起风雨考验的亚洲安全大厦,就应该聚焦发展主题,积极改善民生,缩小贫富差距,不断夯实安全的根基"。这就是"发展和安全并重"的理念,即"发展是安全的基础,安全是发展的条件",这意味着安全的内涵已经远远超越了现实主义的国家安全观,而是将安全的根基扎根于人的安全基础之上。②

通过上述分析不难看出亚洲安全观具有如下三方面的特点。首先,亚洲安全观体现的是亚洲意识,即"亚洲的问题归根结底要靠亚洲人民来处理,亚洲的安全归根结底要靠亚洲人民来维护"的责任意识;以及"亚洲人民有能力、有智慧通过加强合作来实现亚洲的和平稳定"的中国乃至亚洲国家的"自觉和自信"。③ 但亚洲意识并不是封闭式的,而是开放和包容的,

---

① 习近平:《积极树立亚洲安全观共创安全合作新局面——在亚洲相互协作与信任措施会议第四次峰会上的讲话》,《人民日报》2014年5月22日。
② 习近平:《积极树立亚洲安全观共创安全合作新局面——在亚洲相互协作与信任措施会议第四次峰会上的讲话》,《人民日报》2014年5月22日。
③ 习近平:《积极树立亚洲安全观共创安全合作新局面——在亚洲相互协作与信任措施会议第四次峰会上的讲话》,《人民日报》2014年5月22日。王义桅:《亚洲新安全观是中国版门罗主义?》,《观察者》2014年7月8日。

亚洲需要也愿意同其他国家和国际组织开展各种合作。其次，亚洲安全观强调的是命运共同体意识，它承认在全球化背景下安全的跨国性、综合性和联动性，以及单个国家应对安全威胁的局限性，因此否认"实力至上"、"丛林法则"、"零和博弈"为特征的传统安全观，倡导通过对话与合作应对挑战的共享安全。最后，亚洲安全观充分体现了对人的安全的关注，强调要夯实安全的根基，就应该"聚焦发展主题，积极改善民生，缩小贫富差距"，因而强调发展问题和安全的互为联系性。①

总之，和平与发展是时代的呼声，中国的和平发展需要和平而稳定的周边环境，而要加强亚洲安全合作、创建更加和平而稳定的亚洲安全环境，离不开安全观念上的创新思维。从这个意义上说，习近平主席提出的亚洲新安全观是一种创新性的安全思维。理论上，它是和平共处五项原则在新时代条件下的继承和发展，② 也是中国新安全观在亚洲地区的运用和发展，充分体现了亚洲地区所具有的多样性和差异性特征，也反映了对亚洲国家历史传统的尊重，因而被普遍认为它将成为推动亚洲安全机制建设，构建亚洲命运共同体的指南。

二 亚洲新安全观与非传统安全研究新趋势

中国新安全观、亚洲新安全观、总体安全观等所倡导的理念充分体现在学术研究成果中。在非传统安全研究领域其成果的一个显著特点是，不仅发表的论文数量呈现上升趋势，③ 在内容上也有新的突破，有关"命运共同体"、"共同/共享安全"的研究成为一大热点，同时也有不少涉及安全观、国家战略、大国关系等方面的内容。在研究路径上，探讨中国语境和中国特色的理论也成为一大亮点。

---

① 习近平:《积极树立亚洲安全观共创安全合作新局面——在亚洲相互协作与信任措施会议第四次峰会上的讲话》，《人民日报》2014年5月22日。
② 刘江永:《从和平共处五项原则到"可持续安全四项原则"》，载《世界知识》2014年第18期。
③ 在中国知网人文社科类期刊中，以"非传统安全"作为关键词，搜索结果显示，近几年发表的数量基本保持在150~160篇，2014年的发表量是184篇。

1. "命运共同体"、"共同/共享安全"成为安全研究关注的热点

"命运共同体"、"共同/共享安全"成为 2014 年安全研究的重要关注点,这体现了中共十八大以来中国周边外交政策的新趋向,不仅周边外交在外交全局中的地位得到提升,与周边国家关系的理念也由"互利"上升为"惠及",且政策目标也由通过经济合作实现周边稳定,提升为建设"命运共同体"。① 因此,不少学者不仅解读了命运共同体理念如何成为国家安全与外交工作的重要内容,也深刻分析了建设命运共同体进程中要面临的挑战等。周方银分析说命运共同体"既是中国外交的手段,也是重要目标",它所体现的关系不单单是一种不断加深的经济关系,也是成员国在安全问题上互相谅解、相互提供支持,同时在发展与合作过程中共同提升安全水平的关系。因而周边命运共同体的建设是一个长期的过程,它不可能一蹴而就,建设过程也不会一帆风顺。文章不仅提出了从经济共同体到政治、安全、社会、文化共同体的建设步骤,还探讨了推动命运共同体建构的一些具体路径。②

张蕴岭强调说,"无论从发展上还是安全上,周边都是中国的战略依托带",实现复兴之梦,中国需要与邻国构建新的关系。从这个意义上,"新领导人提出要与周边邻国构建命运共同体,这是一个大战略,也是一个新战略"。作者回顾了新中国成立以来我国与周边关系的发展,指出它体现了一种"从求生存、求共处,到强调友好相处、和平发展,再到积极主动推进利益和命运共同体建设"。而这一共同体与欧洲构建的有所不同,因为欧洲的共同体是靠制度建设的,而中国与周边邻国构建的命运共同体,所体现的是"一种共生理念,一种共利的关系。它存在于各种复杂交错的关系之中,构建所依托的是基于共同利益的合作共处。因此,这样的共同体既体现于现实之上,也存在于过程之中"。作为命运共同体,它应该具备这样几个特征:"共享发展成果,实现合作安全,人民和谐相处。"③

---

① 陈琪、管传靖:《中国周边外交的政策调整与新理念》,载《当代亚太》2014 年第 3 期。
② 周方银:《命运共同体——国家安全观的重要元素》,载《人民论坛》2014 年第 16 期。
③ 张蕴岭:《中国与周边关系:命运共同体的逻辑》,载《人民论坛》2014 年第 6 期;张蕴岭:《中国周边的新形势与思考》,载《国际经济评论》2014 年第 5 期。

余潇枫则从"共享安全"这一命题探讨了命运共同体与共同安全的实现可能性。文章从中西方理论的对比中不仅提出了将"共享安全"作为全球命运共同体的新的安全命题,还具体探讨了共享安全作为既体现中国价值又符合世界语境的安全话语的必要性、可能性与可行性。为了解答这些问题,文章首先试图从形成西方国际安全理论的各大流派中得到启示并发现问题;进而从中国传统的思想渊源以及中国的外交实践中寻找其答案。作者提出,中国的以"保合太和"、"万国咸宁"、"和而不同"为标志的"和合主义"思想渊源,为共享安全提供了重要的思想内核与独特的价值坐标。中国学者的"新天下主义"、"多种行为主体的共同安全"、"人类共同安全"、"全球深度治理"等对"共建安全"方案的多维度探索,为共享安全提供了极具创意的可行性论证。中国与各国"合作共赢"的外交实践与融入世界的"优态共存",为共享安全提出了解决现实冲突的重要范例,也为共享安全的可行性提供了无可辩驳的现实逻辑。①

2. 非传统安全和安全观、大国关系与国家战略的研究

非传统安全研究领域出现的另一个亮点是研究内容从过去更聚焦于研究具体的议题和对策、如何界定概念、如何区分传统与非传统安全的界限,转向从传统与非传统安全视角研究安全观、大国关系以及国家战略等与中国和平发展、外交政策等有关的议题,因而扩大和深化了非传统安全的研究内容。

首先,在安全观研究方面,刘跃进系统分析了 20 世纪 90 年代后期中国官方提出的"新安全观"如何成为我国在国际场合的一种"非传统的国际安全观";之后,中国又如何进一步从理论上和逻辑上对安全构成要素、安全影响因素、安全威胁因素、安全保障问题等进行了"非传统"的认知提升,并形成"比较全面系统的非传统安全观"的历史演进。而 2013 年中共十八届三中全会围绕"设立国家安全委员会"展开的国家安全论述,则进一步彰显了中国的"既包容非传统安全问题又包容传统安全问题的综合性

---

① 余潇枫:《共享安全——非传统安全研究的中国视域》,载《国际安全研究》2014 年第 1 期。

非传统安全观"。同时作者还强调,相较于"新安全观"强调的对外方安全的非传统安全保障途径与措施,我国的"总体国家安全观"进一步升华为"以人民安全为宗旨"的安全观,因而体现了国家安全之民本性思维,而且通过强调"既重视传统安全又重视非传统安全"等多方面的论述,统一了传统安全问题与非传统安全问题两方面的内容,形成一种"高级形态的非传统国家安全观"。[①]

构建以合作共赢为核心的新型大国关系已经成为新时期中国外交的重要部分,是中国外交理念的创新。李志斐从非传统安全视角探讨了非传统安全治理与新型大国关系的构建如何成为一种相互促进的良性互动关系。作者认为,新型大国关系构建中的非传统安全问题可分为两种不同类型:一种是大国之间存在利益纷争的非传统安全问题,这种纷争包括国际规则制定主导权和纠合传统安全问题的复合型利益矛盾两种类型;另一种是大国之间不存在明显利益纷争的非传统安全问题,这类问题更容易让大国间产生共同面对和解决的合作欲望。在此基础上,作者提出了非传统安全治理对新型大国关系构建可能起到的三种作用。首先,"培养合作理念"是构建新型大国关系的观念基础。其次,"寻求合作安全"是新型大国关系构建的实质。最后,"增强战略互信"是新型大国关系构筑与维护的基石。[②]

分析中国和平发展的周边环境,徐进认为当前中国面临的安全压力较大,甚至有陷入"崛起困境"的可能,这主要是"中国的快速崛起和美国的亚太再平衡战略使东亚地区出现经济中心与安全中心相分离的二元格局"所致。作者不仅具体分析了中国东亚安全政策所面临的问题,还探讨了缓解崛起困境的政策路径,发现中国仅仅依靠对内制衡和多边安全合作机制还远远不够,因而提出一个东亚安全合作的"四轮"架构设想以期扭转中国的不利局面。其中,"中国打造亚太战略支点国家和中美亚太事务磋商构成两个前轮或驱动轮";"中国积极参与由东盟主导的安全合作机制和六方会谈

[①] 刘跃进:《中国官方非传统安全观的历史演进与逻辑构成》,载《国际安全研究》2014年第2期;刘跃进:《非传统的总体国家安全观》,载《国际安全研究》2014年第6期。
[②] 李志斐:《非传统安全治理与新型大国关系构建》,载《教学与研究》2014年第6期。

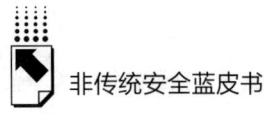

构成两个后轮或被动轮"。这是一个以双边为主、多边为辅、可以覆盖整个东亚地区的安全架构,既涵盖了中国的大国政策,也包括了对中小国家的政策;既有一定的制度约束力,也保持了自身的灵活性。①

三 中国与亚洲安全合作新气象

在"共同、综合、合作、可持续"的亚洲安全观和"亲、诚、惠、容"的周边外交理念指导下,2014 年中国与亚洲周边国家与组织在非传统安全领域开展了一系列积极、有效和务实的合作,为推进亚洲利益共同体和命运共同体建设迈出了坚实的步伐、取得了可喜的成果,其合作面从东亚(包括东北亚和东南亚)、南亚、西亚、中亚到亚太覆盖整个周边地区。②

1. 东亚地区

在东亚地区,中国积极推进东北亚务实合作,习近平主席对韩国、蒙古国进行专访,用"四个伙伴"丰富了中韩战略伙伴关系内涵,将中蒙关系提升为全面战略伙伴关系;与日方就如何处理影响两国关系的问题达成四点原则共识,迈出了改善中日关系的第一步。在东南亚,李克强总理于 2013 年提出"2 + 7"合作框架之后,2014 年进一步提出协力规划中国 - 东盟关系发展大战略等新建议,并启动中国 - 东盟自贸区升级版谈判,推动区域全面经济伙伴关系发展。③

在东北亚地区:

◇ 2014 年 3 月 6 日:为期两天的第二次中日韩三国灾害管理桌面演练在日本东京举行。此次演练由中日韩三国合作秘书处组织,三国防灾管理相

---

① 徐进:《未来中国东亚安全政策的"四轮"架构设想》,载《当代亚太》2014 年第 1 期。
② 本文这一部分展示的中国与亚洲安全合作新气象是基于 2014 年《人民日报》、新华网、《环球日报》、中国外交部新闻网等发表的新闻内容总结而得出,因而在每一项事件后面不一一指出其具体出处。
③ 王毅:《盘点 2014:中国外交丰收之年》,王毅出席 2014 年国际形势与中国外交研讨会开幕式并发表演讲,2014 年 12 月 24 日,http://www.fmprc.gov.cn/mfa_chn/zyxw_602251/t1222375.shtml。

关部门人员参与。联合国人道主义事务协调办公室等国际机构专家也出席会议并提出建议。三国合作秘书处秘书长岩谷兹雄认为，东北亚地区自然灾害多发，通过灾害管理桌面演练，有助于增进中日韩三国对彼此在应对大规模自然灾害过程中有关人道主义援助、救灾机制及程序的相互了解。

◇ 2014年4月28~29日：第十六次中日韩环境部长会议在韩国大邱举行。与会者就本国环境保护工作进展、区域及全球环境问题交换了意见。中日韩环境部长会议旨在落实三国首脑会议共识，探讨和解决共同面临的区域环境问题，促进本地区可持续发展。

◇ 2014年9月11日：第九次中日韩外交高官磋商会在韩国首尔举行。三方回顾了近年来中日韩在经贸、环保、人文等领域合作取得的进展，探讨了下阶段三国合作的重点领域和合作倡议，并就三国合作发展方向交换意见。

◇ 2014年9月29日：由中国日报社与日本言论NPO共同主办的第十届北京-东京论坛在东京召开，共同发布《东京共识》。双方达成共识的主要内容包括：作为一衣带水的邻国，双方拥有诸多共同利益，肩负着不能回避的重大国际责任。双方一致认为，妥善处理历史认识问题和双方围绕领土归属存在的问题，对改善和发展中日关系至关重要。

◇ 2014年10月21日：中日韩网络安全事务磋商机制首次会议在北京举行。三方交流了各自网络政策和相关机制架构，探讨了网络空间负责任国家行为规范及建立信任措施。

在东南亚地区：

◇ 2014年3月25日：中国-东盟联合合作委员会第15次会议在雅加达举行。双方回顾了各领域务实合作，并探讨了下一步合作计划。中方高度评价双方各领域务实合作取得的新进展，愿与东盟继续共同努力，落实好领导人会议各项共识，办好中国-东盟文化交流年活动，推动中国-东盟关系再上新台阶。中方介绍了推进中国-东盟"2+7合作框架"的初步设想，得到东盟的积极回应。

◇ 2014年3月27~28日：东盟地区论坛海上溢油区域合作研讨会在青

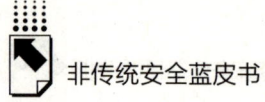

岛召开，倡导建立区域溢油应急响应专家网络。本次研讨会经2013年东盟地区论坛外长会议批准召开，旨在推动东盟地区论坛成员国在海洋溢油领域的合作，应对当今显著增长的海上溢油风险。

◇ 2014年4月5日：第二届湄公河委员会峰会发表《胡志明市宣言》，承诺继续履行1995年通过的《湄公河流域可持续发展合作协定》，应对气候变化挑战，保护流域内水、能源及粮食安全，促进湄公河流域的可持续发展。

◇ 2014年4月21~22日：第二十次中国-东盟高官磋商暨第七次落实《南海各方行为宣言》高官会在泰国举行。会议重点讨论了中国与东盟在经济贸易、基础设施建设、海上合作、文化交流等众多领域的务实合作，并在落实《南海各方行为宣言》框架下就推进南海务实合作及"南海行为准则"磋商进行了深入的沟通。

◇ 2014年6月23日：中老缅泰启动第二十三次湄公河联合巡逻执法。联合巡逻执法为期4天，共出动执法人员140名，总航程512公里，中老缅泰四国结合"6·26"国际禁毒日，在"金三角"水域开展联合查缉、禁毒宣传、联合走访等活动，为湄公河国际平安航道创造良好的环境。

◇ 2014年8月7日：第八届中国-东盟社会发展与减贫论坛在缅甸首都内比都举行。该论坛将进一步促进中国与东盟减贫区域合作的深化。东盟轮值主席国缅甸的畜牧、渔业和农村发展部长吴翁敏在致辞中说，贫困是东南亚地区面临的挑战，有关数据显示，东南亚地区农村的贫困率为62%。他强调，东盟国家正在合作减贫，东盟也需要与对话伙伴国家加强减贫领域的合作。

◇ 2014年10月6日：中国国家航天局与印度尼西亚海上安全协调机构在雅加达签署印尼遥感地面站项目合作谅解备忘录，以促进两国海上合作发展。

◇ 2014年10月28~29日：落实《南海各方行为宣言》第八次高官会议在泰国首都曼谷举行。在会议上，各方确认了处理南海问题的"双轨思路"，即有关争议由直接当事国通过友好协商谈判寻求和平解决，而南海的和平与稳定则由中国与东盟国家共同维护。各方充分肯定了全面有效落实《宣言》对维护南海和平稳定的重要意义及在《宣言》框架下开展的各项务实合作，积极评价"南海行为准则"磋商所取得的进展。

在东亚地区：

◇ 2014年5月28~29日：2014年东亚次区域禁毒谅解备忘录（MOU）签约方高官会议在北京召开。中国和柬埔寨、老挝、缅甸、泰国、越南以及联合国毒品和犯罪问题办公室（UNODC）的代表及专家50余人参加了会议。中国国家禁毒委员会常务副秘书长、公安部禁毒局局长刘跃进出席会议开幕式并致辞。他表示，MOU机制是本地区最重要的多边禁毒合作机制。21年来，面对毒情形势变化及外部捐资起伏等不断出现的新情况、新问题，在各方共同努力下，MOU机制始终有效运转，有力推动了次区域禁毒合作，提升了各国禁毒能力，减少了毒品对次区域国家和人民的危害。

◇ 2014年8月8日：第47届东盟外长会议在缅甸首都内比都开幕。中国－东盟（10+1）外长会、东盟与中日韩（10+3）外长会、东亚峰会外长会和东盟地区论坛外长会也在内比都陆续举行。东盟轮值主席国缅甸总统吴登盛说，东盟首要目标是在2015年成功实现东盟共同体目标，把繁荣带给人民的同时确保和平与稳定。他还敦促东盟国家采取行动，支持环境保护和可持续性经济发展。

◇ 2014年9月24日：由联合国毒品和犯罪问题办公室亚太地区办公室组织、中国国家禁毒委员会办公室承办的东亚次区域禁毒谅解备忘录（MOU）签约方第一届缉毒执法会议在北京召开。本次会议回顾了近年来东亚次区域缉毒执法合作取得的一系列重大成果，讨论了中方提交的缉毒执法合作机制方案，达成广泛共识。

◇ 2014年11月12~13日：东亚领导人系列峰会在缅甸召开。本次系列峰会包括东盟领导人会议、中国－东盟领导人会议（10+1）、东盟与中日韩领导人会议（10+3）和东亚峰会（10+8）等，会议主题为"团结一致，迈向和平繁荣的共同体"。12日召开的第25届东盟领导人会议通过了《关于东盟共同体在后2015年发展愿景的内比都宣言》、《关于加强东盟秘书处和评估东盟机构的宣言》和《东盟2014年气候变化联合声明》。在13日召开的第九届东亚峰会上,东盟10国领导人与各对话伙伴国领导人共同回顾了东亚峰会机制建立以来的合作进程,并就进一步完善以合作为基础的机制、共同应对气候变化、灾害管理和流行疾病等非传统安全领域的问题交换了意见。会议还讨论了涉及本地区和平、安全和经济发展等问题。

2. 南亚地区

在南亚,中国最高领导人访问马尔代夫、斯里兰卡、印度等国家,被称为是中国最高领导人践行"一带一路"构想及"亲、诚、惠、容"周边外交方针的重大外交行动,有力推动了中国与南亚国家关系的跨越式发展。

◇ 2014年9月14~19日:习近平对马尔代夫、斯里兰卡、印度三国进行国事访问。主要成果是:建立中马全面友好合作伙伴关系,宣布启动中斯自贸区谈判,启动科伦坡港口城项目。

◇ 2014年9月27日:中国人民解放军海军第17批护航编队27日抵达巴基斯坦卡拉奇港,开始对巴基斯坦进行为期5天的友好访问,访问期间双方交流了反海盗的经验,并组织了陆上和海上的联合演练。

3. 西亚地区

中国主办中阿合作论坛第六届部长级会议,提出中阿共建"一带一路"、打造"1+2+3"合作新格局倡议,得到阿拉伯国家积极响应。中国还以实际行动支持阿富汗国内局势的三重过渡,宣布对阿富汗提供新的援助与大型培训计划,积极致力于维护阿富汗的和平稳定。同时为解决全球热点问题发挥中国作用,如提出解决巴以冲突五点和平倡议,4次派中东问题特使赴有关国家穿梭斡旋,向加沙人民提供紧急人道主义现汇援助;并积极参与解决叙利亚问题,推动召开叙利亚问题第二次日内瓦会议,提出政治解决叙利亚问题五点主张,鼓励叙利亚各方走出一条符合自身国情、兼顾各方利益的"中间道路"。①

---

① 王毅:《盘点2014:中国外交丰收之年》,王毅出席2014年国际形势与中国外交研讨会开幕式并发表演讲,2014年12月24日,http://www.fmprc.gov.cn/mfa_chn/zyxw_602251/t1222375.shtml。

◇ 2014年1月22日：叙利亚问题第二次日内瓦会议22日在瑞士召开。美、俄、中等30多个国家的外长，叙利亚政府与反对派代表等出席会议。中国就政治解决叙利亚问题提出五点主张：一是坚持通过政治手段解决叙利亚问题；二是坚持由叙利亚人民自主决定国家的未来；三是坚持推进包容性政治过渡进程；四是坚持在叙利亚实现全国和解和团结；五是坚持在叙利亚及周边国家开展人道救援。

◇ 2014年6月5日：中阿合作论坛第六届部长级会议在北京举行，会议主线是"建设现代丝绸之路，促进中阿共同发展"。中国和阿盟成员国外长或代表、阿盟秘书长以及中方相关部门负责人等200余人出席。中国国家主席习近平出席开幕式并发表题为《弘扬丝路精神，深化中阿合作》的重要讲话。

◇ 2014年7月10日：阿富汗问题伊斯坦布尔进程高官会在北京召开。中国外交部副部长刘振民与阿富汗副外长艾哈迈迪共同主持会议，伊斯坦布尔进程成员国及支持方共42方高级别代表出席会议。会议讨论了阿富汗问题伊斯坦布尔进程第四次外长会成果文件《伊斯坦布尔进程天津宣言：深化地区合作，促进阿富汗及地区持久安全与繁荣》和各领域建立信任措施进展情况，并达成了广泛共识。

◇ 2014年10月31日：阿富汗问题伊斯坦布尔进程第四次外长会议在北京举行。14个地区成员国、16个域外支持国、12个国际和地区组织以及4个主席国客人的外长或高级代表出席。本次外长会议发出地区国家和国际社会坚定支持阿平稳过渡和安全发展的明确信号，进行支持阿政治和解、和平重建的各项努力，以促进阿富汗和本地区的持久和平与稳定。

4. 中亚地区

习近平主席、李克强总理分别成功访问塔吉克斯坦和哈萨克斯坦。中国-中亚天然气管道C线通气并启动D线建设，建立中国-欧亚经济合作基金，签署了商谈10年之久的上海合作组织国际道路运输便利化协定，开启了上合组织的扩员进程，中国还进一步加强了与中亚各国的反恐合作。

◇ 2014年6月15日：宣告中亚天然气管道C线开始向国内通气。自

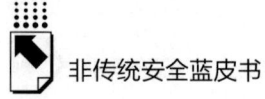

中亚天然气管道C线5月31日在乌兹别克斯坦首站进气投产以来,中、乌、哈三方建设者全力保障C线投运工作顺利展开,历时10天完成C线天然气置换工作,来自土库曼斯坦的天然气气头于6月9日到达新疆霍尔果斯计量站。随后,C线哈国段管道继续升压,以满足管道运行技术要求。

◇ 2014年8月24~29日:上合组织"和平使命-2014"联合反恐军事演习在朱日和训练基地开展。这次演习分为两个阶段展开,首先,8月24~28日是联合反恐军事演习战役准备阶段;8月29日为联合反恐军事演习战役实施阶段。演习总导演、中国人民解放军副总参谋长王宁中将介绍说,这次演习是在上合组织框架下举行的第五次联合反恐军事演习,也是动用兵力装备最多、运用新型作战力量最多的一次。

◇ 2014年9月11~12日:上海合作组织成员国元首理事会第十四次会议在塔吉克斯坦举行。会议签署了《上海合作组织成员国政府间国际道路运输便利化协定》,上合组织六国将逐步形成国际道路运输网络,对中国倡导的丝绸之路经济带建设具有重要的推动作用。

◇ 2014年10月8日:第十二次上海合作组织成员国总检察长会议在乌兹别克斯坦举行。中方指出愿意与上合组织成员国检察机关一道,在上合组织精神指引下,建立完善更加有效的犯罪资产追回、环境司法保护的区域合作机制。

5. 亚太地区

中国以主办APEC会议为契机,启动亚太自贸区进程并批准相关路线图,超越并整合本地区日趋碎片化的双多边自贸安排,成为APEC进程中里程碑式的重大进展。在南太方向,习近平主席访问澳大利亚和新西兰,将中澳、中新关系提升为全面战略伙伴关系,与南太岛国建立相互尊重、共同发展的战略伙伴关系,推进了同南太建交岛国的整体合作。在大国方向,中美新型大国关系建设迈出坚实步伐,在应对气候变化、签证互惠安排、建立两军互信机制等众多领域取得一系列重要进展。

◇ 2014年1月:亚太议会论坛第22届年会在墨西哥召开,会议通过了政治、经济、生态、人文等领域的22项决议。年会发表的联合公报说，各国代表讨论并通过了亚太政治与和平、叙利亚化武问题、中东和平进程、朝鲜半岛局势、各国议会合作共同防治腐败、气候变化、食品安全、加强亚太科教文卫合作、推进亚太经贸合作等各领域的22项决议。

◇ 2014年11月10~11日：亚太经合组织第22次领导人非正式会议在北京举行。习近平主持会议并发表讲话，倡导推进区域经济一体化共建互信、包容、合作、共赢的亚太伙伴关系。各成员领导人围绕"共建面向未来的亚太伙伴关系"主题深入交换意见，共商区域经济合作大计，达成广泛共识。

6. "一带一路"建设

此外，中国推进"一带一路"建设，为欧亚大陆共同发展注入强劲动力。"一带一路"构想提出一年来，已经有沿线50多个国家积极响应参与，并愿同各自的发展战略相互对接。作为"一带一路"的重要支撑，亚洲基础设施投资银行筹建迈出实质性步伐，丝路基金已经设立，中蒙、中泰铁路等基础设施互联互通合作积极推进，中韩、中澳等自贸谈判都有实质性进展。

◇ 2014年10月24日：筹建亚洲基础设施投资银行备忘录在北京正式签署，亚投行筹建工作迈出关键一步。当天，包括中国、印度、新加坡等在内的21个亚投行意向创始成员国代表共聚北京，在备忘录上一一签字。亚投行法定资本1000亿美元，总部设在北京。亚投行是一个政府间性质的亚洲区域多边开发机构，按照多边开发银行的模式和原则运营，重点支持基础设施建设。

◇ 2014年11月8日：在北京举行加强互联互通伙伴关系对话会。会议由中华人民共和国主席习近平主持。联合国亚太经社会执行秘书阿赫塔尔、上海合作组织秘书长梅津采夫参加会议。会议指出，当前国际金融危机影响犹存，外部需求不足，资本、市场和技术的竞争日趋激烈，亚洲国家面临不进则退的压力。在此形势下，互联互通有利于寻找新增长点和培育新竞争优势，是亚洲合作与持续繁荣的新动力。

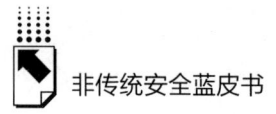

结　语

　　总之，回顾2014年中国周边外交，亚洲安全观为"增强亚洲意识、提高亚洲责任、倡导以亚洲方式解决亚洲问题"提供了重要理论依据。亚洲安全观的有关内容为亚信各方所接受并写入上海宣言。亚洲安全观的提出，是我国总体国家安全观的对外延伸，进一步丰富了总体国家安全观的基本内涵，扩大了中国安全理念的国际影响，为维护亚洲乃至世界的安全稳定提供了新的思路和理念。"共同、综合、合作、可持续"的安全理念也反映在学术研究中，"命运共同体"、"共同/共享安全"成为2014年安全研究关注的热点，同时有关安全观的研究、大国关系与国家战略的研究也进入非传统安全研究领域，丰富了研究的内容，也增强了非传统安全研究的政策关联性。在周边外交实践领域，出现一系列以新的周边外交与安全理念为指导的区域合作。显然，中国已经将推动亚洲安全合作提到议事日程，并迈出了构建开放包容的亚洲安全新架构的步伐。展望2015年，亚洲安全观将继续推动中国非传统安全的研究朝着创建中国特色的国际关系理论方向发展，并更具政策导向内涵。亚洲安全观也将进一步推动中国周边外交朝着建设利益与命运共同体的方向发展。因此创建亚洲地区安全合作新架构将成为更加具体的目标。对此，中国将致力于统筹现有的次区域安全合作机制、结合"一带一路"建设和周边安全战略，推动健全覆盖亚洲地区的安全合作机制。在这些进程中，中国将愿意更加建设性地参与亚洲安全事务，更加积极主动地提供安全公共产品，为实现和平、稳定与合作的"新亚洲"做出积极的贡献。

B.3
论中日韩三国海域安全复合体与东海的"安全化"

魏志江 庞加欣 郑昀*

摘　要： 本文以巴里·布赞、奥森·维夫等有关区域安全复合体理论为依据，创造性地提出以海域为区域安全结构，以共享这一海域的国家为主体的海上安全复合体理论，并论述了中日韩三国海域安全复合体的形成及其理论基础，分别从传统安全和非传统安全两个方面，分析了中日韩三国海域安全复合体"安全化"进程及其发展前景。

关键词： 海域安全复合体　中日韩　东海　"安全化"

　　巴里·布赞、奥森·维夫等有关地区安全复合体理论，填补了全球体系安全理论与国家安全理论之间的空白，是一种基于区域主义视角的分析安全的有力框架，被称为迄今为止国际关系理论界唯一的以地区为视角的国际安全理论。但是这一理论在某种意义上说，太过倾向于"陆权论"视角——我们在其著作《地区安全复合体与国际安全结构》一书中看到，巴里·布赞等对安全区域的划分基本上依靠的是一种陆权的地缘政治结构，包括其对北美洲地区安全复合体、南美洲地区安全复合体、中东地区安全复合体、西部非洲初级复合体、非洲之角预备复合体、中部非洲地区安全复合体、南部

---

* 魏志江，广州市中山大学亚太研究院教授、博士生导师；庞加欣、郑昀，广州市中山大学亚太研究院研究助理，硕士研究生。

非洲地区安全复合体、东北亚地区安全复合体、后苏联地区安全复合体、南亚安全复合体的划分①与论述，其"安全化"的主要内容都以陆上区域安全利益冲突为主，几乎忽略了从海洋区域的视角去分析地区安全。事实上，地区安全除了陆地相邻国家及其区域的安全结构以外，还存在着以海洋为区域、并以相邻国家对海洋的"安全化"为特征的区域安全结构。本文在巴里·布赞等区域安全复合体理论的基础上，创新性地提出海域安全复合体理论，并论述了中日韩三国在东海海域"安全化"及其发展前景。

一　中日韩三国海域安全复合体的形成

巴里·布赞、奥森·维夫等在其著作《地区安全复合体与国际安全结构》一书中，论述区域安全复合体是"一组单位，它们的主要安全化进程、去安全化进程或两者如此紧密地相互联系在一起，以至于不能把它们的安全问题彼此分割开来合理地进行分析或解决。"②，他们认为"由于大多数威胁在近距离传播比远距离传播更容易，因此安全相互依赖通常会组合成以地区为基础的群体"③，由此我们可以得出巴里·布赞等理论的一个含蓄的假设：即安全问题更易在陆上传播，从而导致陆上相近的国家在安全方面更易彼此相互依赖。但是，我们认为：安全问题在相邻国家的海域同样容易传播，同时海上区域安全具有陆上安全不能代替或包含的其他内容，相邻国家共享的同一片海域，同样可以形成独立的海域安全复合体。

众所周知，"安全"是一种自我参照的实践，正是在实践中，政治、社会等其他问题，才变成了安全事务——不但因为一个真正的"存在性威胁"

---

① 巴里·布赞、奥森·维夫著《地区安全复合体与国际安全结构》，潘忠岐、孙霞、胡勇、郑力译，上海世纪出版集团，2010，第6~7页，图1 "冷战"期间的地区安全模式和图2 "冷战"后的地区安全模式。
② 巴里·布赞、奥森·维夫著《地区安全复合体与国际安全结构》，潘忠岐、孙霞、胡勇、郑力译，上海世纪出版集团，2010，第43~44页。
③ 巴里·布赞、奥森·维夫著《地区安全复合体与国际安全结构》，潘忠岐、孙霞、胡勇、郑力译，上海世纪出版集团，2010，第4页。

的存在，而且也因为这个问题是作为一种威胁被提出来①，即威胁本身被建构出来，而相关行为体采取特别的或紧急的措施。然而，威胁的传播更多则是技术手段问题。交通手段、通信技术乃至武器技术的发展使威胁更易于传播，因而安全的技术传播在海上比陆地更为容易。威胁在海上传播的便利性，使人们越来越多关注海上安全问题。海洋安全，既包括传统安全，也包括非传统安全。随着海洋世纪的到来，各国纷纷提高海洋在国家安全战略中的地位，海洋已经成为国家间"安全化"的场域。

基于海域形成的安全复合体之所以是"独立"的，是因为海域安全有不同于陆域安全的内涵。不仅陆上安全领域的军事冲突威胁、与能源资源相关的经济威胁、生态环境威胁等问题是海上安全问题的重要部分，海上安全领域还有其独特的几个重要方面：①海盗问题。在现代社会，全球海盗问题"和全球其他有组织的犯罪活动，如毒品走私、人口贩卖、军火交易，甚至与恐怖主义同流合污，从而成为当今世界的一项重要威胁"②。②海上通道问题。海上战略通道是经济上"交通运输的走廊和枢纽"，军事上"进攻的天堑、防守的依托和隐蔽、伏击的处所"③，在国家战略上有极其重要的位置。③海洋生态环境问题。一国附近海域受到污染，共享这一海域的所有国家都会受到影响，距离这一海域较远的国家则视距离远近、洋流走向等不同条件受到不同程度的影响，这一点与陆地上的污染、大气污染等污染是截然不同的。正如巴里·布赞所说，"作为一个概念，安全显然需要一个指代对象——如果不能回答'谁的安全'这个问题，那么安全概念就没有任何意义④"。我们在讨论基于海域的安全复合体时，也要面对安全指涉对象问题。安全本身有许多潜在的指涉对象，而我们选择国家作为海域安全复合体的安

---

① 巴里·布赞、奥森·维夫、迪·怀尔德著《新安全论》，朱宁译，浙江人民出版社，2003，第36页。
② 石刚：《全球海盗问题综述》，《国际资料信息》2004年第1期。
③ 李兵：《海上战略通道博弈——兼论加强海上战略通道安全的国际合作》，《太平洋学报》2010年第3期。
④ 巴里·布赞著《人、国家与恐惧——后冷战时代的国际安全研究议程》，闫健、李剑译，中央编译出版社，2009，第32页。

全主体。巴里·布赞在论述区域安全复合体这一框架时表示他的框架"并没有预先规定国家不是主导性的。非常有可能,这个世界仍然主要是以国家为中心的。"① 我们认为,在国际政治领域,国家仍然是最重要的行为体。同时,我们也承认,以国家作为安全的主体,还因为这样的框架更具可操作性,以国家为主体的安全理论框架更易于组织研究。因此,我们试图给出一个海域安全复合体的定义,即一组共享相关海域的国家,它们基于这片海域的安全化进程或去安全化进程或两者如此紧密地相互联系在一起,以至于不能把它们的安全问题彼此分割开来合理地进行分析或解决,而且海上相关国家的海域安全威胁比陆地国家更具有独特性。

中日韩三国在东海海域构成了中日韩海域安全复合体,海洋是国家通向世界上所有地区的通道,东海是东北亚国家通向世界的起点,也是东北亚国家安全保障的重点。中日韩三国毗邻而居,即使出于历史的原因,中日韩在政治安全的机制化合作上没有取得进展,但地理毗邻的压力,不仅增强了彼此国家"安全化"的互动,而且还增强了区域性的非传统安全的互动,使之在非传统安全领域的相互依赖关系增强,并产生巨大的安全动力来推动中日韩海上非传统安全合作。作为海域安全复合体,中日韩三国在东海海域的安全相互依赖性不断增强,且亦将成为在东海海域有着重要共同安全利益的相关行为体。巴里·布赞等所提出的地区安全复合体的内核结构应包含了四个变量:边界、无政府结构、极性与社会性建构②,在中日韩三国海域安全复合体中这四个变量也同样存在。

1. 边界

按照国际上海洋地理的分界,中日韩东海海上安全复合体应该包括北起中国长江口北岸至韩国济州岛一带,与黄海相邻,东北端以济州岛、五岛列岛至长崎一线为界,南部以广东省的南澳岛到台湾省的本岛南端一线以南海

---

① 巴里·布赞、奥森·维夫著《地区安全复合体与国际安全结构》,潘忠岐、孙霞、胡勇、郑力译,上海世纪出版集团,2010,第44页。
② 巴里·布赞、奥森·维夫著《地区安全复合体与国际安全结构》,潘忠岐、孙霞、胡勇、郑力译,上海世纪出版集团,2010,第52页。

为界，东到日本琉球群岛。由于共处于一片海域，地理上的邻近，使中日韩的安全威胁更容易传播，由于地理位置的邻近所催生的安全互动不只在军事、政治领域表现明显，在环境、生态、灾害以及海上安全活动等非传统安全威胁上的表现更为明显。

2. 无政府结构

中日韩三国共同以东海海域相邻并连接在一起，但是却没有统一的政治力量来主导，也没有三国共同的管理机构来主导东海海域的安全治理，所以，该海域处于无政府状态，从而构成了中日韩三国海上安全复合体的第二个变量。海洋是相互连接组成的一个整体，从某种意义上，所有国家都处于全球的海洋安全相互依赖中，而根据毗邻增加安全互动的一般法则，因为海上非传统安全威胁往往在近邻间表现得更为强烈，所以无政府状态加之近距离效应，使在非传统安全相互依赖上，中日韩三国不得不走向更为紧密的合作。

3. 极性

从极性而言，自从苏联解体后，美国成为世界上唯一的全球层次大国，形成了单极世界。与地区大国不同，全球大国的触角延伸至世界各个地区，通过渗透机制与各个地区安全复合体联系起来。美国通过美日同盟和美韩同盟的建立和实践，把它的势力渗透到了东北亚的安全事务中，这当然也包括海上安全事务。中日、日韩之间都在东海海域存在不同程度的对抗（领土争端、资源），这使美国有机会对本地区进行安全渗透，并生成以联盟和霸权护持为特征的海上安全结构。政治安全领域的对抗、均势和建立联盟的关系也在一定程度上影响了中日韩三国在非传统安全领域上的友好合作。

4. 社会性建构

作为中日韩三国的社会性建构而成的友好或敌对模式常常受到诸如历史、文化、地理、安全问题属性的影响，正因为毗邻，中日韩的互动历史悠久，近代以来所形成的领土争端问题、历史问题、民族情感问题等导致了在政治层面的信任度低，彼此将对方的政治行为或国内行为"安全化"，并使全球大国的力量得以充分渗透，也同样是因为毗邻，海上自然灾害或人类活动所带来的威胁具有同生性。中日韩三国在海上安全问题上的演进模式是冲突形态还是安全机制或者安全共同体？这个问题需要从三个维度进行阐述。第一，近年来现实中不断发生的海上安全威胁以及潜在的安全威胁所构成的客观现实的安全合作需要或是安全威胁的共同应对；第二，安全合作所带来的收益及其与不合作所造成的得失对比；第三，是否存在可行的合作渠道或建立制度的意愿或规范，以使友好关系在海域这一地区层次展开。由于中日韩三国在安全复合体中的角色会受到来自历史、文化、地理的路径依赖的影响，所以友好抑或敌对模式有时也是交替进行的。应该说东海海域传统的领土争端和海洋划界的争端以及对日本侵略或殖民的历史记忆，无疑会导致中日韩三国海域的安全结构形成冲突形态。但是，三国面临的共同的非传统安全威胁，又导致中日韩三国在东海海域这一安全复合体中的主导关系呈现出友好合作的光谱，从而形成安全机制形态。因此，可以认为在海上非传统安全问题上，中日韩三国正在或已经建立友好合作的安全机制或框架。

二 中日韩三国海域安全复合体的"安全化"

所谓"安全化"，是指"一种话语进程，在这个进程中，一种主体间理解在政治共同体内部得以建构起来，这种理解把某事物看作对其指涉对象的一种生存威胁，并由此得以要求为处理该威胁而采取紧急和特别的措施"①。中日韩三国海域安全复合体，是由本地区潜在或存在的共同安全威胁所导致的行为体安全实践的意愿和互动所建构而成的。作为地区政治和社会问题的"安全化"，必须具备三项基本条件，即"存在性威胁"、紧急行动以及通过破坏自由规则来影响单位间的关系。② 东海海域上既存在传统安全的威胁，也存在非传统安全的威胁，因而东海海域的"安全化"是不可避免的。如

---

① 巴里·布赞、奥森·维夫著《地区安全复合体与国际安全结构》，潘忠岐、孙霞、胡勇、郑力译，上海世纪出版集团，2010，第474页。
② 巴里·布赞、奥森·维夫、迪·怀尔德著《新安全论》，朱宁译，浙江人民出版社，2003，第36页。

前所述，我们所谓的安全指涉对象是国家，当问题导向到中日韩三国海域，便可以分成两个部分：一是传统安全领域的海洋领土争端和专属经济区的问题；二是非传统安全领域上的问题，包括海洋自然灾害、生态破坏、海上跨国犯罪、海上毒品、走私、海上贸易通道安全、海上援助等，因此导致中日韩三国在国家间合作的安全实践中，不得不将东海海域问题进行"安全化"。同时，将东海海域"安全化"和"去安全化"的过程中，中日韩三国的海域安全结构模式也呈现出一定的由冲突形态向安全机制过渡的色彩。

中日韩三国在东海区域的"安全化"进程和因素，我们可以从两个方面分别加以探讨：一是海上传统安全领域，包括海岛争夺、专属经济区争议和防空识别区争议；二是海上非传统安全领域，包括跨国海域交流与合作等。所谓海洋传统安全和非传统安全领域，其"安全化"的进程，主要包括以下几个方面。

第一，中日韩三国东海海域传统安全领域的"安全化"进程。

（1）海洋岛屿争端。从传统安全来看，中日和日韩间都存在海岛主权归属的争端，中日钓鱼岛争端，两国政府都采取了不妥协的态度。1967年，日本东海大学的新野弘教授和美国伍兹霍尔海洋研究所从事海洋地质研究的埃默里教授根据东海大陆架周围陆地上地质构造状况，在其发表的《朝鲜海峡及中国东海的地层与石油展望》一文中首次明确提出了"东海是世界上石油远景中最好而未经勘探的近海地区之一"。钓鱼岛之争不仅是岛屿领土的争端，也是资源和利益的争端，而日韩独岛（竹岛）争端也是如此。独岛（竹岛）周围渔业资源富饶，海底矿物资源丰富，具有巨大的经济价值，因此，该岛的归属问题直接关系到两国的经济利益。虽然争端已经持续了半个多世纪，却依然悬而未决，概因为经济利益的驱使和政治斗争的需要，同时它的地理位置使它具有重要的军事价值，其也是牵制日韩关系发展的一个因素。在解决独岛（竹岛）问题上，韩国不断加强其对该岛的实际控制，而日本则不断抗议。这是日韩两国将东海海域"安全化"的最主要的传统安全因素。

（2）专属经济区争端。中韩苏岩礁之争，是中韩两国由于海洋专属经济区重叠,并且对苏岩礁(韩称离于岛)在划分上产生的争议。中国方面认为,苏岩礁在中国大陆架延伸线上,故按照国际法,苏岩礁应在中国海洋管辖范围内;而韩国方面则认为,苏岩礁所在水域距韩国比其他邻国近,故属于中间线的韩国海洋管辖范围内,根据国际法,应属于韩国。该争议成为中韩东海海域"安全化"的又一传统安全因素。其"去安全化"的途径,只有加强中韩在苏岩礁的合作,进行气象资源研究以及渔政安全合作,才是更为符合两国利益的选择。

(3)防空识别区争议。防空识别区(Air Defense Identification Zone, ADIZ)是沿领海边界朝公海方向扩展的区域,它的范围大于领海、领空和专属经济区,幅度一般为划设国家预警飞机和雷达辐射之最大半径,其功能是预知、警戒领空外围飞行器,但不妨碍正常国际航空行为,只对接近领空的飞行器的归属、类型、航线和意图做预判后采取一定的应对,以确保本国主权安全。① 从中日韩三国在东海防空识别区设置的各自区域来看,由于识别区相互重叠,中国的防空识别区刚提出来时便遭到美国和日本的强烈反对,但中方的寸步不让使美国和日本也不得不接受。日方的防空识别区西部逼近中国,南部逼近台湾,并对中国有所逼迫,甚至日本的航空自卫队就曾以中国军机可能进入日本的"防空识别区"为由,派遣军机实施尾随跟拍。② 韩国也乘机扩大其防空识别区的范围,并且将防空识别区扩大到苏岩礁的上空。因此,中日韩三国防空识别区的重叠,无疑成为三国东海海域"安全化"的重要因素。

第二,中日韩三国东海海域非传统安全领域的"安全化"进程。

(1)海上自然灾害导致的"安全化"。随着人类海洋活动的开展,海洋也存在着大量自然灾害的威胁,而减轻自然灾害威胁是中日韩三国东海海域复合体安全中相互依赖的重要内容之一。防灾减灾已被列为中国21世纪议程的重要议题,中国国际减灾十年委员会在《中华人民共和国减灾规划

---

① 木易:《东海防空识别区之争》,《生命与灾害》2013年第12期。
② 《日本防空识别区逼近中国领空 中日识别区重叠》,新华网,2013年11月23日。

(1998~2010年)》中指出,1980~2002年的22年中,海洋灾害的经济损失大约增长了30倍,其增长速度高于沿海经济的增长速度,这已成为制约当前我国海洋开发和海洋经济发展的重要因素。我国海区已发现了活动断层、高压浅层气囊、埋藏古河道、埋藏古湖泊、埋藏古三角洲、古潜山、蛋壳式(软弱)地层、活动性沙丘、潮流沙脊、凹凸地、大型麻坑群、边缘沟、侵蚀性沟谷、底辟、陡坡、陡坎、海底峡谷等近20种灾害地质因素①,为了提升海上救灾能力,中国军方于2014年6月20日首次在东海组织"东海协作-2014B"重大自然灾害抢救演习②,可见中国已经逐渐重视海洋安全,把它作为国家安全的一个重点。日本地处环太平洋地震带,是一个自然灾害频繁的国家,包括台风、地震、海啸、火山喷发在内的海上灾害时有发生。日本长期以来已经形成了一套健全的包括政府部门、相关机构、国民一系列的灾害应对体系。1961年,日本国会通过了《灾害对策基本法》。从1973年到现在,在日本附近海域共发生了9起大于7级的地震,1994年的7.8级地震造成3人死亡,并有700人受伤。1978年,日本制定了《大规模地震对策特别措施法》③,1995年发生的阪神淡路大地震,震级为7.3级,导致6433人死亡和4万余人受伤,并造成经济损失约10万亿日元,占日本当年国内生产值的2%。2000年,日本根据实际情况修改了《灾害对策基本法》,新的法律加强了在突发灾害或紧急情况下的管理和协调职能④。值得一提的还有2011年3月11日发生的特大地震,这次地震除了造成几十人死亡外,还引发了火灾等次生灾害和巨大海啸,其最大浪高达10米。⑤甚至引发了福岛第一核电站核泄漏的次生灾害。韩国方面,为了应对台风等海上灾害,韩国一方面加强立法;另一方面加强信息技术的交流,提高预警能力。因此海上自然灾害,将不得不成为中日韩三国"安全化"的问题。

---

① 李凡等:《黄海埋藏古河道及灾害地质图集》,济南出版社,1998。
② 代宗锋:《我军首次在东海组织重大自然灾害抢救演习》,新华网,2014年6月22日。
③ 安琪:《日本环境部门如何应对地震等自然灾害》,《环境保护》2008年第6期。
④ 安琪:《日本环境部门如何应对地震等自然灾害》,《环境保护》2008年第6期。
⑤ 陈会忠:《日本东海 特大地震灾害浅析》,中国地震信息网,2011年3月11日。

(2) 海洋生态破坏与环境恶化导致的"安全化"。由于过度利用和开发，中日韩海域逐渐不堪重负。中国方面，随着工业化进程不断加快，工业"三废"和生活污水大量排入海洋，造成了海洋环境的污染。我国改革开放以来的粗放式生产活动严重破坏了海洋环境，防治海洋污染任务艰巨。同时，船舶突发事故也使海洋环境受到巨大威胁，比如2012年在福建省兴化湾外，南日岛东北部约7海里海域，载有浓硫酸和140吨剩余燃油的韩国籍"雅典娜"号化学品船因船舶压载舱进水导致船体倾斜沉没，3月中旬至5月中旬海面间断出现薄油膜，海水中石油类含量，超过第1类、第2类水质标准值23.6倍，海洋环境受到石油类污染①。由于过度开发和不合理的利用及污染物排放，日本近年渔业资源逐渐减少，2011年日本福岛污染事件严重破坏了海洋环境。

(3) 海上贸易通道的"安全化"。海上贸易安全是跨国贸易得以持续和发展的重要保障，东北亚国家十分重视海上贸易通道的安全。一方面，日本和韩国属于外向型经济，其对海上贸易通道的安全十分关注。另一方面，中国构建21世纪海上丝绸之路，也需要确保海域贸易通道的安全，而海盗活动、海上跨国境犯罪等无疑严重影响了海上通道的安全，从而需要中日韩三国采取海上的特别或紧急措施来维护海上通道的安全。因此，海上通道安全不得不成为中日韩三国东海海域"安全化"的课题。

(4) 海上犯罪所引起的海域的"安全化"。海上犯罪是泛指所有通过海域以达成犯罪的行为，包括海上非法走私、非法移民（偷渡）、非法枪支运输、毒品贸易甚至海盗等。中日韩海上贸易频繁，发生海上犯罪事件的潜在威胁也较多。虽然暂时中日韩之间还没有形成强有力的合作架构以共同管理和应对附近海域的违法犯罪问题，但是在2004年11月，东盟10国和中国、日本、韩国、斯里兰卡、印度、孟加拉国在日本东京共同签订了《亚洲打击海盗及武装抢劫船只的地区合作协定》。根据协定，于2006年在新加坡成

---

① 傅丹丹、董楠楠、熊艳晖：《中日韩三国合作防治海洋污染探析》，《河北水利》2013年第5期。

立了"反海盗信息共享中心",① 以预防海域犯罪和共同合作。此外,2010年11月,中日韩和东盟专门就打击跨国犯罪执法合作举行了研讨会,以加强地区打击海上犯罪的执法。中日韩和东盟国家都意识到单方行动无法从根本上实现对跨国犯罪的有效控制,需要各国执法部门共同经营、联合打击,实现在"10+3"合作框架下打击跨国犯罪,并推动建立各国打击跨国犯罪的直接联络渠道②。中日韩在地区主导下的打击海上犯罪合作的努力还有2014年5月在北京举行的"亚欧合作打击海上跨国有组织犯罪政策会议",会议围绕海上毒品、人口非法贩运、海上武器走私和海盗等海上犯罪问题展开,并就《联合国打击跨国有组织犯罪公约》、《联合国海洋法公约》等国际法律制度框架下亚洲和欧洲地区打击上述海上犯罪进行国际合作问题达成共识。

(5) 美国因素的介入,是全球性超级大国对中日韩东海海域的渗透,从而导致中日韩三国东海海域的被"安全化"。按照巴里·布赞对超级大国的定义,"超级大国地位的标准很高,它要求具有能够在整个国际体系非常广泛的范围中行使权力的能力,在体系中所有地区或几乎所有地区的安全化和去安全化进程中必须是积极的行为体,无论作为威胁、支持者、盟友,还是作为干涉者。"③ 苏联解体后,符合这样定义的国家只有美国。而目前,有实力,同时有意愿在东海海域进行渗透和施加影响的国家也只有美国。

美国作为一个太平洋国家,太平洋西岸的东亚地区一向是其战略重心之一,正如美国前国务卿鲍威尔所说的,"美国将不会放弃其在亚洲的战略位置"④。除了推进东亚地区市场自由化、促进东亚地区自由与民主、保持东亚地区海上自由通行以外,阻止一个强权国家或几个强权国家联合主导此地

---

① 王君祥:《中国-东盟打击海上犯罪刑事合作机制研究》,《刑法论丛》2010年第1卷。
② 《刑侦总队派员参加东盟与中日韩打击跨国犯罪执法合作研讨会》,福建省公安厅网,http://www.fjgat.gov.cn/action/article/displayArticle.action? articleId =41850。
③ 巴里·布赞、奥森·维夫著《地区安全复合体与国际安全结构》,潘忠岐、孙霞、胡勇、郑力译,上海世纪出版集团,2010,第33页。
④ 谢奕旭:《21世纪美国东亚战略的延续与变迁》,《时事评析》2008年第12期。

区更是其重要目标①。从美国重返亚太的战略及其对东海的影响来看，美国在东海海域的战略目标在非传统安全方面主要是保障海上贸易通道的航线自由与安全，其更为关注的传统安全方面，主要目的是防止中国海上实力进一步增强，挑战美国在西太平洋海域的安全利益，同时，也要防止中日韩三国结成联盟，将美国挤出西太平洋海域。

三 中日韩三国海域安全复合体的发展前景

中日韩三国海域安全复合体的发展，根据巴里·布赞等安全结构模式演变的理论，可以导致冲突形态、安全机制和安全共同体三种可能性。由于中日钓鱼岛争端、韩日独岛（竹岛）争端、中日韩三国关系的历史认识问题、美国及其联盟体系的介入，日本和韩国在较长一段时间内不太可能同中国建立海上安全共同体。就中日韩海域间的传统安全问题来看，冲突形态已然形成。但是，尽管由于中国的崛起和经济实力的增强，中日两国在东海海域的力量对比开始发生变化，但是，美日同盟的介入和中国国内社会、政治问题的安全压力，无疑降低了中国以武力方式解决岛屿争端的可能性，而且中日两国均认识到钓鱼岛和东海局势的紧张，不符合两国的国家利益，因此，经过谈判和磋商，最终达成了在海上建立东海危机管控机制的协议，从而有助于实现领土争端的"去安全化"。所以，虽然中日韩不排除在东海海域可能出现局部的小摩擦，但不太可能酿成较大的军事冲突。虽然历史遗留问题，使中日韩相互间的安全互信度低，甚至彼此将历史问题上升为"安全化"的问题，并且在海上岛屿争端、专属经济区和防空识别区的争议等问题上立场差异较大，使传统安全问题在短期内很难得以解决。但是，中日东海海上危机管控机制的建立和中韩展开的两国海洋划界问题的谈判，都表明中日韩三国在东海海域的安全结构模式正在由冲突形态向安全机制形态过渡。而强

---

① James J. Przystup and Ronald N. Montaperto, "East Asia and the Pacific," *Strategic Challenges for the Bush Administration: Perspectives from the Institute for National Strategic Studies* (Washington, D. C.: National Defense University Press, 2001), p. 3.

化东海海域的非传统安全合作，则是中日韩海域安全复合体"去安全化"问题的重要途径。

地理位置的邻近，使中日韩三国在海域上存在传统安全威胁的同时，也存在海域上的非传统安全威胁，因而，也使三国在海域安全上相互依赖性大大增强。包括海啸、台风、地震及其引发的次生灾害在内的海上自然灾害、海域环境污染、海洋生态破坏、海上贸易通道安全、海上走私等犯罪行为的存在，使中日韩三国都无法独善其身，而建立友好关系和安全机制，以促进共同合作，应对海域非传统安全的威胁，成为符合中日韩三国利益的最优方案，也是促成海域安全复合体由冲突向安全机制过渡以及海域"去安全化"的重要路径。东海海域的非传统安全合作，不仅可以促进中日韩在东海海域的友好合作关系，而且也可以发挥一定的外溢作用，提高应对共同威胁的战略信任度，并在非传统安全合作中增进安全互信和相互依赖，以化解传统安全的困境，从而，东海海域非传统安全合作发展到一定阶段，便可能发生质的变化，并外溢到其他安全领域，实现更高层次的合作。如果这一目标能够达成，那么，中日韩海域安全复合体安全结构模式就能够由冲突形态演变为安全机制形态，并最终向海上安全共同体过渡。

第一，以能源需求为导向的中日韩海上能源共同开发与合作。中日韩三国对能源的需求量都很大。根据中国石油集团经济技术研究院于2014年1月发布的《2013年国内外油气行业发展报告》，2013年我国的石油和天然气对外依存度分别达到58.1%和31.6%，中国已成为全球第三大天然气消费国，2014年石油进口量或成全球第一。[①] 而日本则更加依赖进口，在2013年4月举行的众议院预算会议上，安倍晋三首相强调能源供给多样化及资源开发的重要性，特别强调要加快近海能源开发，以求摆脱严重依赖进口的现状。[②] 韩国也同样有着对石油的强烈需求。据美国能源部统计，未来

---

① 《中国大量进口石油是正确的》，国际石油网，2015年1月14日，http：//oil. in - en. com/html/oil - 10281028882230649. html。
② 《日本打造"国产能源"加快摆脱依赖进口步伐》，环球网，《人民日报》2013年4月22日，http：//world. huanqiu. com/regions/2013 - 04/3857586. html。

25年里，亚洲能源消耗增长速度将超过世界其他地区，为了能源安全，东亚国家一直在附近海域寻找油气。[①] 所以，正如Michael T. Klare教授于2012年在《外交事务》一文中分析东亚海域的领海争端中所指出的，不管是中日钓鱼岛争议，还是日韩独岛（竹岛）争议，共同开发和寻找海上可再生能源可能是解决中日韩之间海岛争端的最终途径。[②] 既然中日韩三国都存在能源安全威胁，而东海海域又蕴藏着大量的能源，如中日韩三国能对东海海域能源开发问题进行有诚意的对话和合作，在具体分工和分配问题上达成协议，联合开发海域能源资源，加强合作，不仅能实现中日韩的能源"去安全化"问题，而且能实现非传统安全的"外溢"效应，从而化解海岛争端等传统安全领域的困境。

第二，海上贸易通道安全为导向的中日韩海域通道安全合作。东海是中日韩三国连接西太平洋与印度洋和中东地区的重要海上通道，从贸易量来看，中日韩三国都是世界上贸易量较大的国家，对外贸易依存度高，海域贸易通道的安全是中日韩三国普遍关注的重点，尤其在中日韩出口欧美所需要经过的马六甲海峡等地区可能会面临海盗等安全威胁，如果中日韩能够深化三国在贸易通道安全方面的合作，就该问题达成协议，在海洋共同巡逻、海上共同军事演习以及军队海上护航、海域情报交流等方面实现共享和合作，不仅能够保障东海海域海上通道的安全，而且也能够更好地增强三国之间在海洋军事方面的互信度，实现中日韩三国海域的"去安全化"，并逐步建立三国在东海海域的行为规则和联合执法机制，从而实现海域的共同安全。

第三，海上自然灾害应对导向的中日韩海域安全合作。海上自然灾害是中日韩三国共同的海上安全威胁，三国已经展开了多层次的安全合作，尤其在2011年日本核泄漏事件之后，中日韩更是加强了东海海域关于自然灾害以及其所引发的次生灾害方面的合作，达成了一定的合作协议，以实现信息

---

① 《亚洲夺岛之争》，大公网，总第132期，http://www.takungpao.com/mainland/content/2012-09/14/content_1101121.htm。
② Michael T. Klare: Island Grabbing in Asia, foreign Affairs, http://www.foreignaffairs.com/articles/138093/michael-t-klare/island-grabbing-in-asia。

共享和海上救助,并就海上搜救等问题实施了联合军演。这对于实现中日韩海域安全复合体的"去安全化"是十分重要的途径。此外,还应该建立中日韩海域共同应对海上灾害的专门机构,对海上灾害进行常态化管理,以增强三国应对海上灾害机制的有效性,并增强三国的安全信赖。

第四,海域环境、生态保护为导向的中日韩安全合作。关于海域环境保护方面,中日韩三国之间的合作也取得了一定的进展,但主要还是在东亚地区合作框架下的合作。在双边合作中,比较突出的是中韩两国之间的合作,中韩建立了中韩海洋科学共同研究中心,并加强了中韩之间海洋环境的信息交流,促进共同研究和共同解决海域的环境污染与生态保护问题。而日本虽然在海洋环境以及生态保护方面具有重要的技术和经验,但是,由于三国缺少海洋安全的战略互信,在海洋环境等领域的合作也相对滞后。因此,有必要进一步成立中日韩海洋环境保护共同研究中心,加强海洋环境和生态保护的技术交流与合作,共同治理中日韩海域的环境污染问题,从而为构建中日韩海域安全共同体奠定基础。

综上所述,巴里·布赞、奥森·维夫等有关区域安全复合体理论,为中日韩海域安全复合体的构建奠定了理论基础,中日韩三国海域的"安全化"和"去安全化",决定了三国海域安全复合体的安全结构和发展进程,尤其是中日韩三国东海海域的非传统安全合作,不仅是三国"去安全化"的重要路径,而且,也决定了中日韩三国海域安全复合体的安全模式由冲突形态向安全机制过渡。

多源/元性非传统安全研究

Heterogeneous Non-traditional Security Studies

B.4
2014～2015重大国际与地区恐怖威胁问题分析报告

樊守政*

摘　要： 2014年，全球恐怖主义威胁再掀高潮。本报告对全球恐怖威胁的整体趋势进行总结并分析了七大区域恐怖威胁的具体情况，指出了影响2014年国际安全局势的三个典型恐怖主义威胁：伊斯兰国恐怖威胁、外国恐怖主义战士和核生化辐射恐怖威胁，分析了三者的危害程度及三者之间的相关性。最后，系统盘点了国际社会的反恐战略转变和具体应对措施。

关键词： 恐怖威胁　伊斯兰国　外国恐怖主义战士　核生化辐射

---

* 樊守政，中国人民公安大学警务战略战术教研室主任、副教授、硕士生导师，主要从事反恐、反骚乱等非传统安全问题研究。

2014年至今,"伊斯兰国"组织崛起,乌克兰危机、埃博拉疫情暴发、石油价格下跌,《查理周刊》遇袭,传统安全威胁与非传统安全威胁交织让国际社会的安全局势面临更加复杂和严峻的挑战。其中,在非传统安全威胁领域,以国际恐怖主义威胁问题最为典型——"伊斯兰国"圣战分子在伊拉克和叙利亚攻城略地,等等,对国际秩序和地区安全构成了现实威胁。

在非传统安全蓝皮书《中国非传统安全研究报告(2012~2013)》和《中国非传统安全研究报告(2013~2014)》中已对2007~2013年全球恐怖形势进行了分析和预测。随着时间的推移,报告中预测的全球恐怖威胁发展新动向有的已被事实证明,部分尚向着预测的方向发展。本报告侧重于分析2014年新兴的恐怖威胁和国际社会的应对措施。

一 全球恐怖威胁发展态势

2014年12月,经济与和平研究所发布了《2014全球和平指数报告》(Global Peace Index 2014, GPI 2014),[①] 报告以和平指数的形式对全球162个国家的和平状况进行了整体分析和评估,指数越高反映该地区的安全状况越差。报告显示,2014年全球和平指数334.34相比2013年的333.31上升了1.03,反映出全球的社会和平状况下降(见图1)。GPI报告明确指出,"与全球和平指数相关的许多因素和恐怖威胁之间具有非常强的关联性,即恐怖威胁与广泛意义上的社会和平密切相关。"[②] 表明全球的恐怖威胁状况持续恶化。

图2给出了全球7大区域的和平指数变化趋势,可以看出,相比2013年,2014年中东欧和亚太地区的和平指数下降(中东欧下降0.85,亚太下降0.02),说明恐怖威胁状况出现好转;西欧、北美、拉丁美洲、非洲(撒哈拉沙漠以南)和中东北非5大区域和平指数出现不同程度的上升(西欧

---

① Global Peace Index 2014, http://www.visionofhumanity.org/#/page/indexes/global-peace-index.
② Global Peace Index 2014, p.60.

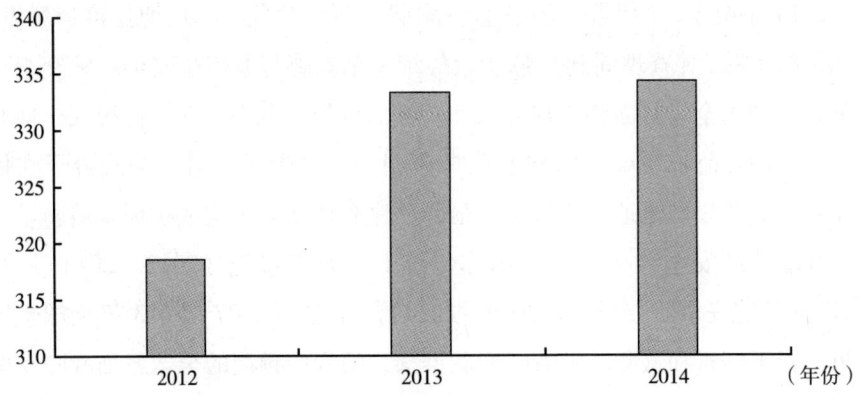

图1　2012～2014年全球和平指数变化趋势

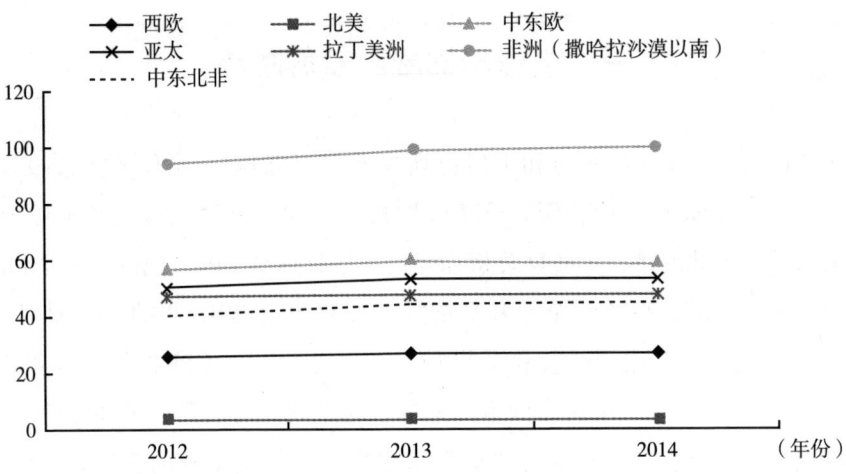

图2　2012～2014年全球7大区域和平指数变化趋势（指数越高和平状况越差）

上升0.02、北美上升0.01、拉丁美洲上升0.03、非洲撒哈拉沙漠以南上升1.22、中东北非上升0.62），说明恐怖威胁状况均呈现恶化趋势。其中，非洲（撒哈拉沙漠以南）和中东北非地区的恶化程度最为明显。

在全球反恐大背景下，恐怖主义威胁的上升一定程度上折射出国际安全局势面临着更加严峻的挑战，这与2014年中东地区"伊斯兰国"的兴起和"外国恐怖主义战士"的聚集导致社会动荡和不稳定密切相关。

二 典型恐怖主义威胁分析

2014年,"伊斯兰国"恐怖组织的兴起打破了国际恐怖格局,将全球范围内的恐怖主义威胁推向新高潮,恐怖势力的扩张和通信技术的应用吸引了大批来自全球许多国家的追随者,催生了"外国恐怖主义战士"这一新兴的恐怖威胁。同时,"伊斯兰国"恐怖组织的暴力性和"外国恐怖主义战士"的跨国流动性也极大地提高了核生化辐射的恐怖威胁程度。

(一)"伊斯兰国"(ISIL)恐怖威胁

2014年,"伊斯兰国"组织的恐怖影响力超越"基地"组织、塔利班,成为国际社会广泛关注的热点。

"伊斯兰国"组织起源于"基地"组织伊拉克分支,该组织头目扎卡维在2006年被美军击毙后,多个组织从中分离并组建"伊拉克伊斯兰国"(Islamic State of Iraq,ISI)。[1] 2010年,巴格达迪成为"伊拉克伊斯兰国"头目,该组织借助叙利亚内战很快将势力范围扩张到伊拉克并发展成为全球最为极端、最为暴力的恐怖组织,也很快发展成为活跃在中东的最大的逊尼派瓦哈比教派恐怖组织,其目的是建立一个哈里发国家——范围包括以色列、伊拉克、约旦、黎巴嫩和叙利亚等国家。2014年6月29日,巴格达迪将政权更名为"伊斯兰国"(Islamic State of Iraq and the Levant,ISIL)。截至12月27日,"'伊斯兰国'共杀死1883人,大多数受害者是来自叙利亚的平民"[2](见表1)。

---

[1] Kirkpatrick, D., "ISIS Harsh Brand of Islam Is Rooted in Austere Saudi Creed", *The New York Times*, 24 September 2014.
[2] "Islamic State executed nearly 2000 people in six months-monitor", Reuters, Sun Dec. 28, 2014, http://www.reuters.com/article/2014/12/28/mideast-crisis-casualties-idUSL6N0UC0E620141228.

表1 "伊斯兰国"在叙利亚致死人数

单位：人

"外国恐怖主义战士"	平民	新闻记者	救援人员	（叙）士兵	（叙）反对派
120（试图返乡）	1175（8妇女,4儿童）	2（美）	1（美）2（英）	502	81

资料来源：根据路透社公开报道"叙利亚人权观察（Syrian Observatory for Human Rights）"统计数据整理而成。

中东地区的长期动荡、人权践踏、缺乏教育和工作机会导致恐怖主义威胁进一步加大，"伊斯兰国"就是恐怖主义威胁进化的产物。该组织使用暴力手段控制领土、占据资源，从而吸引了许多来自世界各地动机、信仰和意识形态各不相同的外国恐怖主义战士。他们胁迫当地宗教人士，残酷对待妇女儿童，残杀少数民族人员，其恐怖主义行为不仅威胁到了叙利亚和伊拉克，而且也影响到了更广泛的地区以及国际社会的和平与安全。

（二）外国恐怖主义战士（Foreign Fighters）

叙利亚战争的爆发对全球恐怖主义威胁的重要影响之一是激发了新兴的外国恐怖主义战士威胁。[1] 截至2013年12月，国际激进主义与政治暴力研究中心（The International Centre for the Study of Radicalisation and Political Violence，ICSR）评估得出的"外国恐怖主义战士的数量高达1.1万余人，来自全球74个国家。这是自1979年底阿富汗战争以来赴外国参战人员最多的一次。"[2] 这些人员主要来自中东地区，也有部分来自欧美。来自欧美国家的参战人员在使用社交媒体方面非常活跃，往往通过社交媒体第一时间记录并发布在叙利亚各种冲突中的作战经验，通信技术已经发展成为恐怖活动

---

[1] "Emerging Threats by Foreign Fighters, Communication Technologies Must Be Confronted in Fight against Terrorism, Stresses Sixth Committee", 8 October 2014, http://www.un.org/press/en/2014/gal3476.doc.htm.

[2] "The International Centre for the Study of Radicalisation and Political Violence", http://icsr.info/wp-content/uploads/2014/04/ICSR-Report-Greenbirds-Measuring-Importance-and-Influence-in-Syrian-Foreign-Fighter-Networks.pdf.

的重要工具，从而使恐怖势力以更加难以控制的速度向全球扩散。值得注意的是，社交媒体的使用也使这些参战人员吸引了更多的与之相关的人前往参战。

"伊斯兰国"多次发声，鼓励"独狼"恐怖分子与返回的参战人员联合实施恐怖袭击。由此，引发了许多国家对这些外国恐怖主义战士一旦回国极可能实施恐怖袭击的担心。外国参战人员的返回可迅速促进激进恐怖思想的传播，提高"独狼"恐怖分子的作战能力，此类威胁势必对国家安全局势带来更大的挑战。

这些问题的存在引发了外界对"伊斯兰国"外国参战人员数量的猜测，对于总人数、正在参战人数、死亡人数及返乡人数等问题，相关政府机构报告（The Soufan Group，TSG）进行了综合评估，统计结果显示：截至2014年6月，"至少有来自81个国家的1.2万余名外国参战人员活跃在叙利亚和伊拉克战场，其中3000多人来自西方国家，中东北非的参战人数至少是西欧国家的4倍。"[①] 已有25个国家公布了"伊斯兰国"外国恐怖主义战士在伊拉克和叙利亚参战人员数量，另外还有56个国家没有公布具体数据。

2014年9月24日，联合国秘书长潘基文在纽约联合国总部高级别会议上公布了加入"伊斯兰国"和"支持阵线"的外国恐怖主义参战人数，"约有1.3万名，来自80多个国家和不同地区"[②]，这与ICSR和TSG两家研究机构的数据统计结果一致。

（三）核生化辐射（CBRN）恐怖威胁

在所有形态的恐怖主义威胁当中，核生化辐射（Chemical，Biological，Radiological，or Nuclear，CBRN）恐怖威胁是危害国家安全最严重的一种。

[①] "Richard Barrett," Foreign Fighters in Syria, http：//soufangroup.com/wp-content/uploads/2014/06/TSG-Foreign-Fighters-in-Syria.pdf.

[②] "Secretary-General's remarks to Security Council High-Level Summit on Foreign Terrorist Fighters", New York, 24 September 2014, http：//www.un.org/sg/statements/index.asp?nid=8040.

多年来,"基地"组织一直在尝试获取大规模杀伤性武器,包括核武器。以核为例,"全球范围内大约有2000吨用于制造核武器的材料(钚和高浓缩铀),分散在数百个存放点,其中有25个国家的存放点的安全防卫措施较弱"①,解决用于生产核武器各种原材料的安全存放问题迫在眉睫。

防止核生化辐射扩散一直是世界各国国家安全防御的首要任务。在过去的几十年里,国际社会在反恐态度上针对核生化辐射恐怖主义的认同持续增强,旨在减少化学、生物、放射性和核产品的生产和存储,限制生化、放射和核材料的流通及专业技术人员的流失,阻止生化、放射和核武器的非法交易。尽管在全球范围内对生化、放射和核材料的保护所做的努力已经取得了显著的成效,但盗取和非法贩运现象依然存在,甚至涉及高浓缩铀核材料,未来必须要对这些材料进行更加规范的控制和监管。②

三 国际反恐战略转变及应对措施

2014年,全球范围内遭受不同程度恐怖威胁的国家达到123个,恐怖主义威胁向全球更多地区蔓延的趋势越来越明显,单靠几个国家或几个组织无法完成反恐任务。加强多国联合,切实完善合作机制是未来国际反恐战略的必然选择。

(一)经济制裁

从历史上看,美国政府惯用经济制裁这一工具向外国政权和政府施压。1995年以来,美国政府也有针对性地将制裁目标扩展到反恐领域,尤其是"9·11"事件发生后,小布什总统签署了13224号行政令(E. O. 13224),明显扩大了制裁国际恐怖分子和恐怖组织的范围。通过整合反恐资源,锁定国际恐怖分子、恐怖组织及支恐政权等目标,对国际恐怖主义及其支持者形

---

① *Country Reports On Terrorism 2013*, pp. 233 – 235.
② *Global Terrorism Index 2014*, pp. 79 – 81.

成广泛且沉重的打击。

美国财政部外国财产控制办公室（OFAC）负责对国际恐怖组织和支恐国家的财产实施制裁，基于美国国家安全和外交政策下的管理和执行经济与贸易制裁措施是该办公室的主要任务，具体有：人员选派、协助当事人遵守制裁禁令、评估违反禁令公民的财产处罚情况、与美国执法机关及其他政府机构合作、与其他国家相关部门的协调与合作等。2013年，该机构发布了《恐怖分子资产评估报告2013》（*Terrorist Assets Report 2013*），相关数据显示："共冻结特别指定的全球恐怖分子（SDGTs）、特别指定的恐怖分子（SDTs）和外国恐怖组织（FTOs）资金为22200117美元。"（见表2）可见，经济制裁已成为美国及其盟友联合反恐非常重要的一个工具，其可以有效地补充联合国安理会有关反恐措施——阻止和阻挠外国恐怖分子的经济活动，防止国际恐怖势力向外扩散。①

表2 美国对SDGTs、SDTs、FTOs资金冻结情况

Organization	AQ	HAMAS	Hizballah	LJ	LeT	LTTE	NPA	PIJ	RSM	Total
Blocked(MYM)	13503338	1210769	6802767	1551	14890	599224	3750	63828	0①	22200117

注：①The funds relating to this organization that were reported in the 2012 TAR were released by license and are no longer blocked.
②AL - QAIDA（AQ）、LASHKAR - E JHANGVI（LJ）、LASHKAR - E TAYYIBA（LeT）、LIBERATION TIGERS OF TAMIL EELAM（LTTE）、NEW PEOPLE'S ARMY（NPA）、PALESTINIAN ISLAMIC JIHAD（PIJ）、RAJAH SOLAIMAN MOVEMENTRSM）.

资料来源：http：//www.treasury.gov/resource - center/sanctions/Programs/Pages/terror.aspx②。

2014年9月24日，美国财政部依据13224号行政令指定了1个团体（Hilal Ahmar Society Indonesia HASI）和11个个体为"特别指定的全球恐怖分子"，确认他们自2011年以来为"伊斯兰国"、"基地"组织及其附属机构和伊斯兰祈祷团运送外国恐怖主义战士到叙利亚等地参加圣战，并提供资

---

① "Terrorist Assets Report 2013", U.S. Department of the Treasure, http：//www.treasury.gov/resource - center/sanctions/Programs/Pages/terror.aspx.

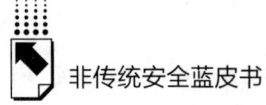

金存取和后勤物资供应，提高其战斗力。① 同年，美国国务院也依据该法令认定2个恐怖组织（Jaish al - Muhajireen wal - Ansar、Harakat Sham al - Islam）和10个个体为"特别指定的全球恐怖分子"，其所有受美国司法权管辖的财产被冻结，美国公民禁止与其交易或为他们的利益交易。②

（二）多边协同反恐

2014年，世界大多数国家通过多边外交途径继续与同盟国和主要伙伴加强反恐合作，拓宽国际多边反恐框架，利用各种资源优势，在国际、地区和区域多边体系中积极应对暴力极端恐怖威胁。

1. 联合国（UN）

2014年，联合国安理会在反恐领域打击的主要目标集中于"伊斯兰国"恐怖组织和"外国恐怖主义战士"，并相继出台了6个反恐怖决议予以应对。

第2133（2014）号决议："表示关切恐怖团体，特别是基地组织及其相关团体为筹集资金或赢得政治让步制造的绑架和劫持人质事件有所增加，特别指出向恐怖分子支付赎金是为今后的绑架和劫持人质行为提供资金，致使更多的人受害，并使问题长期延续下去。"③

第2161（2014）号决议："表示关切在日益全球化的社会中，恐怖分子及其支持者越来越多地用新的信息和通信技术，尤其是因特网来协助恐怖行动，并利用这些技术进行煽动、招募、资助或筹划以采取恐怖行动。处置措施：不拖延地冻结这些个人、团体、企业和实体的资金和其他金融资产或经济资源；阻止这些个人入境或过境；阻止从本国境内，或境外本国国民，或使用悬挂本国国旗的船只或飞机向这些个人、企业和实体直接或间接提供、销售或转让军火和各种有关物资，以及与军事活动有关的技术咨询、援助或培训。"④

---

① "Treasury Designates Twelve Foreign Terrorist Fighter Facilitators", September 24, 2014, http://www.treasury.gov/press - center/press - releases/Pages/jl2651.aspx.
② "Designations of Foreign Terrorist Fighters", U. S. Department Of State, September 24, 2014, http://www.state.gov/r/pa/prs/ps/2014/09/232067.htm.
③ 联合国安全理事会第2133（2014）号决议。
④ 联合国安全理事会第2161（2014）号决议。

第2170（2014）号决议："最严重关切有部分伊拉克和叙利亚领土处于伊拉克和黎凡特伊斯兰国（伊黎伊斯兰国）和胜利阵线控制之下，关切伊黎伊斯兰和胜利阵线的人员、暴力极端主义思想和行动对伊拉克、叙利亚和该区域的稳定产生不利影响，包括对平民产生巨大人道主义影响，致使数百万人流离失所。"①

第2178（2014）号决议："严重关注外国恐怖主义战士人员造成的威胁日益严重；严重关注那些企图前往国外成为外国恐怖主义战斗人员的人；严重关注外国恐怖主义战斗人员正在利用他们的极端主义意识形态来煽动恐怖主义。强调指出：打击可能助长恐怖主义的暴力极端主义，包括防止激进化、招募和动员个人加入恐怖团体和成为外国恐怖主义战斗人员，是应对外国恐怖主义战斗人员对国际和平与安全所构成威胁的一个基本要素，并促请会员国加强努力，打击这种暴力极端主义。"②

第2195（2014）号决议："严重关切有人资助恐怖分子、且恐怖分子获得金融和其他资源；严重关切有与基地组织有关联的个人、团体、企业和实体继续通过参与跨国有组织犯罪受益的情况，为此强调需要大力执行第2161（2014）号决议第1段中的打击措施。"③

2. 国际原子能机构（IAEA）

2014年，国际原子能机构依据核安全计划继续帮助来自世界各地的政策制定者和专家协调改善核安全的努力——管理放射源，打击涉及核和其他辐射的恐怖主义。④

3. 金融行动特别工作组（FATF）

金融行动特别工作组特别关注2014年所产生的提供给"伊斯兰国"的金融资源，积极响应联合国安理会第2170号（2014）决议应对"伊斯兰

---

① 联合国安全理事会第2170（2014）号决议。
② 联合国安全理事会第2178（2014）号决议。
③ 联合国安全理事会第2195（2014）号决议。
④ The International Atomic Energy Agency (IAEA), http://www.iaea.org/newscenter/focus/nuclear-security-new-directions-21st-century.

国"带来的恐怖威胁。FATF强调不断健全行业标准,重申所有国家应实施FATA标准打击恐怖主义融资活动,并呼吁所有国家采取措施阻止"伊斯兰国"访问它们的金融体系。它着重指出:国际反恐迫切需要洞察恐怖组织的资金来源,金融特别行动组专家将评估恐怖分子融资和洗钱带来的风险,包括资金和资产如何被恐怖组织转移和利用等。①

4. 非洲联盟(AU)

非洲联盟作为联合国成员努力实现反恐能力建设,包括加强合作、多方协调和信息交流,并为全球反恐论坛(GCTF)提供框架文件。非洲联盟和平与安全理事会(Peace & Security)于2014年9月2日在内罗毕举行会议,敦促所有会员国积极持续有效地防止和打击恐怖主义和极端思想。②

5. 欧洲安全与合作组织(OSCE)

2014年,欧安组织在处理跨国恐怖威胁方面发挥了核心作用。该组织依据统一反恐怖框架,突出实施原则,确定欧安组织未来的反恐怖战略,在促进国际反恐怖法律框架的实现、完善旅游证件、打击极端暴力和激进引发的恐怖主义、打击利用互联网实施恐怖的企图、保护关键的能源基础设施等方面起到了积极的示范作用。比如,针对网络和信息通信技术的安全问题架构了网上执法信息系统。③

6. 北大西洋公约组织(NATO)

恐怖主义是一个没有边界、国籍或宗教信仰的全球性威胁,对北约盟国及其成员国构成了严重的威胁,这是国际社会必须共同面对的一个挑战。2014年底,美国反恐联军从阿富汗撤军之后将反恐工作重点集中在提高恐怖威胁防范意识上,与伙伴国家和其他国际行为体一道提高足够的应对和处

---

① "FATF Action on the Terrorist Group ISIL", 24 October 2014, http://www.fatf-gafi.org/topics/fatfgeneral/documents/fatf-action-isil.html.

② "The African Union Strongly Condemns the Terrorist Attacks Against the Egyptian Security Forces in Sinai", Oct. 25. 2014, http://cpauc.au.int/en/content/african-union-strongly-condemns-terrorist-attacks-against-egyptian-security-forces-sinai.

③ Organization for Security and Co-operation in Europe (OSCE), http://www.osce.org/secretariat/terrorism.

置能力打击恐怖主义。

该联盟在国际社会反恐方面具有三个优势：一是北约是一个永久性跨大西洋磋商论坛，具有将集体决策转变为行动的能力；二是北约具有独特的军事和民事能力，有助于采取反恐行动；三是北约是一个涉及多个国家和国际组织的大型合作网络的一部分。①

北约－俄罗斯理事会（NRC）。北约－俄罗斯理事会成立于2002年，该组织为北约和俄罗斯提供了一个安全合作、应对挑战的框架，包括反恐怖合作。在北约－俄罗斯理事会内部，北约成员国和俄罗斯曾以平等的伙伴身份关心共同的安全利益问题。②

7. 欧洲联盟(EU)

欧盟是一个拥有28个成员国的独特的政治和经济共同体，面积覆盖欧洲大陆的大部分地区。其工作涵盖了一系列反恐怖问题，包括遏制恐怖主义融资、加强打击暴力极端主义合作和协助第三国加强反恐能力建设。③ 2015年初，《查理周刊》遇袭事件引发了包括欧盟主席容克、法国总统奥朗德、英国首相卡梅伦、德国总理默克尔、意大利总理伦齐、西班牙首相拉霍伊、乌克兰总统波罗申克、以色列总理内塔尼亚胡、巴勒斯坦总统阿巴斯在内的40多位国家领导人挽臂前行助威反恐怖示威游行。欧盟发誓尽快开展如下反恐行动：加强对欧盟外部边界的控制，加强对欧盟公民出入欧盟边境的控制，加强与网络运营商的合作。④ "提升欧盟与其他国家的双边或多边合作，包括地中海和阿拉伯国家，以及非洲和亚洲部分国家。"⑤

8. 八国集团(G-8)

八国集团的主要举措是促进全球在经济增长、危机管理、全球安全和打

---

① "Untering Terrorism", North Atlantic Treaty Organization (NATO), http://www.nato.int/cps/en/natohq/topics_77646.htm.
② NATO-Russia Council (NRC), http://www.nato-russia-council.info/en/.
③ European Union (EU), http://europa.eu/about-eu/institutions-bodies/index_en.htm.
④ "Historic Paris March Against Extremism Begins", Jan. 11. 2015, http://www.afp.com/en/news/historic-paris-march-against-extremism-begins.
⑤ "EU Considers 'Security Agents' to Counter Terrorism", 20/01/2015, http://www.euractiv.com/sections/security/eu-considers-security-agents-counter-terrorism-311398.

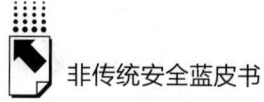

击恐怖主义等问题上达成共识。2014年,在美国的支持下,八国集团继续在非洲西部和北部协调反恐怖工作,打击使用化学前驱体制造的简易爆炸装置,派专家组研究反恐、交通安全、高科技犯罪、移民问题、刑事法律事务和执法等问题。①

9. 东南亚国家联盟(ASEAN)和东盟论坛(ARF)

东盟论坛由27个成员国组成,反恐怖和打击跨国犯罪是该论坛建设的主要目标,一些西方核心成员国的加入极大地推进了其能力建设进程。2014年,东盟论坛年会在打击恐怖主义和跨国犯罪工作中提出了四个方面的核心议题:毒品、网络安全、打击激进主义和化学、生物、辐射与核(CBRN)问题。论坛正在努力改善地方和政府之间的协作来解决这些问题。②

10. 亚太经合组织(APEC)

恐怖主义对亚太经合组织"安全、开放和繁荣"的愿景构成直接威胁。亚太经合组织领导人承诺维护区域范围内人民的经济、贸易、投资和金融体系免受恐怖袭击。2013年该组织逐步认识到恐怖主义威胁的长期性,将反恐工作组升级为事务委员会,升级后的首要任务是制订2013~2017年反恐战略计划。

2014年,先后在青岛和北京召开了第二届和第四届反恐会议,会议确定了需要持续进行的项目以及提议了将要执行的计划,主要有:汽车及运输安全培训,与移动业务和程序开发公司联合开发确保旅客出入境安全的信息系统,保护非金融企业和行业抵制恐怖分子非法融资和洗钱问题,与海关共建信息共享平台,确保受到恐怖分子破坏的货物供应和贸易快速有效恢复,与加拿大专家合作为大型活动安全开发实践标准和框架,美国出资举办电力、水、交通运输和通信等关键基础设施受到攻击后的迅速恢复和重建培训班,美国出资建立移动电话、互联网和电子卡片等新的支付系统的金融监管

---

① "Country Reports on Terrorism 2013", http://www.cfr.org/international-organizations-and-alliances/group-eight-g8-industrialized-nations/p10647.

② "U. S. Engagement in the 2014 ASEAN Regional Forum", August 10, 2014, http://www.state.gov/r/pa/prs/ps/2014/230479.htm.

体系，防止恐怖主义融资。

中国捐款1000万美元并针对发展中成员国提供1500个培训名额用于支持亚太经合组织机制和能力建设，所提供的经济和技术支持在亚太经合组织各合作平台的可持续建设和发展中发挥了重要作用。①

11. 全球反恐论坛（GCTF）

全球反恐论坛（The Global Counterterrorism Forum，GCTF）成立于2011年9月，旨在架构21世纪民间反极端恐怖主义威胁体系，对抗暴力极端恐怖主义势力，加强对恐怖威胁的辨识，提供在处理恐怖主义事件和相关安全挑战时的法律支持。通过分享专业知识、识别紧急需求、设计创新应对措施并发挥资源优势，以减少恐怖分子招募，增加国家应对境内和区域恐怖威胁的能力。

该论坛拥有创始成员30个（29个国家和欧盟），75个非成员国和组织，美国出资3亿美元支持反恐怖体系构建，包括培训边检人员、检察官、警察、法官和狱警等。共设立6个专家组以便与重要的反恐怖主义团体接洽交流，主要包括：刑事审判和法律援助、打击暴力极端主义、拘留和遣返、外国恐怖主义战士、在萨赫勒地区及非洲的反恐能力建设。

论坛还采用一系列基于法律的完备的实践文档对反恐怖主义和反暴力极端主义者提供指导，包括：有效的人权反恐实践、绑架防范、社区参与维护治安、反暴力极端主义教育等。主要目的是加强、支持和补充联合国全球反恐战略在区域和国家层面及多边组织的工作。②

12. 反伊斯兰国联盟（Anti-ISIS Coalition）

2014年9月10日，奥巴马宣布美反恐新战略，建立美主导下的"反伊斯兰国联盟（Antique-ISIS Coalition）"。美国和反恐盟友将凭借全面而持续的反恐战略加大在伊拉克和叙利亚的空袭力度，降低并最终消灭"伊斯兰

---

① "APEC Counter-Terrorism"，http：//www.apec.org/Home/Groups/SOM-Steering-Committee-on-Economic-and-Technical-Cooperation/Working-Groups/Counter-Terrorism.aspx.
② "Ten Things You Should Know About the Global Counterterrorism Forum"，Bureau of Public Affairs，December 16，2014.

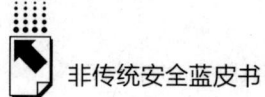

国"。目前，参与该反恐联盟的国家有：西方同盟国包括英国、法国、澳大利亚、德国、加拿大、荷兰；地区同盟国包括沙特阿拉伯、阿拉伯联合酋长国、土耳其、约旦、埃及、卡塔尔、伊拉克；其他国家包括意大利、波兰、丹麦、阿尔巴尼亚和克罗地亚，新西兰、罗马尼亚和韩国提供人道主义援助，其中韩国已经支付了120万美元。①

（三）中国遭受的恐怖威胁现状与反恐举措

2014年，在全球恐怖威胁高发背景下，中国遭受的恐怖威胁状况依然趋高（恐怖威胁指数为5.21，全球排名第25位），由边远地区向全国重点城市扩散明显，且暴力对抗性增强，比如"3·1"昆明火车站恐怖袭击案和"5·22"乌鲁木齐爆炸案，造成数十人死亡的严重后果。值得注意的是：由于受外国伊斯兰武装的影响，一些宗教极端人员在我国西南边境偷渡赴境外接受武装培训的现象严重，西南边境地带已经成为这些极端势力偷渡出境的重要通道。②

针对"东突"恐怖袭击和偷渡活动持续高发态势，中国政府采取了相应的打击措施。

一是全面升级社会反恐工作。以北京为例，动员10万人全方位收集涉恐信息，招募85万名志愿者参与社区巡逻，提供重要线索奖励金额达4万元人民币以上。

二是实施专项反恐怖防暴行动。"3·1"案件发生后，北京、上海和长沙等城市相继实施警察配枪巡逻措施，恐怖活动高发城市配备飞机和装甲车等反恐重型装备，其他城市举行规模不等的反恐演练，提升反恐处突实战能力。

三是设立专案组重点治理。以偷渡为例，公安部设立专案组，在西南边境集中治理宗教极端分子偷渡问题，专项行动效果显著。

---

① Ashley Fantz, "Who's doing what in the coalition battle against ISIS", CNN, October 9, 2014, http://edition.cnn.com/2014/10/09/world/meast/isis - coalition - nations/.
② "'东伊运'煽动'迁徙圣战'遇阻就地实施暴恐", 2015年1月20日, 新华网, http://news.xinhuanet.com/mil/2015 - 01/20/c_ 127401009. htm。

四 结语

2014年,"伊斯兰国"恐怖组织的兴起让世界见证了一个戏剧化的恐怖主义威胁的进化过程,并催化出了外国恐怖主义战士这一新兴威胁。

2015年,"伊斯兰国"组织依然是国际社会面临的主要恐怖威胁,圣战分子继续活跃在中东的伊拉克和叙利亚,势必给受其启发的其他极端组织和个人带来示范效应;外国恐怖主义战士在全球的散布面广、流动性强,已由最初的跨国、跨区域行动转向全球联合,极端组织利用社交媒体等通信技术远程遥控散布在世界各地的"独狼"实施恐怖袭击渐成新模式;核生化辐射材料和技术如果被资金充足、行为暴力、跨国活动能力强的"伊斯兰国"恐怖组织和外国恐怖主义战士获得或掌握,世界将从不安全转向难以想象的恐怖。

尽管上述极端组织的力量逐渐强大,但面对由西方国家发起的、全球多个国家参与的双边或多边合作联盟,其战斗力将会逐渐被削弱。但过去30多年的反恐实践证明,导弹可以杀死恐怖分子,却杀不死恐怖主义。热点地区长期政治动荡以及人权、法制、教育和工作机会缺失等问题,让阿富汗、伊拉克和叙利亚这样的国家演变成为滋生恐怖主义的温室。未来国际反恐战略应立足于自由、独立与和平的国际大环境建设,确保反恐行动和政策符合国际人权和人道主义法,依靠联合国全球反恐怖协作,阻断暴力极端组织生根的潜在因素。

B.5
非传统安全视域下的中美海洋事务合作

杨 震　杜雁芸*

摘　要： "冷战"结束之后，随着国际政治多极化以及全球化进程的不断加深，海洋的战略地位不断提高。作为地球表面最大公共空间，海洋同时也是诸多非传统安全问题的策源地。非传统安全问题的跨国性与联系性，需要各国携手来共同应对。作为当今世界海权体系中的两个主要大国，中国和美国在海洋非传统安全问题上进行了一系列的合作。合作的领域涵盖航运与军事方面。展望未来，中美在非传统安全领域的海洋事务合作将会朝着机制化的方向发展，合作的力度也将加大。

关键词： 中国　美国　海权　合作

"冷战"结束以后，作为地球表面最大公共空间的海洋战略地位不断提高。全球经济一体化，使海洋这个地球表面最大公共空间成为世界物流运输

---

* 杨震，国际关系学博士，南京政治学院军事政治学研究中心研究员，浙江大学非传统安全与和平发展研究中心兼职研究员。杜雁芸，国际关系学博士，国防科学技术大学国际问题研究中心、人文与社会科学学院讲师。基金项目：国家社会科学基金2011年度重大项目"当代国际核政治和我国国家安全研究"（11&ZD181）；解放军国际关系学院立项课题"主要大国介入南海争端的发展动向及对策研究"（GGLX2014060）；军队2110工程重点学科建设项目、上海市哲学社会科学规划课题（2012BZZ004）。

的主要载体；与此同时，随着陆地资源日趋枯减，人们越来越多地把目光投向海洋。当前，人类正开始向海洋的深度和广度进军，经略海洋已经成为国家海洋发展战略的重要举措，能否成功地经略海洋已成为影响国家盛衰强弱的关键因素。① 然而，全球化改变了技术革新的进程并降低了许多行为体获得先进技术的门槛。当技术革新和全球信息流动加速的时候，非国家行为体影响上升并获得在过去几个世纪中只有国家才能拥有的能力。② 在此结果影响下，海洋领域的非传统安全问题日益严重，并且由于两极体系的崩溃，原先被美苏争霸掩盖的非传统安全问题集中爆发。美国甚至因此认为，海洋同时也是跨国威胁和挑战进行传播的高速通道。③ 作为当今世界海权体系的两个主要国家，中国和美国在此问题上开展了一系列的合作。

一　海洋领域的非传统安全问题

在国际关系中，相对于传统安全而言，还有所谓的非传统安全威胁。非传统安全威胁囊括了除军事、政治和外交议题以外的所有其他的、对主权国家及人类整体构成重大影响的因素，主要包括生态环境安全、经济安全、金融安全、信息安全、能源安全、恐怖主义威胁、大规模毁伤性武器扩散、跨国犯罪、走私贩毒、非法移民、疾病蔓延、国际海盗以及洗钱活动，等等。④ 换言之，"非传统安全"是相对传统安全而言的，它是指传统的国家主权、领土完整、军控裁军、军事、军备等传统安全以外的安全问题，如非法移民、贩毒、环境保护、国际有组织犯罪、恐怖主义、走私等日益增长的

---

① 陈勇：《经略海洋与海军信息化建设》，《理论观察》2001年第4期，第65页。
② U. S. Department of Defense, *Quadrennial Defense Review Report 2010*, February, 2010, http://www.defense.gov/qdr/images/QDR_as_of_12Feb10_1000.pdf, Executive Summary, p. 2. 最后访问时间：2011年1月9日。
③ Bruce B. Stubbs and Scott C. Truver, Towards a New Understanding of Maritime Power, Edited by Andrew T H Tan, *The Politics of Maritime Power: A Survey*, London & New York: Routledge, 2007, p. 4.
④ 宋德星："后冷战时代大战略缔造的特有困难——兼论中国大战略缔造问题"，《外交评论》2008年12月，第22页。

国际问题及其对国家、社会和国际安全稳定的影响。① 简言之，非传统安全就是指一切免于非军事武力所造成的生存性威胁的自由。② 国际问题专家指出，所谓非传统安全威胁（英文是 non-traditional security，NTS；又称新的安全威胁，英文是 new-security threats，NST），指的是近些年逐渐突出的、发生在战场之外的安全威胁。传统安全主要是指主权问题、国家之间的军事态势、国防问题、领土纠纷等"高政治安全问题"。非传统安全则是指传统安全之外的其他安全问题，即人口爆炸、毒品走私、经济安全、恐怖主义、环境污染、跨国犯罪、艾滋病传播等"低政治安全问题"。从安全威胁来源和行为主体来看，非传统安全的威胁来源和行为主体则显得多元化，而传统安全威胁主要来自国家之间利益的纷争，因而是典型的国际问题；从安全的性质来看，非传统安全较传统安全威胁更加具有跨国性、社会性和全球性的特点；从安全威胁的解决途径来看，由于非传统安全威胁植根于各国的社会、经济与文化的深层次的土壤中，其治理难度更大，综合性更强，过程更长。因此，非传统安全威胁应对和解决的途径也更加复杂多样。③

"冷战"结束之后，随着两极对抗的消失和全球化进程的迅速推进，海上安全出现了新的情况，在传统安全问题依然存在的同时，非传统安全问题日益突出，对世界的和平与稳定和各国的安全与发展构成了严峻挑战。这些问题包括日益猖獗的海盗、走私、偷渡、贩毒等跨国犯罪活动，时隐时现、难以防范的海上恐怖主义威胁，日趋恶化的海洋生态环境，等等。④ "9·11"事件后，海上恐怖主义以及海盗等武力袭击事件引起各个国家的关注，成为海洋安全的主要威胁。海洋污染、海啸、赤潮和海平面上升等严重的海上非传统安全威胁已成为需要全球共同应对的海洋安全问题。⑤

---

① 沈伟烈、陆俊元主编《中国国家安全地理》，时事出版社，2001，第 28~29 页。
② 余潇枫著《非传统安全与公共危机治理》，浙江大学出版社，2007，第 32 页。
③ 刘中民："海洋非传统安全挑战人类"，《社会观察》2005 年第 3 期，第 26 页。
④ 冯梁、高子川、段廷志、张春、郑雪飞、梁巍著《中国的和平发展与海上安全环境》，世界知识出版社，2010，第 105 页。
⑤ 国家海洋局海洋发展战略研究所课题组：《中国海洋发展报告（2010）》，海洋出版社，2010，第 50 页。

当前，海洋领域的非传统安全威胁主要包括：第一，风暴潮、地震、海啸、台风、赤潮等复合型海洋自然灾害无疑是最典型的海洋领域的非传统安全威胁。第二，海盗、海上恐怖势力等威胁全球海洋安全的国际公害。第三，部分濒海国家面临海平面上升侵吞国土的严峻威胁。第四，海洋环境污染以及海洋生态系统危机不断加剧造成的全球公害。① 第五，由传统安全威胁转化而来的非传统安全威胁。比如苏联报废核潜艇的核反应堆给海洋安全带来的风险就是其中典型的例子。海洋非传统安全问题植根于文化、宗教、经济、社会等多种因素，单凭传统军事手段只能治标不治本，不能从根本上加以解决，需要各种措施的综合治理以及跨国安全合作。海洋政治的主题超越了对制海权进行控制与争夺的马汉时代，并在国家对海洋安全的认知和政策层面体现出了海洋安全内容更加丰富、领域不断拓宽、范围日益扩大、地位持续提高的发展趋势，高级与低级、国内与国际的分野也因此日趋模糊。② 从安全威胁的层次来看，海洋领域的非传统安全威胁涉及国家、地区、全球等多个层次；从安全威胁的内容来看，海洋领域的非传统安全威胁复杂多样，海底地震、海啸、台风、风暴潮、赤潮等典型的海洋自然灾害无疑是首要的海洋领域的非传统安全威胁之一。另外，海盗、海上恐怖势力泛滥，部分濒海国家面临海平面上升侵吞国土的严峻威胁，海洋环境污染和生态系统危机不断加剧等，也已成为威胁全球安全的国际公害。尤其是恐怖主义威胁。美国认为，无论一个国家多么强大，也不可能靠与跨国恐怖主义单打独斗来保卫自己的安全。恐怖主义网络通过全球经济的裂缝实现人员、资金和物资的跨国流动。只有在金融流动、情报和警事行动方面开展广泛合作，并同时弱化恐怖主义的社会政治吸引力，才能降低我们面临的风险。涉及核武器和生物武器的恐怖主义是最危险的，需要采取最广的合作来应对。有效的反恐战略要求各国（1）履行普遍义务，不资助、支持或帮助跨国恐怖主义；（2）为境内情况造成的境外影响承担责任；（3）为国民的福祉负

---

① 刘中民：《国际海洋形势变革背景下的中国海洋安全战略——一种框架性的研究》，《国际观察》2011年第3期，第3页。
② 孙海荣：《从和平发展看中国海权新的价值维度》，《实事求是》2007年第1期，第18页。

责,逐步消除恐怖主义风险;(4)进行能力建设,以履行责任义务。能力建设强调了一个重要概念,即强国基于自己的利益总有动力也有责任帮助弱国。想要建设一个能帮助自己抵御境内的恐怖主义的国际体系,那么就需要所有国家共同努力,携手合作。这就要求在防御链条最弱的环节上进行能力建设。① 笔者认为,海洋领域这个地球表面最大的公共空间由于不处于任何国家的主权管辖之下,且海洋霸权国家美国正处于衰落之中,其海洋治理能力有所下降,因此海洋空间就是这个最弱的环节。

二 中美在海洋事务中的非传统安全问题合作

中美这两个世界海权棋盘的主要棋手之间的关系是合作与竞争并存的关系,双方都极力避免因为第三者的原因导致双方被拖入一场均不愿意看到的战争,另外,在打击世界重要海上航线和海上咽喉上活跃的海盗、海上恐怖主义,打击以海上运输途径的非法移民和毒品走私,防止从海上的大规模杀伤性武器的扩散,实行海上人道主义援助,应对海啸、地震、火山等的救灾行动,以及进行海洋环保和国际维和等方面,中美都有共同的利益。这些为中美合作提供了动力。② 具体而言,中美两个大国在海洋领域的非传统安全合作主要包括以下几个方面。

(一)军事领域

中美海军已经在海上合作方面享有共同的利益。2006年末,一些重要的事件为海上搜救合作奠定了基础。在一次成功的军方交流即2006年9月中国人民解放军海军第三次对美国访问之后,由"青岛"号导弹驱逐舰和"洪泽湖"号综合补给舰组成的中国舰艇编队参加了在圣迭戈海军基地西北

---

① 〔美〕布鲁斯·琼斯、卡洛斯·帕斯夸尔、斯蒂芬·约翰·斯特德曼著《权力与责任:构建跨国威胁时代的国际责任》,秦亚青、朱立群、王燕、魏玲译,世界知识出版社,2009,第183页。
② 石家铸:《海权与中国》,上海三联书店,2008,第227页。

进行的联合搜救演习。两国海军的舰艇开展了演习，双方的水兵在一次搜救训练活动期间直接进行合作。这是两个国家第一次为此目的开展军事行动。他们练习如何在撤离伤员的同时，从大火和水淹中救出第三方的船。应美方要求，这次联合演习采用了《海上意外相遇规则》（COGS）和《演习战术》（EXTACS）。这两项规定是由西太平洋地区海军论坛会员国设计制定的。更加重要的一次演习是在2006年12月美国海军回访中国时进行的。经中美军方领导人同意，这次演习是首次中美搜救演习的第二阶段。这次演习涉及中国的"湛江"号导弹驱逐舰及其补给舰"洞庭湖"号，美国"朱诺"号（LPD-10）和"菲茨杰拉德"号导弹驱逐舰。演习的不同阶段由两国海军分别指挥，并联合对一艘遇险船只定位和施救。这一行动设定的情节是，一艘船只失事，而中国方面请求航行经这一海域的美国海军舰艇搜寻和救助遇险人员。不像以前中国与外国的行动，这次提前不作任何设定，使它更像一个真实的事件。2007年7月11日，一艘船在西北太平洋沉没，几乎所有船员都来自中国的福建省。美国海岸警卫队启动了救助并通报了中国海上搜救中心，中国交通部立即实施国家海上搜救应急方案，与美国海岸警卫队保持密切联系并开展搜救。最终，在20个遇险人员中，3人死亡，7人失踪，有12人获救。[①] 2014年8月，中国海军派遣"海口"号驱逐舰、"岳阳"号护卫舰、"千岛湖"号综合补给舰与"和平方舟"号医院船4艘军舰参加美国主导的"环太平洋-2014"演习。演练科目涵盖反海盗、反恐、护航等非传统安全领域。

（二）航运领域

中美两国都是国际海事组织A类理事国，且互为重大贸易伙伴，在海运安全领域有许多相同利益诉求和政策取向，因而存在巨大的合作空间。中美之间的海运安全合作主要体现在三个方面。

[①]〔美〕安德鲁·S.埃里克森、莱尔·J.戈尔茨坦、李楠主编《中国、美国与21世纪海权》，徐胜、范晓婷、王琦、万芳芳、黄南艳等译，林宝法、范晓婷审校，海洋出版社，2014，第202页。

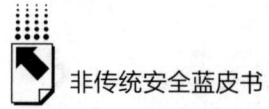

第一集装箱安全方面的合作。"9·11"后,美国政府对每年进出美国多达 600 多万只海运集装箱中 98% 未能得到检查的状况深感忧虑,唯恐会有大规模杀伤性武器通过集装箱运入美国境内,为此于 2002 年提出了"集装箱安全倡议",即美国海关先与有关国家海关达成协议,再派出工作组常驻该协议国家港口,并同当地海关人员一起识别和查验高风险集装箱。美国先在对美国出口海运集装箱最多的 20 个外国港口进行试点,其中包括中国的深圳和上海。2003 年 7 月 29 日,中美海关在北京签署了《"集装箱安全倡议合作声明"合作原则声明》。① 2005 年 3 月 28 日中美两国海关就《"集装箱安全倡议合作声明"合作基本程序》达成一致,美国同时表示希望在中国其他港口派驻海关官员。② 美国与中国均为全球系统,尤其是全球经济的重要参与者及受益者。两大经济体间的互相联络范围巨大。2008～2010 年的全球经济危机清晰地表明,一个经济体的危机必然会对另一个经济体产生不利影响。海军少将杨毅将此密切的经济关系描述成"互信的依存性"。《集装箱安全倡议》(CSI)代表了直接源于这种集中经济互动的美中海洋合作的主要成就。确保其主要港口符合"9·11"事件后行为规范的要求。近期美国税务司长罗伯特·邦纳评论道:"由于(中华人民共和国)牟新生部长对 CSI 一如既往地支持,美国边界更安全、更高效。"同样,美国与中国的经济伙伴关系以两个经济体间存在相同的结构特征为基础。两个经济体都极度依赖安全高效的海上能源运输,这种共同利益为拓展海洋合作创造了大量的机会。世界十大港口中有五个位于中国,中国拥有的商船(及许多其他中国所有、悬挂外国船旗的船舶)数量位居世界第二。另外,两国就港口国权力与船旗国权力平衡的选择也日益趋同。因此,军事与安全伙伴关系必须是以对这些大趋势进行补充的方式发展起来的。确实,北京与华盛顿方面为缓解 2007～2010 年间的全球经济危机及其后续影响做出了巨大努力,

---

① 史春林:《中美海运安全合作:进展及存在的问题》,《现代国际关系》2010 年第 5 期,第 45 页。
② 陈浩:《美国欲向中国派驻更多海关官员加强反恐力量》,http://news.qq.com/a/20060406/000322.htm,最后访问时间:2011 年 4 月 24 日。

正是经济合作巩固了这种努力。而经济合作需要重视全球经济与保护世界商业网的海洋安全间的密切关系。①

第二，正式启动中美在"海关－贸易伙伴反恐计划"方面的合作。"9·11"后为防止恐怖分子利用货运渠道将大规模杀伤性武器运入，美国于2001年11月1日推出了"海关－贸易伙伴反恐计划"，加强美国海关与国际商界的安全合作，以保证输美货物供应链各环节的安全。中美在该领域的合作近年来在加紧实施。2007年6月美国海关与边境保护局局长巴沙姆率团访华，提出愿在C－TPAT获得中国政府正式批准之前作为临时措施与中国海关联合进行C－TPAT认证；同年12月中美海关在北京就C－TPAT认证试点问题进行技术磋商；2008年3月双方签署了《中美联合验证试点合作声明》，并随后在深圳和东莞举行了两次C－TPAT联合验证试点培训。美方认为，中美联合验证取得的重要成就表明两国在国际商业正常运行领域的合作在加强，这种努力增加了美国进口货物的安全性。②

第三，中美不断加强在打击海盗和海上恐怖活动以及在海上救援等方面的合作，主要是加强双方交流与沟通。2002年7月，中国参加了在美国召开的西北太平洋海事会议，讨论打击海盗和反恐问题。2003年12月，中美在华盛顿签署了新的《中美海运协定》，规定双方船舶如果在对方海域发生海难事故，对方应及时予以援助，并尽快通知当事方。2008年12月，中国交通运输部副部长翁孟勇在北京会见了来访的美国运输部副部长托马斯·巴雷特，双方就打击海盗、维护海运安全加强合作交换了看法，随后两国在美举行了第三次海运会谈，再次就应对日益严重的海盗问题开展合作进一步交换了意见。

---

① 〔美〕安德鲁·S. 埃里克森、莱尔·J. 戈尔茨坦、李楠主编《中国、美国与21世纪海权》，徐胜、范晓婷、王琦、万芳芳、黄南艳等译，林宝法、范晓婷审校，海洋出版社，2014，第2~3页。
② "CBP Conducts Second Round of C－TPAT Validations in China"，http：//www.cbp.gov/xp/cgov/newsroom/news_ releases/archives/2008_ news_ releases/nov_ 2008/11172008_ 5. xml. 最后访问时间：2011年4月25日。

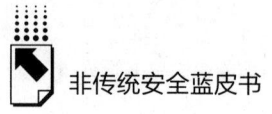

（三）其他领域

中美在极地问题以及海洋法等领域也开展了一系列合作。2013年4月，中美两国的外交官员和海洋问题专家在美国加利福尼亚州的阿拉米达市举行了第4轮中美海洋法和极地事务对话。双方就极地、海洋、海洋法等领域的问题进行了广泛讨论。对话由美国国务院和中国外交部共同主办，美国海岸警卫队承办，美国海岸警卫队太平洋地区司令官祖昆夫特上将致开幕辞。① 该对话迄今已经举行5轮，取得了重要成果。

三　中美海洋事务合作探因

"冷战"结束后，中美两国在双边关系起伏不定，甚至在"银河号"事件、台海事件、炸馆事件、撞机事件等负面事件的冲击下，双边在海洋非传统安全领域的合作一直在进行甚至在发展，笔者认为主要出于以下几个原因。

首先是海洋公共产品提供多元化的必然。海洋领域也存在公共产品，如世界海洋公共性、开放性的维护，航海自由，打击和抑制海盗，海洋良好秩序的保持等都属于海上公共产品，国际社会需要海洋公共产品的提供者。英国在19世纪提供了海上公共产品，美国也在20世纪提供了海上公共产品。② 从"冷战"后的实际看，作为拥有超强实力的美国越来越多地实行单边主义，而在提供公共产品方面的积极性相对下降，这迫切需要有新的大国来向国际社会提供更多的海上公共产品，使海上公共产品的供给来源实现多元化。作为负责任大国，中国有承担提供海上公共产品的责任。在这种海洋公共产品由美国独家提供转化为中美等国家多元提供的前提下，中美进行海洋领域的非传统安全合作无疑具有良好的基础。

---

① 外交部网站，《中美成功举行中美海洋法和极地事务对话》，《江苏科技信息》2013年4月，第32页。
② 〔美〕约瑟夫·奈：《美国霸权的困惑》，郑志国等译，世界知识出版社，2002，第154页。

其次是国际海洋安全形势发展的需要。如前文所述,随着国家间相互依赖的日益深入,生态危机、环境污染、毒品走私和恐怖主义等各种跨越国界的全球或地区公共问题在国际关系实践中大量出现。这些全球或地区性的公共问题具有跨国性、联系性和共同性的特点。所谓跨国性,是指这类问题不以领土边界为限制,相关国在物理与技术上不能确保其对本国或他国不产生影响。所谓联系性,是指这类问题模糊了国内与国际的界限,既非单纯的国内问题也非单纯的国际问题,而是在国内与国际之间具有很强传递性效应的问题。所谓共同性,是指超越国家之上,成为多个国家间的共同利益,需要多国做出集体决策,以采取集体行动进行治理。① 海洋作为连接各国的媒介,其跨越国界的全球或地区公共安全问题显得更加突出。各国政府都在关注商船所运货物(如毒品、非法移民、破坏性的物质、海盗电台等)给它们的社会结构及价值可能带来的冲击。海洋对世界的价值和理念产生了巨大的间接影响,因为它保持着全球化进程并对其进行很好的转换。② 海洋领域的安全问题靠一个国家的力量已经无法单独应对,作为传统海洋强国的美国与新兴海洋强国的中国在面临共同的海洋安全威胁时有必要进行海权领域的合作。

再次是美国对中美在海洋事务合作上的认知。美国认为,作为全球公域的海洋空间对美国的国家利益非常重要。全世界的海上公域面积达13.9千万平方海里,公域的开放和互通对于商业的贸易往来十分必要。全球贸易往来中有90%需要依靠海上运输,很多国家,比如中国和日本,都要依赖海运才能实现重要能源的供给。因此,无论是对一个健康的国际经济体系,还是对美国及其盟国的国家安全来说,开放的海上公域都至关重要,必不可少。美国的《2005年国家海上安全战略》指出,船只在国际海域内自由行驶、过境通行、靠港都是国家安全需要考虑的重要因素。这种国与国之间自

---

① 苏长和:《周边制度与周边主义——东亚区域治理中的周边途径》,《世界经济与政治》2006年第1期,第11页。
② Geoffrey Till, *Seapower: A Guide for the Twenty-first Century*, p. 353.

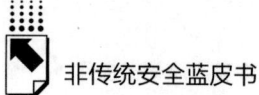

由、持续、不具恶意的往来对世界经济的发展是十分关键的。① 然而，海洋这个公共空间的非传统安全威胁层出不穷，已经不是美国能够单独应对的。在海洋领域开展合作已经成为必然。2007年，美国正式发布《21世纪海权合作战略》（A Coopertative Strategy for 21st Century Seapower），将海权合作上升到战略层面，并认为"海上力量应更加熟练地与外国伙伴建立关系，就像和其他的美国军事力量或政府部门交往一样。为实现这一目的，全球海上伙伴关系计划为确保海上安全、促进打击海盗、恐怖主义、武器扩散、毒品运输和其他非法活动提供了一个合作的途径。"② 美国海军首脑2005年参加第17届国际海上力量研讨会介绍"千舰海军"时强调，海军在面对海洋非传统安全威胁时应承担更大责任。然而美国海军只有300艘舰船，其他700艘舰船将由遍及全球的其他海军或海上安保力量提供。该概念旨在提供海上安全保护，反对跨国威胁、恐怖主义、军火和毒品及人口的非法交易、环境恶化。它有两个目的：提高全球海洋态势感知能力；在海洋及沿海地带发生危机时能作出迅速的反应。在美国，"千舰海军"计划包括美国海军的"国家舰队"和海岸警备队。面对国际海洋安全威胁，美国海岸警备队将会推动"千舰海军"发挥巨大作用。该概念现在正式以"全球海上伙伴"（GMPI）为人所知并在海上警备方面得到认可，不是所有参加的国家都建立了海军。③ 2015年3月13日美国又正式发布新版的《21世纪海权合作战略》（A Coopertative Strategy for 21st Century Seapower），要求加强全球合作打击索马里海盗、保持全球海军网络、开展演习以促进各海军力量之间等方面的合作。

---

① Abraham M. Denmark, Chris Evans, Robert D. Kaplan, Jason Healey, Frank Hoffman, Oliver Fritz, Lt. Col. Kelly Martin, Dr. James Mulvenon, Dr. Greg Rattray, Eric Sterner 著《争夺中的全球公域——多极化世界格局中美国势力的未来》，付晓兰、李欣、杨琨、郭良等译，军事科学出版社，2012，第15页。

② U. S. Department of the Navy, A Coopertative Strategy for 21st Century Seapower, October, 2007, http://www.navy.mil/maritime/Maritimestrategy.pdf, pp. 1-2. 最后访问时间：2011年3月7日。

③ Bruce B. Stubbs and Scott C. Truver, Towards a New Understanding of Maritime Power, Edited by Andrew T H Tan, The Politics of Maritime Power: A Survey, London & New York: Routledge, 2007, p. 111.

最后是中国和谐海洋理念对中美海洋事务产生的积极影响。2009年4月23日,在人民海军成立60周年举行的国际海上阅兵活动之际,胡锦涛代表中国政府首次向世界提出构建"和谐海洋"的重要思想。胡锦涛指出:"推动建设和谐海洋,是建设持久和平、共同繁荣的和谐世界的重要组成部分",中国海军将"为实现和谐海洋这一崇高目标而不懈努力",强调构建和谐海洋必须始终坚持遵循《联合国宪章》、《联合国海洋法公约》以及其他国际关系准则,坚持谋求共同安全和共同发展,坚持尊重沿海国的主权和权益,坚持共同应对海上传统安全威胁和非传统安全威胁。和谐海洋思想反映了中国作为21世纪新兴大国在海上实力上升过程中所秉持和倡导的根本理念,既总结和提炼了中国共产党一贯的海洋战略主张,又极大地丰富和发展了其思想内涵,把中国当今的海洋思想理念推进到一个新高度、新境界。和谐海洋思想不仅为中国海上力量建设指明了方向,也为中国参与国际海洋事务确立了准则,并为世界海洋政治注入了新的元素。[1]

此外,中国海上力量近年来的发展也为中美海洋事务合作提供了物质基础。仅以2014年为例,中国海军新入列的部分主战水面舰只就包括:052D型驱逐舰1艘(172号"昆明"舰)、052C驱逐舰1艘(152号"济南"舰)、056/A型轻型护卫舰10艘(586号"吉安"舰、587号"揭阳"舰、590号"威海"舰、592号"泸州"舰、589号"清远"舰、591号"抚顺"舰、588号"泉州"舰、593号"三门峡"舰、594号"株洲"舰、595号"潮州"舰),081型扫雷舰2艘(845号"青州"舰和846号"禹城"舰)。[2] 美国认为,中国海军的部队结构正在持续改进,获得了更多可实施多样化近、远海行动的作战平台。中国正在实施一系列的建造工作,包括"旅洋-3"级导弹驱逐舰、"江凯-2"级导弹护卫舰以及"江道"级小型护卫舰。此外,中国还可能在未来5年内开工建造新型081型两栖攻击舰,在未来15年内建造数艘航母。有限的后勤保障能力仍是阻碍中国海军

---

[1] 石家铸、韩宜:《论中国共产党对国家海权发展的探索与贡献》,《毛泽东邓小平理论研究》2012年第6期,第37~38页。
[2] 覃俞盛:《2014中国海军新装备》,《舰船知识》2014年第2期,第34页。

在东亚以外的广阔海域,特别是印度洋实施行动的关键性障碍。中国希望延伸其后勤保障能力至印度洋一带,未来10年可能在该地区建立数个补给站。并可能签订供油、补给、船员休整和简单维护等协议。① 虽然中国官员认为"辽宁"号只是具备"试验"能力,但其也表示中国将建造比采用滑跃式起飞的"辽宁"号能力更强的航母。这类航母将具备更强的续航能力并可搭载更多不同类型的飞机,包括电子战、早期预警以及反潜飞机,从而提高中国"战斗群"在维护中国周边之外利益时的潜在打击能力。这些航母最可能执行的将是在重要海上经济航线的巡逻、海军外交、地区威慑以及人道主义援助和救灾等任务。② 中国海上实力的飙升不仅使美国更加认真地对待中国进行海上合作的意愿,更为双方的平等合作提供了有力的支撑。

四 对中美海洋事务合作的思考

中美两国在非传统安全领域的海洋事务合作进展顺利,并日益成为双边关系发展的正面议题。对于中国而言,这种合作甚至具有某种程度的战略意义:不仅可以成为化解安全困境的抓手,甚至可以成为发展新型大国关系的契机。展望未来,中美在非传统安全领域的海洋事务合作方面将会呈现出以下一些主要趋势。

1. 国际执法合作将会成为中美海洋事务合作的重要形式

近年来,世界及周边主要国家海上执法力量,基于非传统安全威胁的跨国性特点,十分注重加强国际执法合作。目前,美国东北部的执法机构已能与加拿大的执法机构共享恐怖活动相关的情报信息,在东南亚有关国家每年组织海上执法力量进行"海上战备与合作演习"。日本海上保安厅把加强同

---

① U. S. Department of Defense, *Military and Security Developments Involving the People's Republic of China 2014*, http://www.defense.gov/pubs/2014_DoD_China_Report.pdf., p. 38. 最后访问时间:2014年6月24日。

② U. S. Department of Defense, *Military and Security Developments Involving the People's Republic of China 2014*, pp. 36 – 37.

其他国家的合作作为工作重点之一,自 1998 年起海上保安厅每年都与韩国海洋警察部队举行联合演习,1999 年 4 月双方还举行了日韩海上执法力量首脑会议,签署了双边合作文件,确定将加强联合打击海上犯罪的合作。2004 年 11 月,日本发起制定了《亚洲反海盗合作协定》,主要形式就是执法机构之间的合作,海上保安厅每年都派舰艇与马来西亚、新加坡、印度尼西亚、印度等国海岸警卫队进行反海盗联合训练或演习。① 随着中国国家海洋局职能的调整,中国海上执法力量的实力将得到很大增强,执法方式也将日益国际化。作为与之对等的美国海上执法机构,美国海岸警备队与中国海监之间的执法合作将会日益增多并成为两国海洋事务合作的重要形式。

2. 中美海洋事务合作的地区将会从太平洋向印度洋扩展

印度洋位于非洲、亚洲、南极洲和大洋洲之间,东南以通过塔斯马尼亚岛的东经 146°51′线为界,西南以通过非洲厄加勒斯角的东经 20°线与大西洋为界,与太平洋相接。② 基辛格曾经断言,国际权力中心正从"大西洋转向印度洋和太平洋。"③ 马汉曾经说过,21 世纪将在印度洋上决定世界的命运。④ 印度洋是世界地缘政治的海区中心。印度洋是世界级的海上交通要塞相对密集的海区,它西连曼德海峡东口,东接马六甲海峡西北出口,南面有莫桑比克海峡、南非好望角,北衔霍尔木兹海峡,是国际大宗能源、矿产资源及粮食运输的必经要道。因此,印度洋天然地成为世界海权体系的中心。⑤ 因此印度洋在中美两国的海权战略中都占据重要地位。21 世纪初中期中国将受到全球经济一体化这一发展趋势的重大影响,与其他国家地区的经济合作和交流将更加广泛。在此背景下,中国海上贸易航线对于促进国家经

---

① 吴志飞、姚路、翁辉:《世界主要国家海上执法力量建设发展与运用》,《求实》2013 年第 1 期,第 55 页。
② A. R. Tandon, "*India and the Indian Ocean*," in K. K. Nayyar ed., Maritim e India (New Delhi: NationalMaritime Foundation, 2005), p. 24.
③ Henry A. Kissinger, "*The Debate We Need to Have*," International Herald Tribune, April 7, 2008.
④ 〔美〕A. J. 科特雷尔、R. M. 科特雷尔:《印度洋在政治、经济、军事上的重要性》,上海人民出版社,1976,第 108 页。
⑤ 张文木:《全球视野中的中国国家安全战略(中卷下)》,山东人民出版社,2010,第 777 ~ 778 页。

济发展的地位作用将十分突出。那时，中国与非洲、欧洲、西亚以及南亚等国家和地区的经贸往来，对于非洲和欧洲经印度洋至太平洋的海上战略通道的依赖性将大大增加。同时，中国的部分战略资源如石油、铁矿石等将从国外进口，并通过印度洋的海上通道运达，利用全球资源的幅度也将大幅提高。① 印度洋把中国经济与非常需要的原材料供应地紧密连在一起。美国则认为，美国经济和安全利益不可避免地与西太平洋及东亚到印度洋和南亚地区扩展成的弧连接在一起，② 因此美国对印度洋地区的掌控能力明显增强，其安全战略日益凸显为从大西洋、太平洋两翼收拢，在印度洋合围，实现其世界海权与全球安全战略统合的目标。③ 美国认为，中国在印度洋上打击海盗的努力，和它对联合国维和任务中越来越感兴趣的事实，应该成为加强美中合作的基础。④ 非传统安全威胁问题在印度洋上非常突出。恐怖主义、海盗、毒品贩卖、军火走私等在这一区域尤为严重，各种民族、宗教和种族冲突也较为明显。而且，印度洋沿岸的国家大多是一些较小的国家，政府治理能力较弱，经济实力有限，有些国家甚至处于美国所称的"失败国家"的边缘。为了维护海上航线安全以及印度洋和平稳定的地区局势，中国可以与美印两国一道推动功能性合作机制构建，共同维护该地区的和平与稳定。⑤

3. 中美海洋事务合作的机制化水平会日益上升

国际机制的功能主要表现提供公共产品、降低交易成本、塑造结果预期。⑥对于中美两国而言，海洋事务的合作给双方都带来了可以预见的利益：中

---

① 刘一健：《中国未来的海军建设与海军战略》，《战略与管理》1999 年第 5 期，第 98 页。
② U. S. Department of Denfense, *Sustaining U. S. Global Leadership: Priorities for 21st Century Denfense*, January, 2012, http://graphics8.nytimes.com/packages/pdf/us/20120106 - PENTAGON. PDF, p. 2. 最后访问时间：2012 年 1 月 27 日。
③ 刘中民：《国际海洋形势变革背景下的中国海洋安全战略——一种框架性的研究》，《国际观察》2011 年第 3 期，第 3 页。
④ James Dobbins, David C. Gompert, David A. Shlapak, Andrew Scobell, *Conflict with China: Prospect, Consequences, and Strategy for Deterence*, http://www.rand.org/pubs/occasional_papers/OP344.html, 2011, summary, p. vii. 最后访问时间：2011 年 11 月 28 日。
⑤ 陈利君、许娟：《弹性均势与中美印在印度洋上的经略》，《南亚研究》2012 年第 4 期，第 17 页。
⑥ 简军波、丁冬汉：《国际机制的功能与道义》，《世界经济与政治》2002 年第 3 期，第 15 页。

国由此加强了与美国的沟通,并可以借此传达自身发展海权并非为了颠覆美国海洋霸权的意愿,从而至少在理论上可以获得美国不再制约中国海权发展的预期;对美国而言,机制化是其战略偏好,也是美国机制霸权的基础,美国可以借机"约束"甚至是"塑造"中国的行为,并使中国在这个框架下分担美国提供公共产品的霸权成本。此外,外部环境也为中美海权合作机制化水平提高创造了条件:全球化正在催生全球治理,以通过有约束力的国际机制解决全球性的生态、人权、移民、毒品、走私、传染病等问题。① 因此,在可以预见的未来,机制化是中美海洋事务合作的一个必然趋势。

4. 航空母舰将成为中美在非传统安全领域海洋事务合作的重要工具

20 世纪 80 年代以来,航母的非战争军事运用越来越受到关注,航空母舰已经不仅能完成传统的作战任务,而且在应对非传统安全威胁,运送军事物资撤离非作战人员、打击跨国犯罪、缉私查毒、打击海盗、海上反恐等行动中发挥着日益显著的作用。② 航空母舰有强大的指挥、控制和通信能力,能够发挥通信枢纽及指挥中心的作用。此外航空母舰还配备了多架直升机,其甲板则可作为直升机海上起降机场。在大规模海上搜救、人道主义救援减灾等方面将发挥日益重要的作用。2004 年 12 月印度洋大海啸期间,美海军"林肯"号航母在很短的时间内共向灾区运送了数以百万磅的物资;2011 年 3 月日本地震海啸,美海军的航空母舰在提供海上起降和参与救灾方面也发挥了重要作用。③ 上述航空母舰都属于尼米兹级核动力航母。该级航母具备的人道主义救援功能:可提供 150 张病床、3 间重症监护室等医疗设施,以及 10 名军医官和数十名普通医护人员;海水净化设备每天可生产 40 万加仑(约合 1512 立方米)淡水;舰载直升机每日可完成 100 个飞行架次的输送救援物资任务;可以 30 节的航速迅速抵达任务区;日常生活必备品可供航母使用 90 天;牙科诊疗设施每天治疗 70 名患者;厨房每天可制作 18000 ~

---

① 门洪华:《中国国家战略体系的建构》,《教学与研究》2008 年第 5 期,第 14 页。
② 刘志刚:《谁能破解航母神话》,兵器工业出版社,2011,第 95 页。
③ 薛晨:《航母应超越军事斗争》,《东方早报》2012 年 10 月 17 日。

20000份食品。① 在沿海地区的人道主义救灾行动中，航母有着得天独厚的优势。一是在陆路交通网络严重受损、机场瘫痪的情况下，航母能够在最短时间内机动至灾区外缘，成为救援飞机的起降平台与救灾通信指挥中心；二是航母编队可进行包括外科手术在内的大部分医疗救护活动，也可对危重病人实施空中转移；三是航母编队具备强大的发电和海水淡化能力。在印尼海啸救灾过程中，美军航母编队在距离海岸两英里处，通过浮动软管向岸上直接输送饮用水。在海地救灾中，美国"卡尔·文森"号作为紧急的发电基地，为陆上提供电力输出；四是航母编队的侦察力量能够在较短时间内获取灾区第一手信息，为后续陆上救援行动提供情报支撑。在必要情况下，航母编队搭载的兵力也可参与恢复和维持灾区秩序的维稳行动。如海地地震后，美军派遣大约2000名海军陆战队员随舰前往海地以维持岛上"平稳局面"。② 在灾难发生的最初阶段，有能力最先到达现场，同时组织并给予最初的救援措施的，无疑是航空母舰。而随着救援行动进一步展开和各方救援能力的逐渐加入，航空母舰的实际救援能力就会逐渐淡化，甚至会在后期的救援行动中逐渐淡出。但正如具有起码救援常识的人所知，面对几乎所有灾害，最初的救援是最艰难，但同时也是最有价值的；而这恰恰就是航空母舰在这一领域内发挥国际性价值的最基本方式。③ 航空母舰出现在抢险救灾现场，一方面彰显了国家实力，提升了国家与军队的国际形象；另一方面也显示了国家力量存在，提升了国家影响力。④ 随着中国航空母舰的列装，中美两国的海军都拥有航空母舰。未来不排除中美两国海军在抢险救灾等方面同时出动航空母舰进行合作的可能性。

五 结论

"后冷战"时代中美在非传统安全领域的海洋事务合作是在这样的背景

---

① 《美海军航母执行的人道主义救援任务（1929~2013年）》，《舰船知识》2014年第1期，第15页。
② 海韬：《航母救灾能力不容小视》，《国防时报》2011年3月30日第15版。
③ 李杰：《航空母舰非战争运用面面观》，海潮出版社，2012，第67页。
④ 毛正公主编《纵横海空——航空母舰多样化任务剖视》，海潮出版社，2013，第232页。

下稳步发展的。双方的海洋事务合作目前主要包括海上航运及军事两大方面。双方在海洋事务方面合作的进展主要原因包括海上公共安全产品来源的多元化、国际海洋安全形势，特别是非传统安全领域安全形势的发展、美国基于"千舰海军"计划以及《21世纪海权合作战略》对海洋事务合作的认知和中国"和谐海洋"理念对双方海洋事务合作的推动等。展望未来，中美在非传统安全领域的海洋事务中，合作执法将成为越来越重要的合作方式；印度洋在成为世界海权体系重心的同时也将成为中美海洋事务合作的新区域；中美在非传统安全领域的海洋事务合作的机制化水平将日益提高；随着中国成为装备航空母舰的国家，航母这个在救灾等非传统安全领域中发挥独特而重大作用的舰种将成为中美海洋事务合作的重要工具。中美在非传统安全领域的海洋事务合作具有战略意义，对于美国来说，这是维护美国本土安全、分摊海上霸权成本的重要手段；而对于中国而言，积极参与非传统安全领域的中美海洋事务合作，不仅可以在很大程度上消除"中国威胁论"、"中国海军民族主义"，还可以将其作为中美新型大国关系的重要议题，并借此换取美国对中国发展海权的默许，至少是不反对。中国现在已经提出"建设海洋强国"的战略目标，为达成这个战略目标，必须要在海洋事务，特别是非传统安全领域的海洋事务中发挥作用，加强与海洋国家，特别是美国的合作。出于以上的原因，中美在非传统安全领域的海洋事务合作还将继续发展。

外源性非传统安全研究

Exogenous Non-traditional Security Studies

B.6
美俄能源博弈及对中国能源安全的影响*

周云亨　余家豪**

摘　要： 确保一国的能源安全是一项艰巨的系统化工程，它离不开对资源、技术与市场之间关系的深入理解和灵活掌控。一国要想成为全球能源竞技场的最终优胜者，掌握先进的能源开发技术是前提，赢得相应的市场份额是关键，占有发展所必需的油气资

---

* 基金项目：教育部人文社科青年基金项目"美国'能源独立战略'前景评估及对中国的影响研究"（13YJCGJW016）、国家社会科学基金青年项目"美国的国际能源战略变迁与中美能源博弈研究"（12CGJ009）、北京大学世界新能源战略研究中心研究项目"中国油气企业实施'走出去'战略面临的风险及对策研究"（201401）和浙江省科技计划项目"浙江省技术和管理节能潜力与实现机制研究"（2013C25105）。

** 周云亨，浙江大学公共管理学院助理研究员，浙江大学环境与能源政策研究中心秘书长，主要从事能源安全与能源公共政策研究；余家豪，英国伦敦国王大学欧洲能源及资源安全中心副研究员，主要从事中国能源安全及全球治理研究。

源是基础。正是得益于水力压裂法和水平井技术的广泛应用，美国的油气产量有了大幅攀升。页岩气革命为美国提供了实现多重地缘政治目标的能源杠杆：降低了对动荡不安的波斯湾地区油气资源的依赖，拉近了同欧盟和日本等重要盟国的关系，减少了欧洲对俄罗斯能源的依赖，进而削弱了俄罗斯的权力和影响力来源。这迫使俄罗斯不得不加快"战略东移"的步伐。在国际能源市场从供不应求逐渐转向供大于求和欧洲试图减少对俄罗斯能源依赖的背景下，同中国签署巨额的天然气合同会在经济和政治领域增强俄罗斯相对于西方国家的谈判筹码，它同样能够降低中国对不稳定的油气资源国和不可靠的能源运输通道的依赖。尽管不乏战略的考虑，但中俄能源合作主要是建立在两国逐渐扩大的经济共同利益上。它能够确保俄罗斯扩大自身在东亚地区的天然气市场份额，同时有助于满足日益走向繁荣的中国对于清洁能源的迫切需求。不仅如此，中俄两国的能源合作还打通了俄罗斯东部天然气资源通向国际市场的连接渠道，实现"资源"与"市场"的有效对接，并向美国发出了需要加快推进中美在海上能源通道以及非常规油气领域合作的信号。

关键词： 能源安全　页岩气革命　资源竞争　能源博弈　策略

近年来，一场起源于美国的静悄悄的页岩气革命正在使全球油气生产、消费以及贸易产生着重大变化。得益于水力压裂法和水平井技术的大规模应用，从页岩层中开采出的石油和天然气导致美国油气产量激增。这使原本是全球首要天然气和石油进口国的美国有望转变为重要的油气出口国。[1] 能源

---

[1] 周云亨：《美国能源独立前景及对中国的影响》，《中共浙江省委党校学报》2013 年第 6 期。

自给能力的增强使美国在全球战略布局上的优先次序也出现了相应调整。如美国能以更超脱的姿态应对中东动荡局面，对俄罗斯施加更强硬的制裁措施，并将战略重心转向东亚。页岩气革命的影响层面相当广泛，它不仅改变了美俄能源博弈态势，而且也在一定程度上影响了欧盟对俄罗斯强硬政策的出台。对此，我们自然很有必要深入研究页岩气革命会对美国的国际战略行为带来哪些改变？页岩气革命能否成为美国在与俄罗斯不断加剧的能源博弈中占据优势地位的关键要素？与之相关的一个问题是，美俄能源地缘政治博弈能否为中俄或中美在能源领域创造共同利益及合作良机？

为深入探讨这些议题，本文将在分析能源安全的内涵、要素和策略的基础上，检视美国页岩气革命的战略内涵，会对美俄两国之间的能源博弈带来哪些变化，以及将对中国未来的能源安全产生什么样的影响。本研究的目的在于通过评估与分析，深化学界对于美国页岩气革命影响的认识，激发学者就中国如何应对展开争鸣。

一 能源安全：定义、要素及策略

能源安全的内涵是什么，应该从何种视角加以考察，这些议题自能源问题凸显之后就引起了学者的热议。哈佛大学学者戴维·A. 迪斯（David A. Deese）认为，"能源安全指的是一国有很大概率能够以可承受的价格得到充足的能源供给的一种状态"。[①] 这个定义被大多数西方学者所接受，如知名能源问题专家丹尼尔·耶金（Daniel Yergin）也从供应安全的角度将能源安全定义为"以合理的价格和不危及一国价值观和国家目标的方式，获得充足、可靠的能源供应"。[②] 而处于大西洋彼岸的欧盟委员会（EC）同样将能源安全视为一种"供应安全的保障能力"。[③] 略微不同的是，大西洋两岸

[①] David A. Deese, "Energy: Energy, Economic, Politics, and Security," *International Security*, 1979, Vol. 4, No. 3.

[②] Daniel Yergin, "Energy Security in the 1990s", *Foreign Affairs*, 1988, Vol. 67, No. 1.

[③] European Commission, *EC Study on Energy Supply and Geopolitics*, OECD/IEA, Paris, 2004.

对于如何实现能源安全存在着不小的分歧。如在2004年出台的一份颇具影响力的报告中宣称,当美国能源政策转向"地区和帝国"的途径时,欧盟仍然拘泥于"市场和制度"的框架。①

然而,如果进一步考虑能源出口国的利益,那么西方学者广为引用的能源安全概念明显有其内在的局限性。他们倾向于将建立国际能源市场体系的主要目标等同于促使能源生产国向能源消费国开放投资机会。正是这种错误的思想把能源安全问题政治化,让能源生产国感觉到它们仅仅是其他国家能源安全战略的目标,而自己在多边能源安全体系重构方面却没有发言权。② 实际上,相对于能源进口国主要关注能源供应安全而言,能源出口国更多的是将政策重心落在确保资源的"需求安全"方面,毕竟能源出口所得是这些国家政府收入的重要来源。很显然,这些争论的背后都表明了一个问题:不同能源安全战略倡导背后代表了不同国家的利益。

尽管不同类型的国家对能源安全的关切各有侧重,但在决定能源安全的诸多指标中都难以撇开以下三个要素:资源、技术与市场。资源的重要性自不必言,技术和市场之所以是不可或缺的,主要源于任何物质需要满足两个前提条件才能称其为资源。首先,需要有获取和利用它的知识与技能;其次,人们对它所提供的物质或服务有需求。③ 换言之,正是由于人类利用资源能力的提高与需求的增长,尤其是进入工业化时代以后,石油和天然气等化石能源作为工业燃料和原料的巨大价值得以显现。

在国际能源市场中,资源、技术和市场三者并非独立的,而是紧密相连的。这种相互依赖的关系在20世纪70年代爆发的国际石油危机中表现得相当明显。首先,油价高涨促使西方国家同意在节约能源、限制需求方面协调

---

① CIEP, *Study on Energy Supply Security and Geopolitics*, The Hague: Clingendael International Energy Program, January 2004.
② J. Mitchell, "Renewing Energy Security", *RIIA Working Paper*, London: Royal Institute of International Affairs, July 2002.
③ 〔英〕朱迪·丽丝:《自然资源:分配、经济学与政策》,蔡运龙等译,商务印书馆,2002。

政策，积极支持替代能源发展计划，促进能源研究和开发计划，由此石油需求开始降低。① 其次，油价上涨和对石油枯竭的担心推动了油气勘探开发技术变革，而技术革新降低了石油勘探和生产成本，使原先因成本过高未能开采的油田获得了开发的可能。② 同时，油价高企有利于西方石油公司筹措资金，用于开发北海和阿拉斯加的油田，这也帮助美英等国降低了对欧佩克成员国油气资源的依赖。

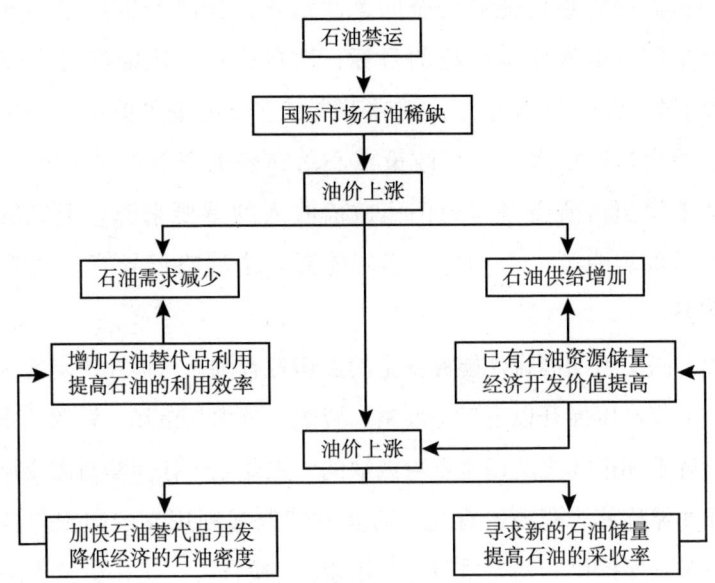

国际石油危机对国际石油影响示意图＊

＊以上图示是受朱迪·丽丝的著作启发而制，请参照〔英〕朱迪·丽丝《自然资源：分配、经济学与政策》，商务印书馆，2002。

概言之，石油危机使西方国家意识到了资源的重要性。在这个"资源为王"的行业中，鉴于"七姐妹"在波斯湾地区的石油资源已被阿拉伯国

---

① 〔美〕杰弗里·罗宾逊著《亚马尼与欧佩克》，雷甲钊等译，中国对外经济贸易出版社，1992。
② Morris Adelman, *The Economics of Petroleum Supply*, Cambridge (MA): Massachusetts Institute of Technology Press, 1993.

家国有化，国际石油巨头在当时的处境用中石化总裁傅成玉的一句话来形容再合适不过："我有技术，我也有资本。但如果你没有油田和石油，谁也帮不了你！"① 不过，此次危机同样给欧佩克国家一个深刻的教训，那就是一旦把油价提得过高，等于是降低未来需求，问题症结诚如沙特阿拉伯前石油部长艾哈迈德·扎基·亚马尼（Ahmed Zaki Yamani）所言："你能把石油国有化，但你不能把市场国有化。"②

由此，我们可以得出两个推论：首先，能源是一个资源、技术和市场紧密结合的行业。如果一个国家想在全球范围内展开强有力的竞争，那么就不仅要有相应的资源和技术作为支撑，而且还要具备强大的市场购买力。其次，不同类型的国家在能源市场博弈中都离不开两种策略。第一种一般被称为"能源杠杆"策略，即将本国的能源优势视为可用于实现更加广泛的经济或地缘政治目标的工具，其主要政策措施包括：（1）禁止本国油气资源出口，或者仅对盟国和中立国出口；（2）限制能源开发技术的交流与合作；（3）禁止从高度依赖能源收入的国家进口油气资源。第二种则可以称之为"能源稳定"策略。从概念上讲，这意味着采取旨在增加全球供给的措施，同时最大限度地减少对容易遭受价格波动影响的生产者的破坏。能源稳定策略的目标在于建立一个稳定、开放、多元、高效的国际能源市场，其实现的途径主要有几个基本组成部分：（1）鼓励世界各地的能源生产；（2）推动能源开发技术的跨国交流与合作；（3）保护并促进国际能源自由贸易。③ 一般来说，石油出口国为了实现外交战略目标或者国内利益集团的利益诉求，倾向于采取能源杠杆策略，而石油进口国为了确保本国能源供应安全，更倾向于维护国际能源市场的稳定。不过，在国际石油市场供过

---

① 〔美〕伊恩·卡森、维杰·V.维塞斯瓦伦著《汽车不确定的未来》，杨春晓译，中信出版社，2009。
② 〔意〕Alberto Cl 著《石油经济与政策》，王国樑等译，石油工业出版社，2004。
③ 关于两种策略的内涵及其现实应用可以参阅 Sarah O. Ladislaw, Maren Leed, Molly A. Walton, *New Energy, New Geopolitics*: *Background Report 3*: *Scenarios, Strategies, and Pathways*, Rowman& Littlefield, June 2014, http: //csis.org/files/publication/140605 _ Ladislaw _ NewEnergyNewGeopolitics_ background3_ Web. pdf。

于求的情况下，石油进口国有可能会通过采取投资、进口禁令等方式对石油出口国施加压力，希望通过能源杠杆的策略将本国的意志强加给对方。在这种情况下，石油进口国则希望借助国际市场机制维护本国油气资源的需求安全。上述视角对于我们理解美俄能源博弈，以及中国应采取何种应对策略颇有助益。

二　页岩气革命背景下的美俄能源博弈

伴随着两国关系的大幅降温，近年来美国与俄罗斯在能源领域的合作关系也出现了逆转：美俄在能源供需方面的互补性曾促使布什政府计划从俄罗斯进口天然气，两国在油气领域合作关系的升温使一些学者开始探讨形成新的"石油轴心"的可能性。[1] 然而，短短数年后，美俄两国希望建立能源合作伙伴关系的倡议就化为泡影。自乌克兰危机爆发后，美国一改先前的积极鼓励俄罗斯加大对外出口油气资源力度的政策，转而在资本、技术、设备、人才和服务等各个领域对俄罗斯油气工业设置障碍。不过，除了乌克兰危机外，阻碍美俄两国在能源领域展开合作的原因还可以追溯至美国的页岩气革命。事实上，它如同暗流泉涌，逐渐侵蚀了美俄能源合作的基础，并加剧了两国在该领域的竞争。这种竞争是建立在双方资源潜力与产量对比上，并且最终在对外能源开发和国际能源贸易领域集中显现。

首先，从资源禀赋上看，页岩气革命在一定程度上改变了美俄在能源领域的实力对比。得益于技术进步，美国国内对美国页岩气资源的重新评估产生了迅速而令人瞩目的变化。据美国莱斯大学贝克研究所统计，2003年美国国家石油委员会（NPC）估计美国页岩气技术可采储量为1.08万亿立方米。2005年美国能源部信息管理局（EIA）将评估结果提升到近3.97万亿立方米。2008年法维翰咨询公司（Navigant Consulting）将估算结果进一步

---

[1] David G. Victor and NadejdaM. Victor, "Axis of Oil?" *Foreign Affairs*, Vol. 82, No. 2, March/April 2003.

提升至18.13万亿立方米。2009年，潜在天然气委员会（Potential Gas Committee）认为美国页岩气储量为19.26万亿立方米。到2011年，先进资源国际组织（Advanced ResourcesInternational）则将估算结果再次提升至24.36万亿立方米。① 当然这些数据并非是结论性的，而且拥有丰富页岩气资源的并非仅限于美国，实际上俄罗斯也具备相当丰富的非常规油气资源。美国能源部信息管理局于2013年发布的一份评估报告称，俄罗斯不仅拥有大约47.82万亿立方米常规天然气可采储量，而且国内页岩气技术可采储量估算值为8.07万亿立方米。若再考虑石油资源，结果将更为可观，俄罗斯的石油可采储量为109亿吨，致密油的技术可采储量为102亿吨。而该报告披露的美国常规天然气可采储量为9万亿立方米，页岩气技术可采储量为18.84万亿立方米，② 石油可采储量为34.35亿吨，致密油技术可采储量为79.13亿吨。③

尽管俄罗斯非常规油气资源相当丰富，但是有几个因素决定了只有美国能够从本国的资源潜力中获得不成比例的好处。首先，相比欧洲主要竞争对手，美国页岩气开发所需克服的监管方面的门槛要低得多，因为水力压裂法并不在2005年通过的能源政策法案的主要监管范围内。其次，与俄罗斯等绝大多数国家不同，在美国开发页岩气的矿权归土地所有者，因此，美国公众的反对意见远远不及国家拥有矿权的一国中所见到的那样强烈。最后，一口页岩气井的实际建设成本在美国要比其他国家便宜得多。欧洲的页岩气井钻井费用可能高达1400万美元，而在一些美国页岩勘探区内，钻井成本还不到这一水平的三分之一。④ 正是有了上述有利条件，

---

① Kenneth B. Medlock Ⅲ, Amy Myers Jaffe and Peter Hartley, "Shale Gas and US National Security", 19 July 2011, http://bakerinstitute.org/files/496/. 作者已按照35.3立方英尺天然气相当于1立方米和7.33桶相当于一吨这一通行标准对相关数据进行了换算。
② 先进资源国际组织（ARI）最新的评估数据为32.89万亿立方米。
③ U.S. Energy Information Administration, *Technically Recoverable Shale Oil and Shale Gas Resources: An Assessment of 137 Shale Formations in 41 Countries outside the United States* (Washington, D.C., June 2013).
④ David Hastings Dunn and Mark J. L. Mcclelland, "Shale gas and the revival of Americanpower: debunking decline?" *International Affairs*, 89: 6, 2013.

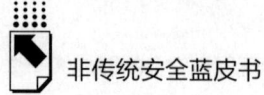

水力压裂法和水平井技术在美国页岩带得以迅速推广，使美国的页岩气产量从21世纪初的几乎可以忽略不计迅速增至2012年的2754亿立方米，进而带动了美国天然气产量迅速增长，短短十年内增长了近1500亿立方米，到2013年时美国的天然气产量已占全球总量的20.6%，这也使美国天然气总产量自2009年超过俄罗斯后，目前已经接近俄罗斯与中国天然气产量总和。① 与此同时，美国致密油产量也从2000年日产20万桶迅速攀升至2012年的日产225万桶，如果再考虑生物燃油等其他液体燃料，美国液体燃料生产总量早在2012年时就已超过俄罗斯，并于一年后一举超过沙特阿拉伯成为全球最大的液体燃料生产国，此时美国的日产量已经比俄罗斯高出177万桶。②

相对美国而言，目前俄罗斯的影响力体现在重要能源出口国的市场份额方面占据支配地位，这点在欧洲市场表现得尤为明显。仅在2013年，俄罗斯天然气工业股份公司向欧盟输送了1330亿立方米天然气，满足了欧盟需求的31%，占欧盟进口天然气的39%。③ 不仅如此，欧盟每年还要从俄罗斯进口2.25亿吨石油。而即便国内油气产量的增量在最近几年内创造了历史最好纪录，美国目前仍难以摆脱对进口石油的依赖。在国际能源市场上，鉴于一国占世界总出口量的份额要比该国油气产量占全球总产量的份额更重要，④ 因此，俄罗斯在国际能源市场上的影响力并不亚于美国。或许正是有了这种绝对自信，面对页岩气的冲击，俄罗斯人最初显得不屑一顾。普京曾抨击页岩气开发成本过高，对环境破坏大。而俄罗斯天然气工业股份公司总裁阿列克谢·米勒称页岩气不过是一个"神话"或"即将破灭的泡沫"，并表示俄罗

---

① BP, Statistical Review of World Energy June 2014, London: Pure print Group, June 2014.
② 美国页岩气和致密油产量数据引自U. S. Energy Information Administration, *Annual Energy Outlook: With Projections to 2040*, Washington, D. C., April 2014. 国别液体燃料产量数据引自美国能源部信息管理局的International Energy Statistics数据库。
③ 法布里斯·诺德 - 朗格卢瓦：《欧洲可以不用俄罗斯的天然气吗?》，《费加罗报》，转引自新华社巴黎2014年6月3日电。
④ 〔美〕戴维、G. 维克托、埃米、M. 贾菲、马克、H. 海斯编著《天然气地缘政治》，王震、王鸿雁等译，石油工业出版社，2010。

斯感受不到任何风险。①

不过，页岩气和致密油革命带来的竞争优势已经为美国提供了可以打击俄罗斯的能源杠杆。目前，美国正竭力扩大国内非常规油气产量，并利用随之而来的能源增量和经济效益，打击俄罗斯在欧洲能源市场上的地位。为了降低俄罗斯能源外交对欧盟的影响，目前美国贸易政策界的核心辩论是联邦政府应不应该加速批准向尚未与美签署自由贸易协议的国家出口液化天然气。其中，主张对欧洲出口的人主要基于两点理由：首先，美国积极开展能源外交能为美欧双方带来经济利益：LNG出口将通过创造就业和推动页岩开发提振美国经济，它们会给欧洲天然气消费增加供应来源，从而有助于降低该地区的价格；其次，它还会产生战略利益，这既让美国兑现其对欧洲安全的承诺，又无须派驻更多部队或者做出昂贵的军事承诺。② 有鉴于此，美国商务部同意国内的超轻质原油用于出口。③ 这一举措迎合了西欧各国及其他依靠俄罗斯油气资源的国家希望降低对俄依赖的心理。实际上，在"跨大西洋贸易与投资伙伴关系协定"（TTIP）加快磋商的背景下，欧盟正敦促美国做出"具有法律约束力的承诺"，保证不对油气资源出口设限，为此，欧盟还特意提及乌克兰危机及"欧盟正面临有关能源依赖的微妙情况"。④

然而，这种能源杠杆想要发挥作用还需要克服地理因素的阻碍。这是因为即便向欧洲出口液化天然气的申请顺利获得美国能源部以及联邦能源管理委员会的批准，并且美国天然气出口商在优先满足更加有利可图的日本市场需求后还有多余的液化天然气供应欧洲，欧盟各国还将不得不为来自美国的

---

① 范必、徐以升、张萌、李东超：《世界能源新格局：美国"能源独立"的冲击及中国应对》，中国经济出版社，2014。
② Brittney Lenard, YevgenSautin, "Time for Natural Gas Diplomacy: A Powerful New Tool for America", *The National Interest*, February 5, 2014, http://nationalinterest.org/commentary/time-natural-gas-diplomacy-9825.
③ Cathleen Cimino and Gary Clyde Hufbauer, "US Policies toward LiquefiedNatural Gas and Oil Exports: An Update", *Policy Brief*, July 2014, http://www.piie.com/publications/interstitial.cfm?ResearchID=2641.
④ Lydia DePillis, "E. U. presses U. S. on oil-export ban," *Washington Post*, July 9, 2014, A11.

更加"安全"的能源供应付出额外的成本,这对于东欧国家而言更是如此,因为它们大多属于内陆国,目前还缺乏必要的终端设施用于接收液化天然气。即使欧盟投入巨资建成高效的四通八达的天然气管网,使来自北美的液化天然气能够运抵东欧,绝大多数东欧国家恐怕也负担不起。因为经过液化、运输、再气化等过程,北美液化天然气的价格将是运抵东欧的俄罗斯天然气价格的两倍。而俄罗斯天然气已经相当昂贵:近年来,高昂的价格已导致天然气消费量下降,使东欧一些地区出现了使用煤炭的热潮。综上所述,美国液化天然气尚未对俄罗斯管道天然气构成直接的威胁。①

除了继续推动跨大西洋两岸的能源贸易,美国可资利用的针对俄罗斯的能源稳定策略还包括向欧洲国家输出技术和资本,帮助它们开发本地区的非常规油气资源。对于美国而言,积极开发欧洲的页岩气资源不仅能遏制俄罗斯对欧盟的影响力,而且还能为本国能源公司带来投资机遇。这对于波兰等欧盟成员国更有吸引力,因为相较从美国高价进口LNG,吸引美国能源企业开发本国非常规油气资源不但能够克服页岩气开发技术"瓶颈",增加本国的能源供应总量,而且有助于提高自身相对于俄罗斯的能源议价能力。实际上,美国也较为看好欧洲国家的资源潜力。据美国能源部估计,欧洲地区的页岩气技术可采储量达到13.3万亿立方米,比苏联地区还要多1.6万亿立方米。② 鉴于俄罗斯经济高度依赖能源生产和出口,而欧洲市场又是俄罗斯最重要的能源出口市场,因此美国油气公司参与欧洲页岩气开发的计划自然会引起俄罗斯的警觉。据北约首脑称,欧洲环保团体受俄罗斯情报机构秘密资助,试图组织反对页岩气开采的运动,这不利于欧盟摆脱对俄罗斯的天然气依赖。③

---

① Brenda Shaffer, "Pipeline Problems: Ukraine Isn't Europe's Biggest Energy Risk", *Foreign Affairs*, March 11, 2014, http://www.foreignaffairs.com/articles/141023/brenda-shaffer/pipeline-problems.
② U. S. Energy Information Administration, *Technically Recoverable Shale Oil and Shale Gas Resources: An Assessment of 137 Shale Formations in 41 Countries outside the United States*.
③ 萨姆·琼斯、盖伊·查赞、克里斯蒂安·奥利弗:《北约指责俄方搅局欧洲页岩气开发》,《金融时报》2014年6月20日,http://www.ftchinese.com/story/001056855/?print=y。

如果说油气出口和资源开发的效应在短期内都难以显现的话，那么运转良好的国际能源市场确实是起到了应有的作用，通过改变全球能源贸易流向给俄罗斯带来了阵阵寒意。非常规油气正在重塑全球能源贸易流向，这其中最根本的变化是从前运往美国的能源现在正在转销其他市场。迄今为止，这种影响在全球天然气市场上表现得最为明显。美国国内页岩气产量的激增让原本十分看好北美市场的液化天然气出口商遭受了沉重的打击。由于误判美国的天然气市场将会供不应求，在2009~2011年间，有将近2000万吨新增液化天然气出口产能不得不转销欧洲等能源消费市场。① 而美国发电厂用天然气取代了国产的燃煤，也迫使国内的煤炭生产商不得不在欧洲开拓新市场。此外，美国国内致密油产量的快速增长使美国轻质原油的来源地从尼日利亚、安哥拉、利比亚和阿尔及利亚等地迅速转向墨西哥湾和美国东海岸，先前运往美国的非洲和中东石油只得转销他国，这也迫使俄罗斯等国必须寻找替代市场出口其原油。② 在页岩气革命的影响下，俄罗斯与欧洲的天然气定价方式也被迫做出了调整。为了确保市场份额，俄罗斯被迫提供比与油价挂钩的合约价更具竞争力的价格。一些欧洲公司也成功地重新签署了合约，并得到俄罗斯给予的折扣。美国液化天然气出口可能会对俄罗斯过渡到更具竞争力的定价造成更大的压力。③

概言之，页岩气革命不仅使俄罗斯将美国作为首要潜在市场的设想化为泡影，而且还对俄罗斯在欧洲能源市场上的定价权造成了不利影响，这将使俄罗斯确保能源的"需求安全"面临巨大的挑战。这两股压力促使俄罗斯加快推行油气出口多元化战略，以便降低过于依赖欧洲市场带来的风险。为此，俄罗斯加快实施了战略东移的步伐，开发亚洲市场已成为莫斯科的首选。

---

① Paul Stevens, *The "Shale Gas Revolution": Developments and Changes*, London: Chatham House, August 2012.
② Sarah O. Ladislaw, Maren Leed, Molly A. Walton, *New Energy, New Geopolitics*: "Background Report 1: Energy Impacts", Rowman& Littlefield, May 2014, http://csis.org/files/publication/140529_Ladislaw_NewEnergyNewGeopolitics_Background1_WEB.pdf.
③ 德勤能源方案中心与 Deloitte Market Point LLC 编写：《美国液化天然气出口的全球性影响》，2013。

三　对中国能源安全的影响

如果说页岩气革命侵蚀了美俄能源合作的基础，那么它反过来却为中俄能源合作注入了动力。这是因为随着美国能源独立进程的加快，中俄两国都认为很有必要通过双边能源合作来增加自己相对于美国的谈判筹码。页岩气革命对俄罗斯的冲击毋庸赘述，它同时使中国能源安全的脆弱性暴露无遗。美国能源自给程度不断提高的后果之一是，中东石油输出的变化正在加快，已从美国转向亚洲。随着中东能源流向的转变，石油运输中断的主要风险承担者也随之改变。由于美国长期以来一直是中东石油的主要客户，它也不得不承担着与能源生产和运输相关的地缘政治风险。然而，鉴于中国已经成为中东石油的最大买家，其所承担的石油进口产生的风险只会越来越大。尽管沙特阿拉伯暗示可能从效忠美国转为效忠中国，但中国至少要用20年才能获得取代美国在波斯湾的角色所需的军事力量。更重要的是，美国并没有显示出从该地区撤出的真正迹象，这导致的结果便是中国几乎不能控制对其繁荣和国内政治稳定至关重要的能源。①

美国在页岩气领域取得的先发优势使俄罗斯意识到了过于依赖欧洲市场的风险，也使中国意识到了需要降低对中东油气资源的依赖，而两国在能源安全领域暴露的风险刚好可以通过彼此间的有效合作加以规避。不过正如国内有学者指出的，互利共赢只是合作双方的愿望和期待，但现实状况可能是单赢少利或少赢薄利，也可能是近薄利、长赢利。简单的双赢互利本身其实不足以解决中俄两国绝对利益和相对利益之间的差别和博弈过程。② 与俄罗斯的境遇有所不同的是，页岩气革命为中国提供了更多的选择。随着北美非常规油气产量的剧增，亚太地区正迅速从液化天然气供不应求的区域市场转

---

① Bruce Jones, David Steven, and Emily O'Brien, *Fueling a New Order? The New Geopolitical and Security Consequencesof Energy*, Washington, D.C.：brookings.edu, March 2014.
② 徐小杰：《石油啊，石油——全球油气竞赛和中国的选择》，中国社会科学出版社，2011。

变为供大于求的市场,为此,俄罗斯天然气工业股份公司只能迅速锁定通往中国的"西伯利亚力量"天然气管道项目所需的资源投入,否则它有可能被中亚和东南亚的供应商打败,这些供应商已经有了向中国输送能源的管线设施。它也可能被北美、澳大利亚和东非的供应商打败,这些供应商正积极建造天然气液化和出口设施,以便将液化天然气运往亚洲。① 乌克兰危机的爆发更加坚定了俄罗斯向东看的战略决心,克里姆林宫决定尽早结束旷日持久的中俄天然气价格谈判,并于 2014 年 5 月 21 日与中国签署了价值 4000 亿美元的长期天然气合约。据媒体报道,该协议规定俄罗斯将从 2018 年起每年向中国提供 380 亿立方米的天然气,这相当于中国当前天然气需求量的 23%。不仅如此,中石油与俄罗斯天然气工业股份公司还于 11 月 9 日签署了《关于沿西线管道从俄罗斯向中国供应天然气的框架协议》。该协议规定俄方将经由阿尔泰管道自西伯利亚西部每年向中国输送 300 亿立方米天然气,期限为 30 年。

由于中俄签署协议的时机恰逢俄罗斯与西方交恶,西方媒体认为除了显而易见的能源和经济利益外,中俄两国签署能源合作协议更多是为了追求战略利益。这一点针对俄罗斯而言或许不无道理,毕竟通过签署对华供气合同,莫斯科可以有效降低西方国家利用能源消费市场和能源管道对俄施加压力。该协议的签署意味着俄罗斯保证了在拥有"欧洲前线"的同时又开辟了"天然气大后方"。由此,乌克兰作为俄罗斯油气资源运往欧洲重要过境国的地位,以及以此对俄进行要挟的效果都会大打折扣。就此而论,签订合约无疑是俄罗斯对西方制裁做出的最有力的回击。除此之外,普京总统之所以积极推动东西伯利亚天然气管线建设还有现实的经济因素考虑。目前能源出口占俄罗斯出口收入的三分之二,接近 GDP 的三分之一,并且超过俄联邦财政收入的二分之一。考虑到国际市场油气价格的大幅走低,即便未来数年俄罗斯能够确保本国在欧洲的油气市场份额,俄罗斯对欧出口收入必将随之下滑。

---

① Ely Ratner, Elizabeth Rosenberg, "China Has Russia Over a Barrel", *Foreign Policy*, May 19, http://www.foreignpolicy.com/articles/2014/05/19/china_has_russia_over_a_barrel_putin_oil_gas_energy.

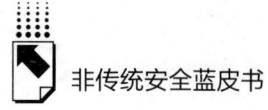

这一暗淡的经济前景迫使克里姆林宫不得不更积极地开拓亚太市场。①

然而，如果说中国与俄罗斯签署天然气协议主要是基于地缘政治目标，并且两国能源合作必然是以损害西方国家利益为代价的话，那么这一判断显然有失偏颇。不少西方学者倾向于以一种零和思维方式思考中俄天然气合作，认为中俄之所得必是美日欧等国之所失。这种观点的基本假设就是新兴大国的出现只会损害现有强国，尤其是美国、欧盟成员国以及日本的利益。在这种思维定式中，中国和俄罗斯很容易一起被贴上了打破自由世界现有秩序的始作俑者的标签。美国、欧盟和日本的怀疑都落到了两个东方大国身上，只不过美国和日本担心的是中国，欧盟担心的则是俄罗斯罢了。②

诚然，中俄天然气合作协议对西方国家来说打击无疑是沉重的，因为这打破了西方国家试图孤立俄罗斯的企图，但这不是也不应该是中国赞同俄罗斯兼并克里米亚之举，而应视为中国决心建立起稳定的海外能源供应链这一过程中不可避免的结果。不仅如此，如果从维护地区能源安全视角分析，中俄加强天然气合作将是多赢之举。对于东北亚国家而言，中俄天然气"大单"不仅有助于中国改善本国的能源结构，降低空气污染对周边国家带来的潜在危害，而且还会降低亚洲天然气溢价。受气源不足和基础设施落后等因素的制约，即便与西方国家购买同一品级的天然气，东北亚国家一般都要支付所谓的"亚洲溢价"。俄罗斯天然气进入中国市场无疑能够缓解东亚对于天然气的迫切需求，消解亚洲溢价产生的根源性因素，同时有助于提高东北亚国家相对于资源国的议价能力。

对于欧盟而言，中俄天然气合同至少在短期内不会对欧洲构成直接的竞争，因为出口中国的天然气主要采自位于俄罗斯东西伯利亚的恰扬达和科维克塔等天然气田。中国之所以首选东西伯利亚的天然气，不仅是因为该区域

---

① MorenaSkalamera, *The Sino-Russian Gas Partnership*: *Explaining the 2014 Breakthrough*, The Geopolitics of Energy Project Belfer Center for Science and International Affairs, November 2014.
② 〔韩〕白根旭：《中俄油气合作：现状与启示》，丁晖、赵卿、李滨译，石油工业出版社，2013。

离国内的天然气消费市场更接近,而且更重要的是中国不愿与欧洲形成同源竞争,让俄罗斯能在东西方之间套利,毕竟此前中俄天然气谈判久拖不决就是因为中国不愿接受俄罗斯出口至欧洲的天然气价格。对于中国而言,如果东西伯利亚的天然气难以满足中国的需求,那么萨哈林和西西伯利亚天然气也是替代选项。由于俄罗斯远东地区的天然气资源处于开发初期,中国参与俄罗斯的油气资源开发只会增加全球资源供应总量,缓解国际能源价格上涨的压力,并且降低与欧盟各国竞争西亚和北非天然气资源的可能性。为此,美国 PFC 能源咨询公司前高管察福斯(Nikos Tsafos)认为任何能够增强中国安全感的协议可能都是好消息。尤其是如果不能签署这些协议,那么那些天然气就会被深埋地下而得不到开发。[1]

相对于日本和欧盟各国而言,实力地位决定了美国对华能源合作态度将会对中国的切身利益带来更大的影响。为了确保国内经济发展所需的能源供应,以及解决发展过程中产生的环境问题,中国需要营造有利于中外合作的国际环境。考虑到不论是实施"走出去"战略,还是在开发本国非常规油气资源过程中,中国都离不开以西方为主的全球体系,并且也难以摆脱对美国的依赖,因此,以不直接挑战美国的方式全面参与全球能源治理体系仍是中国确保本国能源安全的最佳选择。当然,中国肯定会以自己的方式参与全球治理体系,这其中就包括努力同各种类型的能源供应国建立合作关系,而这些供应国一般都赞同中国的战略目标及政治哲学。[2]

中俄能源合作不仅能够有效地平衡页岩气革命为美国带来的战略优势,为俄罗斯赢得了战略回旋余地,更为重要的是它还可能促使美国在确保海上能源通道安全领域与中国达成战略上的妥协,并在非常规油气开发领域同中国展开更多的合作。首先,中国可以凭借本国日益增强的海上力量,并利用

---

[1] Nikos Tsafos, "The Russia-China gas deal: a MYM400 billion mirage?" *The National Interest*, May 29, 2014, http://nationalinterest.org/feature/the-russia-china-gas-deal-400-billion-mirage-10556.

[2] Philip Andrews-Speed and Roland Dannreuther, *China, Oil and Global Politics*, London: Routledge, 2011.

自己在中美俄大三角关系中较为有利的处境，在确保海上能源通道畅通方面同美国达成"确保相互阻断"的谅解。具体而言，与俄罗斯的交好将有助于中国集中必要的资源发展本国的海上力量，中国海军可以扩充攻击型潜艇舰队、建造包括在海南岛的一个大型新设施在内的位于南部沿海的新基地，使其能够借助水雷和鱼雷构成的威胁对美国的东亚盟国在南海北部的能源交通线构成限制。中国军队还可以打造更多的反舰弹道导弹，以便使其具备从本土攻击航母和超级油轮等高价值目标。① 这些从本质上而言都只是防御性措施，因为它们有助于美国及其盟友在针对中国实施海上封锁的决策上更加谨言慎行。如果美国认识到中国继续发展本国海上力量基于正当理由，那么中国也将默认美国在亚太地区有着重要的利益，并需要保持相应的军事存在。换言之，美国认识到中国不会停止发展本国海上力量，制止美国封锁海上通道，而中国认识到美国不会被排挤出亚太水域。当然，这种情况在很大程度上要通过相互发出信号，而不是通过明确协商达成。②

其次，正如中国建立"蓝水海军"将是中美军事互信的最好保障那样，中国同样有必要让美国意识到，帮助中国开发本国非常规油气资源将比试图阻止中俄能源合作更有效。实际上，美国本身对中俄两国的能源合作起到了推波助澜的作用：中国能源不安全感越强烈，就会投入越多的资源与俄罗斯在能源领域加强合作。只有当中美两国在非常规油气领域的合作，能帮助中国开采本国储量丰富的页岩气和致密油资源，并满足国内发展所需，中俄能源合作的动力才会得以减弱。中美在该领域的有效合作还能使两国政府避免将彼此视为主要的地缘政治与经济对手，而更多地将对方视为能解决彼此能源需求的重要合作伙伴。

得益于美国的页岩气和致密油革命，中美两国的双边能源关系变得更加密切了。在政府层面，两国高层都很重视为促进能源安全和环境保护而开展的能源合作，为此，早在2009年11月17日，中国国家主席胡锦涛和美国

---

① 〔美〕阿伦·弗里德伯格：《中美亚洲大博弈》，洪曼、张琳、王宇丹译，新华出版社，2012。
② Bruce Jones, David Steven, and Emily O'Brien, *Fueling a New Order? The New Geopolitical and Security Consequences of Energy*.

总统奥巴马在北京启动了"中美页岩气资源项目"。双方还签署了《中美关于在页岩气领域开展合作的谅解备忘录》等文件。双方的合作主要建立在共同利益基础上。对于中国政府而言，发展页岩气行业，除了能应对空气污染外还能减少对进口天然气的依赖。对于美国政府而言，基于经济、环境与地缘战略方面的考虑，同样也支持中国在页岩气领域的可持续发展。第一，中国的页岩气开发将为美国企业提供重要的商机。第二，中国的页岩气开发能够带来全球环境效益，特别是降低碳排放。美国的专业技术可以帮助降低生产现场的甲烷排放，增加中国页岩气开发对减缓全球气候变化的贡献。第三，中国页岩气的生产可减少全球天然气市场的供应压力，并降低中国对伊朗和俄罗斯能源的供应依赖。而中美两国在能源和环境领域的合作也为双方签署《中美气候变化联合声明》创造了良好的条件，并且也在一定程度上有助于中国兑现将于2030年左右达到本国二氧化碳排放达到峰值的承诺。

最后，中国还需要预判页岩气革命以及美俄能源博弈对国际能源市场的潜在不利影响，提前防范相应的政治风险。尽管美国页岩气革命增加了全球能源供给总量，提高了国际能源市场的稳定性，但是中东和拉美等地的一些石油出口国可能由于国际油价的大幅走低出现经济和社会的动荡。为了对冲美国增加的油气产量，一些石油出口国已经放慢了本国的油气开采步伐，而壳牌等国际石油公司由于国际油价的大幅走低而削减了油气勘探和开发预算。由于一个大油田的投产往往需要十年左右的时间，因此潜在危害要等若干年后才会显现。就此而言，美国页岩气的繁荣，以及国际油价的下跌掩盖了未来全球能源供应不足的风险，一旦油价过低导致过多的高成本生产商被迫离场，那么全球经济有可能将再次面临石油供不应求的局面。

与之类似，禁止俄罗斯油气公司进入国际资本市场，并且限制它们获得西方石油技术，将会导致俄罗斯国内油气投资的下降，进而会损害俄罗斯作为世界主要能源出口国的生产能力。长期以来，加强同跨国石油公司的合作是俄能源外交的重要组成部分。如果缺少这些国际巨头的雄厚财力、技术实力以及开发经验，俄罗斯国内能源公司要想开发远东偏远地区的油气田将会面临更为重大的挑战。就此而言，西方国家对俄实施制裁将会为中俄能源合

作协议的履行带来更多不确定性因素。除非中国油气公司在资本、技术、设备以及油服等领域能够充当西方公司在俄罗斯扮演的角色，否则俄罗斯在远东地区的油气开发进程难免放缓，这可能会影响俄罗斯兑现其对中国做出的中长期油气出口承诺。在这种情况下，中国油气公司或许应该利用西方油气公司规避经济制裁的契机，大力增加自身在俄罗斯油气上游领域的资产，在俄国内建立起一条相对完整的产业价值链，以确保俄在未来时期对华持续供应油气资源。

四 结语

确保一国的能源安全是一项艰巨的系统化工程，它离不开对资源、技术与市场之间关系的深入理解和灵活掌控。一个国家要想成为全球能源竞技场上的最终优胜者，掌握先进的能源开发技术是前提，赢得相应的市场份额是关键，占有发展必需的油气资源是基础。正是由于在非常规油气开发领域取得的重大突破，使美国的能源独立进程得以快速推进。而美国对海外油气资源依存度的迅速下降有助于增强全球的资源平衡，这无疑能降低大国为了获取能源资源导致冲突的可能性。然而，美国也在最大限度地扩大自身的页岩气和致密油产量，并利用由此带来的能源供给和经济效益，积极推行地缘政治目标，如降低自身对动荡不安的波斯湾地区油气资源的依赖，拉近同欧盟和日本等重要盟国的关系，并试图削弱俄罗斯的权力和影响力来源。另外，美国对中东石油依赖程度的降低也为其提供了在与中国发生冲突时封锁中国海上能源通道的机会。

在国际能源市场从供不应求逐渐转向供大于求的背景下，俄罗斯面临着既要确保油气出口的高额利润又要维护海外市场份额的难题，而乌克兰危机的升级则促使俄政府加快了"战略东移"的步伐。在欧洲寻求从其他国家进口从而取代俄罗斯能源的情况下，与中国签署巨额的天然气合同会在经济和政治上增强俄罗斯相对于西方国家的谈判筹码，这也促使俄罗斯不得不在价格上对中国做出让步。对于中国而言，美国能源独立进程的加快将使中国不得不承担更大的与能源生产和运输相关的地缘政治风险。然而，美俄能源博弈升级同样为中国提供了俄罗斯在资源上对中国开放的机会。中俄天然气合作在一定程度上降低了中国对不稳定国家和不安全的能源运输通道的依赖。即便如此，"西伯利亚力量"天然气管道并非外媒所称的政治管道，实际上中俄能源合作主要是建立在坚实的经济利益基础上。它能够确保俄罗斯在东北亚地区的能源市场份额，满足日益富足的中国对于清洁能源的旺盛需求，这一相互依赖的经济利益要比政治因素更加牢固坚实。不仅如此，中俄能源合作还能够打通俄罗斯远东资源与亚太市场的联系关节，实现"资源"与"市场"的紧密联系，这无疑能够促进国际能源市场的繁荣与稳定。除了能够享受国际油气市场价格走低带来的好处外，这也是美国页岩气革命带给中国的另一大利好因素。此外，通过签署中俄能源合作协议，中国其实也向美国发出了需要加快推进中美在海上能源通道以及非常规油气领域合作的信号。

B.7
国际贸易与国门安全

——检验检疫应对非传统安全问题时的两难困境分析

甘均先*

摘　要： 检验检疫同时具有维护安全和促进服务贸易便利化两个目标，但在应对非传统安全威胁时面临着两难困境。一方面，检验检疫被认为是有效防止非传统安全威胁入侵的重要手段，同时承担着促进国家贸易的重要功能，但是这两个目标存在着矛盾，如果强化安全，就会在一定程度上阻滞或打击贸易，容易引发贸易争端，甚至贸易战；如果强化贸易，则提升了国门安全风险。另一方面，检验检疫也具有输入和输出的矛盾，检验检疫如果仅仅重视输入性风险，忽略了输出性非传统安全威胁，会导致国外社会对中国产品的抵制和中国形象的损害，严重的导致外交纠纷，打击中国的对外贸易。本文分析了检验检疫在维护安全和促进发展上的两难，指出加强中国与国际社会的检验检疫合作是实现贸易增长和国家安全之间平衡的一条重要路径。

关键词： 检验检疫　贸易战　国门安全　两难困境　外交干预

---

* 甘均先，国际关系学博士，公共管理（非传统安全管理方向）博士后，浙江大学国际政治研究所讲师，哥本哈根大学访问学者，主要研究方向为非传统安全外交。

一 检验检疫应对非传统安全威胁

当今全球化深入发展,各国彼此深度相互依赖,尤其在经济上的融合更加明显,创立自由贸易区是区域经济发展的新潮流。但是经济贸易的密切发展带来了非传统安全威胁的增加,很多有意或无意的非传统安全威胁随着贸易进入中国。因此,检验检疫被视为一个在国门前解决非传统安全威胁的重要手段。从安全的角度来看,检验检疫常常跟国家安全、社会安全、产业安全、经济安全等联系在一起。

检验检疫面临着防堵国家生存性安全威胁的任务。基因、细菌武器正在成为人类未来的超级武器,当这些武器跟恐怖主义相结合之后,将会产生毁灭性的后果,如何加强针对发动恐怖袭击的基因、细菌等的检测成为当务之急。比如,转基因食品正在成为一个全球性的安全问题,涉及一个国家的环境安全、粮食安全、物种安全。美国是转基因食品的第一大生产国,但由于转基因在安全上还没有得到可靠的科学证据支撑,因此受到很多国家抵制。欧洲对美国转基因食品的抵制最为强烈,甚至造成贸易战争。比如,2002 年 8 月,美国提供的转基因食品,受到部分非洲国家的抵制。2014 年 5 月,法国明确要求禁止孟山都公司在法国开展种子业务。作为转基因食品大国的中国,也对美国转基因食品保持着高度的警惕,因此中美在该领域的外交纷争也不断发生。国防大学和中国社会科学院等联合推出的《较量无声》纪录片质疑美国正在将转基因技术作为一种战略,企图以生物入侵的方式给中国带来威胁。为此,中国已经拒绝了来自美国的 90 万吨转基因玉米。

检验检疫可以最大限度地防止有害生物入侵。一些入境农林产品中携带有害生物或寄生虫,某些外来游客或者邮递快件也可以携带有害病菌。如果不严格把控检验检疫关,一旦输入国境,它们极有可能造成生态安全问题。中国是全球遭受外来物种入侵危险最严重的国家之一,已经发现外来入侵物种400多种，每年造成的直接经济损失达1200亿元①，比如"加拿大一枝黄花"、"水葫芦"等，它们的入侵给中国的生物多样性带来了巨大的风险，对中国的生态安全提出了警告。此外，检验检疫还可以防止传染病的输入。近年来，传染病在全球大规模流行蔓延，不仅给疫区的居民带来了重大的人身安全威胁，也威胁着全球经济，有的甚至威胁着国家的整体生存，比如2014年暴发的埃博拉出血热疫情就引起了全球性的恐慌，也让西非几个国家陷入生存性威胁当中。近年来，中国面临的疫情形势非常严峻，一方面，人口流动性和幅度比以前更大；另一方面，新出现的疫情越来越多。恶性疟疾在2011年报告了1398例，其中境外输入达1366例，约占89%②。如果不加强检验检疫，这些导致非传统安全威胁的有害病菌将可能被外来游客带入国内，引起大规模的疫情暴发，从而给国家造成一定的安全风险和经济财产上的重大损失。

检验检疫也可有效防止劣质产品的进口，防止劣质产品引起的各种社会风险，其中以不合格的食品安全风险最高。以2012年为例，全国检验检疫机构共检出不合格进口食品2499批次，微生物、品质和标签等为主要不合格原因，涉及22类产品③。固废进口是另一个检验检疫的重点领域。固废进口具有两面性，一方面，它有利于资源循环，弥补中国在某些领域的资源不足；另一方面，由于固废多种多样，风险不一，有些固废造成的环境和社会危害也是难以估量的。多年来，检验检疫部门在入境口岸频繁检出大量不符合环保和安全标准的固废，比如爆炸物、放射性物质、医疗废弃物、生活垃圾等。据统计，从2011年到2013年仅仅两年，宁波口岸截获环保不合格废物原料达215批。

检验检疫除了应对从国外输入的非传统安全威胁，也需要应对从国内输

---

① 宁波检验检疫局树立"大安全观"，维护非传统安全，《中国国门时报》2014年7月15日。
② 蔡文彪、叶东辉：《国际贸易带来的非传统安全问题需要重视》，《学习时报》2013年12月16日。
③ 蔡文彪、叶东辉：《国际贸易带来的非传统安全问题需要重视》，《学习时报》2013年12月16日。

出到其他国家的非传统安全问题。虽然这些非传统安全问题没有发生在国内，不会对中国公民造成伤害，但是如果检验检疫忽略了这些安全威胁，将会对中国的产业安全和国家形象造成冲击和危害，有的甚至导致严重的外交危机。

中日"毒饺子"事件是一个非典型的人为投毒引起的输出性社会安全问题。2008年1月，日本3户家庭食用了中国产的速冻水饺后，出现了呕吐、腹泻等中毒症状。"毒饺子"事件引发安全事故之后，在日本社会造成了对中国食品的恐慌，严重降低了日本民众对中国出口日本食品的信任度。为了查明事件的缘由，同时也为了挽救中国食品产业的整体形象，中国外交部、商务部、质检总局和驻日使馆等组成联合调查组，在外交层面进行了挽救行动，尽力挽回日本民众对中国食品的信心。该次事件上升为外交事件的主要原因在于其不仅仅是一场单纯的刑事犯罪事件，还涉及整个中国食品产业的出口前景。然而，"毒饺子"事件之后又发生了"毒豆角"事件，再次打击了日本民众对中国出口食品的信心。2008年10月，一名日本妇女因食用中国产的冷冻豆角出现中毒症状，检测结果表明，豆角含有超标3.45万倍的农药"敌敌畏"。虽然该次事件并没有引发生命安全事故，但是日本方面对该次事件却表现出超乎常理的重视。日本时任首相麻生表示，中国应加强食品检测，避免让有毒食品出口日本。他说："如果今后还想向日本出口的话，中国方面就要建立必要的检查体制。"日本首相直接出面，处理"毒豆角"事件，本身就表明该次事件已经提高到外交层面，而不仅仅是一起贸易纠纷。随后，日本外务省向中国驻日使馆发出通告，要求中国方面提供工厂的管理体制和生产程序等有关信息①。"毒饺子"和"毒豆角"事件重创了中国食品安全形象，以致需要通过外交渠道持续介入才能化解危机。"毒饺子"和"毒豆角"事件同时也表明，检验检疫过程中的任何一个细小问题，随时都可能上升到外交层面，尤其涉及食品、社会和生物安全等敏感

---

① 孙秀萍：《日本称中国产豆角可能遭投毒 首相要中国加强检查》，http://news.sohu.com/20081016/n260054904.shtml。

领域，外交手段可能会迅速介入，从而增加了事件本身的复杂性和紧张度。

检验检疫可以帮助中国有效应对出口贸易产品中的质量安全问题。2001年入世之后，中国是遭受西方发达国家技术性贸易壁垒最多的国家。从国别看，美、日、欧是实施技术性贸易壁垒的主要国家和地区，其技术壁垒对中国出口企业造成的损失占总损失的95%。在食品领域，美国通过了《食品、药品和化妆品法》、《动物健康保护法》和《公共卫生安全法和生物恐怖应对法》，欧盟通过了《食品安全白皮书》，日本通过了《植物防疫法》和《食品卫生法》，日本在"食品农药残留"问题上使用国际最高标准的"肯定列表制度"保障进口食品的安全。在中国出口份额较大的轻纺领域，美、欧也采取了严苛的检验检疫标准。以2011年为例，美国消费产品安全委员会（CPSC）共发布310项产品召回和产品安全通报，其中针对中国的产品占通报总数的60.6%[①]；欧盟的非食用消费品快速通报系统（RAPEX）共发布危险产品通报1794例，其中中国产品占全部通报的47.16%[②]。

近年来，出口产品质量安全问题的频发对中国的各个产业都带来了重大挑战。其中，玩具、奶粉和食品等是受到国外技术贸易壁垒打击最重的产业。欧洲对中国玩具实施严苛的检验检疫标准，时常按非常高的环保标准来要求中国企业出口合格的中国玩具。1999年12月欧盟颁布法令，禁止销售供三岁以下儿童使用的放入口中的包含邻苯二甲酸酯类增塑剂的塑料玩具及儿童用品。近期，欧盟又制定了一份"技术资料指导性文件"，该文件规定，未来欧盟进口玩具将使用更为严格的标准，为了方便追踪玩具厂商的质量和信用记录，文件还规定，将来出口欧盟的玩具必须提供"技术档案"。欧洲的技术性贸易壁垒不仅导致中国玩具出口受到较大影响，而且使中国玩具成为"不安全"的代名词，对中国的整个玩具产业都造成了困扰。中国的奶粉产业也是检验检疫的重要领域。2008年8月三鹿奶粉被检测出含有

---

① 中国国际电子商务网，《2011 美国 CPSC 对华产品召回通报综述》，http：//trade. ec. com. cn/article/tradehwyj/201202/1180262_ 1. html。
② 中国质量新闻网，《2011 年欧盟 RAPEX 通报系统年度总结》，http：//www. cqn. com. cn/news/zggmsb/diwu/531681. html。

化工原料三聚氰胺之后，中国奶粉向国外的出口受到严重影响，从而使中国奶粉产业形象受到重创，中国奶制品整个行业遭受重大打击，中国奶制品不仅面临出口困境，在国内也备受质疑，间接引起了中国民众在香港等地抢购奶粉的热潮，进而发展成为香港跟大陆关系的焦点问题之一。国外媒体不仅批评中国某一类产品的质量安全问题，而且还趁机抹黑"中国制造"的整体形象，为中国产业的长远发展制造障碍。比如，2008年奥运会开幕之前，一些境外媒体就曾借"毒饺子"事件大肆报道中国的食品安全问题，抹黑中国形象，危言耸听地报道中国的奥运食品可能存在安全问题，影响奥运会运动员的成绩，甚至有媒体更为夸张地报道称，部分外国运动员要自带食品入境①。"中国制造"是中国产品走向世界的身份标记，"中国制造"的声誉，关系到我国制造业的发展，关系到整个国家的形象和未来。加强对国际社会检验检疫标准的认识和理解，强化对出口产品的质检意识，有助于提高中国外贸产品的质量，扩大中国的对外贸易优势，间接地强化中国的经济和贸易安全。

二　检验检疫与贸易战

检验检疫是一个国家针对本国进出口商品、动植物产品、人员的安全卫生检查措施，服务贸易和维护安全构成了检验检疫工作的核心。首先，检验检疫与对外贸易密切关联。检验检疫的主要对象是外贸商品，不管是出口还是进口，检验检疫的目的是促进贸易的自由化和便利化。其次，检验检疫也与国家安全密切相关。检验检疫最直接的目标是安全，即守护国门，防止危险产品进入国内市场，防止有害生物进入国内破坏生态、防止有毒食品影响国民健康等。

在国际贸易中，检验检疫机构常常根据两个国际协定来阻止其他国家可

---

① 《奥运食品安全标准高于国际标准》，http://news.xinhuanet.com/olympics/2008－02/21/content_7639994.htm。

疑产品的进口,即《技术性贸易壁垒协定》(TBT)和《实施卫生与植物卫生措施协定》(SPS)。TBT 协定和 SPS 协定主要着眼于人类和动植物的生命安全,以及保障人类的生存环境安全。在此基础上,发达国家制定了一系列"绿色壁垒",如日本的"肯定列表制度"、欧盟的"CE 安全认证标志"、美国的"FDA 认证"等①。这些层出不穷的技术性贸易壁垒,极大地打击了非发达国家的对外贸易。

技术性贸易措施导致贸易纠纷进而引发外交危机的情形常常发生在邻国之间。比如,新西兰与澳大利亚两国间的苹果检验检疫纠纷就非常典型,持续了将近百年。澳大利亚在 1919 年经过检测发现新西兰苹果患有枯萎病、溃疡病,澳大利亚在 1920 年颁布禁令,长期禁止从新西兰进口问题苹果,该禁令一直持续到 1998 年才宣布取消。此后,澳大利亚也没有进口来自新西兰的苹果,其检验检疫部门继续采取措施阻止新西兰苹果的进口。澳大利亚检验检疫部门这一长达 80 年的禁令最终激怒了新西兰,新西兰就此诉诸外交手段,不断与澳大利亚政府协商解除对新西兰苹果的不公平待遇,但澳大利亚对此无动于衷,依然以检验检疫为手段阻挡新西兰苹果的进口。2007年 12 月 6 日,新西兰在经过各种外交努力之后,只好将与澳大利亚的苹果案诉诸 WTO 裁决②,此案直到 2011 年 8 月 WTO 才做出了有利于新西兰的最后决定。俄罗斯与白俄罗斯尽管关系一直非常友好,但也存在着检验检疫纠纷。2009 年 6 月 6 日,俄罗斯检验检疫部门在白俄罗斯奶制品中发现了有害物质,并依照俄罗斯的食品卫生标准进而宣布对白俄罗斯的奶制品禁止进口,此举对白俄罗斯的贸易打击极大。白俄罗斯并没有将其视为一次简单的检验检疫事件,而是视为一次针对白俄罗斯的贸易战行为。为此,白俄罗斯采取了相应的政治和外交反击。白俄罗斯政府宣布,拒绝参加在莫斯科举行的独联体集体安全条约组织峰会③。白俄罗斯动用政治和外交手段对付俄罗斯的检验检疫行为表明,即使政治关系一向良好的邻国也可能因检验检疫

---

① 王新佳:《技术性贸易壁垒预警系统应对贸易战》,《中国国门时报》2005 年 1 月 21 日。
② 罗汉伟:《"苹果禁令"让"兄弟反目"》,《中国经济周刊》2010 年第 33 期。
③ 李思:《俄白贸易战加速白俄"西行"》,《世界报》2009 年 6 月 17 日。

事件导致外交纠纷。新西兰和白俄罗斯事件表明，对于贸易关系中比较弱小的一方，由于其贸易的脆弱性，一旦大国对其诉诸检验检疫手段阻止其产品出口，那么小国很容易采取外交和政治手段反击，而不是采取相应的检验检疫手段回击，从而迅速触发贸易战和外交干预。

2001年中国入世之后，中国是遭受西方发达国家技术性贸易壁垒最多的国家。从国别看，美、日、欧是实施技术性贸易壁垒的主要国家和地区，其技术壁垒对中国出口企业造成的损失占总损失的95%。在中国出口份额较大的轻纺、玩具等产业，美、欧对中国采取了严苛的检验检疫标准，给中国企业造成了较大的经济损失。这些事实说明，在国际贸易领域，以检验检疫为手段保护本国安全的过程中，中国长期处于弱势地位。

另外一个需要注意的现象是，尽管针对中国实施技术性贸易壁垒最多、覆盖经济领域最广的国家是美国和欧盟，但由此而引发贸易战的事件却不多，原因在于，中国在遭遇到欧盟和美国的高检验检疫标准后，常常提高自身的质量标准去适应美国和欧盟市场，而不是以打贸易战的方式来解决。在一场以技术差距为基础的贸易纠纷中，技术落后国家如果不提高产品质量，将始终处于被动的地位。虽然中国的大多数技术性贸易纠纷最后没有演变成贸易冲突，但也有一些事件最后演变成为贸易战，在此类贸易战中，检验检疫往往作为双方重要的应战手段和技术措施。在中国由技术性贸易措施引发、检验检疫参与的对外贸易战中，最多的还是跟中国没有明显技术代差的国家，如日本、韩国、阿根廷等，而且主要发生在检验检疫手段使用频率较高的农业领域。以下是三个具有代表性的贸易战实例。

中日贸易战。中日以检验检疫为手段的贸易战主要发生在2001年和2006年。2001年初，中国蔬菜对日出口猛增，日本农民为了自保，对政府施加压力，要求阻止中国蔬菜的大量进口。一开始，两国都希望通过政治协商达成协议，但是没有取得预期的效果。日本在采取政治协商无效的情况下，采取了检验检疫手段来阻挡中国蔬菜的进口。日本从2001年4月23日起对进口自中国的大葱、香菇等产品实施紧急限制进口措施，接着日本农林水产省大臣又宣布从2001年4月至10月，对来自中国的进口农产品实施检验检疫管理①。日本以检验检疫为手段的贸易制裁行动导致了一场中日之间的贸易战。中国对日本的单方面行动进行了坚决的回击，中国政府宣布对从日本进口的汽车、手机和车载无线电话等工业产品征收附加关税。贸易战从来都没有真正的赢家，两国经过数次协商，最终在2001年12月21日结束了这场贯穿全年的贸易战。2006年中日再度爆发因检验检疫纠纷导致的贸易战。这次贸易战的主要因素是2006年6月日本颁布的"肯定列表制度"。该制度对中国的农产品实施极其严厉的检验检疫标准，对中国农产品出口打击较大。根据海关统计数据，在"肯定列表制度"实施的当月，中国对日农产品出口仅为6亿美元，大幅下降了179%。日本以检验检疫为中国设置的贸易壁垒，遭到了中国的同等反击。中国同样以检验检疫为手段对日本进行了贸易反制。深圳检验检疫局宣布在从日本进口的鱼肉肠中检出山梨酸含量超标，国内其他检验检疫部门也从其他进口的日本食品中发现了质量安全问题，国家质检总局要求各地检验检疫部门，加强针对日本进口食品的检验检疫②。

中韩贸易战。中国与韩国之间的农产品贸易额较大，也很容易引发因检验检疫导致的贸易战。2001年初，由于中国输入韩国的大蒜大量增加，韩国宣布禁止从中国进口大蒜，中韩爆发大蒜贸易战。针对韩国的贸易保护措施，中国则对韩国的机械产品进口进行了限制，从而导致了两国间贸易摩擦的升级。随后的2001年6月4日，韩国农林部宣布从上海出口到韩国的鸭肉中检测出H5N1禽流感病毒，并从即日起开始禁止从中国进口家禽及禽类产品。但韩国政府对此并没有提供相关的检验检疫证据，而且中国当时也并不是禽流感疫区，这次韩国的检验检疫措施显然是针对之前中国对韩国的贸易制裁而做出的过度反应③。中国政府指责韩国此举不符合国际规则，要求韩国政府针对中国禽类产品进行检查，给出确切可信的依据。韩国农林部在

---

① 陈永福、何秀荣：《中日蔬菜贸易战原因分析和对策探讨》，《世界经济研究》2001年第4期。
② 魏言：《日本进口食品质量问题严重》，《生命时报》2006年9月19日。
③ 王涛：《日韩封杀中国禽肉，贸易战又起波澜》，《中国乡镇企业报》2001年6月15日。

经过了一个月的检测后，并没有发现禽流感病毒，因此在2001年7月5日取消了针对中国禽类产品的进口禁令。这一次的中韩贸易战，韩国使用了检验检疫手段，中国没有使用。但在2005年的中韩贸易战中，中韩两国都以检验检疫为手段进行贸易打击。2005年，中国出口韩国的泡菜激增，导致中韩之间的贸易战。按照2001年的数据，中国出口韩国的泡菜总额为393吨，完全不足以影响到韩国国内的泡菜市场。但是到了2004年，中国出口韩国的泡菜就以近200倍的速度激增到了7.26万吨。中国泡菜出口的迅速增加，严重影响了韩国国内泡菜企业的生产和经营，韩国决定对中国出口泡菜采取措施，但是韩国政府由于没有更好的理由限制中国泡菜出口韩国，便采取了更具隐蔽性的检验检疫手段，从而导致中韩之间的一场贸易战。双方都在2005年9月至10月间采取了对等的检验检疫措施，限制对方的泡菜进口①。

中国与阿根廷的贸易战。在2010年的中阿贸易战中，中国也动用检验检疫手段逼迫阿根廷改变了针对中国的贸易保护政策。2010年3月29日，阿根廷政府对中国厨房灶具点火器实施了反倾销政策。中国政府以检验检疫为措施进行了贸易反制。3月31日，中国对阿根廷对华出口产品的重点行业豆油（2009年以来，中国已成为阿根廷最大的豆油进口国）启动了检验检疫新规，规定未来所有进口大豆毛油货船的溶剂残留水平不得超过100ppm，如果超标，进口豆油货船将不准在港口卸载②。大豆贸易对阿根廷影响巨大，阿根廷不得不改变针对中国的贸易保护措施。

三 国际合作应对国门非传统安全问题的两难

检验检疫的目标之一是把好国门关，另一个目标是促进对外贸易，但这两个目标并不完全兼容，而是一定程度上存在着冲突和矛盾。从安全的角度

---

① 辛华：《中韩泡菜风波不会升级为贸易战》，《南方日报》2005年11月9日。
② 陈纪英：《中阿豆油贸易战或将和解》，《中国经营报》2010年4月12日。

看，检验检疫需要得到强化，但强化检验检疫就会阻碍贸易的便利化和快捷化，影响经济全球化和贸易自由化。从贸易的角度看，检验检疫需要快速化，但快速化的后果就是国家安全风险的增加。检验检疫过程中的两个目标促进贸易和维护安全陷于两难困境，如何解决这个困境成为检验检疫部门需要应对的难题。本质上看，检验检疫需要双方或者多方一起共同面对，即使一方做得再好，依然可能面临检验检疫导致的贸易难题，因此展开国际合作是防范检验检疫两难困境的重要手段。

一般来说，检验检疫的国际合作发生在贸易量密集、贸易互补性高的国家之间，贸易量越大，检验检疫的潜在纠纷越多，对检验检疫合作的需求就越大。检验检疫也常常发生在具有区域贸易协定的国家之间，由于国家之间彼此存在着贸易协议，展开检验检疫合作较为便利。检验检疫合作也需要良好的国际氛围，即友好的国家间关系。国家之间的政治、外交关系越密切，越可能展开检验检疫合作。反映在中国的检验检疫国际合作上，跟中国展开较多合作的国家主要是周边关系较好的邻国。对于那些存在政治、军事冲突的国家，检验检疫合作不仅实质性内容不多，而且波动性大，甚至还可能成为一个制裁对方、打击对手的工具。因此，检验检疫合作是一种理性的国家选择行为，即选择跟自己友好的国家进行合作。

从过程来看，国家应该在检验检疫的标准化建设上展开有效合作。大多数被退回或销毁的商品并不存在恶意的安全攻击意图，而是其没有达到目标国的检验检疫标准。商品退回或销毁导致巨大的物质损失，也耗损了巨大的检验检疫人力和时间成本。要想获得高效率的通关，减少召回或销毁事件，国家之间应该在检验检疫的标准对接上下功夫，以便企业进行更有针对性的生产活动。从检验检疫的领域来看，安全事件频发并且存在较大影响的领域即为重点合作领域，其主要集中在食品贸易、生物入侵等领域。食品贸易是一个涉及国民健康的重要领域，跟国民日常生活紧密相连，容易引发大规模的安全事件，造成持久的安全影响，因此需要紧密合作。另外一个需要重点合作的领域是林业。近年来，林业进出口贸易中，出现了众多的生物入侵事件。生物入侵虽然跟国民生活并不直接相关，却可以对一个国家的生态造成广泛影响，间接影响到整体的国民生活。

中国与全球的检验检疫合作主要内容如下表所示。

中美检验检疫合作	2006年4月，中美签署《动植物检验检疫合作备忘录》；2008年5月，中美决定在食品、饲料等领域加强检验检疫合作；2013年2月，中美就沙梨和鲜梨检验检疫达成一致；2013年3月，中美在舟山举办首次大豆联合检验检疫。
中日检验检疫合作	2010年8月，中日正式启动动植物卫生领域的磋商合作机制；2010年12月，新日本检定协会、中检集团日本公司与宁波检验检疫局签订协议，在食品接触材料，玩具等领域合作。
中韩检验检疫合作	2001年4月，中韩签署《关于进出口水产品卫生管理协议》；2011年10月，中韩签署《关于韩国农产品输往中国植物检疫合作安排》；自2006年起连续多年召开中韩质检磋商机制年度会议，防止检验检疫问题演变为贸易摩擦。
中俄检验检疫合作	2007年9月，中俄就水产品检验检疫合作达成协议；2010年3月，中俄签署《消费者保护和公益监督局国境卫生检疫合作协议》；2014年2月，中俄举行植物检疫科研合作研讨会。
中国与中亚国家检验检疫合作	中国与吉尔吉斯斯坦1995年10月签订《进出口商品质量保证协定》；中国与哈萨克斯坦1996年7月签署《合作保证进出口商品质量和相互检查进出口商品的政府间协定》；中国与哈萨克斯坦2004年5月签订《关于动物检疫及动物卫生的合作协定》、《关于植物保护和检疫合作协定》；2012年2月，中国与塔吉克斯坦签署《关于植物检验检疫合作谅解备忘录》。
中国与东盟检验检疫合作	中国与东盟2007年11月在新加坡正式签署SPS领域的合作备忘；中国政府与马来西亚政府分别签署了TBT和SPS领域的两个政府间合作备忘录；分别与泰国、缅甸、越南等8个东盟成员国有关质主管部门建立了磋商与交流机制；2007年11月，中国政府和东盟正式签署《关于加强卫生与植物卫生合作的谅解备忘录》。
中国与欧盟检验检疫合作	2004年9月，中意签署《入境口岸卫生检疫合作谅解备忘录》；2004年10月，中国与挪威签署《渔业与海事部会谈纪要》；2014年4月，中法签署联合制定国际标准和推动双方标准相互采用的合作协议。
中国与拉美检验检疫合作	2003年2月，中国与巴西农业部和外交部同意在检验检疫领域建立长期磋商合作机制。2005年1月，中国同墨西哥、秘鲁签署了5个动植物检疫议定书和合作备忘录及中墨SPS合作备忘录。

从中国与国际社会检验检疫合作应对非传统安全威胁的整个过程来看，可以得出以下一些结论：①中国与周边国家合作最多，程度最深，即使对与中国存在主权岛屿纠纷的菲律宾和越南，也存在检验检疫的国际合作。②政治关系越复杂，非传统安全风险越高，检验检疫合作越缺少实质性内容。中国与日本、美国之间的合作缺乏更多实质性内容。③从合作模式上看，主要

是机制性合作，合作方基本上签署了持续性的合作协议。合作方既展开了双边合作，也展开了多边框架合作。合作手段多样化，如举办合作论坛、召开年度会议、展开联检行动。这些行动表明，国际贸易领域的非传统安全治理合作必须以稳定的机制为主要基础。从合作的前景来看，随着贸易自由化和全球化的加速，中国与国际社会的全方位检验检疫合作将成为时代主流。

结　语

使用检验检疫手段应对非传统安全问题时，常常导致保护国门安全和促进贸易的两难。为了解决这个两难困境问题，中国应该加强与国际社会的合作，强化外交在检验检疫中的作用。首先，深化与相关国家的外交关系。当国家之间外交关系得到提升之后，检验检疫才能有效应对非传统安全威胁，而不再与政治关系、权力斗争等纠缠在一起。其次，对于那些检验检疫事件频发的国家，中国驻外使馆应特别注意从外交角度处理彼此的危机。外交层面上的沟通有助于减轻检验检疫的压力，因此驻外使馆需要加强经济职能。最后，检验检疫部门与外事部门应该建立联动机制，组织上互为补充。检验检疫部门应该有熟悉对外贸易关系的外交人员，而外交部门也应有熟悉特定国家检验检疫标准的人才。只有外交和检验检疫部门有效联动，才能更好地处理经贸交往中迅速出现的安全问题。

B.8 检验检疫非传统安全威胁的识别与评估

周冉 王梦婷 钱显明 蒋小周 邹海燕*

摘 要： 检验检疫与安全紧密相关，是国家公共安全体系与国家安全治理体系中不可或缺、不可替代、不可分割的重要组成部分。经济安全、文化安全、社会安全等非传统安全与检验检疫的安全职能直接相关，与传统安全相交织的政治安全、国土安全、军事安全等也是检验检疫的间接维护对象。通过对检验检疫所关涉的生态环境安全威胁、公共卫生安全威胁、进口食品安全威胁以及产品质量安全威胁四大类威胁的识别，结合不同类型威胁的生物学、病理学等方面的相关特性，运用因子分析法对具体威胁展开评估，为找出各类威胁的风险控制关键点，防范安全事件的发生，建立和完善检验检疫监管新机制奠定基础。

关键词： 非传统安全 检验检疫 安全威胁 识别 评估

一 威胁的识别和评估理论基本概述

作为名词的"威胁"，意为"可能带来麻烦或危险的人或事物"[①]。在

---

* 周冉，浙江大学公共管理学院非传统安全管理专业博士生，英国伦敦经济政治学院交流生；王梦婷，浙江大学公共管理学院行政管理专业硕士生；钱显明，宁波市出入境检验检疫局风险处处长；蒋小周，宁波市出入境检验检疫局风险处科员；邹海燕，宁波市出入境检验检疫局风险处副科长。

① A. S. Hornby：《牛津高阶英汉双解词典》（第七版），商务印书馆，2009，第2106页。

围绕安全内容进行理论研究和开展实务操作的过程中,一些学者以及相关政府部门对"威胁"的内涵进行了不同的阐述。尽管这些阐述并没有从学理上明确"威胁"的定义,但在提出威胁构成要素的基础上就如何识别和评估威胁进行了有益的探索。

乔安娜·菲舍等学者认为威胁包括四大要素:行为者、意图、实力和反应时间,对于一个国家而言,行为者的侵略意图越明显、实力越强大、发动侵略的时间越短,这种威胁就越大;[1] 斯蒂芬·沃尔特指出可以根据四大因素来测量威胁:综合实力、地缘的毗邻性、进攻实力和侵略意图。[2] 此外,美国国防部和英国国家安全局在分析恐怖主义威胁时也采用了类似的表述:美国国防部在其联合出版物中把恐怖组织的能力、意图、活动以及安全环境列为评估这一恐怖主义威胁的四大内容。[3] 英国国家安全局则把有效情报、恐怖分子的能力、恐怖分子的意图、袭击来临的时间作为评估恐怖主义威胁的四大要素。[4] 综合比较类似威胁评估的研究,我们不难发现,尽管不同研究在威胁要素的选择上各有取舍,但威胁者的"能力"与"意图"显然受到所有研究的重视。戴维·斯特罗恩-莫里斯在对比不同研究后指出,威胁很大程度上是(威胁者)能力与意图的一种体现。[5] 同时,他还列出了一张由"能力"与"意图"变量构成的威胁评估矩阵图(见表1)。[6] 在这一矩阵中,上述变量的四种程度两两组合得到某一特定威胁的强度级别。

---

[1] Joanne M. Fish, Sanuel J. McCraw and Christopher J. Reddish, Fighting in the Gray Zone: A Strategy to Close the Preemption Gap, Carlisle, PA: Security Study Institute, 2004:4.

[2] 〔美〕斯蒂芬·沃尔特著《联盟的起源》,周丕启译,北京大学出版社,2007,第168页。

[3] Department of Defense, Dictionary of Military and Associated Terms: Joint Publication 1 – 07, Washington, DC: Department of Defense, 2010 (As Amended through 15 March 2014):267.

[4] Security Service Website, "How do We Decide Threat Levels?", 2013, https://www.mi5.gov.uk/home/the – threats/terrorism/threat – levels/the – uks – threat – level – system/how – do – we – decide – threat – levels. html.

[5] David Strachan-Morris, Threat and Risk: What is the Difference and Why Does it Matter?, Intelligence and National Security, 27 (2), April 2012:174.

[6] 该矩阵图由 Aegis Defence Service 的研究员 Richard Siebert 编制而成,内容详见:David Strachan-Morris, Threat and Risk: What is the Difference and Why Does it Matter?, Intelligence and National Security, 27 (2), April 2012:174。

表 1　威胁等级判别矩阵*

Sophisticated	Medium	High	High	Extreme
High	Medium	Medium	High	High
Medium	Low	Medium	Medium	High
Low	Low	Low	Medium	Medium
Intent ╲ Capability	Low	Medium	High	Extreme

※该威胁判断矩阵原图由 Aegis Defence Service 的 Richard Siebert 编制而成。

不过，由"能力"与"意图"构成的威胁评估更加适合传统安全威胁或像恐怖主义这类有明显威胁者的非传统安全威胁，而像 SARS 这样的公共卫生安全威胁，因为威胁者的相对缺失，"意图"几乎成了一个无从测定的变量。因此，"能力"就成了非传统安全威胁评估最为关键的内容。稍有不同的是，这里的"能力"应该更为确切地被理解为威胁本身制造某种危害结果的能力，本文称为非传统安全威胁的"致害能力"。而威胁的致害能力主要受到威胁自身特征的影响，关于这一点，巴里·布赞曾在分析军事、政治、社会、经济、生态五大类威胁时指出影响威胁强度的自身特征主要包括时空分布、发生概率、重要性以及威胁的历史认知等。[1] 除此之外，傅勇（2003）[2]，刘学成（2004）[3]，熊光楷（2005）[4]，王帆、卢静（2010）[5]，余潇枫（2012）[6] 等通过归纳、概括非传统安全威胁共有特性的方式对其特征

---

[1] 〔英〕巴里·布赞著《人、国家与恐惧——后冷战时代的国际安全研究议程》，闫健、李剑译，中央编译出版社，2009，第 137～142 页。
[2] 傅勇：《非传统安全与中国的新安全观》，载《世界经济研究》2004 年第 7 期，第 11 页。
[3] 刘学成：《非传统安全的基本特性及其应对》，载《国际问题研究》2004 年第 1 期，第 33～34 页。
[4] 熊光楷：《协力应对非传统安全威胁的新挑战》，载《世界知识》2005 年第 15 期，第 51 页。
[5] 王帆、卢静主编《国际安全概论》，世界知识出版社，2010，第 354～356 页。
[6] 余潇枫主编《中国非传统安全研究报告（2011～2012）》，社会科学文献出版社，2012，第 14 页。

进行了识别，这些特性也为非传统安全威胁致害能力评估提供了重要的参考依据。

二 检验检疫的非传统安全威胁概述

当前国际安全态势复杂多变，传统安全威胁与非传统安全威胁复合交织，我国面临的安全形势日趋严峻，国家安全委员会的成立、总体国家安全观的提出以及总体国家安全体系的构建，为国家安全治理提供了顶层设计和总体规划。

依据《中华人民共和国进出口商品检验法》、《中华人民共和国进出境动植物检疫法》、《中华人民共和国国境卫生检疫法》、《中华人民共和国食品安全法》等法律法规，检验检疫机构代表国家行使主权，履行出入境商品检验、出入境卫生检疫、出入境动植物检疫、进出口食品安全和认证认可、标准化等一系列职责，可见，检验检疫与安全息息相关。随着人流、物流、资金流、信息流等在国际范围内跨层次迅速流动，外来有害生物、传染病、核辐射等检验检疫工作所关涉的非传统安全威胁趋向于普遍化和常态化，检验检疫成为国家公共安全体系与国家安全治理体系中不可或缺、不可替代、不可分割的重要组成部分。在我国总体国家安全体系中，经济安全、文化安全、社会安全、科技安全、信息安全、生态安全、资源安全等大部分安全，与出入境检验检疫的安全职能直接相关。而与传统安全相交织的政治安全、国土安全、军事安全及核安全也是检验检疫安全职能维护的间接对象。

根据检验检疫机构所履行的职能，本文将检验检疫所面临的安全威胁分为生态环境安全威胁、公共卫生安全威胁、进口食品安全威胁和产品质量安全威胁四大类别。在此基础上，通过访谈法、文献法以及口岸实地调研对检验检疫所关涉的非传统安全问题进行描述、分析、归类，从而识别每一类别下我国当前面临的主要安全威胁，最终形成威胁列表（见表2）。

表2 检验检疫的安全威胁

生态环境安全威胁	一、占据本地物种生长空间的外来植物
	二、掠食本地物种的外来动物
	三、引发大规模动植物疾病的线虫
	四、引起动物传染性疾病的病原体
	五、造成基因污染的转基因作物
	六、放射性超标的废金属
	七、夹带生活垃圾的废品
	八、废弃不可回收的电子电气产品
	九、有毒气体或液体渗漏的危险化学品
	十、噪声超标的工业设备
公共卫生安全威胁	一、呼吸道传染病
	二、消化道传染病
	三、体液传播传染病
	四、鼠媒传染病
	五、蚊媒传染病
	六、其他医学媒介叮咬传播的寄生虫病
	七、携带入境的生化有害因子
	八、放射性超标的进境物
进口食品安全威胁	一、具有致癌风险的食用油
	二、腐败变质的水产品
	三、农药残留超标的果蔬
	四、兽药残留超标的肉类
	五、重金属含量超标的酒类
	六、营养成分不符合标准的婴幼儿食品
	七、大肠菌群/落总数等微生物超标的休闲食品
	八、标签中标示的糖、脂肪等含量与实际不符的休闲食品
	九、禁用或超标使用食品添加剂的饮料及休闲食品
	十、含有未经批准转基因成分的粮谷及其制品

续表

产品质量安全威胁	一、有毒有害物质超标的基建材料
	二、带有血液污染物的第二手医疗设备
	三、车内安全系统出现故障的汽车
	四、有害化学物质超标的服饰
	五、安全防护装置设计缺陷的家用电器
	六、放射性物质超标的有色金属矿
	七、安全适载性能不达标的危险化学品包装或容器
	八、安全防护装置设计缺陷的工业设备
	九、安全设计缺陷的儿童服装和玩具

基于威胁特性的识别来评估具体威胁的方法在检验检疫相关研究中已经得到一定应用（见表3），丁晖等在研究外来物种入侵时结合生物学、生态学特征将这一威胁概括为入侵性、适生性、扩散性和危害性；[①] 周国梁等在研究外来生物风险时提出从可能性的角度进行评估，并将可能性按照该风险的生物学特征分为进入可能性、扩散和定殖的可能性、后果可能性。[②]

表3 外来物种风险评估指标

外来入侵物种的风险（R）			
入侵性 R_1	适生性 R_2	扩散性 R_3	危害性 R_4
引入地的发生程度	适应能力	生长速度	经济重要性
引进途径	逆抗性	繁殖能力	生态环境重要性
防止措施	气候适合度	扩散能力	人类健康重要性
	其他限制因子适合度	适宜的气候范围	其他不利影响
		其他限制因子范围	
		控制机制	

---

① 丁晖、石碧清、徐海根：《外来物种风险评估指标体系和评估方法》，载《生态与农村环境学报》2006年第2期，第92~96页。
② 周国梁、印丽萍、黄晓藻：《外来生物风险分析指标体系的建立》，载《植物检疫》2006年第20期，第14~19页。

本文将在识别各类威胁的特点、危害及分析典型案例的基础上，结合不同类型威胁的生物学、病理学等方面的相关特性，来设计四大威胁类别各自的致害力评估指标体系，并运用因子分析法对具体威胁展开评估。

三 检验检疫非传统安全威胁的识别与评估

（一）生态环境安全威胁

随着国际贸易快速发展和国际交往活动日益频繁，各类外来生物、传染病病原体、有毒有害物质等生态环境安全威胁入侵国境呈现常态化趋势，一枝黄花、福寿螺、水葫芦等都已成为耳熟能详的名词。2013年召开的"第二届国际生物入侵大会"指出，我国确认的外来入侵物种已达544种，其中大面积发生、危害严重的达100多种，而且我国相继发现了西花蓟马、Q型烟粉虱、三叶草斑潜蝇等20余种世界危险性与暴发性物种的入侵，平均每年增加1～2种。[①]

检验检疫的生态环境安全威胁主要为占据本地物种生长空间的外来植物、掠食本地物种的外来动物、引发大规模动植物疾病的线虫等十种，各类威胁在传播途径、形成原因、具体危害等方面有所区别，但也存在共性特征，即隐蔽性、扩散性、多样性和转化性。

第一，隐蔽性。该特性主要指环境威胁本身或由其引发的危害难以明确显现及知晓，主要表现为：（1）某些威胁主体很难被检测出来，这主要归因于威胁主体罕见或被首次发现、检测技术落后及检验检疫工作漏洞；（2）某些环境威胁所产生的危害不易被发现，从而导致人们无法及时采取措施对其加以控制，最终造成巨大损失，如转基因生物威胁所带来的基因污染及杂草化问题。

---

① 新华网：《中国确认544种外来生物入侵已成最严重国家之一》，http：//news.xinhuanet.com/world/2013-10/23/c_117843978.htm。

第二，扩散性。该特性主要指威胁产生的危害在时间、空间、领域等维度上具有不断扩张蔓延的特性，具体表现为：（1）一些威胁造成的危害具有长期性，可能是代际的，也可能是不可逆的永久性损害，如水体、土壤受到的重金属污染无法在短期内得到有效清除，它所产生的危害甚至将影响几代人的生命健康；（2）很多威胁从入境到产生实际危害具有一定的潜伏期，以外来入侵生物为例，外来物种往往并不会从入侵开始时就显现出破坏性，其对生物多样性的影响一般具有 5~20 年的潜伏期，如 1929 年，一种非洲蚊子由飞机带入巴西，10 年后疟疾大规模流行，几十万人被传染，1.2 万人死亡。①

第三，多样性。该特性主要指威胁产生作用的各个动态过程中，其作用方式是多样而非单一的，主要体现为：（1）威胁传入国境的途径多样，如植物既可能是作为观赏植物而被有意引进国内，也可能通过交通工具、游客等无意引入；（2）实际危害的表现形式可以是多样的，如转基因作物的危害之一"杂草化"既可以表现为其自身成为超级杂草，也可以通过基因漂移使其他植物具有竞争优势而成为超级杂草；（3）环境安全威胁可以在空间或不同物种间进行传播或转移，传播方式多样，如基因漂移的途径很多，既可以由花粉通过虫媒或花媒传播，又可以由种子通过动物传播，甚至可以通过食物链传播。

第四，转化性。该特性主要指环境威胁具有引发或转化为其他威胁的能力，主要体现为：（1）威胁可能引发群体性生理疾病，如在豚草开花散粉的季节，体质过敏的人便会发生哮喘、打喷嚏、流鼻涕等症状，甚至可能发生其他并发症并导致死亡；（2）威胁可能引发政府公信力危机，随着环境污染事件增多以及公民权利意识的增强，我国由环境污染事故引发的群众信访、群体性事件不断发生。

基于对生态环境安全威胁特性和危害的识别，同时结合实地调研访谈的内容，本文构建了由隐蔽性、扩散性、多样性和转化性 4 个维度、9 项指标构成的生态环境安全威胁评估指标体系（见表 4）。将该表制成等级打分调查问

---

① 新华网：《中国确认 544 种外来生物入侵已成最严重国家之一》，http://news.xinhuanet.com/world/2013-10/23/c_117843978.htm。

卷之后，发放给全国主要省市的检验检疫机构工作人员，共发放问卷300份，回收问卷259份，剔除无效问卷83份，得到有效问卷176份，有效回收率59%。

表4 生态环境安全威胁评估指标体系

目标层	准则层	指标层
生态环境安全威胁致害能力	隐蔽性	1. 威胁主体难以检测的程度 2. 危害产生时难以被感知的程度
	扩散性	3. 危害可能持续的时间跨度 4. 威胁产生实际危害的潜伏时间
	多样性	5. 威胁入境方式的多样性程度 6. 危害表现形式的多样性程度 7. 威胁传播途径的多样性程度
	转化性	8. 引发群体性生理疾病的可能性 9. 引发政府公信力危机的可能性

根据因子分析中的旋转成分矩阵和方差分析结果，可以考虑将各公因子的方差贡献率比例作为权数来计算不同威胁的综合得分，具体公式如下：

$$Score = 22.707/73.124 \times FAC1\_1 + 20.338/73.124 \times FAC2\_1 + 17.018/73.124 \times FAC3\_1 + 13.061/73.124 \times FAC4\_1$$

最后，生态环境安全十大威胁的排序及标准化得分情况如表5所示。

表5 生态环境安全威胁综合排序及得分情况

排名	具体威胁	FAC1_1	FAC2_1	FAC3_1	FAC4_1	标准化后得分
1	造成基因污染的转基因作物	0.0912	0.8241	0.2599	0.8719	3.6815
2	放射性超标的废金属	-0.3183	0.6774	0.5347	-0.1418	3.2757
3	引起动物传染性疾病的病原体	0.3097	-0.3302	0.4141	0.4317	3.2602
4	有毒气体或液体渗漏的危险化学品	0.0425	-0.6037	0.8656	-0.0455	3.0621
5	废弃不可回收的电子电气产品	0.0040	0.1965	-0.0927	-0.0279	3.0489
6	占据本地物种生长空间的外来植物	0.2285	0.2699	-0.7074	-0.2859	2.9079
7	引发大规模动植物疾病的线虫	-0.1270	0.1922	-0.3441	-0.0215	2.9076
8	夹带生活垃圾的废品	0.2386	-0.5075	0.0263	-0.2156	2.8656
9	掠食本地物种的外来动物	0.0961	-0.1533	-0.3695	-0.4235	2.7588
10	噪声超标的工业设备	-0.6669	-0.7015	0.4602	-0.2390	2.2213

从表5的排序及得分情况来看，"造成基因污染的转基因作物"是生态环境安全的最大威胁，它在第二公因子和第四公因子上的高得分说明这种威胁之所以具有较大的致害能力是因为其较强的扩散性与隐蔽性。这一威胁的扩散性表现从威胁到实际危害需要经历一定的扩散期，此后的集中爆发将会引发代际破坏性这样的严重后果；威胁的隐蔽性一方面是由于检测技术的相对滞后性；另一方面又在于发现这种威胁实际危害的技术依赖性，其危害如不通过特定技术手段进行检测，很难在爆发重大危机前被感知到。"有毒气体或液体渗漏的危险化学品"在第三公因子上的得分尤为突出，因此，其可怕之处在于致害能力的转化性：它所造成的危害极有可能导致群体性生理疾病并由此引发政府的公信力危机。这种非传统安全威胁的重要特性也使"有毒气体或液体渗漏的危险化学品"跻身于生态环境安全前五大威胁。最后，值得一提的是分别排名第三、第六、第八的三大威胁，这些威胁常常可以经由多种途径进行传播，在入境的方式上既可以通过人为有意携带或无意夹带，也可以通过生物、气候环境等自然因素，而具体威胁在入境之后产生的危害又大不相同。因此，这些威胁在第一公因子上都具有相当的得分，这三类威胁从防控角度对当前的检验检疫工作提出了不小的挑战。

（二）公共卫生安全威胁

伴随着贸易和人员来往的快速增加，境外的一些重要危险疾病和生物恐怖剂传入我国的风险也显著增加。外来传染病和生物恐怖剂等公共卫生安全威胁所带来的危害是全方位的，严重影响人的身体健康甚至造成大量人员因病死亡，引起社会恐慌，影响社会稳定，即给人的安全、经济安全、社会安全、国家安全带来重大影响。作为公共卫生防控体系的重要门户，检验检疫所面临的公共卫生安全威胁具有其自身特点，即致病性、扩散性和转化性。

第一，致病性。该特性是指各类传染病等会引起生理疾病，危害人体健康，主要表现为：（1）不同的致病源会给人体带来不同的影响，有些可能只是轻微伤害并能及时治愈,而有些则具有高死亡率,如艾滋病、人感染H7N9禽流感、非典型性肺炎等,根据联合国艾滋病规划署估计,2012年有160万人死于与艾滋病病毒有关的疾病[①];(2)不同威胁造成的疾病治愈程度有所差别,有些传染病如伤寒、登革热等能得到完全治愈,而大部分体液传播传染病包括梅毒、肝炎等则不可能完全治愈。

第二,扩散性。该特性是指各种公共卫生风险能够迅速跨国跨境传播,短时间内即可波及全球,一旦失控便成为巨大的人类灾难,主要表现为:(1)各种传染病能在人群中广泛扩散蔓延,扩散的速度和广度依传染源的特性而定,如禽流感、非典型性肺炎、埃博拉出血热等能在患者与正常人之间进行传播,而放射性超标的进境物、消化道传染病等主要是通过一些污染物来实现传播,不存在人际传播情况;(2)公共卫生安全威胁源的载体越多,则扩散范围越广,若威胁源的载体多样,包括人、畜、虫、动物尸体及排泄物甚至交通工具都能携带,则阻断该病源扩散的难度较大。

第三,转化性。该特性主要指公共卫生安全威胁可能引发或转化为恐怖主义、生态环境、政治稳定等方面的威胁,主要表现为:(1)由于容易研制和便于携带,某些威胁源尤其是核生化因子很可能被当作恐怖袭击的战剂来使用,如1995年3月20日的"东京地铁沙林事件"造成13人死亡,约6300人受伤[②];(2)有些威胁会对生态环境造成破坏,如放射性超标的进境物会造成当地环境的辐射污染;(3)公共卫生安全威胁的传播范围扩大,会引发民众恐慌,影响社会稳定,如2014年在西非多国肆虐的埃博拉疫情引起全世界的恐慌,利比里亚、塞拉利昂、几内亚、科特迪瓦西非四国设立跨越国界的隔离区,并派军警实施封锁[③];(4)大规模的公共卫生安全事件

---

① 环球网:《联合国报告显示全球艾滋病毒感染人数在下降》,http:/world.huanqiu.com/exclusive/2013-09/4384409.html。

② 维基百科:http://zh.wikipedia.org/wiki/%E6%9D%B1%E4%BA%AC%E5%9C%B0%E9%90%B5%E6%B2%99%E6%9E%97%E6%AF%92%E6%B0%A3%E4%BA%8B%E4%BB%B6。

③ 中化新网:《埃博拉病毒肆虐西非四国将设跨国隔离区》,http://www.ccin.com.cn/ccin/news/2014/08/04/301269.shtml。

会引发政府公信力危机，甚至部分官员会下台，如 2003 年，我国政府因初期应对 SARS 不力而遭到国际社会和国内民众的批评，并导致时任卫生部部长的辞职。

基于对公共卫生安全威胁特性和危害的识别，同时结合实地调研访谈的内容，本文构建了由致病性、扩散性、转化性 3 个维度、8 项指标构成的公共卫生安全威胁评估指标体系（见表6）。将该表制成等级打分调查问卷之后，发放给全国主要省市的检验检疫机构工作人员，共发放问卷 300 份，回收问卷 261 份，剔除无效问卷 87 份，得到有效问卷 174 份，有效回收率 58%。

表6 公共卫生安全威胁评估指标体系

目标层	准则层	指标层
公共卫生安全威胁致害能力	致病性	1. 病源伤害致人死亡的可能性 2. 人体所受伤害的不可治愈程度
	扩散性	3. 病源的人际间传播能力 4. 可携带病源载体的多样程度
	转化性	5. 作为核生化恐怖战剂的可能性 6. 对生态环境造成破坏的可能性 7. 引发大面积社会恐慌的可能性 8. 引发政府公信力危机的可能性

根据因子分析中的旋转成分矩阵和方差分析结果，将各公因子的方差贡献率比例作为权数来计算不同威胁的综合得分，具体公式如下：

$$\text{Score} = 30.448/66.653 \times \text{FAC1\_1} + 20.031/66.653 \times \text{FAC2\_1} + 16.174/66.653 \times \text{FAC3\_1}$$

最后，公共卫生安全八大威胁的排序及标准化得分情况如表 7 所示。

从表 7 的排序及得分情况来看，"携带入境的生化有害因子"是公共卫生安全第一大威胁。它与"放射性超标的进境物"在致害能力的转化性方面表现突出。这些威胁的入境将对公众健康构成潜在的重大伤害，可能造成大面积社会恐慌的同时引发人们对政府安全治理能力的不满与质疑。在第二

表7 公共卫生安全威胁综合排序及得分情况

排名	具体威胁	FAC1_1	FAC2_1	FAC3_1	标准化后得分
1	携带入境的生化有害因子（如沙林、芥子气、炭疽杆菌）	1.0406	0.5985	-0.0822	4.2337
2	放射性超标的进境物	1.1557	-0.2425	-0.6259	3.7909
3	鼠媒传染病（如鼠疫、流行性出血热）	0.1736	0.2575	0.3087	3.6955
4	呼吸道传染病（如SARS、传染性肺结核）	-0.1970	0.2773	0.8398	3.6495
5	消化道传染病（如霍乱、伤寒）	-0.1892	-0.5927	0.3139	3.1355
6	体液传播传染病（如艾滋病、梅毒）	-0.8976	0.6474	-0.5854	2.9100
7	蚊媒传染病（如登革热、黄热病）	-0.5521	-0.3585	-0.0194	2.9004
8	其他医学媒介叮咬传播的寄生虫病（如蜱叮咬传播的莱姆病）	-0.4912	-0.7511	-0.2353	2.7104

公因子上，第一、第六大威胁的高得分显示出它们的强致病性。根据指标设计的内容，这里的致病性更加强调致病的严重程度。对于任何人而言，具有高致死性和低治愈率的疾病无疑更有威胁，而由生态有害因子和艾滋病病毒等引发的疾病兼具以上两大特点，这也解释了为何"体液传播传染病"虽然在其他两项公因子上得分不佳，却仍能依靠这一因子上的高得分成为第六大威胁。在第三公因子上，传染病类威胁得分普遍较高，对应了这类威胁的高扩散性。尤其是"呼吸道传染病"，它的强扩散性来自病毒在人际间的高度传播以及病源载体的多样性。总体来看，致病性和扩散性依旧作为公共卫生安全威胁评估中的主要方面影响着人们对于威胁大小的认知。然而对于公共卫生安全威胁转化性的评估已成为总体致害力评估至关重要的一环，因为当代公共卫生安全威胁很有可能引发全面的社会、政治、环境危机，由此也更加凸显出公共卫生检验检疫工作之于国家安全的重要意义。

（三）进口食品安全威胁

"民以食为天，食以安为先"，食品安全一直是社会和政府最关心的问题之一。近年来国内食品安全问题层出不穷,进口食品的需求迅速膨胀,但是欧洲马肉风波、新西兰多美滋毒奶粉事件、中国台湾塑化剂风波等一系列进口食品安全问题使民众也开始担忧进口食品质量。根据质检总局的统计信息,2014年1~11月,全国出入境检验检疫机构共检出质量安全项目不合格的进口食品3148批次,主要不合格产品是饮料类、糕点饼干类微生物、乳制品类、粮谷及制品类和水产及制品类,食品添加剂超标、品质不合格、微生物污染、标签不合格等项目为主要不合格原因。① 进口食品安全威胁具有致病性、隐蔽性、扩散性、转化性等特点,挑战民众的生命健康,进而影响到国家的经济安全、社会安全等。

第一,致病性。该特性是指问题食品会对生命健康带来负面影响,具体表现为:(1)某些问题食品可能引发危重疾病甚至导致死亡,如含有有毒有害物质(苯并芘、砷、酸价超标、过氧化值超标等)的食用油,便存在致癌风险;(2)某些问题食品对身体造成的伤害可能是难以治愈甚至是终身性的,如若长期食用农药残留超标的农副产品,虽不会导致急性中毒,但可能引起人和动物的慢性中毒,导致疾病的发生,某些神经系统疾病、荷尔蒙失调、儿童智力受损等都与此有关。

第二,隐蔽性。该特性主要指问题食品本身的成分较复杂难以检测,或者发生食品安全事件时,无法明确源头责任方,具体表现为:(1)某些问题食品品种多且成分复杂,在检测时具有高度的技术依赖性而不容易被检出,而且如果某些食品违规使用了未经批准审核的新添加剂,则更有可能因为当前检测技术的局限性而无法被检出,此外,不同类别食品的检测项数量各不相同,检验机构在检测过程中难以做到全面覆盖,可能存在漏检的情况;(2)现代食品种类繁多,生产加工过程繁杂,在问题源头方面的追溯往往会显得更加困难,此外,生鲜水产品和新鲜蔬果等进口食品,由于冷冻设备缺陷、环境不适宜、放置时间过长等极易腐败变质,而问题源头则

---

① 蔡文彪、叶东辉:《国际贸易带来的非传统安全问题亟待重视》,《学习时报》2013年12月16日第A7版。

很难追溯。

第三，扩散性。该特性主要指问题食品进入消费品市场后，产生影响的时间跨度和范围广度，具体表现为：（1）某些食品对人体造成的伤害可能是累积性的，由于短期内难被发觉而易被消费者忽视，毒素累积到一定程度便会造成重度伤害，农药残留超标的果蔬、兽药残留超标的肉类、重金属含量超标的酒类、营养成分不符合标准的婴幼儿食品等问题食品造成的伤害均是累积性的；（2）食品问题一经发现，就必须及时有效地进行无害化处理（包括退运、禁止入境等方式）以防止威胁扩散，而一些需要由专业人员通过专业设备进行处理的食品，则很有可能因为处理不及时或处理不到位而再次进入流通领域。

第四，转化性。该特性主要指食品安全威胁扩大到一定程度，便会危害政治安全、经济安全、社会安全等其他安全，具体表现为：（1）对于一些不合格项目较为敏感的进口食品，特别是一些大宗粮食、果蔬类食品，采取退运、销毁或禁止进口等方式可能会卷入相关的国际商业纠纷，从而造成一定的经济损失；（2）大宗问题食品的流入将会引发公众对政府监管能力及政府公信力的质疑，转基因食品便在我国引起了大论战，官员、专家学者、新闻媒体、社会民众均高度关注转基因食品的入境和流通，相当一部分专家学者质疑农业部对转基因商业化的态度[①]。

基于对进口食品安全威胁特性和危害的识别，同时结合实地调研访谈的内容，本文构建了由致病性、隐蔽性、扩散性和转化性4个维度、8项指标构成的进口食品安全威胁评估指标体系（见表8）。将该表制成等级打分调查问卷之后，发放给全国主要省市的检验检疫机构工作人员，共发放问卷300份，回收问卷271份，剔除无效问卷61份，得到有效问卷210份，有效回收率70%。

---

① 新浪财经：《转基因食品大论战：挺转与反转阵营都挨批》，http://finance.sina.com.cn/chanjing/cyxw/20131113/082217306913.shtml。

表8 进口食品安全威胁评估指标体系

目标层	准则层	指标层
进口食品安全威胁致害能力	致病性	1. 问题食品致人死亡的可能性 2. 所致身体伤害的不可治愈程度
	隐蔽性	3. 问题成分难以检出的程度 4. 食品源头不易追溯的程度
	扩散性	5. 消费者食用后遭受持续伤害的时间 6. 问题食品无害化处理的技术要求
	转化性	7. 引发国际商业纠纷的可能性 8. 引发政府公信力危机的可能性

根据因子分析中的旋转成分矩阵和方差分析结果,将各公因子的方差贡献率比例作为权数来计算不同威胁的综合得分,具体公式如下:

$$Score = 23.638/74.025 \times FAC1\_1 + 19.286/74.025 \times FAC2\_1 + 16.150/74.025 \times FAC3\_1 + 14.950/74.025 \times FAC4\_1$$

最后,进口食品安全十大威胁的排序及标准化得分情况如表9所示。

表9 进口食品安全威胁综合排序及得分情况

排名	具体威胁	FAC1_1	FAC2_1	FAC3_1	FAC4_1	标准化后得分
1	含有未经批准转基因成分的粮谷及其制品	0.7228	0.3664	0.5753	-0.3935	3.6388
2	具有致癌风险的食用油	0.7255	0.0038	0.0778	0.5146	3.6140
3	兽药残留超标的肉类	0.2362	0.2780	0.2713	0.1085	3.4489
4	重金属含量超标的酒类	0.3324	-0.0138	-0.2904	0.1197	3.2296
5	禁用或超标使用食品添加剂的饮料及休闲食品	0.1348	-0.0195	0.1602	-0.0525	3.2282
6	营养成分不符合标准的婴幼儿食品	0.1145	0.2120	-0.3015	-0.0041	3.1791
7	农药残留超标的果蔬	-0.1946	0.1081	-0.0186	0.2704	3.1677
8	腐败变质的水产品	-0.6357	-0.2808	-0.1570	0.3533	2.8291
9	大肠菌群/落总数等微生物超标的休闲食品	-0.9816	-0.1897	-0.1462	-0.0583	2.6072
10	标签中标示的糖、脂肪等含量与实际不符的休闲食品	-0.4933	-0.4747	-0.1825	-0.8685	2.4882

从表9的排序及得分情况来看，"含有未经批准转基因成分的粮谷及其制品"是最大的进口食品安全威胁，"具有致癌风险的食用油"紧随其后。这两大威胁在第一公因子上的高得分反映出它们在扩散性方面的强大致害能力。这一方面是由于此类产品可能给消费者造成持久的代际伤害；另一方面则是因为对于普通消费者而言，粮、油等公众日常所需的大宗消费品一旦出现类似问题，将会因为日常家庭处理无法消除其有害成分而对消费者造成普遍伤害。除了扩散性之外，"具有致癌风险的食用油"还在第四公因子上得分最高。不同于危害尚无定论的转基因食品，误食或长期食用这些在第四公因子上得分较高的食品将会非常明确地引发急慢性中毒、致残、致畸甚至致死等严重后果。而肉禽、水产、果蔬等又是最为普遍的日常食材。因此，在进出口环节严格把关此类食品对于守护国民健康至关重要。最后，需要强调一下转化性维度。在第二公因子上得分较高的威胁，其实际危害很容易向经济或政治方面转化。这些食品在日常生活中拥有最为普遍和庞大的消费群体，其中一些食品甚至应当享受更高的安全标准。这些食品一旦出现问题，很容易引发政府监管公信力危机，所以尤其应当重视这些问题食品在转化性方面的威胁能力。

（四）产品质量安全威胁

产品的质量安全一直以来是社会各界热议的话题，存在质量安全隐患的产品是人们身边的"不定时炸弹"。随着国际贸易的发展和人们生活水平的提高，进口产品尤其是汽车、家用电器、数码设备等成为人们争相购买的对象，由于消费者的认知水平不高、企业诚信缺失、产品监管漏洞等原因，进口产品质量安全事件时有发生，不仅影响人们生命健康，也给进出口贸易、政府威信造成严重影响。产品质量安全威胁主要有三个特性，即扩散性、关联性及转化性。

第一，扩散性。该特性主要指存在质量安全问题的产品进入流通领域的影响程度，具体表现为：（1）有些必需品在日常生活工作中频繁使用或接触，则其影响范围会更大，汽车、基建材料、儿童服装和玩具等若存在质量

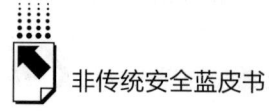

隐患，就会形成大范围的安全威胁；（2）有些产品的适用范围广，拥有不同年龄层次、不同文化习俗、不同职业等的诸多消费者，那么其安全问题必然会影响到更广泛的消费者群体，如家用电器、服饰等。

第二，关联性。该特性主要指在全球化和信息化的时代，特定产品质量问题带来的安全威胁往往不会局限于产品自身，会影响与该产品相关的其他行业，甚至是相关的安全领域，具体表现为：（1）有些产品的质量安全问题会影响到产品供应链上的其他环节及所代表的行业，特别是基建材料、有色金属矿等原材料，若原材料存在安全隐患，必定会影响制成品的生产及销售；（2）有些问题产品会对不同的安全领域造成冲击，这里是指问题产品会产生复合型影响，同时影响不同安全领域，而不是经过一定时间转化为其他安全威胁，如有毒有害物质超标的基建材料、放射性物质超标的有色金属矿、有害化学物质超标的服饰同时会影响人身健康和生态环境安全。

第三，转化性。该特性主要指随着产品质量安全威胁所造成的伤害逐步扩大，会进一步影响其他安全领域，具体表现为：（1）某些产品由于其使用范围较广、使用频率较高，可能会转化为对整体国民大范围、无差别的伤害，甚至会对整体国民生命健康构成严重威胁；（2）进出口贸易双方因卖方提供的产品质量有缺陷或数量、重量、成分缺损，可能引发一些国际性商业纠纷，尤其是大宗资源类商品和一些大规模主要进口商品等；（3）一般来说，资源性商品和战略性物资产品如棉花、原油、矿产资源等，对国家宏观经济发展起着至关重要的作用，一旦这种产品出现质量问题，就很有可能在一定程度上影响国家经济整体发展。

基于对产品质量安全威胁特性和危害的识别，同时结合实地调研访谈的内容，本文构建了由扩散性、关联性、转化性3个维度、7项指标构成的产品质量安全威胁评估指标体系（见表10）。将该表制成等级打分调查问卷之后，发放给全国主要省市的检验检疫机构工作人员，共发放问卷300份，回收问卷278份，剔除无效问卷82份，得到有效问卷196份，有效回收率65%。

表 10　产品质量安全威胁评估指标体系

目标层	准则层	指标层
产品质量安全威胁致害能力	扩散性	1. 所涉产品公众日常使用接触情况 2. 可能遭受严重影响的消费者群体
	关联性	3. 可能遭受严重冲击的相关行业 4. 可能遭受严重冲击的安全领域
	转化性	5. 对整体国民生命健康的影响 6. 引发国际商业纠纷的可能性 7. 阻碍宏观经济发展的可能性

根据因子分析中的旋转成分矩阵和方差分析结果，将各公因子的方差贡献率比例作为权数来计算不同威胁的综合得分，具体公式如下：

$$Score = 24.156/70.518 \times FAC1\_1 + 23.303/70.518 \times FAC2\_1 + 23.059/70.518 \times FAC3\_1$$

最后，产品质量安全九大威胁的排序及标准化得分情况如表 11 所示。

表 11　产品质量安全威胁综合排序及得分情况

排名	具体威胁	FAC1_1	FAC2_1	FAC3_1	标准化后得分
1	有毒有害物质超标的基建材料	0.5727	-0.1038	0.3686	3.4587
2	安全防护装置设计缺陷的家用电器	0.5823	0.1200	0.1308	3.4581
3	车内安全系统出现故障的汽车	0.4506	0.1222	0.1208	3.3977
4	有害化学物质超标的服饰	0.8847	-0.1946	-0.2551	3.2979
5	安全设计缺陷的儿童服装和玩具	0.2567	-0.1033	-0.3286	3.0334
6	带有血液污染物的第二手医疗设备	-0.4070	0.1333	-0.2562	2.8745
7	安全适载性能不达标的危险化学品包装或容器	-0.8556	0.1621	0.1108	2.8439
8	放射性物质超标的有色金属矿	-0.7038	0.0564	0.0284	2.8314
9	安全防护装置设计缺陷的工业设备	-0.8235	-0.1937	0.0783	2.6955

从表 11 的排序及得分情况来看，"有毒有害物质超标的基建材料"以极小的分差超过"安全防护装置设计缺陷的家用电器"成为数学统计意义上的第一大产品质量安全威胁，事实上，这种微弱的分差说明两者的总体威

胁致害能力不相上下。包括这两大威胁在内，在第一公因子上的高得分，说明这些成为威胁的产品的公众日常使用率非常高，并且拥有庞大的消费者群体。同时，从表 11 中不难看出，方差分析显示第一公因子的权重系数要高于其他两大公因子。因此，不同威胁在第一公因子上的得分很大程度上影响了所有这些威胁的综合得分，这也意味着应当首先关注可能对广大消费者带来普遍影响的产品质量问题。此外，需要强调的是不同威胁在第三公因子上的得分。不同于全部九大威胁在第二公因子上的相近得分，这些威胁在第三公因子上的分差较大。名次靠后的三大威胁尽管因为在第一因子上表现不佳而影响了综合得分，但它们在第三公因子上相对高的得分也反映出这些威胁在关联性方面的致害能力，比如"安全适载性能不达标的危险化学品包装或容器"可能会因为其产品质量问题使很多必须采用此类特殊包装或容器的上下游产业和安全领域遭受严重冲击。进口产品的质量问题对其他相关产品或领域带来甚至高出其自身问题影响的困扰，这是防控产品质量安全威胁时需要特别注意的。

结　语

通过对检验检疫所关涉的非传统安全威胁进行识别和评估，得出四大类威胁下的各主要威胁及其排序情况，并明确了"造成基因污染的转基因作物"、"携带入境的生化有害因子"、"含有未经批准转基因成分的粮谷及其制品"、"有毒有害物质超标的基建材料"分别是生态环境安全、公共卫生安全、进口食品安全、产品质量安全的最大威胁，这为找出各类威胁的风险控制关键点，防范安全事件的发生，建立和完善检验检疫监管新机制奠定了基础。

双源性非传统安全研究

Duo-genous Non-traditional Security Studies

B.9

中外学术界关于东盟环境雾霾污染问题的研究现状与展望

魏志江　谢金凤*

摘　要： 本文全面考察了中国国内对东盟跨境雾霾问题的研究现状，对东盟环境污染与跨境雾霾的相关性进行了揭示，对东盟森林火灾及其雾霾后果的研究进行了阐述。继而对国外学术界有关东盟环境雾霾污染问题的研究现状进行了概述，认为学术界以往的研究，偏重于探讨东盟国家跨境雾霾污染问题的状况，包括东盟国家跨境雾霾污染问题的产生原因和影响，但是，对东盟南部国家（赤道区域）和东盟北部国家（湄公河次区域）研究明显不足。在未来，应该进一步加强东盟雾

---

* 魏志江，中山大学亚太研究院教授、博士生导师；谢金凤：中山大学亚太研究院国际关系专业博士研究生。

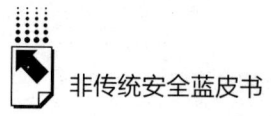

霾污染问题的跨境治理与合作的制度性分析,加强关于欧盟等世界治理跨境空气污染问题对东盟治理雾霾影响的比较研究。

关键词: 东盟 雾霾 污染 非传统安全

环境安全是非传统安全研究的重要组成部分,而雾霾污染作为环境污染的重要表现,20世纪六七十年代东盟国家工业化进展以来,也成为严重的环境污染问题。东盟各国跨境环境雾霾污染的轻重虽有不同,但是,对于东盟国家的社会环境和人民健康安全,都造成了重大的损害和影响。本文主要就中外学术界对东盟跨境环境雾霾污染问题的研究成果和未来趋向加以评述,以就教于学术界同人。

一 中国国内对东盟跨境雾霾污染问题的研究现状

目前,中国国内关于东盟跨境雾霾污染问题方面的研究成果较少,但也取得了若干进展。根据环境雾霾问题的研究内涵,我们可以将此问题的研究,分为以下三个方面加以评介。

1. 关于东盟环境污染和跨境雾霾问题的研究

中国学术界对东盟环境安全合作虽然有比较多的研究,但是作为环境安全的重要领域雾霾问题,研究成果非常有限,主要有曹璐的《从东南亚烟雾污染事件看跨界污染的解决机制及中国与东盟的环境合作》[①]一文,该文给跨界烟雾污染作了界定,即通过对作为媒介物的空气的污染从而对两个或两个以上国家或国际区域(公海、南极洲、宇宙空间等)的环境造成污染的现象,并介绍了1997年东南亚烟雾污染事件的经过及应对措施和东盟解

---

① 曹璐:《从东南亚烟雾污染事件看跨界污染的解决机制及中国与东盟的环境合作》,《法制与社会》2013年第1期(上),第163~164页。

决跨界烟雾污染的机制及其成就，进一步分析了从东南亚跨界烟雾污染事件看中国与东盟的环境合作。但是，曹璐的论文仅仅介绍了1997年印度尼西亚森林火灾所发生的跨境烟雾污染，而没有介绍东南亚湄公河次区域的跨境烟雾污染情况，忽略了整个东南亚国家的跨境烟雾污染情况及其治理对策，在中国与东盟的环境合作方面，也没有提出中国与东盟的环境合作的有关制度性构想，因而学术深度有限。在有关东盟环境安全合作的研究中，刘昌明和史田一在《东盟环境安全合作的方式与面临的挑战》[1]一文中，分析了东南亚国家环境安全合作的"东盟方式"、东盟采取"东盟方式"的原因和"东盟方式"在环境安全合作中面临的挑战。作者认为"东盟方式"是东南亚国家在长期的合作过程中，基于彼此的利益，相互间讨价还价所形成的一套主权之上的策略选择，并提出了"东盟方式"对东盟采取《东盟跨界雾霾污染协议》方面存在的问题，包括《东盟跨界雾霾污染协议》缺乏法律效力，在东盟成员国之间存在分歧，以及"东盟方式"成为其他国家制衡印度尼西亚影响力的战略选择，使东盟环境安全合作出现没有领导者的局面。该文将雾霾问题作为东盟环境合作的负面因素，显然表明东盟在雾霾问题上治理效果有限。何纯的《东盟环境合作研究》[2]一文中，则把研究内容分为六章：即导论、东盟环境合作的背景、东盟环境合作机制、东盟环境合作成就、东盟环境合作中存在的问题、推进东盟环境合作的对策。该文首先就东盟环境合作背景的内容，提出了印度尼西亚森林火灾造成的跨境雾霾污染问题；其次，在东盟环境合作机制中，探讨了2002年的《东盟跨界雾霾污染协议》，最后分析了东盟环境合作的成就和存在的问题，主要分析了跨国界空气污染的治理《地区烟雾行动计划》和《东盟跨界雾霾污染协议》。但是，对于东盟环境合作中存在的问题，作者只解释了东盟在跨国界烟雾污染治理方面存在的制度性问题。不过，该论著是迄今为止国内较为全面系统地分析研究东盟环境和雾霾问题的成果。此外，朱陆民在《论环境安全合

---

[1] 刘昌明、史田一：《东盟环境安全合作的方式与面临的挑战》，《青海社会科学》2013年第2期，第46~53页。
[2] 何纯：《东盟环境合作研究》，华中师范大学硕士学位论文，2007。

作与东盟安全共同体建设的关系》①一文中,以东盟的环境安全问题和东盟国家的环境安全合作及其东盟安全共同体建设的相互关系为视角,论述了1997年印度尼西亚的森林火灾对东盟环境的影响,并认为雾霾问题带来了东盟国家间的冲突。而李昕蕾的《变迁中的地区环境治理——以东盟环境合作为例》②,则分析了东盟环境合作的结构框架设置、政策议程、议题模式选择和拓展中的多向度合作,并得出东盟2005年的跨国烟雾污染是深受全球气候变化影响的结论。董琳的《非传统安全合作与东盟安全共同体建设》③,虽然专门有关于合作应对环境安全的内容,但只在描述东盟环境问题时,罗列出了跨国烟雾污染问题,并没有提出关于跨境雾霾污染的合作。史若海的《非传统安全合作视角下东盟安全共同体的建设的可行性分析》④,在合作应对环境和能源安全内容方面,解释了1997年印度尼西亚的森林大火,使东盟更加重视在环境安全领域的国际合作,并签署了许多有关环保的国际协定。彭芳在《从建构主义的视角分析东盟建构安全共同体的缺失》⑤中,提出了东盟国家缺乏共同命运意识,其中以1997年印度尼西亚森林火灾为例,简单说明这次火灾造成了严重的经济损失和交通阻断,恶劣的天气造成了两起重大海难空难事故等影响,但是东盟各国只顾对印度尼西亚政府提出强烈指责,却没提出与印度尼西亚共同治理的建议,而且东盟各国对印度尼西亚森林大火的反应也非常迟钝。作者的另一篇论文《建立东盟安全共同体面临的考验》⑥,也仅仅是将1997年印度尼西亚森林火灾导致的严重

---

① 朱陆民:《论环境安全合作与东盟安全共同体建设的关系》,《湖南师范大学社会科学学报》2010年第2期,第46~49页。
② 李昕蕾:《变迁中的地区环境治理——以东盟环境合作为例》,《东南亚纵横》2008年第4期,第28~32页。
③ 董琳:《非传统安全合作与东盟安全共同体建设》,湘潭大学硕士学位论文,2012。
④ 史若海:《非传统安全合作视角下东盟安全共同体的建设的可行性分析》,上海师范大学硕士学位论文,2010。
⑤ 彭芳:《从建构主义的视角分析东盟建构安全共同体的缺失》,暨南大学硕士学位论文,2006。
⑥ 彭芳:《建立东盟安全共同体面临的考验》,《世界经济与政治论坛》2005年第3期,第87~91页。

的环境污染问题，作为东盟在处理内部危机中的软弱无力的证据之一加以说明，对东盟如何应对雾霾污染并无深入的分析与研究。

由此可见，中国学术界在东盟非传统安全和东盟安全共同体的研究领域，虽然不少成果对东盟环境安全合作进行了分析研究，但对东盟跨境雾霾污染及其治理的问题，却很少关注。

2. 关于东盟森林火灾的研究

中国学术界有关东盟和东盟成员国森林火灾的研究成果也非常少。国家林业局政府网 2011 年 12 月 6 日发表了中国林科院的《东南亚地区森林资源变化趋势》[①] 一文，对东南亚森林资源变化情况和森林健康状况进行研究，其中提到了火灾是造成东南亚地区森林损失和威胁生态系统稳定性的重要因素，厄尔尼诺/南方涛动气候事件发生频率不断上升，对东南亚地区的森林造成灾难性的影响，并且解释了东盟成员国针对 1997~1998 年印度尼西亚加里曼丹岛和苏门答腊岛发生数起特大林火引起的烟雾污染问题，2002 年签署了《东盟跨界雾霾污染协议》，这是中国官方对东盟森林火灾研究的主要成果。而学术界大部分也只单独研究关于森林资源状况、林业或跟森林火灾有关的领域，基本上没有提起森林火灾造成的雾霾污染。如舒立福、田晓瑞和吴鹏超的《厄尔尼诺现象对森林火灾的影响研究》[②]，研究了厄尔尼诺现象对环境的影响、历史上厄尔尼诺现象出现周期、厄尔尼诺现象与全球灾难性森林火灾和厄尔尼诺现象对中国森林火灾的影响。其中指出 1997~1998 年厄尔尼诺现象出现，造成了印度尼西亚森林大火。而对森林火灾造成雾霾问题却没有进行研究。

3. 关于治理跨境环境污染的研究

中国学术界在跨境环境污染治理方面的研究成果相对较多，但大部分是重视关于跨境环境污染的危害和国家责任，对国家和国际治理问题的具体情

---

① 国家林业局政府网 2011 年 12 月 6 日发表的文章《东南亚地区森林资源变化趋势》，http://www.forestry.gov.cn。
② 舒立福、田晓瑞、吴鹏超：《厄尔尼诺现象对森林火灾的影响研究》，《森林防火》1999 年第 4 期（总第 63 期），第 27~28 页。

况较少关注。如郝晓霞的《浅析跨境环境污染损害》一文,① 研究了跨境环境污染的产生、跨境环境污染的特点和国际组织作用,主张在跨境环境污染事件中,应当积极发挥国际组织的作用,在监督各国是否履行条约义务的同时,督促各国间跨境环境纠纷的和平解决。秦鹏和王芳的《跨界环境污染的形成与危害性》② 一文,则对跨界环境污染的形成原因和跨界环境污染的危害性及其特点、危害性进行了分析。李心航的《浅析跨界环境损害的国家责任》③,研究了跨界环境损害的国家责任的定义、跨界环境损害的国家责任的归责原则、跨界环境损害的国家责任的国际实践和跨界环境损害的国家责任的求偿。对于跨界环境损害的国家责任的求偿,作者提出从外交途径求偿、国际仲裁途径求偿和国际司法途径求偿等方面进行探讨。高阳《浅析跨界环境损害的国际赔偿责任主体》④ 一文,则进一步提出国际赔偿责任的解释是国家赔偿责任的产生,只取决于域外损害事实的发生,即只要行为造成了损害,有关责任主体就负有赔偿责任。认为跨界环境损害的国际赔偿责任具有两个特征,一是责任的重点是强调行为国预防和减少实际损害的义务。二是跨界环境损害之国际赔偿责任的主体可以分为两类:第一类是由相关行为的经营者承担国际赔偿责任;第二类是由行为国承担国际赔偿责任。何艳梅的《论国家在国际民事赔偿责任体制中的作用——以跨国污染事件为背景》⑤ 一文,把国际赔偿责任分为国家赔偿责任和国际民事赔偿责任,并解释国家有义务预防和减轻跨国污染损害。此外,王安辉的《浅论跨境环境污染的归责原则》⑥ 一文,则分析说明了国家责任具有不可避免的弊端,并指出通过国家责任的方式解决跨境环境污染问题,过程缓慢,代

---

① 郝晓霞:《浅析跨境环境污染损害》,《北方经贸》2011年第8期,第67~68页。
② 秦鹏、王芳:《跨界环境污染的形成与危害性》,《经济问题》2006年第8期,第40~41页。
③ 李心航:《浅析跨界环境损害的国家责任》,《商情》2010年第4期。
④ 高阳:《浅析跨界环境损害的国际赔偿责任主体》,《法制与社会》2012年第23期,第101~102页。
⑤ 何艳梅:《论国家在国际民事赔偿责任体制中的作用——以跨国污染事件为背景》,《生态文明与环境资源法——2009年全国环境资源法学研讨会(年会)论文集》,2009。
⑥ 王安辉:《浅论跨境环境污染的归责原则》,《合作经济与科技》2012年第1期。

价高昂。曾莉和王月在《浅论跨境环境污染的国家责任》一文中，①指出加害国所承担的国家责任不但是承担经济赔偿责任，而且还要保证"终止不法行为"、"恢复原状"、"补偿"、"道歉"或者"保证不再重犯"。战婉青的《跨界环境损害中的国际环境责任归责原则》②一文，研究了跨界环境损害的特征，包括损害活动与损害结果之间存在必然联系、损害活动与人类活动存在必然联系和损害活动必须达到一定的程度，以及分析了国际法下跨界环境的处理原则。因此，对环境污染和损害赔偿的研究，构成了学术界关于环境安全合作研究的重点，而王树义的《环境与自然资源法学案例教程》③一书，则是近年来研究环境法制的主要代表作和教材。

二 国外学术界有关东盟环境雾霾污染问题的研究现状

对于国外学术界的研究现状，主要分以下三个方面加以评述。

1. 关于东盟跨境雾霾污染的研究

国外对东盟跨境雾霾污染方面的研究不多，泰国关于东盟跨境雾霾污染的研究只有苏帕啦的《执行东盟跨界雾霾污染协议的问题和解决方法跟泰国的关系》④，该文分为5章，作者介绍了关于跨境空气污染的国际法的发展，提出跨境空气污染的国际案例，并分析东盟跨界雾霾污染协议的由来、协议的原则和执行机构，执行东盟跨界雾霾污染协议的问题和解决方法，关于东盟跨界雾霾污染协议和泰国的雾霾治理等，是目前较为全面研究东盟和泰国跨境雾霾问题的代表作。此外，苏打啦的《执行东盟跨界雾霾污染协

---

① 曾莉、王月：《浅论跨境环境污染的国家责任》，《科技信息》2010年第34期。
② 战婉青：《跨界环境损害中的国际环境责任归责原则》，《金卡工程·经济与法》2010年第12期，第188页。
③ 王树义：《环境与自然资源法学案例教程》，知识产权出版社，2004。
④〔泰〕苏帕啦：《执行东盟跨界灰霾污染协议的问题和解决方法跟泰国的关系》，朱拉隆功大学硕士学位论文，2009。

议的问题和解决方法跟泰国的关系》一文,对关于跨境雾霾污染的国际法和《东盟跨界雾霾污染协议》分析得比较详细,在泰国国内对雾霾污染的治理方面的研究也很全面,特别是作者提出的案件,能够反映出对雾霾污染法律治理的真实情况。但是该文对于研究东盟雾霾污染的跨境治理与合作还不够充分,因为除了《东盟跨界雾霾污染协议》之外,东盟成员国之间还有其他跨界雾霾污染治理方面的合作,而作者没有研究其他东盟成员国在配合治理雾霾污染方面,采取了哪些政策,不能不说是一大遗憾。苏丽娜的《东盟的雾霾问题为何很难解决》[①]一文,介绍了《防止跨地区雾霾的行动计划》和《东盟跨界雾霾污染协定》以及分析了东盟的雾霾问题很难解决的原因。西丽铺的《气象因素和印尼森林火灾造成的雾霾研究》[②]一文,则采用气象因素(包括 PM 10 指标、气象卫星图像、等压线图、流线图、大气绝热过程和气温垂直递减率等),来研究印度尼西亚的跨境雾霾污染进入泰国南部的情况,并制作了泰国南方 14 府 1997 年 9 月 15~28 日空气中 PM 10 程度的记录表,印度尼西亚苏门答腊岛的 GMS 气象静止卫星图像,雾霾污染进入泰国普吉岛、孟加拉湾和中国南海的 GMS 气象静止卫星图像,东南亚国家的等压线图,东南亚国家的流线图,分析了印度尼西亚跨境雾霾污染进入泰国南方的气块变动情况,它是一篇从气象因素分析雾霾问题的力作。此外,安格埃尔的《印尼林火造成东南亚 1997~1998 年空气污染的情况》[③]一文,介绍了 1997~1998 年印度尼西亚森林火灾造成跨境雾霾污染问题的情况、影响、区域的反应和德国技术合作公司(The German Technical Cooperation Agency:GTZ)对雾霾危机的反应。但论文只介绍 1997~1998 年跨境雾霾问题对印度尼西亚、马来西亚和新加坡的影响,没有分析对泰国和菲律宾南部的影响,也缺乏对东盟处理跨境雾霾污染问题的历史演变和存在

---

① 〔泰〕苏丽娜:《东盟的雾霾问题为何很难解决》,http://www.siamintelligence.com/haze-hits-asean/。
② 〔泰〕西丽铺:《气象因素和印尼森林火灾造成的雾霾研究》,泰国曼谷气象局出版社,2003。
③ Angelika Heil:The 1997-98 Air Pollution Episode in Southeast Asia Generated by Vegetation Fires in Indonesia, IFFN No. 23-December 2000, pp. 68-71.

问题的研究。丹尼尔的《东南亚的跨境雾霾污染》①一文，研究了东南亚森林火灾的起因、厄尔尼诺现象、跨境雾霾污染以及前景展望等。关于跨境雾霾污染问题方面，作者简介了东盟1997年《防止跨地区雾霾的行动计划》的目的。作者认为森林火灾还会重蹈覆辙，必须对火灾和雾霾进行规划管理，制定长期而全面的解决方案。在很大程度上，尤其是对小农户而言，禁止用火几乎是不可能的，必须由大型运营商探索和实施产生更少雾霾的燃烧土地清理技术。丹尼尔的《东南亚的跨境雾霾污染》一文，虽然将研究的重点放在印度尼西亚森林火灾造成的跨境雾霾污染问题上，却忽略了东南亚其他国家的情况和雾霾的影响。斯特凡和依湾的《广域监视系统的第一阶段：跨界雾霾污染控制和监测系统》②一文，则研究了印度尼西亚的跨界雾霾污染控制和监测系统的系统功能和结构，包括前消防规划（火灾和雾霾危险性预测、火灾探测、雾霾检测、天气和气候预测、土地利用/土地覆盖评估、空气质量和抑制管理）、通信与信息交流和消防操作概念（前消防规划、火灾探测、火险预测、火行为建模、烟气分布和空气质量监测、消防规划与抑制资源分配和交易）。该研究没有分析东盟的跨境烟雾雾霾状况、东盟的跨境雾霾污染合作。所以，国外学术界对东盟雾霾问题的研究，虽然取得了若干成果，但是，对东盟雾霾问题的成因、治理等研究仍然不够深入。

2. 关于东盟森林火灾及其雾霾后果的研究

森林火灾是导致雾霾问题的重要原因之一，国外学术界对此进行了大量的研究，不过，东盟森林火灾主要集中于印度尼西亚森林火灾的研究，而对其东盟国家的研究则略嫌不足。

首先，学术界对东盟尤其是印度尼西亚森林火灾进行了大量全面系统的

---

① Daniel Murdiyarso：Transboundary Haze Pollution in Southeast Asia, IFFN No. 19 – September 1998, pp. 4 – 7.
② Stephane Asselin and Iwan Gunawan：Wide Area Surveillance System（WAS）Phase Ⅰ：Transboundary Haze Pollution Control and Monitoring System（THPCM）, IFFN No. 20 – March 1999, pp. 15 – 19.

研究。研究东盟森林火灾的代表性成果是西丽铺的《全球森林火灾的状况和处理方式》① 一文，其对现代森林火灾的情况和影响、全球森林火灾的变化，以及对各个地区研究森林火灾的状况和处理方式进行了较为全面的研究，其中介绍了东盟处理森林火灾、《东盟跨界雾霾污染协议》的合作以及东盟各国关于森林火灾的负责机构和措施。学术界对东盟森林火灾的研究，集中于印度尼西亚森林火灾。主要有亚历山大·韩礼士和约翰内斯在《印尼东加里曼丹火灾之后的森林政策在支持可持续森林管理中面临的挑战》② 一文，该文分析了印度尼西亚1999年新森林法以及印度尼西亚政府的角色。安雅·霍夫曼的《印尼东加里曼丹的消防信息系统》③ 一文，研究了印度尼西亚加里曼丹东部消防信息系统，包括消防信息系统的设计、数据分析和情报传播。安雅·霍夫曼、亚历山大·韩礼士和弗洛里安·西格特的《1997~1998年东加里曼丹的火灾损失：土地利用和进一步行动的建议》④ 的论文，在对1997~1998年的火灾进行研究的基础上，进一步提出防止未来的火灾建议，比如停止转换未燃区，注意在枯竭和/或严重烧伤地区的种植活动，停止在采伐区的非法砍伐，支持自然再生和成功的康复，开发大型康复活动资助计划，在区域实施一个消防管理、预防和信息的结合系统等等。安雅·霍夫曼和约翰·哥大麽的《印尼的火灾情况》⑤ 论文，研究了印尼1982~1997年的森林火灾，包括1982~1983年森林火灾和火灾后土地利用、1997年前印尼的国家消防管理和相关项目、1997年后防火/防烟项目、1997~1998年的火灾事件、火灾损失评估和消防管理组织。作者指出印尼失控火

---

① 〔泰〕西丽铺：《全球森林火灾的状况和处理方式》，泰国曼谷环境部出版社，2003。
② Alexander Hinrichs and Johannes Huljus: After the Fires in East Kalimantan/Indonesia-Forest Policy Challenged to Support Sustainable Forest Management (SFM), IFFN No. 23 – December 2000, pp. 8 – 12.
③ Anja A. Hoffmann: A Fire Information System for East Kalimantan, Indonesia, IFFN No. 23 – December 2000, pp. 29 – 32.
④ Anja A. Hoffmann, Alexander Hinrichs and Florian Siegert: Fire Damages in East Kalimantan in 1997/98: Relations to Land Use and Proposals for Further Action, IFFN No. 22 – April 2000, pp. 31 – 35.
⑤ Anja A. Hoffmann and Johann G. Goldammer: Fire Situation in Indonesia, IFFN No. 26 – January 2002, pp. 37 – 45.

灾有很多方面的原因，其中一个因素是消防管理组织缺乏能力。安雅·霍夫曼和莱尼·克里斯蒂的《东加里曼丹太空观察森林火灾日报》①论文，介绍了美国国家海洋暨大气管理局（NOAA）气象卫星的功能及其对印尼森林火灾的影响。班邦的《印尼南苏门答腊的火灾生态学研究》②一文，研究了印尼南苏门答腊新成立森林种植园的林火对生态系统的影响，并做出新成立森林种植园1994年8~10月被烧毁面积分析表。作者认为，纵火是该种植园发生森林火灾的原因。克里斯蒂安的《森林火灾造成的原因和影响：以印度尼西亚东加里曼丹为例》③论文，把森林火灾的原因分为棕榈油公司的土地清理活动、农民的土地清理、为了经济补偿的纵火、其他种类的纵火（一些村民只是不想让别人更好，因此纵火）和意外火灾等。蒂安尼·舒尔曼的《廖内省和南苏门答腊省的灭火动员的试点项目规划》④，则解释了灭火动员的试点项目规划的背景、目标、该灭火动员的调查结果和后续活动，提出了灭火系统存在的问题包括缺乏专业知识、缺乏程序支持、经济与社会的抑制等。戈特弗里德·冯·格明根的《东加里曼丹受火灾影响的森林恢复情况》⑤一文，研究了加里曼丹东部森林火灾后恢复森林的项目，并指出森林管理与人民生活之间的关联性。哈特穆特的《东加里曼丹的火灾预防》⑥一文，主要也是从管理视角研究关于印尼的社区森林火灾管理。约翰·哥大麼的《印尼区域火灾和雾霾管理与政策发展的倡议》一文⑦，主要研究了印尼

---

① Anja Hoffmann and Lenny Christy: Daily Forest Fire Observation from Space in East Kalimantan, IFFN No. 19 – September 1998, pp. 20 – 22.
② Bambang Hero Saharjo: Fire Ecology Research in South Sumatra, Indonesia, IFFN No. 16 – January 1997, pp. 19 – 20.
③ Christian Glianner: Causes and Impacts of Forest Fires: A Case Study from East Kalimantan, Indonesia, IFFN No. 22 – April 2000, pp. 35 – 40.
④ Deanne Shulman: Pilot Project Planning for Fire Suppression Mobilization in Riau and South Sumatra Provinces, IFFN No. 21 – September 1999, pp. 57 – 59.
⑤ Gottfried von Gemmingen: Rehabilitation of Fire-affected Forests in East Kalimantan, IFFN No. 19 – September 1998, pp. 23 – 26.
⑥ Hartmut M. Abberger: Fire Prevention in East Kalimantan, IFFN No. 23 – December 2000, pp. 37 – 41.
⑦ Johann G. Goldammer: Indonesian and Regional Initiatives in Fire and Smoke Management and Policy Development, IFFN No. 18 – January 1998, pp. 33 – 36.

1997年火灾和雾霾事件后的项目，包括科学技术方面的国际合作研究、亚洲开发银行援助的防火和干旱管理以及缓解火灾影响的规划、德国技术合作公司支持的"加强印尼林业部管理能力"计划、跨境雾霾污染问题的区域倡议和研究计划。雾霾污染问题需要进一步实施印尼-东盟宽应对策略，与东盟加强合作完善火灾和雾霾的预防措施，加强火灾和雾霾的预测和监控，提高消防管理水平，加强人力资源、经济、科学研究、机构的支持和信息管理，论文是从火灾探讨雾霾治理的一篇较为全面的论文。路德维希·辛德勒的《1997年印尼的火灾季节和消防管理项目的影响》[1]一文，也研究了印尼森林火灾的原因、政治的发展和消防管理、1997年野火季节和消防管理项目的影响和发展前景。马克·尼古拉斯的《苏门答腊的森林火灾：南苏门答腊1997年旱季预防火灾经验的途径和建议》[2]论文，研究了印尼森林火灾预防和控制项目（FFPCP），并且分析了消防野火的选定例子。马克·尼古拉斯的《印尼东加里曼丹的12所区域消防管理中心》[3]一文，介绍了关于印尼区域消防方式的选择性、消防人员、设备和培训以及十二所区域消防管理中心的宏观状况。马克·尼古拉斯和苏克亚在《以社区为基础的火灾管理：南加里曼丹的经验》[4]一文，指出社区的火灾管理是印尼处理未来重复出现火灾问题的关键，当地社区必须在村、区、市建立消防管理系统，这样的管理系统目的是通过预防和控制方法，减少失控火灾的频率。宫川秀树的《印尼森林防火管理项目》[5]，研究了印尼林业部和日本国际协力机构

---

[1] Ludwig Schindler: The 1997 Wildfire Season and the Impact of Fire Management Projects in Indonesia, IFFN No. 18 – January 1998, pp. 37 – 39.

[2] Major Marc V. J. Nicolas: Forest Fires in Sumatra: Possible Ways and Proposals after the Experience of the 1997 Dry Season in the Province of South Sumatra, IFFN No. 18 – January 1998, pp. 40 – 45.

[3] Marc V. J. Nicolas: Twelve Fire Management Centres at District Level within the Province of East Kalimantan, Indonesia, IFFN No. 23 – December 2000, pp. 60 – 62.

[4] Marc V. J. Nicolas and H. Sukhyar Faidil: Community-Based Fire Management: The South Kalimantan Experience, IFFN No. 26 – January 2002, pp. 6 – 53.

[5] Miyakawa Hideki: Forest Fire Prevention Management Project in Indonesia, IFFN No. 16 – January 1997, pp. 17 – 18.

(JICA) 的森林防火管理项目, 包括项目背景、概念、推广和培训的发展、其他活动的准备和国际支持项目之间的交流。作者认为国际支持项目之间彼此交换和分享经验对防火的结果非常重要。纳比尔·马卡里姆和安东·得地的《印尼的森林和土地消防管理及其机构》① 一文, 研究了印尼消防管理机构, 包括中央、当地和东盟等级以及控制措施（预测系统、令燃烧土地清理、评估火灾易发区等), 并做出印尼1984~1994年受火灾影响的森林和其他陆地面积分析表。作者指出发生火灾的起源可以分为3种: 耕种者和其他社会团体为农业土地制备; 为了造林、轮回农业、牧场等整地; 自然火灾事故源于煤层中的热点、闪电、摩擦和火山。纳比尔·马卡里姆、涌·阿提噢农、安东·得地和迈克尔·布雷迪的《1997年印尼土地和森林火灾评估: 国家协调》② 论文, 主要研究了印尼1997年火灾监测和评估、国家协调的评价和消防管理的困境。印尼土地和森林消防管理的国家协调小组秘书处编制的《土地和森林消防管理的国家协调小组》一文③, 介绍了印尼火灾的原因、影响。该论文指出森林火灾造成了生态和经济的损失, 在生态系统方面, 造成了生物多样性的减少和水土流失的增加, 在经济方面, 造成了木材和财产的损失。联合国灾害评估和协调小组编制的《论1997年9~11月联合国灾害评估、协调小组对印尼森林火灾的任务》一文④, 研究了印尼森林火灾的背景、森林火灾的影响、印尼的应急响应系统、联合国的作用、印尼政府和国家救灾的响应行动、联合国灾害评估和协调小组的任务和国际援助。苏帕拉的《东南亚国家的自然资源和环境管理》⑤ 论文, 研究了东南亚区域的环境管理合作、菲律宾和缅甸的森林管理、马来西亚环境影响

---

① Nabiel Makarim and Antung Deddy R.: Forest and Land Fire Management and its Institution in Indonesia, IFFN No. 16 – January 1997, pp. 12 – 16.
② Nabiel Makarim, Yon Artiono Arba'i, Antung Deddy and Michael Brady: Assessment of 1997 Land and Forest Fires in Indonesia: National Coordination, IFFN No. 18 – January 1998, pp. 4 – 12.
③ Secretariat of National Coordination Team on Land and Forest Fire Management: National Coordination Team on Land and Forest Fire Management, IFFN No. 14 – January 1996, pp. 27 – 28.
④ UNDAC: United Nations Disaster Assessment and Coordination Team (UNDAC) Mission on Forest Fires, Indonesia, September-November 1997, IFFN No. 18 – January 1998, pp. 3 – 26.
⑤ 〔泰〕苏帕拉:《东南亚国家的自然资源和环境管理》, 泰国曼谷火炬出版社, 2003。

评价、越南和新加坡的环境管理和印度尼西亚的森林火灾管理。作者解释了印度尼西亚1998年森林火灾的情况、造成森林火灾的原因、影响和解决方法。此外，泰国教育部教务厅编制的《厄尔尼诺现象》[①]一文中，分析了厄尔尼诺现象对印度尼西亚异常干旱和森林火灾事件的影响。该文指出厄尔尼诺现象使印度尼西亚1982~1983年遇到异常干旱气候，影响农业生产，造成了加里曼丹范围广阔的森林火灾和严重的雾霾污染问题，影响到机场和码头无法正常运作，还影响到邻国马来西亚。而泰国卫生部环境卫生办公室编制的《影响泰国人身体健康的空气质量》[②]一文中，也分析了印度尼西亚森林火灾对泰国南方空气的影响。该文指出，泰国南方1997年9月23~25日受到印度尼西亚跨境雾霾污染问题的影响，能见度降低，造成陆地和航空交通阻碍，影响人民身体健康，呼吸道疾病患者的病况更加严重。

其次，对越南森林火灾也进行了大量的研究。蒂安尼·舒尔曼的《同塔省Tram Chim国家公园的消防管理评估》[③]一文，研究了越南湄公河三角洲中的Tram Chim国家公园的水文情势和消防问题，作者提出该公园的森林火灾都是由人类造成的，要解决对生物多样性的保护与当地居民的冲突问题需要发展经济，建立奖励旱季成功防御火灾的社区监视机制，建立一个小型的贷款计划（25000美元的种子资金），成功防火的社区将获得贷款资格，为能成功防火将开放国家森林公园的有限使用权。约翰·哥大麐在《火灾问题分析》[④]一文中，则全面研究了越南的森林火灾，作者把森林火灾分为5种：①落叶和半落叶森林在干旱季节经常发生的火灾；②松树林的大火，原因包括非法采伐、扩大移动农业、放牧方式、日益增长的木柴和木炭生产的要求，这些活动都与森林火灾密切相关；③其他的森林火灾，主要由疏忽行为（采蜂蜜）或故意纵火（印度支那战争），没有任何土地利用的目的；

---

① 〔泰〕泰国教育部教务厅：《厄尔尼诺现象》，泰国曼谷，2001。
② 〔泰〕泰国卫生部环境卫生办公室：《影响泰国人身体健康的空气质量》，1998。
③ Deanne Shulman：Fire Management Assessment Tram Chim National Park, Dong Thap Province, IFFN No. 26 – January 2002, pp. 106 – 113.
④ Johann G. Goldammer：A Fire Problem Analysis, IFFN No. 7 – August 1992, pp. 13 – 16.

④移动农业和森林采伐造成的森林火灾;⑤其他农业燃烧,比如处理稻草。黎·文·红的《越南林同省大叻市松林抚育期的燃料评估和预防火灾的情况》① 一文,详细地分析了燃料的特性,以及燃料的管理方法,比如使用防火材料保护主要树种,建造防火通道,选择合适的时间烧燃料,通过修剪和在周围做防火线的方式保护主要树种,等等。

再次对泰国、菲律宾森林火灾的研究,其成果也较丰富,主要有科尔门的《泰国的森林火灾》② 论文,其研究了泰国的森林火灾和森林破坏的现状、人们对森林火灾的态度、泰国的森林火灾控制情况。西丽·阿卡拉在《森林防火专题报告》③ 一文中,简单介绍了泰国20世纪90年代野火的主要影响,指出泰国1985~2000年的森林火灾百分之百是由人类造成的。此外,还简单介绍了泰国消防管理制度和组织、各级政府的责任。此外,泰国卫生部环境卫生办公室编制的《影响泰国人身体健康的空气质量》④ 一文,则分析了泰国那拉提瓦府和乌泰他尼府森林火灾的影响。德梅特里奥的《菲律宾的森林火灾管理:1995年森林火灾季节》⑤ 一文,主要指出菲律宾的森林火灾全都是人为造成的。此外,该论文还简略地介绍了菲律宾多部门的森林保护委员会(MFPCs)、消防人员的培训和消防设备的采购情况。詹妮尔·史密斯的《菲律宾火灾获得的支援:美国内政部和美国农业部林务局提供专家防控野火带来的威胁》⑥ 一文,解释了美国内政部和美国农业部林务局1998年提供专家协助菲律宾森林大火治理的情况。曼努埃尔的《菲律宾的火灾情况》⑦ 则研究了菲律宾的森林情况和消防管理组织的由来。作

---

① Le Van Huong: Fuel Assessment and Fire Prevention in Pine Plantations during the Tending Stage in Dalat, Lam Dong Province, Vietnam, IFFN No. 36 – January 2007, pp. 76 – 86.
② Clemens Fehr: Forest Fires in Thailand, IFFN No. 9 – July 1993, pp. 17 – 21.
③ Siri Akaakara: Special Report on Forest Fire, IFFN No. 26 – January 2002, pp. 100 – 105.
④ 〔泰〕泰国卫生部环境卫生办公室:《影响泰国人身体健康的空气质量》,1998。
⑤ Demetrio L. Bartolazo: Forest Fire Management in the Philippines: The 1995 Forest Fire Season, IFFN No. 16 – January 1997, pp. 22 – 25.
⑥ Janelle Smith: Fire Support in the Philippines: BLM provides Experts to Help with threatening Wildfires, IFFN No. 19 – September 1998, pp. 48 – 49.
⑦ Manuel L. Pogeyed: Fire Situation in the Philippines, IFFN No. 26 – January 2002, pp. 92 – 95.

者提出了菲律宾森林破坏的主要原因，包括森林资源开发带来的土地利用变化、农业扩张，以及不稳定的气候变化和长期的干旱等。曼努埃尔的《高山省的无火灾奖金项目》[1] 一文，研究了菲律宾高山省的森林状况和区域的特殊森林火灾管理项目，包括项目目标、实施策略（政治领袖的作用、环境和自然资源部的作用、其他政府机构的作用和巴拉盖社区的作用）、实行模式（选拔委员会、获得批准的镇、开发项目的鉴定和金融资源的节约利用）、项目管理（信息、教育和交流活动、森林保护组织、监测站的建立、法律的实施和消防监督管理）、项目对环境的影响、项目的受益者、状态和要求，该文是一篇较为全面研究菲律宾火灾问题的论文。曼努埃尔在《菲律宾北部吕宋岛科迪勒拉地区火灾的发生》一文中[2]，则描述了菲律宾北部吕宋岛科迪勒拉行政区的森林火灾情况，作者指出科迪勒拉行政区的火灾管理项目得到了联合国粮农组织技术合作项目和德国佛雷堡大学双边合作（由德国大众汽车基金会资助）的支持。

最后，关于缅甸、老挝、马来西亚森林火灾的研究。这方面的研究主要有：乌·妙·剔的《缅甸的森林预防和管理》[3] 论文，其介绍了缅甸的国土面积、气候、地形、森林状况、森林防火观念的演变和后来的发展、森林防火保护措施。论文指出，缅甸没有经历过严重的森林火灾，原因在于其具有保护森林的自然状态。而关于老挝森林火灾的研究，主要是萨亚松的《老挝的森林火灾》[4] 论文，其研究了老挝的森林和土地利用、森林火灾的主要原因和老挝的森林防火。老挝森林火灾的主要原因是刀耕火种的农业方法和传统狩猎驱赶动物。作者还给出预防和控制野火的建议。此外，关于马来西亚森林火灾的研究，主要是艾哈迈德的《马来西亚的森林

---

[1] Manuel L. Pogeyed：No Fire Bonus Plan Program of Mountain Province, IFFN No. 18-January 1998, pp. 52–56.

[2] Manuel L. Pogeyed：Fire Occurrence within the Cordillera Region of Luzon, Northern Philippines, IFFN No. 5 – June 1991, p. 5.

[3] U. Myat Thinn：Forest Fire Prevention and Management in Myanmar, IFFN No. 20 – March 1999, pp. 21–28.

[4] Sayasouk Bouaket：Forest Fires in Lao PDR, IFFN No. 20 – March 1999, p. 20.

火灾：概述》①一文，其研究了马来西亚的火灾季节和1997年的森林火灾情况，并做出了马来西亚半岛1992~1997年被烧伤总面积记录表。1997年的森林火灾造成了该地区的雾霾问题，引起了强烈的反应，不过大多数雾霾来自印尼苏门答腊和加里曼丹。这一事件开辟了印度尼西亚和马来西亚之间在控制森林火灾方面的前所未有的合作。万·莫哈·舒克里·万·阿末的《马来西亚的森林火灾情况》②论文，则研究了马来西亚森林火灾的情况。该论文提出有关马来西亚森林火灾的报道早在70年代开始就有记录，森林火灾的原因包括刀耕火种、农业燃烧、清理土地、露营和野餐、狩猎、拉断电缆和自然原因（闪电、自燃等）。火灾破坏了植被、环境，影响到野生动物的生存和人民的健康。该论文还提出控制森林火灾的一系列措施。此外，关于柬埔寨森林火灾的研究，主要是尔·萨维的《柬埔寨的森林和土地火灾预防》③一文，其研究了柬埔寨的气候、森林资源、森林火灾情况、火灾原因和防火措施，并做出柬埔寨1970年的森林类型、森林覆盖率分析表和1973~1993年森林类型、森林覆盖率变化分析表，较为详细地分析了柬埔寨森林火灾的原因及其防治措施。

3. 国外学术界关于环境雾霾污染相关的其他研究

这方面的研究主要有埃里克的《提升东盟预防和降低森林火灾造成的大气污染的能力》④，其探讨了关于亚洲开发银行通过区域技术援助项目，支持东盟加强预防和减轻森林火灾造成的跨境大气污染的能力。该论文的内容分为区域技术援助项目的背景、目标、工作范围和迄今为止的活动。格哈德·迪特勒的《1997年印尼森林火灾事件的协商小组特别

---

① Ahmad Ainuddin Nuruddin: Forest Fire in Malaysia: An Overview, IFFN No. 18 - January 1998, pp. 51 - 52.
② Wan Mohd Shukri Wan Ahmad: Forest Fire Situation in Malaysia, IFFN No. 26- January 2001, pp. 66 - 74.
③ Eang Savet: Forest and Land Fire Prevention in Cambodia, IFFN No. 20 - March 1999, pp. 2 - 5.
④ Erik Scarsborough: "Strengthening ASEAN's Capacity to Prevent and Mitigate Transboundary Atmospheric Pollution Resulting from Forest Fires (RETA 5778 - REG)", IFFN No. 19 - September 1998, pp. 13 - 15.

会议》① 一文，则介绍了1997年12月12日在印尼举行的印尼森林火灾事件协商小组特别会议的情况，介绍和讨论围绕4大主题：1997年火灾期间的土地和火灾情况评估，森林火灾的预防和管理，森林火灾的原因和新政策与战略的需要，对印尼森林火灾事件协商小组未来工作计划加以总结。福林和洙钦刘的《新加坡国立大学的远程诊断、检测和处理中心的森林火灾监测和研究活动》②，解释了新加坡国立大学森林火灾远程监测和研究中心的活动，包括用遥感卫星地面站监测和研究印尼森林火灾烧伤面积的评估，消防监控操作和使用ERS干涉合成孔径雷达图像的变化检测。新加坡的环境、国际环境与政策部，以及发展中国家和联合国机构的环境合作部门编制的《德国-新加坡环境科技机构：亚太地区的越境大气污染研讨会》③ 一文，则介绍了1998年5月27~28日举行的亚太地区越境大气污染研讨会的情况，指出欧洲国家在控制远程越境大气污染方面的经验对东盟是有用的，两个地区之间应在信息共享方面进一步合作。对于印尼森林火灾造成的跨境雾霾污染问题，该文指出预防是关键，投入大量的资源来对抗这种无法控制的火灾，可能是无效的。西蒙·泰在《新加坡环境委员会：东南亚火灾的国际政策对话》④ 一文中，总结了新加坡环境委员会在1998年6月4~5日举行的第一次东南亚火灾国际政策对话的对话成员、目标和内容。该对话要求印尼承担与其他国家和国际社会合作应对火灾的责任和义务，必须对火灾违法的公司强制使用法律惩治。

---

① Gerhard Dieterle: Special Session on 1997 Forest Fire Events in the Consultative Group on Indonesian Forests, IFFN No. 18 – January 1998, pp. 46 – 48.
② Hock Lim and Soo Chin Liew: Forest Fire Monitoring and Research Activities at the Centre for Remote Imaging, Sensing and Processing (CRISP), National University of Singapore, IFFN No. 19 – September 1998, pp. 16 – 20.
③ Ministry of the Environment, International Environment & Policy Department and Federal Ministry for the Environment Division Cooperation with Developing Countries and with UN Institutions: Germany-Singapore Environmental Technology Agency (GSETA): Asia-Pacific Regional Workshop on Transboundary Atmospheric Pollution 27 – 28 May 1998, Singapore, IFFN No. 19 – September 1998, pp. 27 – 28.
④ Simon SC Tay: Singapore Environment Council: International Policy Dialogue on the Southeast Asian Fires, IFFN No. 19 – September 1998, pp. 9 – 12.

三 对中外学术界有关东盟跨境雾霾问题研究的展望

与国内对东盟跨境雾霾污染问题的研究现状相比，虽然国外的研究成果显得更丰富，但是，也缺乏对整个东盟对该问题的历史过程、各国应对该问题的措施、东盟处理该问题的有利条件和不利条件等内容的分析。对于森林火灾方面的研究重复观点较多，且大部分是研究印度尼西亚的火灾，对某些东盟成员国，比如文莱、柬埔寨、老挝等的研究很少，缺少对整个东盟成员国的整体研究。对于森林火灾的国际援助与合作方面，也没有做出统计综合分析，只是对某些援助或合作单独分析研究。因此，中外学术界在东盟有关合作治理跨境环境污染尤其是雾霾问题上仍然存在着充分的研究空间。

首先，学术界以往的研究，偏重于探讨东盟国家跨境雾霾污染问题的状况，包括东盟国家跨境雾霾污染问题的产生原因和影响，但是，对东盟南部国家（赤道区域）和东盟北部国家（湄公河次区域）研究明显不足。而对东盟国家对跨境雾霾污染问题的治理与合作的历史演变的研究也不够充分。"冷战"结束后，东盟组织涵盖了整个东南亚地区，随着国际政治的变化、加上人们对环境污染威胁的意识的增强以及印尼1997～1998年的森林大火，东盟对跨境雾霾污染问题的治理与合作也有了很大的变化，比如1999年在新加坡召开的东盟环境部长会议，回顾了印尼大火的解决措施以及《东盟区域烟雾行动纲领》的执行情况，2003年在柬埔寨召开的东盟环境部长会议就森林防火、越境雾霾污染防治等议题进行了讨论，2006年在苏门答腊岛召开的东盟环境部长会议就如何扑灭森林大火，治理本地区的烟雾问题进行了探讨。2002年东盟成员国共同签署了《东盟跨界雾霾污染协议》等，这些都需要对跨境雾霾问题重点加以研究。

其次，应该进一步加强东盟雾霾污染问题的跨境治理与合作的制度性分析。分析包括东盟的各种宣言、协议、协定等文本性文件、东盟关于跨境雾霾污染问题的治理与合作的组织机构，还有东盟对该问题的区域合作计划，东盟成员国各国对雾霾污染的法律法规、政策、计划和负责机构等。在东盟与国际合作方面，进一步探讨东盟 10 + 3、东盟与中国、东盟与加拿大、东盟与欧盟和东盟与澳大利亚的环境合作。

最后，关于欧盟等世界治理跨境空气污染问题对东盟治理雾霾的影响进行比较研究。研究关于先进国家尤其是欧盟跨境空气污染的国际案例及其法律以及治理的过程，并且与东盟对跨境雾霾污染问题的治理进行比较，分析东盟成员国国内对有关空气雾霾污染治理的问题所在，以进一步强化东盟雾霾污染问题的跨境治理和合作与欧盟的比较研究，这些也是今后该课题研究的重要趋向。

B.10 论"一带一路"建设与国家安全战略

安晓平 谢贵平*

摘　要： 本文结合"一带一路"建设构想的国际战略背景和国内现状，在分析非传统安全观和总体国家安全观对安全认知改变的基础上，探究了"一带一路"建设对于中国国家安全的重大战略意义，认为"一带一路"建设能破解中国经济发展难题，维护中国国家经济安全，促进西部又快又好发展，维护边疆稳定，建立陆上安全通道以消除能源安全之虑，推进边疆和周边现代化、世俗化，根除"三股势力"滋生土壤，以东方智慧消解美国的围堵、遏制和霸权，创造"一带一路"经济圈以构建中国国际话语体系，并对"一带一路"建设可能面临的安全风险及其对策提出了自己的思考。

关键词： "一带一路"　国家安全　非传统安全　边疆安全

2013年9月，中国国家主席习近平先后对中亚土、哈、乌、吉四国进行国事访问，并首次提出建设"丝绸之路经济带"的倡议；同年10月习近平主席在访问东盟国家时又提出建设"21世纪海上丝绸之路"。"一带一路"建设构想提出后，2014年5月，习近平主席出席在上海举行的第四次"亚信峰会"（"亚洲相互协作与信任措施会议"的简称）时，又强调了

---

* 安晓平，塔里木大学人文学院和非传统安全与边疆民族发展研究院院长，教授，硕士生导师，主要研究民族文化与边疆安全。谢贵平，浙江大学非传统安全管理在读博士，塔里木大学非传统安全与边疆民族发展研究院常务副院长，副教授，硕士生导师，主要研究边疆非传统安全治理。

"一带一路"建设的重要意义。2014年9月，习近平再次走访"古丝绸之路"沿线国家，先后访问了中亚的塔吉克斯坦和南亚的马尔代夫、斯里兰卡和印度，开启了"一带一路"建设战略实施的新航程。为了把"一带一路"战略落到实处，在召开APEC会议的前两天，即2014年11月4日，习近平主席主持召开中央财经领导小组第八次会议，会议专门研究"一带一路"建设战略规划以及提出建立亚洲基础设施投资银行和设立丝路基金问题。习近平强调指出，"一带一路"倡议顺应了时代要求和各国谋求加快发展的愿望，给多国提供了一个包容性巨大的发展平台，具有深厚的历史渊源和人文基础，能够把快速发展的中国经济同"一带一路"沿线国家的利益结合起来。要集中力量办好这件大事，秉持"亲、诚、惠、容"的周边外交理念，近睦远交，使沿线国家对我们更认同、更亲近、更支持。事实也证明，"一带一路"倡议提出后，由于对于他国的发展有着强大的包容性和融合力，得到了俄罗斯、蒙古国积极的回应，得到了周边国家的响应，英、法、德、意等欧洲国家纷纷决定加入亚洲基础设施投资银行，可以看出，"一带一路"倡议赢得了国际社会的共鸣和支持。

由此可见，"一带一路"建设已成为中国的一项重大战略。人们普遍认为，它是全球化背景下中国作为新兴经济体和崛起的大国实施全方位、全球化开放格局和实施经济结构调整与产业转型升级、扩大对外经济贸易合作的抓手，如果从传统安全观的角度看，除了提升综合国力和文化软实力与增强大国影响力的外交意义，"一带一路"建设对于国家安全的重要性是极其有限的。但如果从非传统安全观的视域，特别是从习近平主席提出的总体国家安全观的视角看，"一带一路"建设对于维护中国国家安全具有全方位的重大战略意义。

一 "一带一路"建设构想的时代背景

（一）"一带一路"建设构想的国际背景

1. 全球战略重心的位移和未来走势

1919年英国地缘战略家华尔福德·麦金德爵士（Halford J. Mackinder）

把欧、亚、非三大陆统称为"世界岛",把东欧视为"心脏地带"。他提出"心脏地带论",他认为"控制了东欧就等于控制了'心脏地带',控制了'心脏地带'就等于控制了'世界岛',控制了'世界岛'就等于控制了世界"①。

"二战"后,美国地缘政治战略学家尼古拉斯·斯帕克曼(Nicholas John Spykman),针对"心脏地带"概念,提出"边缘地带论"(Rim land)。他认为,"两次世界大战都是发生在'边缘地带',而且边缘地带在经济上、人口上都超越'心脏地带'。因此,控制了'边缘地带'就等于控制了欧亚大陆,控制了欧亚大陆就等于控制了世界的命运。"② 他在过世前还提出了这样一个观点:世界各政体联结在一起,所有的海洋也联结在一起,所有天空也连在一起。所以,任何国家的外交政策,都会影响邻近地区,终而联结全世界。而人类的海洋活动能力,可能造成一种新的地缘政治结构即"海外帝国"。斯帕克曼认为,美国最大的风险,就是让任何国家控制边缘地带。并预测"二战"后,苏俄是欧亚大陆最大强权,中国则是东亚的强权。德国要靠法国与东欧(包括俄国)平衡,而英美必须维持欧亚大陆的海上与空中掌控权。而欧洲、中东与远东的边缘地带,将是战后战略意义最高的地区,而美国必须确保这些区域之中不会出现强权。

从"世界岛"的心脏地带到"边缘地带",再到全球化海外帝国战略重心的位移,站在全球历史和大国兴衰的角度看,无论是"世界岛"的心脏地带还是"边缘地带"以及海洋甚至未来的太空,都成为大国争夺和博弈的焦点,特别是就未来发展趋势而言,高速公路、高铁和航空技术水平的大幅提升,全球陆上和空中交通货物运输的比重已上升到55%,特别是地处亚洲中心地带的中国新疆,陆上和空中交通运输距离大大缩短,同时由于中国经济总量上升与大国崛起又占尽天时地利,所以,古丝绸之路中兴对于中国未来发展具有无可比拟的重要性。

---

① J. Mackinder. Democratic Ideals and Reality. Henry Holtand Company, 1942, p. 62.
② N. J. Spykman, The Geography of the Peace, New York: Harcourt Brace Co., 1944, p. 43.

2. 美国遏制中国的亚太再平衡战略

面对中国经济总量的上升和国防现代化发展的提速,作为声称"绝不做世界老二"的超级大国美国,"遏制中国大国崛起,延缓中国发展强大"一直是其长期的战略目标。从长期构筑的两条太平洋军事封锁岛链到亚太再平衡战略形成的包括日本、韩国、中国台湾地区、菲律宾、越南、印度等国家与地区的C形包围圈,再到近些年频频挑动日本、菲律宾、越南和印度,激化中国与周边相关国家的海洋权益划分和领土争端的矛盾,同时明里暗里支持形形色色的分离势力破坏中国国家统一,所有这些,既对中国构成了军事上的围攻之势,造成国防多面承受巨大压力,又威胁中国大量能源依赖进口和出口贸易的海上通道安全,从而遏制延缓和阻碍中国的大国崛起和发展速度。

3. 国际恐怖主义和"三股势力"导致地缘政治生态持续恶化

据不完全统计,2014年全球重大暴力恐怖事件22起(不包括"伊斯兰国"制造的系列屠杀事件和未见诸报道的小型暴恐事件),死伤3000余人,其中源于中国周边国家和中国新疆"三股势力"的共15起(巴基斯坦3起、阿富汗3起、俄罗斯1起,中国内地1起,中国新疆7起)。① 同时,发端于伊拉克和叙利亚交界的"伊斯兰国",成员遍布世界东西方各国,其发展呈现组织化、集团化增长特点,并扬言要建立泛伊斯兰世界的甚至包括新疆在内的大伊斯兰国家。可以看出,国际恐怖主义和"三股势力"导致中国新疆地缘政治生态持续恶化。

4. 主导世界经济与话语权的大国博弈日益加剧

众所周知,中国凭借投资、出口、消费的三驾马车拉动,特别是凭借人口红利和探索的中国特色发展模式,经济持续多年保持高速增长,2013年、2014年经济总量超过日本紧逼美国排名世界第二。作为世界老大的超级大国美国,面对中国的迅速崛起,万分惧怕新兴大国取代自己的世界霸主地

---

① 《盘点近两年国际恐怖案件》,http://ln.people.com.cn/n2015/0109/c340338-23497861.html。

位，为遏制打压延缓中国的大国崛起和发展速度，除军事上围堵中国并在周边制造事端、争端外，在其过去主导的WTO国际经济规则上联合一些西方国家对中国频频发难，又绕开WTO另起炉灶推出TPP和TTIP经济组织，大有不跟中国玩的傲慢。同时，美国凭借自己的军事实力，在全球推行霸权主义，军事上想打谁就打谁，强力输出所谓民主自由价值观干涉别国内政，诸如伊拉克战争、颜色革命、阿拉伯之春、支持他国分离主义势力进行分裂国家的活动等。另外，在文化和国际舆论方面，打着新闻自由的幌子，不惜歪曲甚至颠倒黑白，混淆视听，制造"中国威胁论"。在国际事务中貌似公正并声称中立，实际上往往实行双重标准，为了本国利益不分是非地"拉偏架"和"选边站"比比皆是。所以，不管中国愿意不愿意，大国崛起和中华民族伟大复兴的"中国梦"、"亚洲梦"、"世界梦"的实现，主导世界经济与话语权的大国博弈是不可回避的现实命题。

（二）"一带一路"建设战略的国内困境

1. 人均GDP世界排名落后和中国东西部经济发展不平衡

虽然中国经济总量跃居世界第二，但由于人口基数大，近几年人均GDP世界排名处在第84~86位，与发达国家差距巨大，与众多中等发达国家和发展中国家也有较大差距，与中国澳门、香港、台湾地区存在巨大差距，特别是与中国新疆接壤的中亚国家哈萨克斯坦人均GDP比，也只有一半多一点。也就是说，作为人口大国，提升国民的收入水平和改善广大人民群众的生产生活还有很长的路要走。

就中国经济发展的均衡程度而言，东西部失衡是不争的事实，《光明日报》2015年2月28日公布的全国31省份城镇居民人均收入排行显示，2013年甘肃、青海、新疆、西藏分别位列第31、30、28、27名，2014年甘肃、青海、新疆、西藏分别排在第31、28、29、30名。同时由于民族间、行业间、城乡间的差别和腐败现象的存在，特别是贫富悬殊差距带来的仇富仇官不满情绪四处蔓延，很有可能由某些偶然事件引发民族间矛盾纠纷冲突事件和重大社会突发事件，这对社会稳定和边疆安全带来巨大隐患。

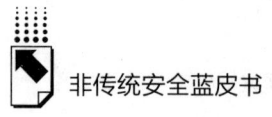

2. 中国经济发展面临"三期叠加"巨大难题

党的十八大以来，结合中国经济发展形势和全球经济变化趋势，中国政府与主要领导人适时提出了中国经济"新常态"理念，并准确指出，中国目前的经济建设正处于极富挑战性的"三期叠加"阶段，即增长速度的换挡期、结构调整的阵痛期与前期刺激政策的消化期并存阶段。（1）中国正处于增长速度换挡期。所谓经济增速的换挡，是指我国经济由高速增长向中低速增长换挡。改革开放以来，我国经济取得了举世瞩目的成绩，实现了持续快速的增长，经济总量已跃居世界第二位，但随着人口抚养比上升、人口老龄化程度加剧与劳动力成本的不断攀升，很多专家认为我国劳动力的"刘易斯拐点"已提前到来，人口红利逐渐消失，维持经济高速增长的动力正逐步减弱。美国、日本等世界主要发达国家的发展经历也表明，在经过一段较长时间的高速增长后，经济增速放缓是每一个发展中国家面临的阶段性特征与必然规律，也是我国今后相当长一段时间内必须面对的一种"新常态"。（2）中国正面临一个结构调整的阵痛期。我国几十年经济高速增长的同时也带来了产能过剩、资源浪费、环境污染、生态失衡等一系列问题，当前，绿色健康、生态环保理念已深入全球每一个角落，日趋频繁的雾霾天气也给我们敲响了警钟，优化产业结构、转变增长方式的任务迫在眉睫。中国经济的成功转型，要求我们从重视经济总量的数量增长向重视经济效益的质量提高转变，从劳动、资本密集型向技术密集型转变，从投资驱动向效率驱动与创新驱动转变。经济结构的调整意味着高成本、高能耗、高污染的落后产能将被淘汰，企业将面临更加激烈的竞争压力，政府将面临更加紧张的财政收入，就业形势将面临更加严峻的考验，但只有经历这段结构调整的阵痛期，才能提高我国未来经济发展的持久活力与强劲动力，确保我国经济的持续、稳定、健康发展。（3）中国需要度过一个前期刺激政策的消化期。为了应对2008年全球金融危机，中国政府实施了包括"四万亿"在内的强刺激政策，这种强刺激政策虽然短期内避免了经济衰退，保证了经济的稳定增长，但也因此带来了一系列"后遗症"。一方面完全政府主导破坏了市场均衡，扭曲了资源配置的市场机制，导致了经济结构失衡、实体经济萎缩与虚拟经济泡沫，房地产价格失控就是一个有力的佐证。另一方面，强刺激政策保护了落后产能，扼杀了企业家的创新能力，为我国产业结构调整与经济增长方式的转变增加了难度。众所周知，在应对2008年金融危机时，美国更多地依靠市场主导，因而在经历了短暂的阵痛期后，率先走出经济危机的阴影，实现了经济复苏。欧盟的应对措施基本介于中国的政府主导与美国的市场主导之间，但目前欧盟一些主要国家还没有完全摆脱经济危机的困扰。因此，前期我国强刺激政策造成的负面影响在今后一段时期还将继续存在，中国还需要经历一个较长的政策消化期。这个时期的主要任务应该是转变政府职能，实现管制型政府向服务型政府的转变，逐步从量化宽松、粗放刺激的宏观调控政策转向谨慎稳定、精准定向的微观调控政策，从以投资导向为主转向以扩大内需导向为主，在保证市场配置资源的决定性作用的同时，充分发挥政府的调控作用。

"三期叠加"的阶段性特征增加了未来中国经济发展的不确定性因素，加上世界经济整体下行趋势还在继续，主要经济体还没有完全从全球经济危机中走出，国内外敌对势力遏制中国发展的活动远未停止，中国经济正面临着前所未有的挑战。如何破解"三期叠加"的巨大难题决定了中国的经济发展。

3. 油气能源大量依赖进口和海上运输线被封堵困扰中国发展

众所周知，我国石油资源非常匮乏，国民经济的快速发展使我国石油需求缺口持续扩大，石油进口依存度逐年提高。目前，我国已成为第二大石油需求国，每年新增石油需求约占世界新增石油需求的三分之一。统计数据显示，2002年度和2003年度，我国石油进口依存度分别为30.6%和38.5%。到2014年，海关总署发布的数据显示，我国进口原油3.1亿吨，同比增长9.5%。如果按照2014年全国石油产量2.1亿吨，可以推算，2014年我国原油对外依存度为59.6%。随着中国经济发展对能源需求的增加，中国原油对外依存度近年来不断提高，2013年我国石油对外依存度为57%，而到了2014年该数据已经攀升至接近六成。[①]

---

① 《我国2014年进口石油3亿吨 对外依存度逼近六成》，http://finance.youth.cn/finance_gdxw/201501/t20150114_6405958.htm。

根据OPEC和IEA对中国未来石油生产量和石油消费量的预测，随着消费量的逐年增加，中国的石油进口量也将持续增加，中国国内石油供需缺口将进一步增大。在这样的背景形势下，石油供给安全问题必须引起足够的重视。与此同时，美国在海上的强大军事存在，尤其是中国石油海上运输依赖马六甲海峡，美国很可能在非常时期阻断中国的海上能源运输生命线，如何破解马六甲困局是中国的远虑。

4. 现代化、世俗化程度低是新疆极端宗教滋生的土壤和温床

2009年乌鲁木齐"7·5"事件发生以来，地处我国西北边疆的新疆，暴恐事件呈愈演愈烈之势，活动的频次多、范围广甚至殃及北京、云南等内地城市。有研究指出，这些暴恐事件都是境内外"三股势力"和"东突"、"疆独"势力策划和实施的，特别是近年来，宗教极端势力是新疆系列暴恐活动的主要推手。笔者在新疆南疆长期生活和调查研究发现，"三股势力"和"东突"、"疆独"势力特别是宗教极端势力之所以在新疆特别是南疆有那么大的活动能量，甚至经过短期洗脑部分少数民族青年就参与暴恐活动，一个非常重要的原因就是新疆南疆封闭、落后与保守，社会政治、经济、文化的现代化特别是宗教的世俗化程度偏低造成的。也就是说，新疆南疆社会的现代化发展程度不高和宗教的世俗化程度偏低是"三股势力"和"东突"、"疆独"势力特别是宗教极端势力滋生的土壤和温床。所以，破解新疆困局的有效途径就是解决其滋生的土壤和温床问题。

5. 中国的文化软实力和国际话语权有待提升

改革开放后的经济持续高速增长，把中国推上了经济总量世界第二大经济体的大国地位，一个东方巨人正在长大成人，与此同时，大国应有的权利和责任，甚至在国际社会如何扮演领导型国家角色的使命或天命也随之产生。①

由于长期以来中国奉行和平共处五项原则，特别是遵循邓小平韬光养晦不出头的外交理念，也由于中国传统文化中的和合思想与"温、良、恭、

---

① 引用自程亚文2014年9月在塔里木大学的学术讲座《天命：中国向领导型国家的转变》。

俭、让"文化熏陶造就的民族个性，虽然赢得了国际社会一定的好评和认同，甚至有诺贝尔奖获得者集体声明"人类21世纪的发展要从2100年前的中国孔子那里寻求智慧"，但是，由于受过去综合国力和军事实力以及经济落后的客观条件制约，中国往往遭遇"秀才遇见兵，有理说不清"的尴尬，许多在国际社会以及外交上表现出软弱无力甚至无可奈何。

随着中国经济总量跃居世界第二位，随着国防现代化的提速，随着综合国力和国际影响力的提高，在国际社会扮演与大国相称的负责任角色的需要日益临近，展示中国东方智慧与和合文化软实力的全球使命日益重要，在国际社会构建规则和话语体系的大国外交日益紧迫。

二　非传统安全观和新国家安全观对国家安全内涵认知的启示

（一）非传统安全观对安全内涵认知的深化

人们尤其是学界对安全内涵以及安全理论的系统认知，形成了不同的安全认知和不同的安全观。中国古代先贤对安全的认知存于零散的典籍中，如《易经·系辞下传》曰："危者，安其位者也；忘者，保其存者也；乱者，有其治者也。是故，君子安而不忘危，存而不忘亡，治而不忘乱，是以身安而国家可保也。"① 这里讲的其实就是安全，而且主要讲的是国家安全。而源于现代国际关系的国家安全概念和理论被学界分为传统国家安全观和非传统安全观。一般认为，把"冷战"结束前人们对国家安全的理论、观点和认识归于传统国家安全观，而"冷战"结束后人们对国家安全的综合性、理性化认识归于非传统安全观。二者的区别在于，传统国家安全观的安全主体是国家，安全范围主要包括政治、军事和外交，其政权巩固、领土、领海、领空以及外交主权不受侵犯和威胁成为评估安全的衡量尺度。而非传

---

① 周振甫译注《周易译注·系辞下》，中华书局，2013，第280页。

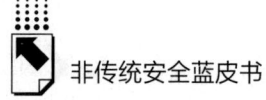

安全观，一是在安全主体上既包括国家，又增加了国家上位和下位范围，同时强调人的个体安全和类安全，这样，经济、金融、能源、生态、臭氧层、雾霾、粮食、食品、大规模疫情、核武器、太空、文化、跨国贩毒犯罪、恐怖主义、分离主义等传统安全范围以外的所有对人类、国家、地区与区域，以至小到每个个体的人都进入了安全范围，随着国内学者特别是浙江大学余潇枫学术团队对非传统安全研究的深入，内源性、外源性、双源性、多源性非传统安全威胁等概念相继产生，和合共生、优态共存、共享安全的中国非传统安全理念和理论也新鲜出炉。

（二）中国总体国家安全观的中国特色

随着传统安全与非传统安全研究的逐步深入深化，可持续安全观、综合安全观、共享安全观等新安全观应运而生，安全的历时性与共时性、安全的全面系统性、安全主体间的相关性给人们认知和探究安全理论带来重大突破和重要启示。

从传统安全观到非传统安全观，再到非传统安全观演进演化出的诸如可持续安全观、综合安全观、共享安全观等新安全观以及许多理念理论创新，目的都在于解决人类、国家和地区、个人所面临的存续和发展以及幸福与否的安全威胁难题。当下中国面临的国家安全的困境和难题、焦点是多元而复杂的，既有来自传统安全方面的威胁，也有非传统安全方面的威胁；既有国内自身面临的安全困境与难题，也有国际社会共同面临的安全困境和难题；既有综合而全面存在的安全显性焦点命题，也有长期历时性安全保障的隐忧。所有这些纷繁复杂隐显并存、远忧近患叠加的安全挑战，需要中国拿出举措得当、应对自如、切实可行的国家安全方略。

2014年4月15日，中央国家安全委员会主席习近平主持召开中央国家安全委员会第一次会议，提出中国要坚持总体国家安全观，走出一条具有中国特色的国家安全道路。习近平指出，现在中国国家安全的内涵和外延比历史上任何时候都要丰富，时空领域比历史上任何时候都要宽广，内外因素比历史上任何时候都要更加复杂，所以，中国必须坚持总体国家安全观，即以人民安全为宗旨,以政治安全为根本,以经济安全为基础,以军事、文化、社会安全为保障,以促进国际安全为依托,走出一条中国特色国家安全道路。习近平强调,要贯彻落实好总体国家安全观,必须既重视外部安全,又重视内部安全,对内要求发展、求变革、求稳定、建设平安中国,对外要求和平、求合作、求共赢、建设和谐的国际安全新秩序;既要重视国土安全,又要重视国民安全,要坚持以民为本、以人为本,真正夯实国家安全的群众基础;既要重视传统安全,又要重视非传统安全,构建集政治安全、国土安全、军事安全、经济安全、文化安全、社会安全、科技安全、信息安全、生态安全、资源安全、核安全等于一体的国家安全体系;既要重视发展问题,又要重视安全问题,认为发展是安全的基础,安全是发展的条件,富国才能强兵,强兵才能卫国;既要重视自身安全,又要重视全球共同安全,力求打造世界安全命运共同体,推动各方朝着互利互惠、共同安全的目标相向而行。

显而易见,习近平主席提出的总体国家安全观,是在吸收、学习、借鉴了以往所有安全理念理论并结合当下中国国家安全面临的多重安全困境、难题和挑战提出的具有中国特色的国家安全理论。

(三)新安全观对探究"一带一路"基于国家安全战略的启示

从非传统安全观和总体国家安全观的视域,显然,经济安全、能源安全、社会安全、国际安全、文化安全、心态安全、人的安全也进入了我国国家安全的范围,内源性、外源性、双源性、多源性非传统安全威胁等概念与和合共生、优态共存、共享安全的中国非传统安全理念和理论对我们认知"一带一路"的国家安全开阔了视野,而可持续安全观、综合安全观、共享安全观等新安全观对安全的历时性与共时性、安全的全面系统性、安全主体间的相关性带来我们对"一带一路"建设基于国家安全战略的重大启示。特别是习近平主席提出的总体国家安全观,把传统安全和非传统安全,发展与稳定,国内安全与国际安全,社会安全与人的安全结合起来,体现了继承和发展以及中国特色的安全理念和思维。把习近平主席提出的有关总体国家安全观的宗旨、思路、目标仔细分析，结合"一带一路"建设构想可能产生的综合效应，"一带一路"建设基于国家安全战略意义会日益清晰。

三 "一带一路"建设对于中国国家安全的重大战略意义

（一）破解中国经济发展难题，维护中国国家经济安全

投资、出口和消费是拉动经济发展与增速的三驾马车，可是，投资会带来诸如货币超发、产能过剩、高房价、资源浪费等副作用，所以，依靠扩大投资刺激增长是我国经济面临前期刺激的消化期难题。再者，出口是中国经济高速增长的灵丹妙药，但美国及其西方盟友，在中国加入WTO后借助人口劳动力低廉红利，外贸出口高速增长的当口，一是对中国出口贸易处处设限阻挠刁难，设置贸易壁垒实行贸易保护；二是绕开WTO，以"不跟你玩"的傲慢，另起炉灶搞TTP和TTIP。面对美欧无止境的反倾销指责，施压人民币升值，人口红利逐年消失，出口成本加大，竞争力逐渐减弱，出口面临严峻挑战。就国内消费而言，年青一代的消费观念固然发生了改变，但还远远不够，现在的年轻人把消费和投资当成了一种生活方式，老一代仍然坚持省吃俭用。在投资、出口和消费拉动经济发展与增速的三驾马车马力减弱时，为了保持经济持续增长，我们需要寻找新的突破口，而这个突破口就是"一带一路"建设。

从"一带一路"建设战略构想与规划来看，"丝绸之路经济带"的主干区域就在我国的大西北和中亚地区，而这一区域，正好是经济不发达地区，要打通这段路，就要继续做基建投资，与中国沿海和中部不同的是，西部和中亚不发达地区的基建投资可以避免副作用，而其又成为拉动中国经济增长的新引擎，同时，中国西部和中亚的基建投资完成后，这里还能成为中国向西开放的新的出口路径。这显然是破解中国经济发展难题，实现我国经济增长，维护我国经济安全平稳过渡的一手好棋。

（二）促进西部又快又好发展，缩小东西部差距维护边疆稳定

中国东西部发展失衡，会带来西部特别是边疆少数民族地区广大人民群众的心理失衡，一定意义上，会影响边疆少数民族对国家的向心力和认同感，特别是新疆与周边国家的跨界民族，如果经济发展落后和低于邻国跨界同种同文化的同一民族，我国的跨界民族对国家的向心力和认同感就会大大减弱。

在过去西部大开发战略中，由于向西的国门和通道没有完全打开，地处西部边疆的新疆往往由于向西门户通道不畅，会出现"口袋底"现象。丝绸之路经济带建设构想提出和实施后，新疆会由口袋底变成东西丝绸之路连接的桥头堡和核心区，又由于新疆地大物博，矿产资源、历史和民族文化旅游资源丰富，基础设施改善后，地处亚洲中心的区位优势随着陆空交通客货运营能力的提升，会发挥其作为投资、人才、信息、物流集散地的巨大作用。可以预见，丝绸之路经济带的建设构想实施后，西部特别是像新疆这样的社会稳定与长治久安的边疆少数民族标杆地区，会又快又好地发展，从而带动西部经济高速增长，一方面缩小我国东西部的差距；另一方面也会在一定意义上增强边疆少数民族地区广大人民群众对国家的向心力和认同感，进而维护中国的国家边疆安全。

（三）建立陆上安全通道，消解能源运输安全之虑

马六甲海峡是连接印度洋和我国南海的重要通道，不言而喻，马六甲海峡也成为中国海上的能源运输生命线。显然，马六甲海峡成为美国海上围堵中国并在非常时期牵制中国能源进口生命线的砝码和撒手锏。如何应对马六甲困局，成为中国的能源安全之虑。

大家知道，中国除了海上经马六甲海峡的能源运输通道，陆上还有四条，一条是从俄罗斯到大庆的东北油气运输通道，一条是从缅甸到我国云南省的西南通道。其余两条都在新疆，其中巴基斯坦瓜达尔港到新疆喀什、哈萨克斯坦里海港口城市阿克套到新疆的省会城市乌鲁木齐，都处在丝绸之路

经济带建设的区域,由此可见,丝绸之路经济带建设是解决油气能源安全通道,维护我国能源安全的重大举措。

(四)推进现代化、世俗化进程,根除"三股势力"滋生土壤

新疆和新疆周边的中亚,是"三股势力"和"东突"、"疆独"势力破坏活动的重灾区,由于相对封闭、保守、贫穷和落后,这个区域的现代化以及宗教的世俗化程度低,给"三股势力"和"东突"、"疆独"势力特别是宗教极端势力进行分裂破坏和暴恐活动提供了滋生的土壤和温床。随着丝绸之路经济带构想的建设和实施,可以预期,新疆特别是新疆南疆和中亚各国,开放的经济社会发展,会打破相对封闭的社会文化格局,由于资金、人才、技术、信息和物流的集散,人们固有的保守思想观念也会随着开放交流发生巨大的改变,特别是随着经济、社会、教育、文化的向前发展的现代化进程加快,在贫困落后面貌改变的同时,现代化的生产生活方式和理念价值观也会随之产生,社会转型和文化转型会相辅相成地带来宗教文化的世俗化程度提高,这种社会文化生态和地缘政治生态的优化,既有利于中国新疆的社会稳定与长治久安,也有利于国际地缘政治安全生态环境的改善。从某种意义上来说,既根除了"三股势力"和"东突"、"疆独"势力特别是宗教极端势力滋生的土壤和温床,也在某种层面和程度上契合了习近平主席提出的总体国家安全观的战略意图。

(五)以东方智慧消解美国的围堵、遏制和霸权行径

美国的亚太再平衡战略,意在凭借其军事实力和政治经济文化霸权,围堵、延缓和遏制中国的和平发展。面对美国的盛气凌人和咄咄逼人,中国确立了与其不冲突、不对抗的中美发展新型大国关系的外交军事策略,问题在于,不冲突、不对抗并不是中国的一厢情愿就能实现的,作为中国,必须找到与美国不冲突、不对抗的实招,而建设"一带一路"的战略构想,正是消解美国围堵、遏制中国和平发展的充满中国传统智慧的巧招妙招。

"一带一路"建设战略构想的巧妙在于,应了"东方不亮西方亮"和

"大路朝天各走半边"以及"惹不起咱躲得起"的道理,因为乍看起来,好像是缺少血性的软弱表现,但冲突和对抗的你死我活与两败俱伤的零和博弈以及大规模的战争灾难并不是最佳选项,不到迫不得已,避实就虚、腾挪闪击、你活一块我活一块的"共生、共存、共活"的围棋思维,正是中国传统文明和智慧的"王道"消解西方零和博弈的"霸道"的最好体现。基辛格曾认为中国围棋的"共存共活"安全思维在战略层次上远比西方国际象棋的"全胜全败"来得高远与博大。① 事实上,了解新一代领导人的大国外交思路,了解其对军队的要做好打仗、打胜仗的准备,以及对军队人才的有能力、有血性、有操守的强调,特别是在维护钓鱼岛主权和南海权益方面的底线与强硬态度,见招拆招,刚柔并济,是真正的大智慧。

(六)打造"一带一路"经济圈,构建中国国际话语体系

在世界地图上,把"丝绸之路经济带"主干线和"21世纪海上丝绸之路"主干线示意图联系起来看,"一带一路"主干线构成了一个横跨亚、非、欧三大洲的新的经济圈,这个新的"一带一路"经济圈,隐隐约约地让人联想起我国古代盛唐时期中央王朝开放包容的大国气度和胸怀,这个新的"一带一路"经济圈,也正好覆盖了"世界岛"的心脏地带和"边缘地带"的战略要地。这个新的"一带一路"经济圈,是一种历史的巧合还是一种新的创造,给人们留下了深思的空间。由此可见,新疆的战略地位也日益凸显。笔者也大胆断言,这个新的"一带一路"经济圈,是新中国实现新"亚洲梦"、"世界梦"的新的出发宝地。随着新中国"亚洲梦"、"世界梦"的实现,中国这个有其东方智慧的泱泱大国,必将以自己的"和合主义"的"王道"话语重拾和构建新的国际话语体系,随着这个新的国际话语体系的构建,一个新的国际安全新秩序也将随着中国综合国力和文化软实力的提升强大而建立,这一点可以"一带一路"战略构想的国际回应、认

---

① 〔美〕基辛格:《论中国》,胡利平、林华、杨韵琴译,中信出版社,2012,第18~26页。

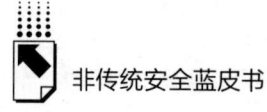

可与共鸣,特别是由中国主导和参与的"上合组织"、"亚信峰会"成员国、准成员国以及观察员国的日益广泛和增多为佐证。

四 "一带一路"建设可能面临的安全风险及其应对思考

(一)"一带一路"建设可能面临的安全风险

1. 面临的国际安全风险

"一带一路"覆盖的中亚、西亚、南亚、中东、北非等广阔穆斯林区域是宗教极端主义大肆泛滥的地区,以"泛伊斯兰主义"旧幡突然兴起的"伊斯兰国"以及对中国新疆的渗透,新疆周边国家地区的潜在政局动荡形势,跨界民族和跨国犯罪问题,美日挑拨下周边国家对中国崛起的担忧、提防、警惕,中国和美国、日本、印度、俄罗斯等大国利益博弈与竞合,马六甲困局对"21世纪海上丝绸之路"的可能干扰,都是"一带一路"建设中必然遇到的国际挑战与风险。

2. 面临的国内安全风险

随着丝绸之路经济带构想的实施,中国向西开放的陆路门户将大开,中亚、西亚、中东的宗教极端势力、国际恐怖主义势力会借机向中国新疆渗透,"泛伊斯兰主义"和"泛突厥主义"也可能借尸还魂,这样的话,新疆的"东突"势力和境外的宗教极端势力、暴力恐怖势力、泛伊斯兰主义可能内外勾连与呼应,处理应对不当的话,中国新疆和其他地区的"三股势力"的渗透破坏暴恐分裂会更加猖獗,这显然也是"一带一路"建设中必然遇到的难题。

(二)应对"一带一路"建设安全风险的思考

从国家总体安全观视角考量,中国需要对"一带一路"建设可能带来的安全风险进行识别与评估,并在此基础上进行预警预防与应急应对。

1. "一带一路"建设安全风险防范的国际应对思考

宗教极端势力和国际恐怖主义是国际社会的共同威胁和敌人,一方面,我们要在国际社会,凝聚"共生、共存、共活"的"优态共存"的"共享安全"的共识,共同应对极端宗教势力和国际恐怖主义对全球和人类的安全威胁;另一方面,要借助"上合组织"与"亚信峰会"共同反恐、维护安全的抓手,共同努力,配合协作,为地区和亚洲乃至世界和平创造和平和谐的国际安全新秩序,为中国周边和地缘安全乃至全球安全生态的改善做出大国应有的贡献。

中国和美国、日本、印度、俄罗斯以及欧洲等大国利益博弈与竞合,也是"一带一路"建设中不可回避的问题。随着中国经济总量"超日赶美",以霸权主义零和博弈"冷战"思维逻辑度中国和平发展大国君子之腹的事比比皆是,在国际社会制造和传播"中国威胁论"一时间甚嚣尘上。这就要求我们,一方面要在国际社会大力宣扬传播中国"亲诚惠容"、"优态共存"、"合作共赢"的和合主义外交理念和国际伦理价值观;另一方面,以综合国力和国防实力的提升应对传统安全威胁,以不惹事不怕事和准备打仗打胜仗的强军作为,争取和平安宁的国际环境。

"一带一路"建设构想,无疑是中国实现全球化全方位开放格局以及基于国家安全战略的一着高妙之棋,也是中国又一次出发和腾飞的新的起点,可即便是这样,把所有的鸡蛋放在一个篮子里也是有巨大风险的。就像下围棋,必须要有大局和全局观念,看似不重要甚至无用的一个或几个甚至更多落子,往往为腾挪闪击和取舍进退留下铺垫和妙手,有时甚至是胜败的关键。所以,"一带一路"建设中,把握重点和保持全球开放格局的平衡也是规避风险需要引起重视的。

2. "一带一路"建设安全风险防范的国内应对思考

新疆,特别是新疆南疆,历来就是"东突"疆独势力制造动乱暴恐进行分裂破坏活动的重灾区,随着丝绸之路经济带的建设,中国向西开放的陆路门户将大开,而新疆正好又是与三股势力活动猖獗的中亚国家接壤和邻近的边疆地区,因而,新疆极有可能成为中亚甚至西亚中东宗教极端和国际恐

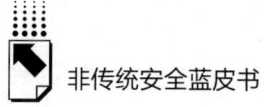

怖势力渗透破坏的重点地区。所以中国在实施丝绸之路经济带建设战略构想的过程中，必须特别注意建立抵御"三股势力"渗透的工作机制，尤其是要筑牢防范"三股势力"和"东突"疆独势力内外勾连进行分裂破坏的钢铁长城。

根据第二次中央新疆工作座谈会精神和习近平主席要把一切工作的着眼点和着力点放在新疆的稳定和长治久安上的讲话精神，在丝绸之路经济带建设中，既要按市场法则和规律办事，同时要特别注意根据边疆少数民族地区的实际，注重以宏观计划调控向边疆和少数民族倾斜，通过共同发展促进共同繁荣共同致富，切实做到惠民生，聚民心，增强边疆各少数民族广大人民群众对国家的认同感和向心力，要特别防止唯经济效益而经济效益，忽视社会效益的片面经济行为。

同时，在丝绸之路经济带建设中，还要注意处理好西部省份东联与西出的平衡关系。西出是国家整体的战略构想，中东西部要优势互补，拧成一股绳，共同西出进取，开拓市场和扩大出口贸易，促进全方位开放格局的形成。而在西部与中东部联系联合上，要通过经济抓手，建立密不可分的利益联系，并通过经济的深度融合，促进各民族心理文化上的交往、交流与交融，从而建立经济上和文化上的血肉相连的命运共同体，增强各民族对中华民族和文化的认同，进而实现边疆稳定和长治久安。

B.11

跨国犯罪的全球安全治理

——以烟草制品非法贩运为例

程 昉*

摘 要： 在全球治理的语境下，非传统安全的内涵与外延边界在不断地扩展与延伸。这期间不仅有来自理论界的思想探索，更与实务界的创新型实践密不可分。目前，一些重要的国际组织如联合国下属的执法部门、国际刑警组织等，积极应对非法贩运这一对全球安全日益造成威胁的新型跨国犯罪，通过持续不断地立法、执法、开展行动、做出评估，来推动成员国家共同合作。为更好地承担全球治理的国际法律义务，许多国家也积极调整内部法律、创新行政监管举措、加大刑事执法力度。而且，来自私人领域的跨国公司也从自身权益角度，出资、出力，联合一些研究机构积极介入该议题的研究和探讨，试图影响治理的方向与路径。这样的新趋势与内在逻辑变迁可集中体现在烟草制品非法贩运的相关研究报告与国际组织的文件与一系列行动上。本文所涉研究即在搜集大量相关资料的基础上，对以烟草制品非法贩运这一新型跨国犯罪的研究现况为起点；梳理国际社会的应对、典型性国家经验及对其的评价，重点对国际法框架下的多元共治现状进行分析，以期对国内应对新型非传统安全挑战提供较为翔实的基础研究资料与前瞻性的分析评价观点。

---

* 程昉，澳大利亚卧龙岗大学跨国犯罪预防专业硕士，浙江警察学院侦查系讲师，主要研究方向为跨国犯罪、经济犯罪侦查、比较刑事司法等。

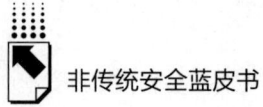

关键词： 非传统安全　跨国犯罪　烟草制品非法贩运　全球治理　国际法框架

一　引言

相关数据显示，全球非法烟草制品的年度总量约为6000亿支，占合法香烟总量的11%，导致每年的政府税收损失估计在400亿~500亿美元。① 在当前全球经济金融形势严峻、安全稳定难以一步到位的背景下，烟草制品非法贩运因对国家的贸易财政、法制监管及政治稳定造成巨大危害而备受关注。由于非法贩运的跨国特性，其危害性还不仅限于一国之内，跨国走私、造假对他国的经济贸易安全，甚至地区和全球的安全也都带来挑战。按照有关研究的评议，烟草制品非法贩运是"目前最大宗的非法贸易种类，也是仅次于毒品贩运的全球第二大获取非法利润的产业"②。参照一些研究犯罪学者和执法部门的理论研究与司法实践成果，经合组织（OECD）认为，近年来烟草制品非法贩运不仅与国际上臭名昭著的有组织犯罪集团多有勾结，而且与恐怖活动、恐怖融资关系密切。③ 世界海关组织（WCO）在其年度报告中指出，烟草制品的非法贩运成为次撒哈拉地区仅次于毒品贩运的第二大恐怖融资来源。④

---

① Joossens, Luk, "Illicit Tobacco Trade in Europe: Issues and Solutions", PPACTE Industry and Market Response, August 2011. http://www.ppacte.eu/index.php?option=com_docman&task=doc_download&gid=187&Itemid=29.
② Euromonitor International Passport "Illicit Trade in Tobacco Products 2012", p. 3. Euromonitor International，中文名称欧睿信息咨询，是一家专门提供市场数据和市场分析的研究机构。
③ OECD: 2012 FATF Report "Illicit Tobacco Trade", www.fatfgafi.org/media/fatf/documents/reports/Illicit%20Tobacco%20Trade.pdf, pp. 37, 38.
④ Illicit Trade Report 2012, World Custom Organization, 2013. 具体案例有：Hzebollah & Hammoud, 详见：The FBI report on terrorism, 2002-2005, http://1.usa.gov/1bYiUel; Case "Mr Marlboro", 'Uncatchable' jihadist kingpin said behind Algeria raid, http://reut.rs/1hpO6uU。

透过相关数据资料，不难发现近年来国际社会对非传统安全问题关注颇多，尤其是紧急地将非法贩运这一新型跨国犯罪及对其打击提上议事日程，甚至摆至触目惊心的位置。相关组织是如何具体描述该类非法行为给安全造成威胁的，其提供的治理和解决方案与建议有哪些，从自身国家的角度应如何解读国际共识及选取立场，这是本文力图解决的一系列问题。

二 烟草制品非法贩运的理论研究与司法实务现状

"冷战"结束后，与政治、军事相对应的传统安全威胁在逐渐淡出视线焦点，国际安全问题的研究开始扩展到人的安全、经济金融安全、公共卫生安全、生态安全、科技信息安全、文化安全等，其涵盖面非常宽泛。在此期间，跨国犯罪及其治理成为以联合国为中心的国际社会重点着手解决的问题。2000年联合国通过《打击跨国有组织犯罪公约》是一个具有里程碑意义的事件。按照当时主政的前联合国秘书长科菲·安南的话，这是"国际社会显示了对全球性挑战作出全球性应对的政治意志"，因为"只要犯罪是跨境的，执法便也应是跨境的。如果法治不止是在一个国家而是在多个国家遭到破坏，法治维护者便不能使自己局限于仅使用纯属国家性的手段。如果进步和人权的敌人们利用全球化的开放和机遇达到自己的目的，那么我们也应当利用这些同样的因素来捍卫人权和挫败犯罪、腐败和人口贩运等等。"①

2000年前后的一段时间，国际社会打击跨国犯罪的初衷不改，从最初

---

① 联合国打击跨国有组织犯罪公约及其议定书，前言部分。按照该公约第3条第二款的规定，有以下四种情形之一的犯罪都属跨国犯罪：一是在一个以上国家实施的犯罪；二是虽在一国实施，但其准备、筹划、指挥或控制的实质性部分发生在另一国的犯罪；三是犯罪在一国实施，但涉及在一个以上国家从事犯罪活动的有组织犯罪集团；四是犯罪在一国实施，但对于另一国有重大影响。据此可理解为，跨国犯罪应是指一个完整的犯罪事实，从其预备、实施到结果发生，涉及一个以上的国家；犯罪可导致两个或两个以上国家具备刑事管辖权；犯罪所适用的还是国内刑法，而不是国际刑法。文件详见联合国毒品犯罪办公室网站：www.unodc.org。

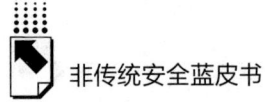

重点打击毒品非法贩运的司法实践,① 向关注人口贩运②、枪支弹药非法贩运③转移,并逐步形成了治理打击非法贩运的完整体系。④ 而最近的演变则体现在对烟草制品非法贩运的高度关注上,主要体现出以下特点。

(一)研究主体分类及其成果形式

目前,研究烟草制品非法贩运的主力军主要是一些重要的国际组织和区域组织。国际组织主要有国际刑警组织(INTERPOL)、联合国毒品犯罪办公室(UNODC)、经合组织(OECD)、世界海关组织(WCO)、世界卫生组织(WHO)、世界银行等。区域组织则以欧盟组织为代表。这些组织利用自身的国际资源,运用数据形成研究报告,并公布行动指南、创设联合行动来督促成员国家共同关注、共同治理。

其次是研究机构与学者。2013年和2014年,国际税收投资中心(the International Tax and Investment Center,ITIC)与剑桥经济研究所(Oxford Economics)联合制作了2期非法烟草指数报告,最新的年度报告名为《2013亚太区域14国与地区烟草非法贸易指数报告》(*Asia-14 Illicit Tobacco Indicator 2013*),该报告对位于我国周边的12个东南亚国家、地区及澳大利亚、巴基斯坦共14个国家、地区的烟草贸易进行了实证调研及数据分析。⑤ 一些国际咨

---

① 以1988年《联合国打击麻醉品及精神药物非法交易公约》为代表。
② 以联合国大会于2000年11月15日第55/25号决议,开放《联合国打击跨国有组织犯罪公约关于预防、禁止和惩治贩运人口特别是妇女和儿童的补充议定书》及《联合国打击跨国有组织犯罪公约关于打击陆、海、空偷运移民的补充议定书》的签署为标志。
③ 以联合国大会于2001年5月31日通过的第55/255号决议,开放《联合国打击跨国有组织犯罪公约关于打击非法制造和贩运枪支及其零部件和弹药的补充议定书》的签署为标志。
④ 国际刑警组织在国际犯罪学科高级研究院(International Institute of Higher Studies in Criminal Science,SISC)、联合国跨区域犯罪司法研究院(United Nations Interregional Crime and Justice Research Institute,UNICRI)、联合国毒品犯罪办公室(UNODC)、世界海关组织(World Customs Organization,WCO)和世界知识产权组织(WIPO)的支持下于2013年出版了《打击货物类非法贸易:决策者指南(COUNTERING ILLICIT TRADE IN GOODSA GUIDE FOR POLICY-MAKERS)》一书,该书全面论述了货物类非法贩运问题,详见:http://www.interpol.int/Crime-areas/Trafficking-in-illicit-goods-and-counterfeiting/Legal-assistance。
⑤ 该报告于2014年9月在国际刑警组织知识产权犯罪执法大会(越南河内会议)上公开发布。

询机构也连年出具与非法烟草制品相关的报告：毕马威咨询公司（KPMG）从 2005 年开始为菲莫国际（Philip Morris Companies Inc. PM）出具每年的 KPMG PROJECT STAR report，欧睿信息咨询公司也有专门研究成果——"Illicit Trade in Tobacco Products 2012"。以 Elizabeth Allen 为代表的学者则以独立研究人的身份开展研究，连续两年发布《如何应对烟草制品非法贸易》（*The Illicit Trade in Tobacco Products and how to Tackle it*）[1]，对全球的烟草非法贸易进行实证分析。

跨国烟草公司，特别是业界巨头也成为研究的重要参与者和支持者。排名世界烟草公司前列的菲莫国际（Philip Morris Companies Inc. PM）、英美烟草都是烟草制品非法贩运、非法贸易等研究的参加者和资金提供者。[2]

（二）关于全球及区域烟草制品非法贩运的主要数据与观点

烟草制品的非法贩运通过近年来的演化发展，已经形成了特定的内涵与形式，相关研究结果也具备特殊性。关于烟草制品非法贩运的研究成果与其他跨国犯罪研究相比，有其特殊之处，主要体现在以下几个方面。

一是非法烟草的比重已占到 10% 左右，而且"非法白烟"成为新的问题。

从全球范围看，近几年非法烟草制品的数量一直高达 6000 亿支左右。与烟草消费总量的比例则在逐年递增后稳定在 10%，即从 2005 年的非法比例为 6%~9%，2008/2009 年度增长到大约 11%，到 2012 年大约为 10%。[3]

---

[1] Elizabeth Allen, The Illicit Trade in Tobacco Products and how to Tackle it, Available at www.ITICnet.org.

[2] 国际刑警组织在《打击货物类非法贸易：决策者指南》中表明因接受了菲莫国际（Philip Morris Companies Inc. PM）一笔捐赠期为 10 年、总额为 1500 万美元的捐款而感谢。同样，欧盟反欺诈办公室作为《烟草控制框架公约》谈判的重要成员，也基于类似目的接受过四大烟草公司的捐赠。它们分别是：2007 年，日烟国际为其捐赠了一笔为期 15 年、总额 4 亿美元的款项；2009 年，菲莫国际决定分 12 年捐赠 12.5 亿美元；2010 年，英美烟草捐赠了 2 亿美元；同年，帝国烟草英国公司决定分 20 年捐赠 3 亿美元。

[3] KPMG, "Project Star 2011 results": http://www.p,i.com/eng/tobacco_regulation/illicit_trade/documents/project%20star%202011%20results.pdf.

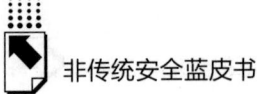

区域性的数据则更精确、更有时效性：2013年亚太14个国家与地区的烟草消费总量为760.1bn，其中国内合法出售（LDS）673.2，占88.6%，合法的从国外流入（NDL）4.3bn，占0.6%，非法消费82.5bn，占10.9%。[1] 以一国为例，无论欧洲国家还是亚洲国家，非法比例近年来呈现惊人的攀升。波兰查获的非法烟草比例从2009年的22%上升到2012年的59%。[2] 菲律宾在2013年的非法比例比2012年增长了198%。[3]

非法烟草的组成比较复杂，除走私烟和假冒烟外，还有无牌生产，如澳大利亚的自制烟（roll-your-own，RYO）"chop chop"、印尼的丁香烟（kretek）等，但因为目前只在国内自产自销不涉及跨境贩运，故不属于非法贩运问题的研究范畴。近年来，"非法白烟"又成为烟草制品非法贩运领域特别显著、最受关注的对象。[4] "非法白烟"在许多国家都有出现，特别是烟价相对较高的国家。其滥用现有国际贸易规则，利用不同国家间的法律法规差异，干着实质违法的勾当。与常见的走私烟和假冒烟行为不同，尚无恰当的罪名可将其入罪。

二是政府的税收损失数额成为重要指标。

按照欧睿信息咨询公司公布的数据，2012年全球合法政府因非法烟草导致税收损失在400亿~500亿美元，欧盟的损失为100亿欧元。[5] 亚太14

---

[1] 《2013亚太区域14国与地区烟草非法贸易指数报告》（Asia-14 Illicit Tobacco Indicator 2013），第11页。

[2] 具体数据来源于波兰财政部网站：www.mf.gov.pl/，对比图表见 Elizabeth Allen, The Illicit Trade in Tobacco Products and How to Tackle it, Second Edition, International Tax and Investment Center, p. 11, Available at：www.ITICnet.org。

[3] 《2013亚太区域14国与地区烟草非法贸易指数报告》（Asia-14 Illicit Tobacco Indicator 2013），第11页。

[4] "非法白烟"的另一称谓是"便宜烟"（cheap），是由口头称谓转化而来，多被理解为在一国合法生产、销售且售价低廉的品牌烟，而被非法销售到价高的另一国，常涉及合资生产经营的品牌产品。

[5] European Commission, Commission Anti-Fraud Strategy, 24 June 2011, "Action plan to fight against smuggling ofcigarettes and alcohol along the EU Eastern Border", http：//ec.europa.eu/anti_fraud/documents/preventing-fraud-documents/eastern_border_action_plan_en.pdf/MEMO/10/448, 27.

国与地区的税收损失总额达到39亿美元。损失最大的发生在菲律宾,其比上一年多损失了497%,其次是澳大利亚和印度尼西亚。

三是非法贩运网络和路径与一国的贸易情况相关。

烟草制品的非法贩运可能构成以下常见罪名:走私、侵犯知识产权、洗钱、有组织犯罪等,其符合跨国有组织犯罪的基本特征,因此相关研究描述分析了该跨国犯罪行为的网络与路径表现,主要区分了主要来源国、中转国以及目的国。

1. 主要来源国

白俄罗斯、越南、印尼、菲律宾、印度、柬埔寨、巴拉圭、乌克兰、俄罗斯、阿联酋、巴西、肯尼亚,当然还有众多的自贸区是"非法白烟"的来源国。中国、埃及、津巴布韦、巴拉圭则是主要的假冒香烟来源国。[1]

阿联酋、中国、韩国、菲律宾、越南都被认为是亚洲的非法香烟来源国。阿联酋迪拜的阿里港(JAFZA)因其世界第一大自贸区(Free Trade Zone)地位,也成就了其成为世界第一大非法烟草的制造国与中转国。既有世界大烟草公司及制造商落址其间,更有众多小型的烟草制造厂家在这里专门制造"非法白烟"(Illicit White)[2] 并销售给走私分子。"阿拉伯之春"导致北非、中东国家秩序丧失、政府管控能力降低后,走私分子大肆从迪拜阿里港出口非法白烟,通过中转埃及的塞得港(Said)自贸区,再从利比亚进口。数据显示,在利比亚暴乱高潮时期,进入利比亚的非法烟草有82%中转自埃及塞得港,其中又有57%源自迪拜阿里港(JAFZA)。[3]

2. 中转国

为了掩饰非法贩运路径以实现反侦查目的,犯罪分子经常要在几个港口

---

[1] WCO, Illicit Trade Report 2012, June 2013, pp. 18, 19, Available at, http://www.wcoomd.org/en/media/newsroom/2013/june/wco-publishes-its-firet-illicit-trade-report.aspx.

[2] 非法白烟(Illicit White)是特指在国外合法生产经营后通过走私等非法途径进口销售的香烟。由于生产国的香烟价格大大低于消费国的烟价,走私分子会不惜成本地进行非法贩运。非法白烟占非法烟草的比重巨大。

[3] 相关数据来自埃及海关2011年6月至2012年1月的统计资料。英文资料来源于:Elizabeth Allen, The Illicit Trade in Tobacco Products and How to Tackle it, Second Edition, International Tax and Investment Center, CS-3, p. 42, www.ITICnet.org.

多次转运。在转运港口，货物可以通过特殊手法换装到其他的集装箱或船只上，因而导致货运记录被混淆、篡改。这样的偷梁换柱手法多发生在最大和最繁忙的海关关口，最常见的非法中转国有巴拿马、巴西、新加坡、希腊、阿联酋以及俄罗斯。① 新加坡和杜拜因是全球集装箱第一大和第七大吞吐港，也经常成为中转港口。

3. 目的国

无论是烟价高昂的国家还是低廉的国家，对应着几乎所有发达国家和欠发达国家，都有可能成为非法贩运香烟的目的国。也就此证明烟草非法贩运将会对国际社会造成的广泛而深远的负面影响。

（三）现有的治理框架与举措

由于非法贩运问题的多源性、不均衡性、不确定性和跨国性，凌驾于国家之上的国际性权力机构设置与能力配备的缺失或者不力，长期以来并没有形成有效的解决方案。但是来自国际组织的各种努力一直未有停止。一是通过国际组织制定国际法律、文件来约束国家个体来遵循已达成一致的应对模式，承担相应的法律责任，提高合规水平，从而最大限度地体现国际社会对全球性的非传统安全问题的关注与努力，实现更大范围的和平与稳定。二是提倡共同标准之下的执法能力提升与执法合作的加强。三是通过全球执法机关共同参与的专案行动来切实打击烟草制品的非法贩运。

首先，近年来打击烟草制品非法贩运的国际法律框架已基本形成。因其属于跨国有组织犯罪，《联合国打击跨国有组织犯罪公约》和《联合国反腐败公约》是规制该种行为的基础性法律；2003年《烟草控制框架公约》（WHO FCTC）与2012年《消除烟草产品非法贸易议定书》是专门性法规。②

其次，由于国际法的效力仅仅是对法律义务进行绑定，实际上没有切实的处罚机制，因此必须有配套政策、措施的保障。在相关的法律政策文件

---

① Elizabeth Allen, The Illicit Trade in Tobacco Products and How to Tackle it, Second Edition, International Tax and Investment Center, p. 14, www.ITICnet.org.

② 世界卫生组织网站，http://www.who.int/gb/fctc/C/C-Index.htm。

中，就打击烟草制品非法贩运的具体制度设计有不少创新点。要求在监管环节施行供应链控制、运输管控，启用追踪与追溯系统；[①] 在刑事执法环节要加大执法力度，运用控制下交付、电子监控、秘密侦查等特殊侦查措施，以及配套证人保护、污点证人等制度；[②] 而且倡导国家内部不同执法主体间的合作以及不同国家间的国际执法合作。

为提高公众对烟草制品非法贩运问题的认识度、显示国际社会对该类行为的打击决心，国际执法部门还开展多项全球专案行动，切实地打击该类犯罪。国际刑警组织在2012年打响的"黑色波塞冬行动"就是专门针对全球范围内的非法贩运的。该行动为其4周，在欧盟支持下，国际刑警组织打击非法贩运与假冒货物部门联合白俄罗斯、格鲁吉亚、摩尔多瓦、土耳其以及乌克兰的执法人员共展开了1700多次的分行动，最终缴获价值1.22亿欧元的非法货品，逮捕了1400余人，其中所涉的大部分物品是非法的烟草及其制品。[③]

三 烟草制品非法贩运带来的安全危机新认识与治理变化

从相关文献资料来看，关于烟草制品非法贩运问题的研究不仅限于理论研究界，即学者们在国际经济、国际法的理论研究层面，通过运用理论工具的演化、推理等先验方法对这一问题进行了多维度、全面和深入的分析描述的同时，更为重要的是在司法实务界，有很多的举措在立法、行政监督和刑事执法层面在具体地实施。如此的互动对烟草制品非法贩运问题的解决是非常有益的，并且已经给原本的跨国犯罪及其治理研究带来了新的内容。

---

① 《消除烟草制品非法贸易议定书》第三部分。
② 《联合国打击跨国有组织犯罪公约》第20条，《联合国反腐败公约》第50条。
③ Against Organized Crime: Interpol Tpafficking and Counterfeiting Casebook 2014, http://www.INTERPL.INT, Operation Black Poseidonhttp://bit.ly/1gunvra.

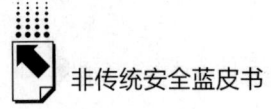

(一)将跨国犯罪这一安全问题由偏重保护人权转向保护贸易规则及知识产权

非法贩运问题由来已久,但在已过去的一百多年历史中,最常见的是毒品贩运和人口贩运,国际社会对跨国犯罪的高度关注是在2000年《联合国打击跨国有组织犯罪公约》公布前后。而且主要关注的是对人的基本权利造成危害的犯罪类型,比如毒品贩运、人口贩运。其中以两个与人口贩运有关的补充议定书出台时间为高潮。当时的前联合国秘书长安南曾经对人口贩运问题发表意见,认为"犯罪集团抓住一切时机利用当前经济的全球化以及随之而来的各种尖端技术,进行人口贩运,特别是以强迫和剥削妇女儿童的劳动,包括性剥削为目的的贩运,这是联合国当前所要面对的对人权的最粗暴的侵犯"。[1] 以联合国为代表的国际社会最高权力组织以国际公约为工具,对其下的国家个体在保护人权方面提出了国际标准。但是由于人权问题的政治性、意识形态性特征,国际间的一致程度并不高。截至2008年,共计2388份公开出版的关于人口贩运问题的研究报告中,拥有相同标准的仅为741份。[2]

2008年新一轮世界金融危机后,在国际社会起主导作用的一些发达国家开始特别关注国际贸易领域的非法贩运,尤其是涉及国家经济利益和知识产权的一类非法贩运,其间的2012年,国际刑警组织新设了Trafficking in Illicit Goods and Counterfeiting(TIGC)这样一个部门,从而在机构设置的监管上增设了非法贩运这一类新受监管行为。在将来相当长的一段时间内,国际刑警组织在跨国犯罪问题上将重点关注的四大领域是网络安全、边境管理、安全都市、产业供应链安全,这些都与贸易安全有较大的关系。[3]

---

[1] 联合国《打击跨国有组织犯罪公约及其议定书》,前言部分。
[2] Gozdziak, E. M., and Bump, M. N., Data and Research on Human Trafficking: Bibliography of Research-Based Literature, Georgetown University, Washington D. C., 2008.
[3] 国际刑警组织将于2015年5月在新加坡举办的2015国际刑警组织世界展会就围绕该四个分议题展开。参见www.interpol-world.com。

（二）与国际政治经济发展趋势紧密契合

烟草制品非法贩运从表面来看是犯罪和司法领域的问题，但事实上更复杂，法律问题之下的经济安全问题对国家安全而言是更重要的。2008年全球金融危机过后，国际经济增速放缓。从国家利益的立场出发，一些经济体已明显地转而注重维护经济秩序，其中的重要内容就是金融、贸易等。非法贩运本身与对外贸易紧密相关，而烟草制品还对一国的财政税收影响重大，因此难免成为焦点。近期的TPP、TTIP及"一路一带"战略的提出都是从不同角度呼唤新的贸易规则。也有学者提出，将来的国际安全会集中在经济领域，甚至会打起汇率战、货币战、贸易战。[①] 打击烟草贸易非法贩运实际是发达国家主导的现有国际司法体系从特定领域对该问题做出的及时、主动的应对，也是通过更具跨国性和沟通性的语言和价值观，从犯罪与司法问题的解决来推导国际贸易新规则的构成。

（三）偏重实务创新，"做的"多过"说的"

与其他类别的跨国犯罪及其治理不同，烟草制品非法贩运及其治理是偏重实务的。[②] 首先，由于烟草生产历史悠久，作为一项产业经济，对其整个产业链的监控是较为专业、规范和透明的。其次，由于烟草包含高税率，是一国财政税收的主要来源，与其相关的话题会特别敏感和受关注，因此很多决策是慎重的。另外，由于涉及进出口贸易环节，受到的监管更多。综合上述因素，近年来对烟草制品非法贩运的治理是良策多多，创新不断。将其进行综合归类后，主要体现在以下两方面。

一是最高政权机构优先重视烟草非法贩运问题并提供充足的资源。具体包括对此问题的性质规模有相当的理解与监管；尤其关注对生产环节、进出口与中转环节及自贸区的监控；采取均衡的税收政策；分析现有的立法与行

---

① 李平、李华：《中国如何应对全球量化宽松风潮》，《学习与探索》2014年第1期。
② 任琳：《多维度权力与网络安全治理》，《世界经济与政治》2013年第10期。

政监管是否有对应的刑罚及阻遏；对所有的烟草法规有针对性的评估；保证执法机构有足够的资源与权力，包括财力、人力；提高公众意识；加强国家间的国际合作；与经营单位，包括私人部门的合作等。①

二是实行供应链证书制、海关追踪追查制度；涉及跨国行为的，建议使用刑事司法协助 MLA 及行政执法协作 MMA。② 特别要求支持国内的行政部门、中介机构（如金融情报中心、司法互助、引渡国家中心局等）和司法或准司法当局，如诉讼服务机构的共同参与。虽然每个机构都有自己的责任，但合作的途径和渠道也至关重要，可以确保持续的对话和一个有效的信息流动。例如，涉及非法贩运货品出入境的案件，警察机构就必须和海关相互对话；对特定货物，海关和警察机构还须建立牢固的合作关系与固定的合作机构；非法贸易借用金融渠道进行洗钱则要求金融情报单位、检察院与警察之间顺畅沟通。

四 国家决策部门在应对烟草制品非法贩运时应考虑的问题

首先，由于对烟草制品非法贩运的打击属于国际合作议题，行动的跨国跨境、众多国际机构分工的不明确，导致"对于解决当前的全球困境，全球体系所做的努力在许多方面是无效且不负责任的"。③ 治理工作过于庞大，实效性的确难以评估。治理主体多元导致责任推诿，治理者与被治理者的分离导致沟通不畅、立场不一致，所有的"灰色地带"都会削弱治理的有效性。其次，国家间的不均衡由来已久，只是最近几年有所变化，新兴国家崛起及传统发达国家的式微动摇了原有的全球治理结构，而这些大国不愿承认也不愿做出行动改变，大国主导治理议程仍随处可见；非国家行为体在面对

---

① Elizabeth Allen, "The Illicit Trade in Tobacco Products and how to Tackle it", www.ITICnet.org.
② 详见《烟草控制框架公约》和《消除烟草制品非法贸易议定书》。
③ David Held, "Reframing Global Governance: Apocalypse Soon or Reform!" New Political Economy, Vol. 11, No. 2 (June 2006), pp. 157–176.

非传统安全问题时的无力；以及大国权力的乘虚而入，绑架新兴国家和发展中国家。以国际刑警组织为代表的国际组织较为随意地接收相关企业的大额捐赠，是否会影响其决策和行动的公正性也成为质疑烟草制品非法贩运全球治理的合法性、公正性的声音。即便有不少的问题，比较而言，近年来国际社会对跨国犯罪带来的安全问题的治理还是很得力的。因此对中国国内政策、行动方案的制定产生了影响。

（一）明确烟草制品非法贩运的非传统安全特性

研究制定治理战略与对策，首先应当明确被研究对象的性质，特别是类型性特征，以便于准确应对。由于烟草制品非法贩运是跨国的，具有普遍危害性等特征，所以它首先属于非传统安全这一大的范畴。其次，依据国内权威学者的意见，又可以将其归类为"双源性"非传统安全威胁。[①] 理由如下：烟草制品非法贩运发生在国家边境内外、对国内乃至世界各国产生的危害严重，国家需要以外交与内政复合应对之。具体地从行为主体看，因非法贩运属于国际贸易行为，违法犯罪者不可能以一人或一方完成，必须内外联动；行为路线涉及来源国、中转国、目的国；侵害的客体是多重法益：有个人的健康人身权、财产权，政府的管理制度、财税收入，因为涉及恐怖融资，侵害了更大范围的社会稳定与安全。

由于烟草制品非法贩运的"双源性非传统安全威胁"特性，在应对时尤其要关注其两难性质，治理方式的选择上要考虑到其复杂性、联动性和威胁的广泛性。

（二）国际法框架下的国内治理

烟草制品非法贩运及其治理同其他的跨国犯罪问题相似，是由国际社会最先予以关注，并以国际法律文件的形式在一定范围内予以固化，形成成文

---

① 余潇枫：《非传统安全治理与"和美中国"》，《中国非传统安全研究报告（2012~2013）》，社会科学文献出版社，2013，第18页。

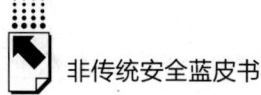

法律。与国内法不同,国际法对国家内部行为并无事实上的强制效力,它只是一种绑定效应(Binding)。常规的国际法机制体现为:国内问题产生国际影响;超国家的主体制定国际法律、规则作用于国家个体;国内内部立法、司法实践受检视,并对国际法律、规则的修订、完善起反作用。

以我国为例,在加入国际公约,如《禁毒公约》、《联合国打击跨国有组织犯罪公约》及其补充议定书、《联合国反腐败公约》后,在禁毒、反洗钱、反人口贩运等领域都有了国内法的跟进。但是执行细节和效果与国际法的要求还是有现实差距的。在成文法的前提下,如何执行法律是今后工作的重中之重。

烟草的非法贩运问题相对较新,但是由于其非传统安全特性、跨国有组织犯罪特性显著存在,治理起来难度只会更大。在国际标准面前,做好两法衔接,提高司法实效都是要面临的巨大挑战。

(三)拓展"领域外交"的具体路径

按照学者的观点,以国际警务合作为代表的"领域外交"已成为整体外交的重要组成部分,并由此介入国际体系。① 但能够真正对国际规则起到"决定者、影响者"的作用,还是要拿自己的治理能力与实力来证明的。②

从2013年亚洲14国烟草非法贸易专项研究来看,亚洲主要国家在这个专门议题上都集体失声,包括情况特殊的中国。毫无疑问,作为新兴国家、发展中国家,中国应更主动积极地参与国际或区域问题治理,除立法、谈判、研究以外,更应投入人力、物力参加到执法合作当中。在过去几年中,由中国主导的湄公河流域国家协作参加的"中老缅泰湄公河安全执法合作机制"的创设③,就是一个成功的范例,应当有所推广。事实上,我国的立

---

① 向党:《警察外交的特征和发展趋势》,《中国人民公安大学学报》(社会科学版)2012年第1期。
② 余潇枫:《论中国如何参与全球安全建设》,《国际关系研究》2014年第2期。
③ 程昉:《"后湄公河惨案时期"中国东盟执法安全合作机制构建》,《喀什师范学院学报》2014年第5期。

法日益完备、执法能力也多被肯定。中国警察、海关等在国际刑警组织打击非法贩运的国际执法合作中做出的贡献也是有目共睹的。在特殊侦查措施、战略、积极地借助权利人的资源等方面都有很多值得推广的案例。但是，如何主动地发起国际行动、作为请求人要求对方国家给予更多的协作，如何就商业秘密类案件开展合作办案是今后应当重点予以考虑的。一是因为主动就有主导的可能；二是在涉及国家创新能力的知识产权问题上，尚留有主导变化的空间，完全可以通过成功办理大案难案，先人一步抢得制定规则的先机。

（四）重点关注自贸区、互联网非法贩运等问题

由于立法与实务的时间差，现有的国际法律文件并未提及对于利用自贸区及互联网非法贩运问题的处置。但事实上这些新问题的挑战颇大，需要国家防控机制的制定者有前瞻性的考量。需要研究烟草制品非法贩运的线路，哪些国家是来源国、中转国及目的国。设有自贸区的国家、地区应当重点关注，如亚洲的中国香港地区、新加坡、中美洲的伯利兹（Corozal Free Zone，CFZ）。自贸区海关监控的减弱，是非法贩运问题的原因之一。为此，世界海关组织（WCO）、世贸组织（WTO）提供过《京东公约》附录 D2 来专门指导该问题的治理，国际商会"阻止假冒和盗版商业行动"（Business Action to Stop Counterfeiting and Piracy，BASCAP）项目还出版了专门的评价和建议。① 同样，利用互联网实施烟草制品非法贩运这一新挑战，尚有许多空白之处。由于涉及技术标准、国家安全、个人隐私权等一系列问题，治理的难度只会更大，而且必须面对和应对这个难题。

五 结语

烟草制品非法贩运伴随国际贸易在全球泛滥，作为世界第一烟草消费国

---

① BASCAP, May 2013 - http://www.iccwbo.org/Advocacy - Codes - and - Rules/BASCAP/International - engagement - and - Advocacy/Free - Trade - Zone/.

的中国概莫能外。中国的地位和状况要求其不仅参与全球治理，更要积极作为，甚至能够提供公共产品来反馈和服务于国际社会。就非法烟草问题而言，它不仅有公共安全隐患、带来财政税收损害，还可能被跨国犯罪组织用来渔利，甚至最终流向恐怖分子的腰包。如何在国际法的框架下，参与全球治理，的确已迫在眉睫。但紧迫之余，仍需对问题的诸个方面细细分析考量，通过比较他国情形，为制定中国的战略对策提供参考，这实在是写作本文的初衷所在。

B.12
中国移民安全问题综述

章雅荻*

摘　要： 国际移民是全球化与国际贸易发展的必然结果之一。按照移民安全威胁发生的源起地，我们可以把中国的移民安全问题划分为内源性移民安全、外源性移民安全、双源性移民安全以及多元性移民安全问题。内源性移民安全问题包括富人、知识精英与资产的外流；外源性移民安全问题包括在我国境内的跨境人口风险与挑战；双源性移民安全问题包括在我国边境地区因移民而带来的一系列安全问题；多元性移民安全问题与动用军事力量保护我国在海外的华人华侨相关。本文试图从宏观层面通过描述统计、比较分析、聚类分析等方法勾勒出2014年中国移民安全问题的总体画面，这有利于我国对新时期下非传统安全威胁的识别、管理与评估，也有利于提高我国政府的执政能力以及我国的国际形象。

关键词： 移民　非传统安全　威胁

一　非传统安全视域下的移民问题

在深度全球化的背景之下，"移民"问题已经成为当今国际社会与区域合作之间的焦点之一。进入21世纪以来，随着全球人口流动逐步加快，各

---

* 章雅荻，浙江大学公共管理学院非传统安全管理专业博士研究生，主要研究移民安全问题。

国政府在对移民数量的管控、非法移民的打击、外籍劳工的工资与福利保障、移民人口所带来的环境与生态威胁以及移民的融入与认同等方面的合作也逐步加深。2013年10月,联合国"国际移民和发展"高级别对话举行。潘基文指出,如今,移民的来源地和目的地都比以前增多,应改善公众对移民的认识,将移民问题纳入发展议程,就移民问题增强合作。世界移民人口数量在2013年已经达到2.32亿人,占世界人口总数的4.2%,比2010年增加0.18亿人,比2005年增加0.37亿人。2000~2013年,移民人口数量年平均增长率为2.2%。[1]

本部分试图回答两个问题:移民问题是一个安全问题吗?移民问题是一个非传统安全问题吗?

(一)移民问题是一个安全问题吗?

移民是指人口在地理或空间上的流动,从原住地移到目的地因而居所发生改变的行为。[2] 联合国等国际组织关于"国际移民"(international migrants)或"跨国移民"(transnational migrants)的基本定义是:跨越主权国家边界,以非官方身份在非本人出生国居住达一年以上的群体。[3]

20世纪90年代以来,西方学者已经逐步把移民问题纳入安全研究的框架下。第一个将移民问题纳入安全框架的是美国麻省理工学院的教授麦伦·维纳(Myron Weiner),[4] 他在1993年出版的《国际移民与安全》一书中认为难民潮必定会影响到和平与安全。[5] 同年,巴里·布赞与奥列·维夫在《认同、移民与欧洲的新安全议程》一书中认为移民所带来的认同危机是

---

[1] 《移民解读:中国国际移民报告(2014)》,浙江在线-教育频道,2014年3月5日,http://edu.zjol.com.cn/system/2014/03/05/019892830.shtml。
[2] 刘云刚、陈跃:《1990年代以来在华跨国移民动态特征》,《世界地理研究》2014年第23卷第4期,第3页。
[3] 李明欢:《国际移民治理的现实困境与善治趋势》,《人民论坛·学术前沿》2014年7月第14期,第75页。
[4] Maggie Ibrahim 2005, *The Securitization of Migration: A Racial Discourse*, International Migration, Vol. 43, No. 5, p. 169.
[5] Myron Weiner (ed.) 1993: *International Migration and Security*, Westview Press, p. 23.

"社会安全"（Societal Security）的一种表现，而此安全是当前理解欧洲新安全日程的有效工具。此后有大量学者将移民问题作为一个安全问题。至此，移民问题慢慢转型过渡到国际安全领域。

2000年以来，学术界对移民安全问题的研究区域主要集中在欧洲、北美以及东南亚。其中以研究欧洲移民安全问题的论著、文献最多。在欧洲移民安全化问题中最具有代表性的学者是英国肯特大学的杰夫·休斯曼斯教授（Jef Huysmans）。早在1995年他就发表了《移民作为一个安全问题：社会事件安全化的危险》（*Migrants as a Security Problem: Danger of "Securitizing" Societal Issues*）一文，2000年他又发表了一篇题为《欧盟与移民安全化》[①]的文章，提出移民问题是一个源事件（meta-issue），欧盟移民的安全化基于三个主题：国内安全、文化安全及福利保障的危险。2006年他出版了关于移民与安全的新书《不安全的政治：恐惧、在欧盟的移民与避难者》[②]，书中详细讨论了移民的安全化与欧盟关于移民的安全政策与应对。

在移民安全化领域中关于移民本身及所在国的影响方面具有代表性的欧洲研究学者有简恩·弗里曼（Jane Freeman）与迪迪尔·比格（Didier Bigo）；关于人口流动对地区安全的影响的代表人物有：菲奥娜·亚当森（Fiona Adamson）、李希尔·凯尼恩（Lischer Kenyon）、吉尔·勒舍（Gil Loescher），他们研究的内容大多集中在移民对社会带来何种威胁？如何用话语建构移民形象？安全化的措施有哪些？安全化的话语环境是什么？

对北美的移民安全问题研究远不如欧洲的研究数量多。具有代表性的是萨缪尔·亨廷顿2006年出版的《我们是谁？——美国国家特性面临的挑战》，此书提出"移民冲突论"，认为大量拉美裔移民的涌入对美国的国家特性构成挑战。菲利普·布尔博（Philippe Bourbeau）于2011年出版了《移民的安全化：一项关于流动与秩序的研究》，该书运用了安全化理论与对大量官方发言及媒体报道的文本分析详细而深入地从安全的指涉对象、安全化

---

① Jef Huysmans: The European Union and the Securitization of Migration, *Journal of Common Market Studies*, Vol. 38, No. 5, pp. 751–777.
② Jef Huysmans 2006: *The Politics of Insecurity: Fear, Migration and Asylum in the EU*, Routledge.

主体、安全威胁、安全化结果四个方面对法国与加拿大移民安全化问题进行对比研究。① 玛吉·易卜拉欣（Maggie Ibrahim）的《移民安全化：一种种族的话语》② 一文研究了加拿大的新闻媒体如何利用言语创造出中国偷渡船民的形象，使移民变为一个安全问题。

关于东南亚的移民安全化的文章数量就更少。在研究东南亚移民时，主要侧重点在于劳工移民。亚利桑那州立大学的亚历山大·R. 奥利弗安托（Alexander R. Arifianto）的《跨国劳工移民的安全化：以马来西亚与印度尼西亚为例》，这篇文章指出了来自印度尼西亚的劳工在马来西亚的安全化问题影响到两国关系。③ 在2010年出版的《安全化困境：亚洲的视角》④ 一书里收录了两篇关于移民安全化的文章，分别是约瑟夫·庆永·廖（Joseph Chinyong Liow）的《马来西亚处理印尼劳工的方法：安全化、政治化，还是宣泄?》与普里杨卡·乌帕德亚雅（Priyankar Upadhyaya）的《从"去安全化"的视角研究孟加拉移民问题》。

总的来说，国外关于移民与安全化的研究可以分为以下六个方面：安全的指涉对象、安全行为体、安全威胁领域、安全化的程度、安全化结果、安全化强弱程度的评估等。移民问题通过安全化这一有效的理论工具成功成为一个安全问题。

移民问题不仅是一个单一的安全问题，还是一个复杂的、多元的、综合性的安全问题。外来移民大量涌入，不仅对本国国民的就业带来压力，还会给本国的社会保障福利带来负面影响；同时，移民问题还与社会公共安全问题、公共卫生问题以及文化安全问题相关。更重要的是，移民问题的解决还将涉及一国外交能力与军事力量。因此，移民安全问题是一个多维安全问

---

① Philippe Bourbeau 2011：*The Securitization of Migration：A Study of Movement and Order*，Routeledge.
② Maggie Ibrahim，*The Securitization of Migration：A Radical Discourse*.
③ Alexander R. Arifianto：The Securitization of Transnational Labor Migration：The Case of Malaysia and Indonesia，*Asian Politics and Policy*，Vol. 1，No. 4，pp. 613 – 630.
④ 梅利·卡拉贝若-安东尼、阿尔夫·埃莫斯、阿米塔夫·阿查亚编著《安全化困境：亚洲的视角》，段青编译，浙江人民出版社，2010。

题，涉及习近平于 2014 年提出的国家安全体系中的政治安全、经济安全、文化安全、社会安全四种安全问题。

（二）移民安全是一个非传统安全问题吗？

中国学者李明欢强调："移民是本土的，也是区域的、世界的。随着数以亿计的人口跨境流动，'国际移民'与'跨国迁移'正日渐成为不同民众的生活实践，这已形成对既有民族国家边界的冲击，全世界主要大国都面临人口流出、流入或流动过境三种并存形态的人口生态。"[1] 移民安全问题具有非传统安全问题的一般特征：非军事武力性、跨国性、威胁的普遍性、不确定性以及治理主体的多元性。在这些特点中最为突出的是移民安全威胁的跨国性与治理主体的多元性。首先，移民安全问题必然涉及移民输出国与移民输入国，在某些国家，甚至还涉及移民的中转国。所涉及的国家远远超过一个。我们以澳大利亚非法移民为例，2001 年 8 月 27 日，400 多名难民乘坐的偷渡船在前往澳大利亚的途中不幸在海上遇难，一艘挪威籍货船"坦帕号"将难民们救上船，继续驶往澳大利亚，但是澳大利亚政府拒绝接受难民的避难请求，这些难民大多来自阿富汗。"坦帕号"事件就牵扯澳大利亚、阿富汗、挪威、新西兰等多个国家。除此之外，每年有成千上万来自伊朗、阿富汗和巴基斯坦的偷渡者试图通过乘船方式移民到澳大利亚，而印度尼西亚则是非法移民前往澳大利亚的"中转国"。同样，近年来俄罗斯境内的非法移民增多，根据俄罗斯移民局资料，俄罗斯的非法移民数量在 200 万～500 万人。有些专家认为实际数量会更多。[2] 俄罗斯主要边境地段的非法移民情况分为：①俄－哈边境，②俄－乌边境，③中－俄边境。俄罗斯境内非法移民问题就涉及俄罗斯、哈萨克斯坦、乌克兰、中国四个国家。

其次，正因为移民安全问题牵扯多个国家，所以只有通过双边条约、多

---

[1] 李明欢：《国际移民治理的现实困境与善治趋势》，《人民论坛·学术前沿》2014 年 7 月第 14 期，第 75 页。
[2] 《俄罗斯对非法移民说不》，《俄罗斯之声》2013 年 1 月 10 日，http://sputniknews.cn/radiovr.com.cn/2013_01_10/100631468/。

边条约、地区合作、区域安全机制、论坛以及各个国际组织相互配合才能够彻底解决移民安全问题，为地区营造良好的安全环境。关于双边合作，针对俄罗斯的非法移民问题，2001年7月中俄签订了睦邻、友好与合作协议（旨在打击边境非法移民维护边境稳定）。就东南亚而言，2006年5月，马来西亚与印度尼西亚签订了谅解备忘录，同年8月，泰国与缅甸签订了谅解备忘录。印度尼西亚与澳大利亚在打击非法移民的问题上，合作密切，两国共同进行海上巡逻，双方搜救机构联系密切，印度尼西亚是澳大利亚的重要防线，为此澳大利亚政府长期以来在协助印度尼西亚打击偷渡活动时给予资金支持。澳大利亚于2013年11月与澳门特别行政区签订了《打击非法移民活动谅解备忘录》。该备忘录涉及多方面的合作，包括建立正式沟通渠道机制、举办专业课程培训等。国际方面，2006年9月14日，联合国首届"国际移民与发展高层对话会"在纽约总部举行，127个成员国派出了包括1位副总统、47位部长级代表在内的大批高层官员参与。此次大会提出了"各国政府合作营造移民自身、移民原居国、移民接纳国三方共赢"的目标。①2013年在纽约举行了第二届"国际移民与发展高层对话会"。关于移民安全的会议、组织、合作机制也层出不穷。如：东盟关于跨国犯罪的部长级会议（ASEAN Ministerial Meeting on Transnational Crime）、亚太安全与合作委员会（Council for Security and Cooperation in the Asia-Pacific）、东亚安全共同体（East Asian Security Community）、国际移民政策项目（International Migration Policy Programme）、联合国难民事务高级专员公署（United Nations High Commissioner for Refugees）、太平洋移民议长会议（Pacific Immigration Directors Conference）、关于移民劳工权利保护与促进的宿务岛宣言（Cebu Declaration on the Protection and Promotion of the Rights of Migrant Worker），还有国际移民组织（International Organization for Migration）和国际劳工组织（International Labor Organization）。截至2008年，全世界193个国家中，共

---

① 李明欢：《国际移民与发展：相互依存三方共赢——联合国2006年系列报告述评》，《华人华侨历史研究》2007年第3期。

有 37 个国家批准了《国际劳动移民保护公约》。① 另有联合国 1990 年关于移民劳工与其家属的权利公约（The UN 1990 Convention on the Rights of Migrant Workers and Their Families）与联合国反跨国犯罪公约（UN Convention against Transnational Organized Persons）。

移民安全问题由于其自身具有非传统安全的特点，只有在多边安全合作机制与平台下，以共建、共享、共赢的新型安全观念为基础才能彻底解决与有效应对。

二 2014 年中国移民安全问题

目前中国的学术界不常使用移民这一概念，替代性的概念有：跨国流动人口、华人、华侨、外来人口等。概念使用不统一会带来研究标准不统一、话语体系不统一、认识角度不统一等负面影响。因此，在本文，笔者将所有涉及人口流动的现象统称为移民问题。但并不是所有的移民问题都是此篇文章的研究对象，只有当移民问题成为安全问题时，才能够被纳入本文的研究范围。

余潇枫在《非传统安全治理与共享安全》一文中提出，从安全事件或安全威胁的发生源起地和国家应对方式（外交为主还是内政为主，或是并重）分析，典型性非传统安全还可以细分为"内源性"、"外源性"和"双源性"与"多源/元性"四个类型。② 本文按照此标准将移民安全问题也分为四类。

（一）"内源性"移民安全问题，具体指中国移出的移民，继而反过来再次影响本国的一种非传统安全问题。2013 年 9 月，联合国发布了《世界移民报告》。报告称，2013 年全世界共有 2.32 亿移民，占全球总人口的

---

① 《全球移民已达两亿人，联合国庆祝"国际移民日"》，中国新闻网 2007 年 12 月 19 日，http://www.ynpxrz.com/n321940c1414.aspx。
② 余潇枫：《中国非传统安全研究报告（2013～2014）》，社会科学文献出版社，2014，第 8 页。

3.2%，其中欧洲和亚洲的移民人数最多。① 截至 2013 年，中国海外移民存量已经达到 934.3 万人，23 年增长了 128.6%，已成为世界第四大移民来源国。② 从图 1 可以看出，自 1993 年以来，我国的移民赤字数据越来越大。大量的富人、人才、精英流入海外，这对我国健康、和谐社会的构建有着重大影响。

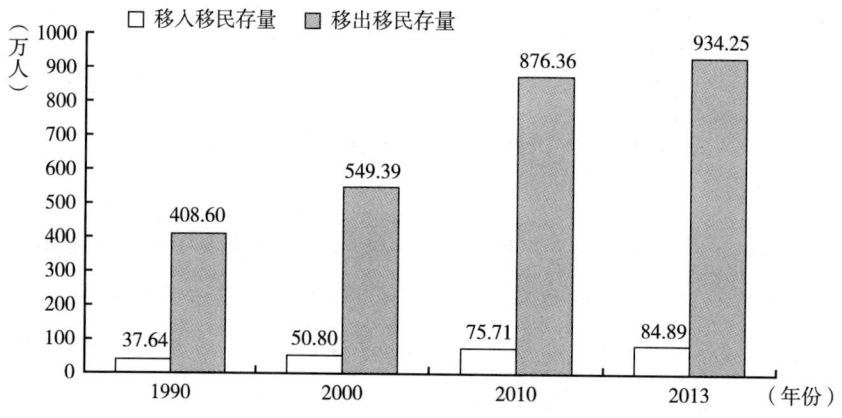

图 1　1990~2013 年中国移民赤字

资料来源：《中国国际移民报告（2014）》。

不仅移民数量大幅度增长，目前中国富人阶层在海外置业、海外投资也日益强劲。由中国与全球化智库（CCG）及社会科学文献出版社共同编撰出版的国际人才蓝皮书：《中国国际移民报告（2014）》指出，从 2011 年起中国人就成为美国第二大海外房地产买家。2012 年，中国人在美国购房的总价值高达 123 亿美元。③

海外投资热与海外购房热导致中国富人阶层的大量流失以及大量国内资金向海外转移的安全问题。据中国与全球化研究智库调查，约 70% 的被访

---

① 《大数据解读 2013 世界移民报告：中国移民美国人数最多》，《199IT 互联网 TMT 数据》2014 年 4 月 29 日，http://www.199it.com/archives/216052.html。
② 杜万岐：《〈中国国际移民报告（2014）〉发布》，《国际商报网》2014 年 1 月 22 日，http://zt.shangbao.net.cn/a/252459.html。
③ 《中国国际移民报告（2014）》，社会科学文献出版社，2014，第 24 页。

者认为他们移民的重要原因是环境、医疗水平等因素。该智库 2014 年 1 月 21 日公布的数据显示，2011 年，个人可投资资产超过 600 万元的中国人在中国拥有约 33 万亿元的资产，其中 2.8 万亿元的资产已经转移至海外，约占中国 2011 年 GDP 的 3%。① 根据美国国务院的最新数据，2012 年获得 EB – 5 有条件绿卡的人数为 6124 人，是 2011 年的 2.5 倍，是 2010 年的 7.9 倍。②

《中国留学发展报告（2014）》显示，中国已稳居世界留学第一大国。截至 2013 年，中国是美国、英国、澳大利亚、加拿大、日本、韩国、新加坡、德国、瑞典和新西兰等国家最大的留学生来源国。③ 教育部统计数据显示，截至 2013 年，中国出国留学总人数达到了 305.86 万人。2013 年中国出国留学总人数为 41.39 万人，比 2012 年增长了 3.58%，这是近年持续高速增长 5 年后首次增速大幅回调（见图 2、图 3）。④ 教育部最新统计数据显示，2013 年留学回国人数达到 35.35 万人，增长率达到了 29.5%。⑤ 但是值得注意的是，留学生的回国率一直较低。这将导致中国大量精英与人才的流失，不利于我国中长期的发展战略实施。

如何通过更好的机制与政策环境把富人、精英、知识分子、人才留住是目前我国极为重要的战略性议题。

（二）"外源性"移民安全问题，是指在中华人民共和国境内的外来移民，造成一系列的公共安全、卫生安全与认同安全问题。根据公安部出入境管理局 2011 年元旦之后发布的一组数据，2008 年，外国人来华的出入境次数为 4800 多万人次，2009 年为 4300 多万人次，2010 年上半年的数据为 2400 多万人次。⑥ 由此可以推断，2010 年的整体数据将与前两年基本持平，

---

① 《中国国际移民报告（2014）》，社会科学文献出版社，2014，第 25 页。
② 《中国国际移民报告（2014）》，社会科学文献出版社，2014，第 24 页。
③ 《中国稳居世界留学第一大国 2013 年留学人数达 8.8 万》，人民网 2014 年 12 月 19 日，http://world.people.com.cn/n/2014/1219/c1002 – 26239134.html。
④ 《中国稳居世界留学第一大国 2013 年留学人数达 8.8 万》，人民网 2014 年 12 月 19 日，http://world.people.com.cn/n/2014/1219/c1002 – 26239134.html。
⑤ 《中国稳居世界留学第一大国 2013 年留学人数达 8.8 万》，人民网 2014 年 12 月 19 日，http://world.people.com.cn/n/2014/1219/c1002 – 26239134.html。
⑥ 张国伟：《日本外国人居留管理制度启示》，《法制与社会》2013 年第 30 期。

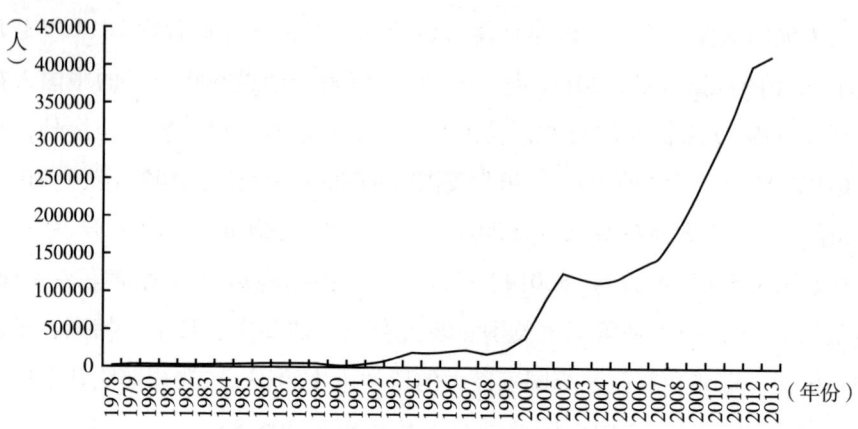

图 2　1978～2013 年中国出国留学总人数

资料来源：中国教育在线，http://www.eol.cn/html/lx/2014baogao/content.html。

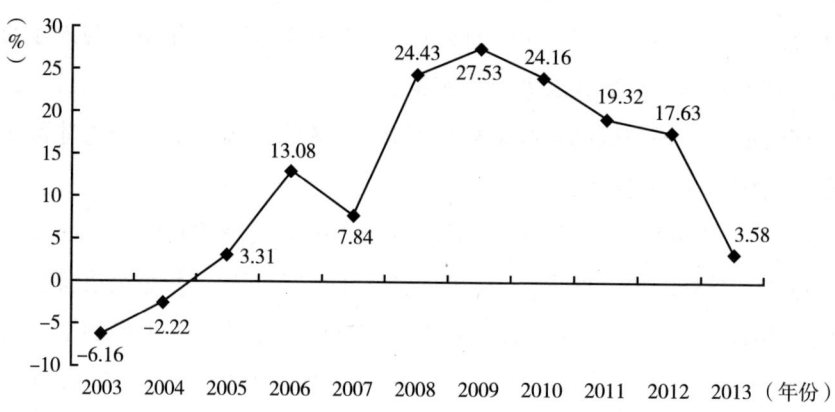

图 3　2003～2013 年中国出国留学人数增长率

资料来源：中国教育在线，http://www.eol.cn/html/lx/2014baogao/content.html。

保持在4000万人次以上，相当于英国人口数的三分之二，澳大利亚人口数的两倍以上。

广州的非洲移民问题。广东非洲移民是指移民来到中国淘金的非洲人。他们除了少数具有合法入境资格外，绝大多数是"三非人员"，他们主要集聚在广州的小北路、站西路、三元里等集聚区，其中天秀大厦已成为广东非洲人的商居集聚区之一。中国政府在2006年发表的对非政策文件里大幅放宽了非洲人入境签证的审查条件，这也从客观上促进了非洲人来华数量的增加。2014年8月广州大学广州发展研究院发布的《广州外籍流动人口管理现状分析与对策研究》显示，广州已成为亚洲最大的非洲人聚集地，目前广州外籍流动人口中，非洲裔约占总数的二分之一。[1] 报告提及一组未注明来源的数据，指广州非籍流动人口目前已高达20万人，其中绝大多数是非法滞留者。[2] 据统计，在广州的非洲人每年以30%~40%的速度递增。[3] 而据日本ZAKZAK新闻网刊登记者矢板明夫2014年8月报道的文章称，如今超过30万非洲人非法滞留广州。非洲人带来的安全问题主要体现在三个方面：第一，治安问题。中国女性遭强奸，以及财物遭抢夺、贩毒等事件时有发生。[4] 2012年12月，公安部门打破一个毒品销售网络，该网络由来自非洲的境外人员与境内人员组成，同时抓获了300多名在广州从事毒品走私的非洲人。2013年8月14日，广州警方调集1300余名警力开展突击清查行动，抓获涉嫌贩卖毒品的违法犯罪人员168人，过程中缴获大批疑似冰毒、海洛因等各类毒品、吸食毒品工具、大量毒资以及仿真手枪、钢珠手枪，这次抓获的168人中，大部分为非洲裔，多是西非籍人士（尼日利亚、马里等国家较多）。第二，公共安全问题。如2009年7月15日非籍人员聚众广州派出所，2012年6月18日非洲人围堵广园西路示威等聚众闹事事件。第三，公共卫生安全问题。2014年非洲的埃博拉疫情扩散，10月28日，广州市埃博拉疫情防控工作会议披露消息，2014年1月至10月，从广州出入境的非洲籍人士总计43.8万人次，其中在广州居住的实有非洲人约有15570人，常住人口4096人。[5] 当然，非婚生子女与艾滋病等问题未能引起当局

---

[1] 《广州已成为亚洲最大非洲人聚集地》，《南方都市报》2014年8月29日。
[2] 《广州已成为亚洲最大非洲人聚集地》，《南方都市报》2014年8月29日。
[3] 《广州黑人：是问题，不是"祸害"》，独家网2014年10月26日，http://www.dooo.cc/2014/10/32422.shtml。
[4] 《非法滞留广州黑人超过30万常与当地人摩擦》，新浪新闻中心2014年8月15日，http://news.sina.com.cn/c/2014-08-15/080530689251.shtml。
[5] 《广州实际居住非洲人口大约1.5万人》，《广州日报》2014年10月29日。

的足够重视。

义乌的中东移民。义乌市号称全球最大的小商品集散中心。据当地相关部门不完全统计,持外国护照的流动人口全年已有58万人之多,分别来自200多个国家和地区。① 但主要以来自中亚、西亚、东南亚、北非等20多个伊斯兰国家为主。在义乌市公安机关注册的中外伊斯兰信徒近2万人,而国外的伊斯兰信徒就占了60%左右。这就涉及伊斯兰宗教的现代调适以及族籍互动问题。② 在义乌的中东移民带来的主要是宗教与民族安全问题。义乌的外籍信徒非常虔诚,每周五做礼拜的人数有上万人,加剧了路面的交通堵塞,严重时清真寺附近的交通甚至陷入瘫痪,现有的清真寺不能够满足需求,因此义务相关部门出资800万元积极修建清真寺。③ 在宗教习俗、文化生活、语言沟通等方面义乌人与在义乌的中东移民存在着较大的差异,因此存在一些潜在的文化安全与宗教民族威胁。除此之外,中东人在经商过程中也会与当地人产生矛盾、摩擦,甚至是打架。

(三)"双源性"移民安全问题,同时源起国内与国外,特别是源起于边疆或与之接壤的跨境地区,即边境的跨民族移民,如在广西的越南人。2010年1月至2014年5月,广西公安边防部门查获非法入境越南人和接收全国公安机关、边防部门查获移交待遣返的"三非"越南人数量,与2005~2009年相比分别上升约70%和350%。④ 所涉及的安全问题主要有三类:第一类是规模性的非法入境活动增加。2010年以来,广西公安边防部门破获120余起有组织的越南人偷越国(边)境刑事案件;越南人非法入境活动向组织化、规模化发展,大规模成批次非法入境日益突出,单批10人以上的

---

① 葛壮:《义乌现象:在华阿拉伯穆斯林的生活现状与文化调适之剖析》,《阿拉伯世界研究》2011年第6期,第69页。
② 葛壮:《义乌现象:在华阿拉伯穆斯林的生活现状与文化调适之剖析》,《阿拉伯世界研究》2011年第6期,第69页。
③ 葛壮:《义乌现象:在华阿拉伯穆斯林的生活现状与文化调适之剖析》,《阿拉伯世界研究》2011年第6期,第69页。
④ 王令兴:《广西边境越南人非法入境问题及对策探析》,《公安海警学院学报》2014年第9期。

非法入境越南人约有 9700 余人，占查获总数的 56%。① 第二类是违法犯罪活动。2014 年 6 月 26 日《京华时报》报道，广西警方称越南的新娘成为边境贩毒的主力军，她们利用熟悉越南环境的便利条件，联系货源或带毒入境。② 2014 年 5 月 25 日，广西警方专案组在高速公路上当场查获毒品海洛因 40 块。近年来，每年都会查获五六起类似案件。③ 第三类是非法通婚增多。在广西、云南中越边境线地区，越南女子与边民恋爱、结婚、生子现象屡屡出现。与之相随的是非法通婚情况严重。从 21 世纪开始，中越双方开始开展有针对性地连续打击行动。不过，越南打击贩卖妇女和儿童的"国家行动项目"办公室表示，中国是贩卖越南妇女人贩的最大目的国，占 2004～2010 年所有相关案件的 65%。④ 2014 年 9 月 13 日第一届中国—东盟警学论坛在广西南宁举行。与会的福建省公安厅刑侦总队官员给组委会提供的论文中称，2013 年底，福建警方在广东、广西、江苏等地公安机关的协助下，破获了一起拐卖越南籍妇女案，涉及越南籍妇女 28 名，抓获犯罪嫌疑人 62 名，其中主要犯罪嫌疑人均系从事非法婚姻中介的人员。⑤ 2015 年 1 月 22 日，广西东兴警方协助河北省警方在东兴口岸将 7 名被拐越南女子移交越南警方，这些越南女子俗称"越南新娘"。⑥

近年来，随着中国经济的快速发展，越来越多的越南人通过广西防城港、百色、崇左等地非法越界，并呈现规模化和多样化的特点，严重影响我国边境地区的经济发展和社会稳定。广西曾多次开展打击"三非人员"（非法入境、非法居留、非法就业）的专项行动。2014 年 2 月，防城港市中级人民法院一审公开审理了被告人谢宗良等 11 人涉嫌犯拐卖妇女罪、强迫卖

---

① 王令兴：《广西边境越南人非法入境问题及对策探析》，《公安海警学院学报》2014 年第 9 期。
② 《越南新娘贩毒入境成边境贩毒主力军》，《京华时报》2014 年 6 月 26 日。
③ 《越南新娘贩毒入境成边境贩毒主力军》，《京华时报》2014 年 6 月 26 日。
④ 《"越南老婆"前传》，《南都周刊》2010 年 4 月 6 日。
⑤ 《第一届中国—东盟警学论坛在南宁召开》，中国新闻网 2014 年 9 月 12 日，http：//www.chinanews.com/fz/2014/09－12/6584792.shtml。
⑥ 《中国警方向越南警方移交 7 名被拐越南女子》，中国新闻网 2015 年 1 月 23 日，http：//www.chinanews.com/tp/hd2011/2015/01－22/472114.shtml。

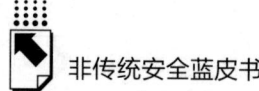

淫罪一案。该案涉及越南籍被害妇女16人。防城港市法院一份关于打击拐卖妇女、儿童犯罪案件情况的调研报告称，2008~2011年，防城港市两级法院共受理并审结拐卖妇女、儿童犯罪案件19件，其中拐卖妇女罪案件16件，拐卖妇女罪案件中的被害人均是越南籍妇女，且绝大多数是卖淫妇女。对于涉案的56名犯罪分子，判处5年以上有期徒刑至死缓的33人，重刑率59%。① 2014年6月4日当天，一线执勤民警在百色市孟屯治安检查卡点查获非法入境越南人10人。

（四）"多源/元性"移民安全问题，是指需要采用军事力量介入的移民安全问题，如海外撤侨行动。随着"走出去"战略的进一步深化，中国的海外投资强劲增长，2013年再创历史新高，达到1078亿美元，较上年增长了22%。而2014年1~9月，中国对境外投资已经达到849.2亿美元，国家发改委外资司司长顾大伟预计，2014年全年中国对境外投资可能接近甚至超过1200亿美元。② 商务部称，截至2008年，中国海外劳工人数已经达到423.4万人。他们是我国海外公民群体中最底层，但是数目最庞大的群体。中国外派劳工遍及非洲53个国家，全球180多个国家。根据《中国国际移民报告（2014）》，中国海外国际劳工派遣持续增长。2007~2012年，我国对外劳务输出从37.2万人次增加到51.2万人次，增加了37.6%，2013年上半年，我国对外劳务合作派出各类劳务人员22.6万人，较2012年同期增加1万人，其中承包工程项下派出13万人，劳务合作项下派出9.6万人。③ 6月末在外各类劳务人员87.1万人，较上年同期增加2.8万人。④ 中国海外国际劳工派遣仍然保持稳步增长。在此大背景之下，中国向海外输出的劳务大军规模日渐庞大。但是，中国企业和人员所受到的风险也逐步增加。千名

---

① 《广西发生恶性凶杀案致3死2伤死者均为越南人》，环球网2014年7月24日，http://world.huanqiu.com/exclusive/2014-07/5080555.html。
② 《中国对外投资风险评级》，《中国贸易金融网》2014年12月16日，http://www.sinotf.com/GB/News/1002/2014-12-16/3MMDAwMDE4NTE3Mg.html。
③ 《中国国际移民报告（2014）》，社会科学文献出版社，2014，第31页。
④ 《中国海外国际劳工派遣人数持续增长》，《中国新闻网》2014年1月23日，http://www.china.com.cn/news/2014-01/23/content_31284165.htm。

伊拉克电站中方员工撤退失败被困、中铝在秘鲁的铜矿项目被叫停、中国员工在赞比亚受袭，等等。

2014年1月28日，在外交部领事司举办的"中国领事工作：盘点2013，展望2014"国内媒体吹风会上，领事司黄屏司长认为，外交部领事司的首要责任便是服务国家发展和国内安全稳定，为"走出去"战略、海外中国公民和机构提供优质服务，切实维护他们在海外的安全与合法权益。①

我国政府首次动用军事力量撤侨始于2011年利比亚大撤侨。2011年2月22日开始启动行动，由国务院副总理张德江亲自指挥，12天用包括12架次军机在内的共138架次包机和包括1艘海军护卫舰在内的17艘次轮船舰艇，100多班次客车，撤出36580位公民并护送他们安全回家，这次撤侨是中国第一次动用军事力量，也是第一次为撤离公民租用35架次外国包机和11艘次外籍邮轮。② 2014年5月，越南暴力打砸事件发生后，中国政府迅速派出5艘船只赴越接回中方人员。5月18日，中国政府安排的两架南航包机抵达越南荣市机场，将在河静省暴力事件中受伤的中国公民全部接回国内。中国政府跨部门工作组和中国驻越南大使馆官员协调照料，越方提供了协助。值得注意的是中国近8年来的6次海外大"撤侨"仅1次动用了军事力量。

三 2014年关于移民研究的学术动态

国内研究移民的文献较少，而且中国的学术界更倾向用海外华人华侨、跨国流动人口或者外来人口等替代"移民"的概念。直接用移民作为关键词在CNKI里搜索的结果大多是关于西方移民理论，发达国家与地区的移民

---

① 《中国领事保护与领事服务：盘点2013，展望2014》，中国外交部新闻网2014年1月28日，http://www.fmprc.gov.cn/mfa_chn/wjbxw_602253/t1124042.shtml。
② 《利比亚大营救详细纪实》，《中国新闻网》2011年3月10日，http://www.chinanews.com/gn/2011/03-10/2896410.shtml。

问题,中国移民在接受国的生存现状、融入、认同危机等。值得一提的是在《人民论坛·学术前沿》2014年4月(下)、7月(下)先后推出了"全球化时代的移民"专题策划。国内移民问题专家李其荣、吴前进、刘国福、伍慧萍、杨恕、李明欢等人从中国跨国移民演化趋势、移民法律制度比较、国际移民治理等角度进行了深入分析。

就"内源性"移民安全问题而言,在CNKI中以关键词搜索,结果为在2014年发表的相关文章一共2篇:分别是邓玮在《福建师范大学学报》(哲学社会科学版)发表的《当代中国精英流动机制研究》,唐卫毅在《青岛日报》上发表的《如何看待中国精英和富人加速移民》。

就"外源性"移民安全问题而言,在CNKI中以关键词搜索,结果为在2014年发表的相关文章一共3篇,而研究对象则主要以广州的非洲人与在广西的越南人为主:分别是林拉洒发表在《才智》上的《广州黑人"落脚城市"的社会空间生产》,梅新育发表在《人民论坛·学术前沿》上的《当前我国跨境人口流动的风险与挑战》,刘云刚、陈跃发表在《世界地理研究》上的《1990年代以来在华跨国移民动态特征》。

就"双源性"移民安全问题而言:在CNKI中以关键词搜索,结果为在2014年发表的相关文章一共2篇:分别是王令兴发表在《公安海警学院学报》上的《广西边境越南人非法入境问题及对策探析》,李兴林发表在《广西社会科学》上的《广西边境地区治安问题探析》。

就"多源/元性"移民安全问题而言:在CNKI中以关键词搜索,结果为在2014年发表的相关文章一共9篇:分别是卢文刚发表在《暨南学报》(哲学社会科学版)上的《国家治理能力视域下的涉外涉侨突发事件监测预警研究——基于越南撤侨事件的分析》,卢文刚、黄小珍发表在《东南亚研究》上的《中国海外突发事件撤侨应急管理研究——以"5·13"越南打砸中资企业事件为例》,谷进金发表在《山东大学学报》上的《中国的海外利益保护与能力建设研究》,储殷、程立耕发表在《前线》上的《中国外交的变与不变——论海外利益保护与"不干涉内政"原则》,刘祖明发表在《国际研究参考》上的《试论新时期中国外交治理能力的提升》,王发龙发表在

《国际展望》上的《中国海外利益维护路径研究：基于国际制度的视角》，陈积敏发表在《国际论坛》上的《论中国海外投资利益保护的现状与对策》，李昂霖、全湛威、于洋发表在《神州》上的《我国海外公民安全保护机制的建立与发展》，王冬梅发表在《科技创业月刊》上的《以人为本与中国公民的领事保护——评〈海外中国公民领事保护问题研究〉（1978～2011）》。

理论转向：从2014年的理论关注与研究我们可以得出以下四点结论：一是就"多元性"移民安全问题来说，对海外公民、企业的保护问题研究较多，也较为深刻，已经上升到中国海外利益的维护、海外公民的保护、维护路径、法律政策建设等较高的层面上。相比较而言，其他三类移民安全问题的重视程度远远不够。二是就理论转向而言，我们可以看出学术界之前对于"外源性"移民问题的研究更多的是从空间地理分布、社会融入等角度，还未将此问题纳入非传统安全的视域。三是对于"内源性"移民安全问题的关注最少，同样没有把精英、人才、资金的流失与非传统安全问题结合起来。四是对于"双源性"移民安全问题的讨论尽管大多已经纳入安全领域的框架下，但是大多是从中国边境治安的维护角度来讨论，较少涉及国际安全与国际关系领域。

四 结论与2015年的总体趋势

伴随着中国的崛起，在国际舞台上日益活跃，也随着全球化以及通信技术与交通工具的迅速发展，中国移民安全问题在表现形式与结构上都发生了很大的变化，总体规模逐渐增大，形势也更为复杂。一方面，作为世界第一贸易大国与第二经济大国，每年出国旅游、访问、工作、移民、投资的人也越来越多；另一方面，在我国常驻的外籍人员以及"三非"外国人也日益增多。

作为移民输出大国，"内源性"移民安全问题通常与精英流失与资本外流等问题相伴，这并不是负面情绪与消极方面，而是提醒我们看到具有安全

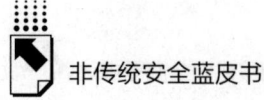

威胁的一面，以促使我国政府更好地应对潜在的挑战，提高政府执政与管理能力。"外源性"移民安全问题涉及宗教民族认同、公共卫生安全与社会安全等多方面。在面对日益增多的外来移民时，我国政府在制定教育、宗教、民族等政策时应该将这一部分人口的因素及长远影响纳入考虑；更重要的是，在法律、政策、制度方面尽快跟上不断发展的现实，提高管理外来移民的能力，将其负面影响缩小，扩大其正面、积极的因素。"双源性"移民安全主要指我国边境地区的移民安全问题，由于篇幅原因，本文仅以在广西的越南人作为代表，其实在边境地区还存在着许多问题，如在东北地区的"越北者"，与俄罗斯交界地区的非法移民等问题。这些问题我们必须面对，积极思考，主动应对。

2014年中国在外交事务上采取了更为积极的姿态，"主场外交"与"一带一路"的提出，为中国的周边外交提供了新的舞台，而随着中国的经济增速迈进"新常态"，中国发展的福利依旧会惠及亚洲及其他国家。在这样一个大背景下，在华的外国人会逐渐增多；但是另外一方面，中国仍然处于全球经济链的制造中心，虽然这一中心现在正在向更为欠发达的国家与地区转移，但是来华的外国人中依旧有一部分从事小商品批发甚至一些非法的行业。他们的到来带来了社会治安、公共卫生、认同融入甚至宗教上的冲突与威胁等问题。如何应对这一部分外来人口所带来的安全威胁与挑战是考验我国政府执政能力的一大问题。因此，要尽快制定新的政策与法规，积极应对这一安全问题。

在维护海外华人华侨的安全方面，我国虽然已经做出了许多努力，如建立较为完备的信息预警机制，完善了领事保护制度等，但是，我国的领事侨务保护工作仍然处于初级阶段。如何更好地保护海外华人不仅关系到我国海外利益的保护，还关系到对国家认同的增加。随着我国综合国力的日渐上升，以及我国外交所强调的中国"责任观"与"道义观"，在海外华人华侨的保护问题上我国政府一定能做得越来越好。在海外公民的保护问题上，我国的领事保护工作、海外华侨利益保护制度与我国海外利益的保护都应得到完善与推进。

内源性非传统安全研究

Endogenous Non-traditional Security Studies

B.13

基于非传统安全视角的中国城镇化路径优化研究

米红 周伟*

> **摘　要：** 应用基尼系数的方法，本文测算了我国主要城市的人口分布，发现我国500万人口以上的特大城市、超大城市的人口增长最快，100万~300万人口的城市次之，100万人口以下的中小城市人口增长缓慢。"大城市化"加剧了特大城市的资源紧缺、财富的浪费和污染物排放，中小城市被边缘化。考虑到城市均衡发展的需要和规模效应的存在，在未来的城镇化过程中，既不应在资源配置上继续向特大城市倾斜，也

---

* 米红，浙江大学非传统安全与和平发展研究中心常务副主任，教授、博士生导师，中国社会保险学会农村社会保险委员会副主任；周伟，浙江大学人口与发展研究所讲师，博士。

不应强调小城市的发展，而应优先发展 100 万～300 万人口的城市，使其发挥区域增长极的作用。

关键词： 新型城镇化　大城市化　人口安全　人口均衡

2014 年 3 月公布的《国家新型城镇化规划（2014～2020 年）》提出，"优化城镇规模结构，增强中心城市辐射带动功能，加快发展中小城市，有重点地发展小城镇，促进大中小城市和小城镇协调发展"①。从城市结构和规模来说，目前北、上、广、深四个一线城市和部分二线核心城市的人口规模已经相当庞大，城市开发强度已经趋于饱和，城市病问题日益凸显。在这种情况下，要再接纳大量的人口落户已经不太现实。

2014 年 10 月 29 日，国务院公布了《关于调整城市规模划分标准的通知》（以下简称《通知》），对原有的城市类型划分标准进行了调整。《通知》明确，新的城市规模划分标准以城区常住人口为统计口径，全国城市划分为五类七档，如表 1 所示。

表 1　城市规模划分新标准

城市类型		人口规模（人）
超大城市		1000 万以上
特大城市		500 万～1000 万
大城市	Ⅰ型大城市	300 万～500 万
	Ⅱ型大城市	100 万～300 万
中等城市		50 万～100 万
小城市	Ⅰ型小城市	20 万～50 万
	Ⅱ型小城市	20 万以下

---

① 《国家新型城镇化规划（2014～2020 年）》，新华网，http://news.xinhuanet.com/city/2014-03/17/c_126276532.htm。

截至2010年，我国特大城市的人口占全国人口的比重达到20.59%，分别比2000年和1990年提高了7.16%和14.07%。如果2020年达到发达国家的平均水平，中国将有30%的人口居住在特大城市；如果2030年达到美国目前的水平，中国将有40%以上的人口居住在特大城市（李想，2012）。王小鲁（2010）预测，2020年中国特大城市人口比例将分别达到30%，2030年中国特大城市人口比例将分别达到39%左右。2010年深圳人口密度达到17150人/平方公里，在全球人口最稠密城市排行榜中位列第5；上海的人口密度达13400人/平方公里，在全球人口最稠密城市排行榜中位列第10。而同期纽约、伦敦、巴黎和香港的人口密度不超过8500人/平方公里；东京只有13000人/平方公里。北京市2010年总人口1961.2万人，人口密度为11500人/平方公里，远远超过了北京市总体规划中2020年1800万人的目标。更值得注意的是，上述国内特大城市人口集中于中心城区（赵仁伟，2012）。从非传统安全的角度来看，有必要约束500万人口以上的城市的快速扩张，引导人口向100万~300万人口的城市集聚。

直观来看，大城市、特大城市吸纳的新增人口增速很快。那么，从定量的角度分析，不同规模的城市吸纳的人口数量究竟如何变化？人口向不同城市的集聚受哪些因素的影响？以人为核心的城镇化应如何实现？本文以城市－人口分布的基尼系数为主要工具，对全国地级以上城市吸纳新增人口的变化情况进行分析，并结合国外城镇化的发展经验，提出新型城镇化的优化路径。

一 研究方法：以基尼系数来测算城镇化的差异性

基尼系数（Gini Coefficient）可以定量测定收入分配差异程度，该系数是意大利经济学家基尼（CorradoGini）于1922年提出的。基尼系数的值在0和1之间，越接近0就表明收入分配较为平等，反之越趋向于1，收入分配越是趋向不平等。按照国际公认的标准，基尼系数在0.4以上表示收入差距较大；当基尼系数达到0.5以上时，则表示收入差距很大。

本文运用用基尼系数来测算城镇化的差异性。其思路是：将全国289个地级以上城市（含直辖市和副省级城市）按照城镇常住人口从多到少排列，取前280个城市，分为10组。图1中横轴代表城市个数比例$x\%$（此比例是以人口规模从小到大排列计算的，到100%时包含最大规模城市组），纵轴代表对应比例的城市累计人口数占280个城市总人口的比率$y\%$，如果该分布线为倾斜45度的直线，表明分布呈理想的绝对平均状态（相当于各个城市拥有同样的人口）；曲线代表实际的分布情况（该曲线由城市－人口分布曲线积分计算而来），这条分布曲线也称作洛伦兹曲线（Lorenz curve），如图1所示。

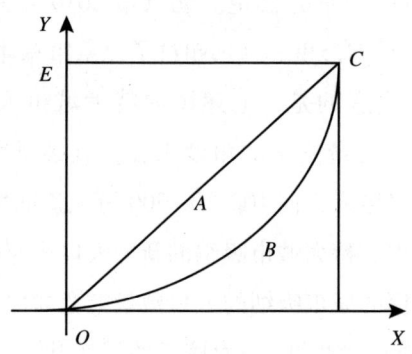

图1　基尼系数示意

设实际城市－人口分布曲线和城市－人口理想的45度分布线之间的面积为A，城市－人口实际分布曲线右下方的面积为B，以A除以$(A+B)$的值表示分布不均衡程度，该值称为基尼系数。如果A等于零，则基尼系数为零，表示城市－人口的分布完全均匀；如果B接近零于则系数接近1，收入分配极不平衡。城市－人口分布越均匀，洛伦兹曲线的弯曲程度越小，基尼系数越小；反之，城市－人口分布越是不均匀，洛伦兹曲线的弯曲程度越大，对应的基尼系数也越大。

将基尼系数定义为：

$$G = \frac{S_A}{S_A + S_B} \tag{1}$$

在计算基尼系数 G 的数值时，需要在 X 轴上寻找 n 个分点，将洛伦兹曲线下方的区域分成 n 个部分，每部分用直线代替曲线的方法分别计算面积，然后求出总面积（如图2所示）。分点 n 的个数越多，计算越准确，当分点达到无穷多个时，则视为精确计算。

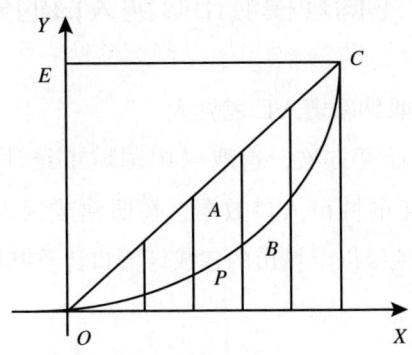

图2 基尼系数为 G 为的计算

将要研究的城市分为为 n 组，每组的人口数为 Y_i 为，则每部分的面积的计算为：

$$S_P = \frac{1}{2n} \cdot \frac{\sum_1^{i-1} Y_i + \sum_1^{i} Y_i}{\sum_1^{n} Y_i} \tag{2}$$

加总得到：

$$G = \frac{S_A}{S_A + S_B} = 1 - 2\lim_{k \to \infty} \sum_{1}^{n} \frac{1}{2n} \cdot \frac{\sum_1^{i-1} Y_i + \sum_1^{i} Y_i}{\sum_1^{n} Y_i} \tag{3}$$

式（3）为基尼系数的极限表达式，当 n 的个数有限时，定义：

$$y_i = \frac{Y_i}{\sum_1^{n} Y_i} \tag{4}$$

由此得到近似表达式：

$$G = \frac{2}{n}(y_1 + 2y_2 + \cdots + ny_n) - (\frac{n+1}{n}) \tag{5}$$

二 不同规模城市吸纳人口的分析

1. 不同规模城市吸纳新增人口差异大

应用基尼系数的计算方法，选取《中国城市统计年鉴》公布的1990年、2000年和2010年的城市人口数据，按照建成区人口规模从多到少排列，各选取前280个地级以上城市的建成区人口计算基尼系数，得到结果如表2所示。

表2 280个地级以上城市人口分布基尼系数及其相关数据

年份	1990	2000	2010
城市人口分布的基尼系数	0.307	0.319	0.338
最大城市组的人口占280个城市总人口的比重(%)	31.2	35.4	37.1
最小城市组的人口占280个城市总人口的比重(%)	3.1	2.6	2.3
最大城市组的新增人口占280个城市新增人口的比重(%)	N/A	35.9	42.1

由表2可以看出，1990~2010年，280个地级以上城市的城市人口分布的基尼系数持续上升，从0.307增加到0.338，最高10%的城市组的总人口所占比重从31.2%上升到37.1%，最低10%的城市组的总人口所占比重从3.1%下降到2.3%。从城市新增人口的数量看，最高10%城市组的新增人口占280个城市新增人口的比重从2000年的35.9%增长到42.1%。可见，在1990~2010年这20年的城镇化过程中，城市规模越来越悬殊。从实践来看，中国走的是一条"大城市化"甚至"特大城市化"的城镇化道路。

2. 1000万人以上的城市人口增速超过全国人口增速

京、沪、津、广、深五个1000万人以上的一线城市，2000~2010年的常住人口增长速度超过全国人口的增长速度，因此五个城市的人口占全国人口的比重均在上升,如表 3 所示。由于这五个城市的人口自然增长率较低,人口规模的扩大主要是外来人口流入造成的。

表 3　1000 万人以上的城市人口变化

城市	2010 年人口数（万人）	占全国人口的比重(%)	
		2000 年	2010 年
上海	2302	1.32	1.72
北京	1961	1.09	1.46
天津	1294	0.79	0.97
广州	1270	0.78	0.94
深圳	1036	0.55	0.77

3. 中小城市吸纳人口增长缓慢

在实践中,大城市人口集聚的速度远高于中小城市。根据中国社会科学院发布的《中国新型城镇化道路的选择》报告,中国过去城市人口比重增加主要在于大城市的带动。按照新的划分标准,全国近 5 年新增城市人口 36% 是大城市、特大城市和超大城市吸纳的,建制镇吸纳了 47%,中等城市和Ⅰ型小城市分别吸纳了 8% 和 9%。Ⅱ型小城市数量,从 2000 年的 353 个,减少到 2010 年的 258 个;小城市吸纳人口比重从 2000 年的 18.52% 下降到 2010 年的 10.31%。

2000~2010 年这十年间,大城市数量和人口比重的增长速度超过中等城市,这与其经济所占比重的情况很不匹配。2010 年中国 287 个地级以上的城市市辖区集中了全国 51.2% 的投资和 56.3% 的生产总值,但却只容纳了 29% 的人口,人口份额与生产总值的份额相比高达 1∶1.94。2000 年美国核心发达区域的上述比例为 1∶1.21,英国大伦敦和大曼彻斯特为 1∶1.24。这说明,市辖区对容纳人口的贡献不足,与区外的经济差距较大。

三　"大城市化"对经济社会发展的不利影响

1. 加剧地区之间经济发展的差距

由于资金、人才、自然资源、社会福利都向特大城市倾斜,中等城市、小城市难以获得发展的机会,使地区之间的发展差距拉大。2013年,北京市城镇人口比例达到86.20%,天津市为81.55%,已迈入高度城镇化阶段;而2013年河北省的城镇化率只有46.80%,处于城镇化中期,这一差距表明京津冀城市群内部发展悬殊。在北京、天津两个直辖市周边,出现了"环京津贫困带",这在世界范围内都是罕见的。"环京津贫困带"包含32个贫困县、272.6万贫困人口。京津冀区域经济社会发展不协调,使北京、天津两个特大城市出现虹吸效应,导致地区间经济落差过大。

2. 加剧资源浪费和环境恶化

特大城市的人口集聚导致交通拥堵和时间的浪费。2010年北京上班通勤时间为52分钟,名列全国城市之首(中科院:《2010中国新型城市化报告》)。2012年,这一数据得到了北京大学社会调查研究中心与智联招聘发布的"中国职场人平衡指数调研报告"的验证,该报告认为北京市民上下班往返时间平均为1.32个小时。虽然北京拥有全国最为发达的地铁、公交系统,但仍不足以满足人口膨胀带来的过度需求。时间的浪费无形中损耗了大量的社会财富,也造成资源和能源的浪费。

3. 中小城市日益边缘化,人口流失严重

由于缺乏新的经济增长点和就业支撑,以及社会公共服务不足,中等城市和小城市面临人口流失的风险。按照2010年第六次全国人口普查数据,东北三省人口流失严重。其中,黑龙江省、吉林省都呈人口净流出状态,辽宁省每年大约有20万人的净流入,但这一规模远比不上北京等城市。

2000~2010年,在全国31个省级行政区(不含港澳台)中,人口净流出地区有17个,净流入地区有14个,有十多个省份的人口流失数量超过200万人(见图3)。数据显示,安徽省人口流失最为严重,有962万人流动到其他省份生活或工作,占到全国跨省流动人口的11.2%,而安徽的外来人口仅有71.7万人,两者相抵净流失人口达890万人。排在安徽之后的四川、湖南、江西、湖北等省也是人口输出大省,人口流入严重不足,因此成为中国人口流失最严重的省份。

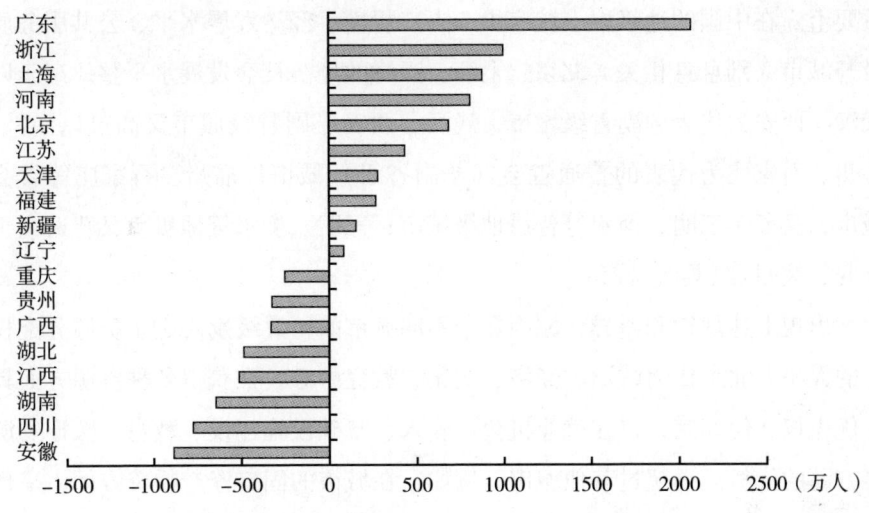

图3 2000~2010年人口流入流出情况（负值为流出）

从人口年龄结构看，人口流出地面临的压力更大。由于年轻人大量流失，人口净流出的省份老年人口抚养比（老年人口与劳动年龄人口之比）持续上升。例如，四川省、重庆市的老年抚养比位居全国前列，且增长很快。2005年全国1%人口抽样调查显示，四川省老年人口抚养比达到了16.24%，重庆市达到了16.04%。2010年第六次人口普查时四川省老年人口抚养比达到了24.43%，重庆市达到了26.56%。人口流失大省安徽省的老年人口抚养比在2010年达到了22.33%。湖南、湖北、广西、贵州、山东等人口流失大的省份，老年人口抚养比也高于全国平均水平。上述省份在人口迁移和低生育率的双重影响下，成为全国养老压力最大的省份，为人口净流出地的经济社会发展带来隐患。

四 "大城市化"的原因分析

1. 城市的行政级别决定资源分配

中国的城镇化有其特殊规律：一是以行政级别为主导；二是以经济规模效应为主导。行政级别为主导体现在城市的行政级别对各类资源的分配至关重要上。在中国的地级以上城市中，人口规模、经济发展水平、公共服务质量与城市级别息息相关。北京、上海、天津的经济社会发展水平整体高于以武汉、西安为代表的副省级城市；武汉、西安等副省级城市又高过以南昌、福州、石家庄为代表的普通省会（非副省级）城市；福州、石家庄等省会城市，又高于三明、衡水等普通地级城市；三明、衡水等地级市又普遍高于永安、冀州等①县级城市。

出现上述规律和差异，原因在于不同城市的行政级别决定了资源分配权力的大小。北京作为政治、经济、文化、教育中心，在获得各种资源方面具有优先权，使北京人口在就业机会、收入、基础设施建设、教育、医疗资源等方面的优势远远超过其他城市。例如，在城市的固定资产投资方面，呈现出从直辖市、大城市到中等城市、小城市依次递减的规律。如北京市2002年人均固定资产投资额为1.6万元，全国省会城市平均为0.9万元，而地级市只有0.5万元，县级城市则只有0.05万元。北京获得的人均投资额相当于下面三类城市的1.78倍、3.2倍和32倍。在教育资源方面，目前全国"211"重点大学中，北京占据24所，约占全国的1/5，北大、清华等顶级高校位列其中。而天津仅有三所高校入选，河北仅有一所。医疗资源方面，全国医疗水平最高的50家医院主要分布在"北、上、广"，其中，北京拥有18家、上海13家、广州6家，分别占总数的36%、26%和12%。由于医疗资源集中于少数特大城市，所以患者若要选择高水平的医疗服务，只能去大城市的大医院，导致流动人口集中程度加剧。

2. 规模效应进一步加剧城市分化

一方面，在按照城市行政等级来分配资源的基础上，城市的规模效应进一步加剧了不同城市的分化。规模效应体现在：人口规模越大，各类人力资源、信息资源越充分，消费市场越大，就业机会和收入越高，财政收入越充足，政府就可以提供更全面和优质的公共服务，并增加自身吸纳资本、人

---

① 《八部委齐出手，城镇化顶层设计蓝图初现》，新华网，http：//news.xinhuanet.com/fortune/2013-03/07/c_124425920.htm。

才、技术的能力，相对于中小城市优势更加显著。另外，城市的基础设施投入需要有人口和产业规模来支撑。如果城市规模偏小，则基础设施投入的人均成本太高。在市场机制的作用下，各种经济要素和资源向大城市和行政中心集聚，导致中国城镇规模体系两极分化突出，特大和超大城市规模膨胀，中小城市数量和规模下降，人均占有资源有限，公共服务能力低，基础设施落后，出现了萎缩的状态。

然而，究竟多大的城市才能将规模效应发挥到最佳？从我国人口流动的现实来看，500万人口以上的城市吸引外来人口的作用较强，而1000万人以上的一线城市集聚人口的能力最强。反之，100万～300万人的城市在国际上可以看作大城市，在我国的城市分类中是Ⅱ型大城市，但集聚人口的能力仍不够强。100万人以下的城市，由于经济资源、行政资源与300万人以上的城市差距较大，这类城市的发展速度相对缓慢。2005～2010年，我国109个50万～100万人的城市仅仅吸纳了新增人口的8%，远小于大城市对新增人口的吸纳能力。

3. 人口众多并不必然导致人口向特大城市集聚

作为对比，德国的城市发展可为我国的城镇化提供有益的借鉴。德国国土面积仅为35万平方公里，居民达8200万人，是除俄罗斯以外人口最多的欧洲国家。德国具有完备的工业体系，制造业极为发达，在2010年之前出口长期居世界第一位。德国的城市发展相当均衡，只有三个城市的人口超过百万人（柏林330万人、汉堡170万人、慕尼黑128万人），有12个城市的人口介于50万至100万之间（其中科隆接近100万人），此外有35个城市的人口在15万至50万人。德国70%以上的居民生活在10万人以下的小城镇，其中多数城镇的规模小于5000人。德国的"汽车城"斯图加特拥有戴姆勒（著名的梅赛德斯-奔驰生产商）、保时捷、罗伯特·博世有限公司等世界知名公司，但其人口规模仅有60万人。德国小城镇和城市在基础设施、工作机会、物质条件和文化生活方面与大城市相比并没有太大差距，所以多数人选择在小城镇居住。德国没有出现人才、资源纷纷往大城市集中的现象。其原因在于德国是一个联邦制国家，各州有权因地制宜、发展适合自己的经济和社会事业，而不会出现教育、文化、医疗资源过度集中、分布不均的问题。

从人口密度来看，2013年我国全国人口密度为143人/平方公里。考虑到部分国土不适宜人口集聚，胡焕庸线（黑河—腾冲线）东南侧（集中了全国94%的人口）的人口密度为312人/平方公里。德国全国的人口密度为234人/平方公里。可见，我国胡焕庸线东南侧的人口密度比德国全国人口密度高33%，但大城市的人口数量及规模远远超过德国的大城市。这说明，虽然我国人口众多，但并不必然导致"大城市化"。

五 均衡城镇化的发展战略

1. 分散城市功能，将新兴产业布局在100万～300万人的城市

将区域性的政治中心、经济中心和工业中心分离，是城镇化实现均衡的重要措施。例如，美国的首都华盛顿仅仅是政治中心，总人口仅有55万人。西雅图是微软、亚马逊公司总部和波音民用飞机生产基地，人口仅有65万人。区域性的经济中心分散在纽约、洛杉矶、芝加哥、休斯敦等城市。在大多数的州，政治中心和经济中心是分离的。大企业、大学、医院也相对分散。这就避免了人们为争取更好的就业机会、教育机会和医疗服务而向少数城市集中。

由于城镇化具有"路径依赖"的惯性，即大城市原有的优势会在一定时期内保持下去，因此，调整城市功能是一项艰巨的任务。在2008年奥运会之前，我国将首钢等高能耗、高污染企业迁出北京。在2014年新一轮的控制产能过剩政策的实施过程中，一些类似的企业将被关停。在我国，由于100万人以下的城市的规模效应不够强，所以未来的新兴产业，如生物技术、制药、新能源、环保产业等，应尽可能分布在100万～300万人的城市，既可以发挥这些城市的规模效应，促使这类城市成为区域性的增长极，也可以促进区域的均衡发展。

2. 在资源分配上对中等城市进行倾斜

改变目前对 500 万人以上的特大城市、超大城市在资源分配上进行倾斜的政策，改为对 100 万～300 万人的城市进行倾斜。长期以来，中央财政通过转移支付层层下拨，省级政府在拿到中央的转移支付后先满足自己的需要，然后再"酌情"下拨。因此，在公共财政支出上，大城市和特大城市总是占尽先机。这导致了占全国 70% 总人口的县乡只占有全国 20% 财政收入的分配格局（孙南萌，2009）。

要实现均衡的城镇化，就要在财政资源分配上向 100 万～300 万人及以下的城市倾斜，减少对特大城市、超大城市的转移支付，使 300 万人以下的城市的人均财政支出不低于特大城市，尤其是提高这些城市的教育、医疗和养老服务水平。此外，优先对 300 万人以下的城市和中等城市减税，降低其经营成本，从而吸引企业向这类城市投资，增加就业机会，促进人口集聚。

六 应对"大城市化"的"普遍性威胁"

特大城市的人口过度膨胀与中等城市的人口集聚不足都会导致土地、资源、能源的浪费和环境的污染，对我国的生态安全、人口健康与可持续发展产生不利影响。就全球而言，由于资源配置不合理，发展中国家的大城市化趋势明显，未来 500 万人以上的城市绝大多数出现在发展中国家，这在全球范围内都会对生态安全造成"普遍性威胁"。

1. 大拆大建导致的资源浪费与污染

虽然城市的发展带来规模经济效益，由此会节约一部分资源，但特大城市的人口规模已经超过规模效益的边界。为容纳更多的人口，特大城市倾向于发展高层建筑，旧建筑的拆除规模日益扩大。我国是世界上每年新增建筑量最大的国家，每年新建面积达 20 亿平方米，使用了世界上 40% 的水泥、钢筋，建筑的平均寿命却只能维持 25～30 年[1]。"十二五"期间，我国每年

---

[1]《中国式大拆大建》，http://focus.news.163.com/11/0511/08/73ORA78J00011SM9.html。

因过早拆除房屋而浪费 4600 亿元。中国建筑科学研究院预测，中国每年由于过早拆除建筑带来的建筑垃圾增量约 4 亿吨，约占我国垃圾总量的 40%。过早拆除建筑的碳排放量约为中国碳排放总量的 5%，如果考虑建筑再建过程中所需的建筑材料以及拆除时的碳排放量，建筑过早拆除将致中国每年新增碳排放量 10%[1]。一方面，大量钢筋混凝土的使用缩小了绿地面积，加剧温室效应；另一方面，建材生产本身需要消耗大量水资源、能源，产生废水、废气等污染物。高层建筑、机动车的过快增长，进一步恶化当地的环境，并向周边区域扩散。全国 90% 以上城市水域严重污染，城市生活垃圾以每年 8%~10% 的速度增长，在 50% 的垃圾处理率中只有 10% 实现了无害化。

2. 中等城市因人口集聚不足而产生住房空置

对于中等城市而言，由于城市建设规模较大，而缺乏产业集聚和人口集聚，会不同程度地出现住宅空置现象。资源型城市鄂尔多斯的房地产崩盘风险已引发业界高度关注，鄂尔多斯近年来房地产市场炒作过头，其常住人口不到 200 万人，当地房地产市场存在巨大的投资泡沫，土地消化周期长达 9.71 年，供求比高达 3.88，市场严重供过于求。在江苏常州、贵州贵阳、河南鹤壁、湖北十堰等地，也不同程度地存在住宅空置现象。这些城市均为中等城市，然而集聚人口的能力极为有限。随着"少子化"的继续、年轻人口的减少以及人口向大城市的流动，未来将有更多的中等城市成为"鬼城"。可见，人口的流失也造成了土地、资源和能源的浪费。

3. "大城市化"的非传统安全治理

人类社会的可持续发展属于非传统安全范畴。城市发展模式的关键在于住房增长、能源消耗、城市的可达性、经济增长能力、自然生态与人类社会的结合与保护，以及大众对提高生活质量的需求等方面。对城市的改造，实现城市向高密度、集约化发展，将有助于未来城市的可持续发展。而对于城

---

[1] 《住建部欲整肃大拆大建：每年浪费 4600 亿》，http://wh.house.sina.com.cn/news/2014-09-26/14284484207.shtml。

市居民来说，需要通过诸如对建筑的再开发、提高社区活力、提高居住密度等相关措施来实现城市的进一步发展。居住社区应满足居民的学习、购物、交通乃至工作等这些日常需求。同时，从更大的范围来说，可持续发展还要求城市结构必须更有利于个人以及集体的自治，降低其对不可再生资源的需求。

4. 以"可持续发展"和"可持续安全"理念来治理"大城市化"

在 2014 年 5 月的亚洲相互协作与信任措施会议第四次峰会上，国家主席习近平提出，我们应该积极倡导共同安全、综合安全、合作安全、可持续安全的亚洲安全观。可持续安全是指利用一定的措施来防范各种可能的原因带来的危害国家安全的行为。全球治理须重视可持续安全问题。可持续发展是实现可持续安全的必要条件。

可持续安全作为一项国家安全战略，涵盖传统安全与非传统安全两大领域。可持续安全主要着眼于下列相互联系的长期非安全驱动因素，包括气候变化、基础设施薄弱、资源匮乏、大量人口居无定所；围绕食品、水和能源等资源的竞争等。在未来的城镇化过程中，在引导人口向 100 万~300 万人规模的城市集聚的同时，必须抑制资源、能源的过度消耗；严格规范建筑的拆迁、道路的重建；保护城市原有的绿地、水体，增加人均绿地面积；提前建设城市地面轨道交通与快速公交系统，适当规划城市地铁、城际铁路；将污染物排放与温室气体排放控制在尽可能低的水平，为国家和全球层面的可持续安全创造条件。

B.14
土地开发补偿的安全威胁：
硬币的两面

王荣宇 谭荣*

摘 要： 土地开发补偿是弥补土地开发对农业生产、生态环境等的负面效应，保障经济社会可持续发展的重要举措。基于对中德两国土地开发补偿机制的比较，本文从价值、政策、结果的视角分析了土地开发补偿的安全威胁。然后揭示了诱发土地开发补偿安全威胁的深层因素，探讨并重塑了"土地伦理观"与"土地安全观"，进一步讨论了土地开发补偿安全的未来走向。

关键词： 土地开发补偿 安全制度分析 可持续发展

"土地安全总体上属于非传统安全范畴，主要是指能保障人类（生物群落）持续健康、和谐共生、高效能生产和高质量生活的土地状态和能力。"[①] 2014年发布的《国家新型城镇化规划（2014~2020年）》指出，中国的"土地城镇化"发展迅猛，建设用地粗放低效，浪费了大量耕地资源，威胁到国家粮食安全和生态安全。同年发布的《中国环境状况公报》显示，全国水土流失面积已达294.91万平方千米。2013年底公布的《关于第二次全国土地调查主要数据成果的公报》显示，全国人均耕地0.101公顷，较第一次调查时有

---

* 王荣宇，浙江大学公共管理学院博士生；谭荣，浙江大学公共管理学院副教授，博士生导师。
① 吴次芳、杨雪锋、鲍海君：《土地政治学》，浙江人民出版社，2014，第83页。

所下降,不到世界人均水平的一半。可见,农用地等具有粮食生产、生态服务功能的土地持续被开发为建设用地,粮食安全、生态安全始终困扰着处于城镇化进程中的中国。而采取补偿措施来抵消土地开发的种种"副作用"早已成为许多国家的共识。如今,这种措施也在中国实施。但是,历史和现实表明,土地开发补偿并不是"一劳永逸"之策,其背后还大有文章。

一 土地开发补偿安全的"悖论"

土地,作为一种重要的生产资料,是人类社会赖以生存的物质载体。人类社会的发展进步离不开对土地资源的开发利用。同时,土地又是自然生态系统的关键界面。人类对土地利用类型的变更,会引起土地利用结构的变化,从而影响整个自然生态系统的运行。随着经济社会的发展和科学技术的进步,人类对土地开发利用的广度和深度不断增强,由此也产生了不少负面效应。比如,在工业化和城市化的进程中,为了满足人口增长和城市建设的需要,许多耕地被开发成建设用地,不利于农业生产发展,影响粮食安全;伴随人类活动的扩张而进行的毁林开荒加剧了水土流失,破坏了野生动植物的生存环境,对生物多样性造成威胁等。这些负面效应往往会导致自然生态系统运行紊乱,进而反作用于人类自身,对社会的可持续发展构成威胁。

鉴于此,各种致力于减轻或弥补土地开发造成的负面效应和损失的补偿机制开始涌现。当前,世界各国的土地开发补偿机制多种多样。中国的耕地"占补平衡"、德国的"生态账户"等都是土地开发补偿在实践中的具体表现。诚然,这些土地开发补偿机制在一定程度上发挥了它们应有的作用,如中国耕地"占补平衡"的实施,使全国大部分省域在耕地数量上实现了"占"与"补"的平衡[1],减轻了耕地被开发为建设用地后对国家粮食安全造成的威胁;德国的土地复垦和整理保护了自然景观和生物多样性,改善了

---

[1] 陈印军、肖碧林、陈京香:《我国耕地"占补平衡"与土地开发整理效果分析与建议》,《中国农业资源与区划》2010年第1期。

生态环境①。但是，土地开发补偿机制也可能带来一些"副产品"。

例如，黄河流域个别欠缺荒地资源的平原县，为实现耕地的"占补平衡"，把村内林地也纳入挖潜、复垦计划，有悖于经济、生态、社会的可持续发展②。试图在对由土地开发而遭受破坏的周边自然景观进行恢复时，因规划设计不当或植被选择不合理导致生态系统的不适反应③。在以土地开发补偿特别是补充耕地为导向的农村土地整理过程中，不尊重农民意愿，侵犯农民利益，激化社会矛盾，影响社会稳定④。上述由土地开发补偿所引发的不良反应如果积少成多，就会同土地开发的负面效应一样，成为困扰人类生存发展的安全威胁，再度影响人类社会的可持续发展。换而言之，土地开发补偿并非易事。欠佳的土地开发补偿机制常常会事与愿违，催生新的安全问题，使我们陷入"顾此失彼、应接不暇"的困境。

那么，为什么应对人类社会可持续发展挑战的土地开发补偿机制可能会带来新的安全威胁？我们应当如何防范和应对土地开发补偿的潜在安全威胁？土地开发补偿的前景又如何？这些值得关注的问题正是本文研究的重点。为此，本文将以中国和德国这两个具有代表性的发展中国家和发达国家为例，首先，介绍中德两国土地开发补偿机制；其次，对中德两国的土地开发补偿机制进行比较分析；再次，揭示土地开发补偿的制度设计与其可能引致的安全威胁之间的内在联系；最后，从非传统安全的视角出发，讨论土地开发补偿的未来走向。

二 土地开发补偿机制的选择

土地开发补偿，主要有两层含义。第一，用地者在对耕地、林地等具有

---

① 贾文涛、张中帆：《德国土地整理借鉴》，《资源·产业》2005 年第 2 期。
② 卢海阳、李明月：《再议我国耕地占补平衡制度》，《广东土地科学》2008 年第 4 期。
③ Reif, A. V., Nickel, E. "Tree planting and 'greening measures' – compensation or interference in nature and Landscape". Naturschutz und Landschaftsplanung. 2000. Vol. 32（10）.
④ 王权典：《土地"新政"导向下农村建设用地整理之法治考量》，《南京农业大学学报》2011 年第 2 期。

农业生产功能和生态服务价值的土地资源进行开发利用后，应用等值的农用地或生态用地来弥补因土地开发对农业生产或生态环境造成的损失。第二，用地者也应当采取措施，对在开发利用土地资源过程中给土地本身及周边环境造成的污染和破坏进行补偿，以减轻负面影响，恢复生态原貌。土地开发补偿自产生以来就有多样化的表现形式。下文就将分别介绍中国和德国这两个处于不同发展阶段的国家在土地开发补偿方面的机制选择。

（一）中国的土地开发补偿机制：耕地"占补平衡"

1. "占补平衡"的缘起

当代中国快速的工业化和城镇化产生了大量的建设用地需求。在"以经济建设为中心"的语境下，城市周边的农用地，特别是耕地，被转变为建设用地似乎已经成为一个不可扭转的趋势。有的省份一年减少一个中等县的耕地面积，有的城镇郊区农民几乎无地可种①。如此巨大的农地非农化压力迫使中国从保护耕地和保障国家粮食安全的基点出发，推行土地开发补偿政策来减轻和弥补建设占用耕地产生的负面影响。

1997年中共中央、国务院出台的《关于进一步加强土地管理切实保护耕地的通知》明确要求，各地必须按照耕地总量动态平衡的要求，做到本地耕地总量只能增加，不能减少，并努力提高耕地质量，实行占用耕地与开发、复垦挂钩政策②。耕地"占补平衡"政策就此产生。1998年再次修订的《中华人民共和国土地管理法》以立法的形式确立耕地"占补平衡"的法律地位，明确规定"国家实行占用耕地补偿制度"③。

2. "占补平衡"的体制机制

耕地"占补平衡"是中国土地开发补偿的核心机制。根据《中华人民共

---

① 曹献珍、黄洁：《我国〈土地管理法〉成长历程及修改完善》，《中国国土资源经济》2010年第3期。

② 摘自《关于进一步加强土地管理切实保护耕地的通知》，http://www.law-lib.com/law/law_view.asp?id=64630。

③ 摘自《中华人民共和国土地管理法》，http://www.china.com.cn/chinese/law/647616.htm。

和国土地管理法》的有关规定:"国家实行占用耕地补偿制度。非农建设经批准占用耕地的,按照'占多少,垦多少'的原则,由占用耕地的单位负责开垦与所占用耕地的数量和质量相当的耕地;没有条件开垦或者开垦的耕地不符合要求的,应当按照省、自治区、直辖市的有关规定缴纳耕地开垦费,专款用于开垦新的耕地。省、自治区、直辖市人民政府应当制订耕地开垦的计划,监督占用耕地单位按计划开垦或者组织开垦耕地,并进行验收。省、自治区、直辖市人民政府应当保证本行政区域内耕地总量不减少;耕地总量减少的,由国务院责令其在规定期限内组织开垦与所减少耕地的数量与质量相当的耕地,并由国务院土地行政主管部门会同农业行政主管部门验收"①。

简而言之,耕地"占一补一""补充耕地的数量与质量并重"是耕地"占补平衡"机制的基本要求。以土地开发新增耕地来达到补偿的目的、允许以经济补偿代替实物补偿是该机制的主要运作方式。耕地"占补平衡"突出了各级地方政府确保本行政区内耕地总量不减少的主体责任。虽然占用耕地的单位也负有补充耕地的义务,但是在实践中耕地开垦费的付费标准较低,一般为 10 元/m^2 ~ 20 元/m^2。地方政府及其国土资源管理部门成为补充耕地的主体。它们包揽了项目立项、补充耕地方案的编制、审批、实施、验收以及与占用耕地的建设项目相挂钩等环节。此外,耕地"占补平衡"的资金来源也比较单一,主要依靠中央和地方财政的支持。

(二)德国的土地开发补偿机制:从层级管理到生态账户

1. 影响减轻和补偿层级

早在1976年,德国为了控制大规模的工业化和城市化对自然环境的负面影响,正式提出了"影响减轻规制"原则(Impact Mitigation Regulation,IMR)。《国家自然保护法》《联邦建设法典》等相继就落实该原则做出具体规定,为土地开发补偿机制提供法律保障。其中,《国家自然保护法》明确要求对自然的任何影响都要进行补偿。换言之,只要土地开发活动造成了生

---

① 摘自《中华人民共和国土地管理法》,http://www.china.com.cn/chinese/law/647616.htm。

土地开发补偿的安全威胁：硬币的两面

态环境服务价值下降，土地开发者就必须采取适当的措施进行补偿以保护环境和维护生态平衡①。在这一阶段，德国的土地开发补偿必须遵循影响减轻和补偿层级（mitigation and compensation hierarchy），即开发者先要设法避免或减轻土地开发的负面影响，只有在影响无法避免或减轻的情况下才能实施土地开发补偿（见图1）。

同时，德国的土地开发补偿还受到土地规划体系的严格约束。1993年，根据《国家自然保护法》，"影响减轻规制"原则正式被纳入德国地方政府的土地利用规划。1998年，《联邦建设法典》要求土地利用规划应当对土地开发补偿活动加以必要的规范。而且，《联邦建设法典》还要求地方政府专门制定景观规划作为土地开发补偿的依据②。

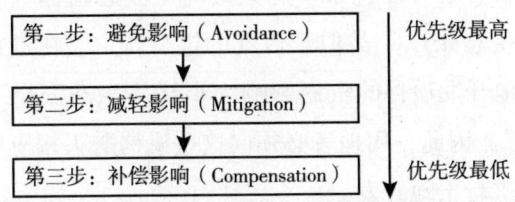

图1　影响减轻和补偿层级

进一步来看，该阶段的土地开发补偿主要包括两种形式，即恢复性补偿和替代性补偿③。其中，恢复性补偿具有优先地位。它致力于减轻因建设等开发活动对项目区造成的破坏，恢复生态原貌。土地整理复垦就是此类恢复性补偿的典型。不过当面对土地开发引致的难以恢复的生态损失时，替代性补偿就成了不二选择。它通过另行选址对那些难以减轻或恢复的土地开发负面效应进行补偿。然而，由于自然环境存在地区异质性，难以确定统一的补

---

① Kiemstedt, H, Mönnecke M, Ott S. "Methodik der Eingriffsregelung. Vorschläge zur bundeseinheitlichen Anwendung von §8 BNatSchG". *Naturschutz und Landschaftsplanung*. 1996. Vol. 28.
② Müller-Pfannenstiel K. V, Rössling H. "Konzeptionelle Vorbereitung der Eingriffsregelung. Neue Aufgaben für die Landschafts-und Regionalplanung?". *Naturschutz und Landschaftsplanung*. 2000. Vol. 32.
③ Rundcrantz K, Skärbäck E. "Environmental Compensation in Planning: A Review of Five Different Countries with Major Emphasis on the German System". *European Environment*. 2003. Vol. 13.

偿标准，在实践中就会导致土地开发者的补偿行为良莠不齐。个别的、分散的土地开发补偿行为也不利于整个区域生态环境的统筹管理。再者，严苛的要求和烦琐的程序超出了土地开发者的可接受度。这些都导致土地开发补偿的实际效果并不尽如人意。

为了应对上述问题，也为了提高土地开发补偿的实效性和灵活性，德国于1998年修订了《联邦建设法典》，又于2002年和2009年两次修订了《国家自然保护法》[①]。"生态账户"正是在此背景下产生的。

2. 生态账户

"生态账户"（Eco-account）的核心是"生态指标"（Eco-points）的交易及其增减变化。由专门的机构负责土地开发补偿的具体事宜。这些机构的补偿项目通过验收后就可以积累一定数量的"生态指标"并存入其所有的"生态账户"。"生态账户"类似于传统的银行账户。在进行土地开发活动时，需要根据土地开发项目的负面影响大小从"生态账户"中扣除相应数量的"生态指标"。因此，用地者必须向这些机构购买相应数量的"生态指标"后，才可以进行土地开发。

在"生态账户"的模式下，地方政府、土地开发者和土地开发补偿机构扮演着不同的角色并互相合作，共同完成土地开发补偿。政府是"生态账户"的基础——景观规划的制定者。景观规划确定了适宜开展补偿项目的地块、可供选择的补偿措施以及计算土地生态价值的基本方法。而且，政府还是土地开发补偿活动的监督者，负责项目验收并根据补偿项目的质量向项目的实施者发放等值的"生态指标"。土地开发者是"生态指标"的购买者，并以此来弥补开发活动对自然造成的"污染"。土地开发补偿机构是补偿项目的实施者和"生态账户"的经营管理者，并通过出售账户中的"生态指标"来获益。当然，地方政府有时也会自行组建土地开发补偿机构和"生态账户"来盈利。同样的，土地开发者仍然可以自行开展补偿活动，获

---

① Wende W, Herberg A, Herzberg A. "Mitigation Banking and Compensation Pools: Improving the Effectiveness of Impact Mitigation Regulation in Project Planning Procedures". *Impact Assessment and Project Appraisal*. 2005. Vol. 23.

取土地开发所需的"生态指标"并开设自己的"生态账户"。

在实践中,"生态账户"有五个操作要点①②:第一,根据景观规划选择具有开发潜力的土地作为补偿用地;第二,对选定的补偿用地进行实地踏勘并制定详细的补偿规划方案;第三,土地开发补偿机构只有在开展了补偿项目,提高补偿用地的生态价值后,方可依据生态价值的增值大小获得相应数量的"生态指标";第四,主要的补偿手段包括保护生物的栖息地及生物多样性、推动农业生产活动从密集型向非密集型转变、优化现有林区管理等;第五,促进"生态指标"的市场化交易,但需要注意的是指标不能跨州、跨自然区(在德国,依据景观及其生态功能的差异,通常把一个州划分成若干个自然区)交易。此外,如果补偿用地属于私人所有,补偿项目实施方(政府、专门机构或土地开发者等)就必须向土地产权人购买或征收相应的土地。因此,在景观规划的阶段就应当充分考虑受土地开发补偿影响的公众和土地产权人的利益和意见③。

三 土地开发补偿机制的安全:基于价值、政策、结果的分析

对一项政策而言,倘若其价值、目标、手段和结果之间无法协调一致,就会导致政策效应出现偏颇。土地开发补偿作为一项政策也不例外。实际上,土地开发补偿的安全威胁就是这种政策偏误的产物。而这些安全威胁的防范与化解也有赖于政策的价值、目标、手段和结果之间的相互适应。

---

① Küpfer, C. "The eco-account: a Reasonable and Functional Means to Compensate Ecological Impacts in Germany". In: *Arquitectura e vida. Schriftenreihe des Institut Súperior de Agronomia (ISA)*, Universidade Téchnica de Lisboa. 2008.
② Prokop G, Jobstmann H, Schönbauer A. "Overview on Best Practices for Limiting Soil Sealing and Mitigating Its Effects in EU-27". *European Commission, DG Environment*. 2011.
③ Vitikainen A. "An overview of land consolidation in Europe". *Nordic Journal of Surveying and Real Estate Research*. 2004. Vol. (1).

（一）安全威胁的产生：中国的困境

1. 价值与目标的脱节

人多地少，特别是人均耕地面积少是中国基本的土地国情。近几十年来，经济发展与大范围、高强度的土地开发相伴，加剧了人地矛盾，破坏了生态环境，使经济社会发展面临不可持续的威胁。由此可见，建设生态文明，促进经济社会的可持续发展是中国土地开发补偿机制后面所蕴含的价值观。遗憾的是，这种追求生态文明和可持续发展的价值观并没有得到完全内化，尚未成为全体社会成员的自觉行动。在土地开发补偿的目标设定上表现为单一化、低层次。

显而易见，中国土地开发补偿的目标就是保护耕地，确保耕地总量的动态平衡，为国家粮食安全提供保障。"民以食为天"，粮食安全的确是建设生态文明、实现经济社会可持续发展的物质前提。现实中的土地开发补偿目标满足了土地开发补偿价值观基础层次的需要。然而，该目标并不能完整地诠释土地开发补偿的价值内涵。事实证明，政策目标与价值观的脱节所隐含的安全威胁将经由政策手段与结果得以显化。

2. 有偏的政策手段及其结果

在单一的土地开发补偿目标驱动下，以毁林开荒、围湖造田、滩涂围垦等方式来实现耕地"占补平衡"的行为屡见不鲜。此类土地开发补偿手段造成了水土流失、土地沙化、生态退化等诸多生态问题。例如，毁林开荒、坡地开垦等土地开发补偿措施势必会让水土流失愈演愈烈。有研究显示，以红壤坡地为例，在观测年限内（1998～2011年），农作区的年均产流量和泥沙流失量为 $287.4m^3/hm^2$ 和 $117.7kg/hm^2$，而自然林区的年均产流量和泥沙流失量仅为 $21.3m^3/hm^2$ 和 $5.4kg/hm^2$[①]。再者，林地、草地、滩涂等边际土地的生态较为脆弱，将其开发为耕地会破坏物种的生存环境，威胁生物多

---

① 王飞、陈安磊、彭英湘等：《不同土地利用方式对红壤坡地水土流失的影响》，《水土保持学报》2013年第1期。

样性。有研究表明，在现已确定绝灭原因的64种哺乳动物和53种鸟中，由生存环境丧失和破碎引起的绝灭分别为19种和20种，分别占30%和38%[①]。

1998年的长江大洪灾正是这些生态问题综合作用的产物。当年大洪灾的主要原因就是长江上游植被破坏严重，导致了大面积的水土流失，造成中下游泥沙淤积，河床抬高；长期的围湖造田，减少了湖泊调蓄容积等。从当年的受灾情况来看，受灾最重的都是对湖泊进行围垦而建立起来的大小500多个圩垸，如嘉鱼县牌洲湾和公安县孟溪、大垸两处溃口，受灾人口达209433人，经济损失近50亿元。可见，有偏误的土地开发补偿手段会造成经济和生态的双重安全威胁。

不仅如此，失当的土地开发补偿手段还会引致社会层面的安全威胁。这是因为耕地垦造项目的实施时常会涉及征收农民承包经营的林地、园地以及调整农村居民点等。当前，政府的征地拆迁难免会引发社会矛盾，影响社会稳定。据统计，近年来，征地冲突每年都超200次，数量急剧增长，而且屡屡引发大规模群体性事件，造成人员伤亡，甚至会发生"乌坎事件"等对社会政治产生极大冲击的事件[②]。

此外，不论是将不具备农业生产条件的土地开发为耕地，还是在占用城市周边良田的同时，整理复垦偏远地区的土地都无助于耕地质量的提高。新开发的耕地在质量和产出率上与被占用的耕地相差几倍，一般3hm²新地才能抵得上1 hm²熟地[③]。因此，从长远看，依靠"占优补劣"，以新的土地开发来消除原来土地开发的副作用，无法从根本上实现保证国家粮食安全的目标。这也从一个侧面反映了中国土地开发补偿机制的目标、手段与结果之间的冲突。

总体来看，中国的土地开发补偿机制由于价值与目标、目标与手段不一致，产生了不良结果与副作用，即不仅不能从根本上解决粮食安全问题，而

[①] 沈才智、刘丙万：《生境对生物多样性影响研究进展》，《现代农业科技》2011年第23期。
[②] 谭术魁、齐睿：《三步走治理征地冲突》，《团结》2013年第3期。
[③] 余振国、胡小平：《我国粮食安全与耕地的数量和质量关系研究》，《地理与地理信息科学》2003年第3期。

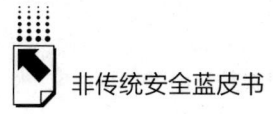

且还带来了经济、社会、生态等新的安全威胁。这就让中国陷入了"土地开发补偿与安全威胁共生"的困境。

（二）安全威胁的防范与化解：德国的经验

1. 一致的价值与目标

德国的土地开发补偿机制是在其"边污染，边治理"的发展进程中逐渐成熟和完善起来的。同中国一样，德国在推进经济发展的过程中，也意识到了工业化、城市化带动下的土地开发激化了人与自然的矛盾，威胁整个社会的生存发展。因此，德国的土地开发补偿机制背后也有着同中国相似的价值观，即实现经济社会的可持续发展。伴随着社会发展水平的不断提升，这种价值观日渐成为全社会的共识，推动土地开发补偿目标体系的丰富和完善。

德国土地开发补偿的目标具有多元化和多层次的特点。除了保障土地的生产功能以满足人的基本生存需求外，还增加了保护生态环境、维护生态系统平衡和追求人与自然的和谐共存等新内涵。这种多元化和多层次的土地开发补偿目标较为完整地诠释了可持续发展的价值观，实现了政策目标与价值观的一致性。故而德国在源头上避免了以单一的保护耕地和保障粮食安全为目标的土地开发补偿手段，迈出了防范与化解土地开发补偿安全威胁的第一步。

2. 无偏的政策手段及其结果

基于多元化、多层次的土地开发补偿目标，在影响减轻和补偿层级体制下，德国优先提倡的是避免和减轻土地开发对生态环境的负面效应，引导土地开发者在事前有意识地兼顾人类活动给自然带来的各种影响而非依赖事后的补偿。同时，具有德国特色的恢复性补偿和替代性补偿手段因地制宜、相互配合，优化了土地开发补偿的结果。在适宜进行生态修复的地方，采用恢复性的补偿手段，避免开发式补偿的潜在安全威胁。在不具备生态修复条件的地方，采取替代性补偿，既确保土地开发补偿的效果，又防止强行进行生态恢复带来的副作用。

类似的，"生态账户"强调的是生态上的"占补平衡"而非仅仅是耕地的"占补平衡"。它要求补偿项目的实施者综合考虑每个区域内土地的农业生产和生态服务价值，以尽可能避免用土地开发的方式来弥补原有土地开发的恶果。进而减少因开垦新耕地给区域生态环境造成的种种破坏性后果，有利于促进区域内土地的生产性功能和生态服务功能的平衡。因此，"生态账户"在实际运作过程中更多的是侧重保护生物的栖息地及生物多样性，为优化现有林区、自然保护区管理提供支持等。进一步的，它还构建了"数量和质量并重"的"占补平衡"评价标准。"生态账户"内"生态指标"的多少取决于所补充土地的生态价值高低，而"生态指标"的多寡又直接影响"生态账户"的经济效益，从而增强了评价标准的约束力和可信度。另外，"生态账户"也实现了德国土地开发补偿的专业化。这也有助于提高土地开发补偿的质量与效益。可以说，不论是影响减轻和补偿层级还是"生态账户"都无偏地表达了重视生态效益的开发补偿目标，实现了防范与化解土地开发补偿生态安全威胁的效果。

最后，与土地开发补偿相关的公众参与及其利益协商机制也值得关注。公众参与侧重于应对土地开发补偿的潜在社会安全威胁。与中国类似，为提供土地开发补偿用地，德国有时也需要征收或者购买土地，调整居民点。此时，受到土地开发补偿影响的主体有权利表达自己的意见。公众参与有助于兼顾不同主体的利益诉求，增强各方的利益一致性，提高具体补偿项目的社会可接受度，化解社会安全威胁。

3. 德国经验的疑惑

可以说，一致的价值目标和无偏的政策手段有效地防范与化解了土地开发补偿可能引致的多种安全威胁。这是德国土地开发补偿机制的经验所在。至此，或许会有疑惑：为何德国能在长期的探索中实现土地开发补偿的价值、目标、手段和结果的相互协调？中德两国土地开发补偿机制绩效差异的深层次原因何在？其实，这背后还有"故事"。

四　总结与反思：土地开发补偿安全的根源

进一步来看，中德两国在基础性制度、土地伦理观和生态观方面存在明

显差异。这些因素正是土地开发补偿安全威胁的根源所在，引致了两国土地开发补偿绩效的不同。

（一）基础性制度引致的土地开发补偿差异

1. 土地产权

在中国，土地开发补偿涉及的农用地、农村集体建设用地和未利用地等大多属于农民集体所有。但是，这种集体土地所有权却被强势政府的频繁征地行为所"稀释"。城市土地属于国家所有，中央政府在名义上是行使国家土地所有权的代表，但拥有行使国家土地所有权实际权力的是地方政府。共有的土地产权结构必然导致"公地的悲剧"，造成土地开发补偿的低效率。

首先，这种产权安排会导致地方政府只关注短期的经济利益，忽视长期的生态环境价值。所以，地方政府自然倾向于选择简便易行、成本低的开垦新耕地等替代性补偿。可是，替代性补偿的成效却往往逊色于恢复性补偿。其次，它还引致地方对中央的道德风险，催生了"上有政策、下有对策"的困局。由于上下级信息不对称及其造成的"监管难"，虽然中央三令五申要求地方严格执行耕地"占补平衡"政策，确保"占补平衡"的质量和效益，但各地仍旧出现"占水田、补旱地"、新增耕地"上山""下海"等现象。最后，模糊的产权也导致"搭便车"问题的产生。土地开发补偿所保障的国家粮食安全是一种公共物品。因此，在 GDP 政绩观驱动下，地方政府的理性选择就是推卸土地开发补偿的责任，把开发补偿的成本留给其他地方和下一代，进而引发了土地开发补偿的安全威胁。

在德国，土地产权大多是私有性质，且受到法律的严格保护。包括土地开发补偿在内引起的土地利用变化的行为，与相应土地所有者的利益密切相关，需要得到土地所有者的首肯与支持。清晰界定的产权既明确了政府、产权人、土地开发者的权利和责任，又避免了"公地的悲剧"的产生，为土地开发补偿的有效实施营造了良好制度环境。

2. 法律基础

尽管中国的《土地管理法》明确了耕地"占补平衡"政策的法律地位，

但在实践中尚未有过因执行耕地"占补平衡"政策不力而受到法律制裁的案例。而且，一些与地方经济发展密切相关的建设项目由于得到政府的支持可以不必事先设计补偿措施而直接占用耕地，即所谓的"先占后补"。另外，在后期的绩效评价环节，简单地用耕地数量平衡的标准来替代质量平衡的评价标准，大大削弱了相关法律的有效性。

在德国，土地开发补偿有着坚实的法律基础。前文提及，早在1976年德国的土地开发补偿就得到了强有力的法律支撑。土地开发补偿是法律对各级政府和土地开发者做出的强制性规定。因此，在进行规划制定和建设项目审批时，有关各方就必须综合考虑和设计相应的土地开发补偿措施。而"生态账户"模式更好地把土地开发补偿的质量同"生态指标"的数量相挂钩，把法律的规定转变为可执行、有效力的具体措施。

3. 土地规划体系

中国的土地规划是一种指标规划，注重耕地数量的动态平衡。在这种规划体系下，土地开发补偿主要表现为建设用地指标和耕地指标之间的数量平衡。也就是说，土地开发补偿只需要确保耕地数量不减少，并不需要关注耕地具体的空间区位和补偿活动的实际效果。而且，中国的土地规划信息透明度低、公众少有参与的机会。再者，中国的土地规划时常被政府随意修改，缺乏权威性和可信度。因此，土地规划体系在实践中并不能有效控制土地开发补偿的选址及具体的补偿行为。这就为忽视社会和生态效益的土地开发补偿打开了方便之门。

在德国，土地开发补偿是严格依据土地规划组织实施的。德国的土地规划是一种空间规划，强调人类社会与自然环境的协调以及整个社会的可持续发展[1]。它详细规定了土地开发补偿项目用地的具体位置甚至可供选择的补偿方法，而且德国土地规划体系注重信息公开和公众参与，规划修订也受到法律的严格控制。这些都有利于加强规划的可信度及其对土地开发补偿的约

---

[1] Schmidt, S., Buehler, R. "The Planning Process in the US and Germany: a Comparative Analysis". *International Planning Studies*. 2007. Vol. 12 (1).

束力，压缩补偿项目实施者的机会主义行为空间。从而，确保土地开发补偿能兼顾社会和生态效益，防止价值、目标和手段之间的不一致。

4. 政府与市场、公众的关系

中国的土地开发补偿是在政府主导下进行的。作为土地开发补偿的决策者，政府会受到有限理性的自身条件和具有不确定性的外部环境制约，决策失误在所难免。同时，政府还是一个独立的利益主体，而中国特殊的制度环境为其以欺骗手段自利创造了条件。因而，政府就会自觉或不自觉地确定与价值观不一致的目标并采取有偏的手段进行土地开发补偿，引发一系列社会和生态安全威胁。

德国的土地开发补偿引入市场机制和公众参与，更好地发挥了政府作用。以"生态账户"为例，政府主要负责监督和验收土地补偿项目，根据项目质量的高低向实施该补偿项目的机构发放等额的"生态指标"。土地开发补偿机构专门负责实施补偿项目，积累"生态指标"并通过与土地开发者进行指标的市场化交易来获利。而正是因为市场的经济激励作用，这些机构才有动机充分利用自己的专门化知识，努力保证土地开发补偿项目的效益。此外，受到土地开发补偿影响的公众可以在项目规划、土地征收或购买环节表达自己的利益诉求、建言献策，并发挥监督作用，从而有助于提高补偿项目选址、补偿方法选择等的科学性和适应性。可见，德国模式明确了政府、市场和公众三者的边界，调动了各利益相关者的积极性，以节约交易费用的方式防土地开发补偿的安全威胁于未然。

（二）土地伦理观、安全观的烙印

1. 中国：以粮为纲的一维土地伦理观和安全观

当前中国正处于快速工业化的社会转型时期。经济发展仍是全社会关注的核心议题。传统的"天人合一""人地和谐""爱惜土地"的乡土情结、土地伦理观与农耕社会文明一同渐行渐远。因此，在面临人多地少、人均耕地面积更少等经济社会发展的"瓶颈"制约之时，保障国家粮食安全就成为现阶段中国土地安全观的第一甚至是唯一要义。

此种唯"粮食安全"论的土地伦理观和安全观表现在土地开发补偿上的阶段性特征就是：虽然在一定程度上认识到了土地开发补偿的价值内涵；但是，依旧以人类自我为中心，更多关注的还是土地开发补偿的经济价值，即保护国家粮食安全，而忽视了生态、社会等非经济价值以及整个人地共同体的可持续发展。换言之，这也是一种集生存观、社会观、政治观和经济观为一体的"大土地观"的缺失①。而以"粮食安全"为核心的一维土地伦理观和安全观难免要诱发土地开发补偿的安全威胁。

2. 德国：人地和谐的多维土地伦理观和安全观

在实现工业化、现代化的历史进程中，德国社会逐渐认识并切身体会到以人类为中心和以保障经济发展和粮食安全为焦点的土地伦理观与安全观的负面影响。现实困境的压力推动了德国土地伦理观和安全观的更新再造。新型的土地伦理观和安全观以人地和谐为中心，实现了多维一体，即从人地共同体的视角出发，统筹兼顾土地的经济、社会和生态价值，做到尊重自然和善待土地。

这种综合性的土地伦理观和安全观在土地开发补偿方面的表现就是：土地开发补偿不仅要统筹考虑土地在保障国家粮食安全、社会安全和生态安全等方面的作用与价值，更要通过构建和谐的人地关系来应对与土地利用有关的潜在安全威胁。也正是在新型土地伦理观和安全观的共同推动下，德国的土地开发补偿机制几经变迁，最终步入了正轨。

五 结语：土地开发补偿安全的未来走向

土地开发补偿的初衷是弥补土地开发的负面效应，促进人类社会可持续发展。然而，中国的困境表明，不当的土地开发补偿会引起诸如生态破坏、生物多样性减少、社会失稳等非传统安全问题。随着相应的基础性制度的完善以及土地伦理观和安全观的重塑，土地开发补偿的治理结构会得到优化，

---

① 谭荣：《中国土地安全评论》，社会科学文献出版社，2014，第236~240页。

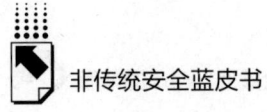

其价值、政策和结果的协调性也会得以增强,从而防范与化解上述安全威胁。实际上,德国的经验就预示了土地开发补偿安全的未来走向。

(一)土地开发补偿的目标体系日趋多元化和多层次

随着社会经济发展水平的提高和社会目标函数的变化,土地开发补偿的目标将不局限于保护耕地和保障粮食安全的基本需求层面,它还将扩展至更高层次和更宽领域,即保护生物多样性、维护生态平衡并兼顾补偿行为的社会效应,以更好地诠释土地开发补偿蕴含的价值内涵。目标与价值的高度契合会对土地开发补偿的安全问题有治本之效。

(二)土地开发补偿手段日趋多样化

与多元化和多层次的目标相对应,土地开发补偿的手段也将日趋多元化。传统的依靠开垦荒地、荒山、荒滩来补充耕地的做法已不再是土地开发补偿的唯一路径。一些致力于提高土地开发补偿的综合效益、促进人地和谐的措施开始涌现:改变耗竭性使用地力的农业生产方式;保护生物栖息地;保护湿地、滩涂、林地等具有生态服务价值的边际土地,增强这些地块的生态服务功能等。在实践中,根据土地开发补偿项目的具体情况,因地制宜地选择并综合运用多样化的补偿手段,保证目标与手段的一致性,就可以从实施环节防控潜在的安全威胁。

(三)充分发挥政府、市场、公众三者的作用,推动土地开发补偿的管理模式创新

实践表明,政府、市场和公众的协调配合能够增强土地开发补偿价值、目标、手段之间的一致性,有效地防范与化解潜在安全威胁。政府要当好土地开发补偿的"裁判员",做好全程监管工作。同时,要充分利用市场这只"看不见的手",引导、激励土地开发者和其他市场主体积极参与并保障土地开发补偿的完成质量。最后,依靠公众参与,既能更好协调多方利益关系,又能集民智、聚民力,形成对政府和市场行为的外部约

束。简言之，推动土地开发补偿管理模式创新的关键就在于充分发挥政府、市场、公众三者的作用，让它们各展所长、各显其能，优化土地开发补偿的实际效果。

（四）循序渐进，不断夯实土地开发补偿的制度基础

一方面，如果说直接改变共有的产权安排成本过高、难度太大，可以尝试改进共有产权的治理结构。比如，鼓励共有产权的所有者群体自主制定资源使用规则，明确个体间的权、责、利，以集体行动克服"公地的悲剧"；理清中央和地方权责关系，加快转变政府职能，让市场在资源配置中真正起决定性作用等。从而，逐步形成归属清晰、权责明确、监管有效的产权制度。另一方面，还可以从改变当前的土地规划体系和增强有关法律法规的有效性入手，逐步健全土地开发补偿的基础性制度。具体包括：推动指标规划向空间规划转变；促进规划信息公开和公众参与；完善规划修编的制约和监督机制，加强规划的权威性；严格执法，坚决查处不符合法律规范的土地开发补偿行为等。可以预期，基础性制度的日臻完善必将有助于从源头上防范土地开发补偿的经济、社会和生态等安全威胁。

（五）重塑土地伦理观和土地安全观，为实现土地开发的安全补偿提供精神动力

重塑土地伦理观是一个全面深刻地反思包括土地开发补偿在内的人类处理人地关系实践的过程。以此为基础，推动人类中心主义的土地伦理观转变为尊重自然、人地和谐共生的土地伦理观。对传统的讲求"天人合一"土地伦理观的回归，将打破社会系统和土地系统的割裂局面，有利于确立"全方位""多层次""一体化"的新型土地安全观。所谓的新型土地安全观是一种人地一体的系统化安全观。它兼顾与土地相关的经济、社会、生态等各领域的安全问题。这种安全观要求既要保障土地的农业生产能力等基础层次的安全，即粮食安全，又要实现以土地为载体的社会和生态的可持续发展等更高层次的安全目标。

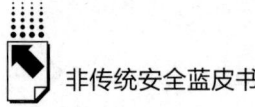

可以说，追求人地统一的新土地伦理观和多元一体的新土地安全观会深化全社会对土地开发补偿价值内涵的认识：土地开发补偿不仅应保障粮食安全，还应当防范与化解潜在的社会和生态安全威胁。换而言之，人类的补偿行为保障的不仅是自身的可持续发展，还应是整个人地共同体的可持续发展。新型的土地伦理观和安全观作为一种精神力量，将成为联系土地开发补偿价值、政策、结果和相应基础性制度变迁的无形纽带，推动土地开发安全补偿的实现。

B.15 政府在突发公共事件中运用媒体的策略研究

邵一平[*]

摘　要： 当前，转型期的中国社会正经历着危机频发期，各类突发公共事件，爆发的频率在增加，造成的破坏也在加剧。与此同时，日新月异的媒体技术，给危机信息传播和管理带来挑战。政府作为公共突发事件的处置主体，通过制定科学有效的媒体策略，充分发挥媒体参与公共危机治理的正向功能，是危机管理的重要环节。本文将整合非传统安全、公共管理以及传播学等相关理论，分析当前危机事件中政府媒体策略现状，并对政府科学组织媒体、有效引导舆论的方法策略提出意见。

关键词： 突发公共事件　媒体策略　危机管理

一　媒体策略：非传统安全管理的重要内容

2014年3月8日，马来西亚航空MH370客机失去联系，震惊世界。作为事件责任方，马来西亚政府、马来西亚军方、马来西亚航空先后对失联客机的乘客信息、飞行轨迹、最后失联信息、最后通话内容、失联原因、机组

---

[*] 邵一平，浙江卫视新闻中心采编部记者，主任记者。曾参与抗击台风、汶川特大地震、杭州地铁塌陷事故等报道，获中国新闻奖二等奖、浙江省新闻奖一等奖等荣誉称号。

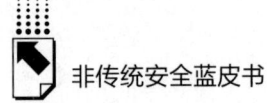

人员调查情况等关键信息作了发布,但由于发布信息模糊滞后、前后矛盾,引起媒体强烈不满。法新社、路透社和CNN所代表的西方主流媒体不再援引马航方面信息作为主要的消息来源,各自充当消息来源,对事件进行独立调查。失去话语主动权的马方,面对全球媒体和公众质疑,手忙脚乱、疲于应对,形成的负面舆论使马航的信用几近破产、马来西亚的国家形象遭受严重打击。

马航事件中,马来西亚政府危机管理的惨痛教训,充分暴露出政府在突发公共事件中运用媒体传播信息、引导舆论的策略存在不足。通常当灾害发生时,政府希望通过媒体传递其声音,体现其意志,强化救援,树立形象,而密切关注灾情的民众则迫切需要知道关系其生命财产安全的灾害真相,以及救援推进的真实进展。信息供求存在巨大落差,导致政府的信息传播不但不利于突发公共事件的处置,还激化了突发事件中的矛盾,扩大了事态的负面效应。

当今的中国社会,经过改革开放三十多年的经济腾飞后,正处于转型发展的关键时期,社会失序、群众心理失衡、核心价值观遭到冲击是这一阶段无法回避的"成长的烦恼"。正如英国学者吉登斯在其《失控的世界》一书中提出的那样,"风险社会"如期而至:在全球化的背景下,人们正经历着许多传统社会中并不突出的"被制造出来的风险",也就是"由不断发展的知识对这个世界的影响所产生的风险,也是我们没多少历史经验情况下产生的风险。"① 与之相呼应,在现实社会中,安全事故、群体性事件、自然灾害等各类突发公共事件,爆发的频率在增加,破坏的强度也在加剧,对民众安全带来前所未有的威胁。传统的安全研究范畴,已经难以涵盖当前复杂的公共安全威胁现象,非传统安全,正凭借其全新的公共安全认知角度和管理模式,成为社会管理领域的全新课题。

相对于传统安全,"非传统安全关注的是人的安全的中心价值,认为安全实质是人面临的一种状态。非传统安全注重人的个体的各种权利,强调重

---

① 〔英〕安东尼·吉登斯:《失控的世界》,周红云译,江西人民出版社,2001。

视社会化的个人在不同层次、不同领域、不同问题上所受到的威胁、获得的保障。"① 在中国社会正在经历体制和观念转型、治理模式更新的大背景下，更多关注"人的日常生活安全"、"社会的日常运作安全"的非传统公共安全研究被提到前所未有的高度。党的十八大报告中史无前例地提出了十三大类安全问题，其中在公共安全领域，提出要"强化公共安全体系和企业安全生产基础建设，遏制重大安全事故"，"深化平安建设，完善立体化社会治安防控体系，强化司法基本保障，依法防范和惩治违法犯罪活动，保障人民生命财产安全"；在公共卫生领域，提出了要"改革和完善食品药品安全监管体制机制"；在生态安全领域，提出"从源头上扭转生态环境恶化趋势，为人民创造良好的生产生活环境"；等等②，这些着眼非传统安全的治理方略的制定，对公共突发事件的科学处置提出了新的要求。因此，立足非传统安全的现实挑战和治理需求，研究公共危机的管理理念和手段，对于提升社会转型时期政府的执政能力，维护公民的人身、财产、民主权利，实现社会稳定，意义重大。

与此同时，当今社会媒体技术日新月异，信息传播空前迅速，正如《人民日报》3月21日刊文《来自互联网的你》中所说"面对移动化新兴媒体，网媒已屈居'传统媒体'，原来的传统媒体被称作'古典媒体'"③。传媒手段的瞬息万变，带来的是信息传播渠道和公众信息接收方式的转变，使组织和新媒体传播规律相适应的危机信息管理策略，成为政府非传统公共安全管理中的重要内容。

2003年非典事件中，政府在事件之初管控媒体、封锁信息，最终导致谣言满天，人心惶惶；2008年汶川地震，政府第一时间和媒体通力合作，全面报道抗震救灾的全过程，赢得国内民众和国际舆论的一致支持。近年来，在一次次携手媒体处置突发公共事件的实践中，各级政府已经越来越意

---

① 王逸舟：《论非传统安全》，《学习与探讨》2005年第3期，第2~9页。
② 胡锦涛：《坚定不移沿着中国特色社会主义道路前进 为全面建成小康社会而奋斗》，人民网，http://cpc.people.com.cn/18/n/2012/1109/c350821-19529916.html。
③ 《来自互联网的你》，《人民日报》2014年3月21日。

识到科学运用媒体、抢占舆论阵地的重要性。然而由于缺乏对政府运用媒体处置突发公共事件的深入研究,在具体实践中,政府部门通过媒体公开信息的意识、策略和能力都和非传统公共安全管理的客观需求以及受众满足知情权的实际需要存在差距。笔者在媒体工作长达12年,曾经参与过浙江历年抗击台风、杭州地铁塌陷事故、温州"7·23"动车事故等一系列省内重大突发公共事件的报道,本文将以浙江各级政府处置公共突发事件的若干案例为例,归纳分析政府在危机管理中运用媒体的经验和教训,为政府在突发事件中制定科学高效的媒体策略提出设想和建议。

二 突发公共事件中政府运用媒体策略的现状

(一)我国突发公共事件中政府运用媒体策略存在的问题

新中国成立以来,我国政府的职能由计划经济时代突出政治统治职能,逐渐转向改革开放后,突出社会管理和社会服务职能,政府也由社会各领域的"绝对管控者"逐渐成为"社会治理者"。相应的,伴随着社会发展,以及媒体报道权、公众知情权日益被重视,政府应用媒体的理念和策略也经历着从"管控"到"治理"的嬗变。

纵观我国政府在突发公共事件中组织媒体策略的变迁,其实质就是一个政府逐渐放宽对媒体的管制,"解冻"媒体报道权的过程。这样的变化是经历数次重大突发公共事件的惨痛教训"倒逼"而来,更多的是政府出于维护政治影响和自身形象的考虑,而不是着眼维护公共利益,主动寻求媒体合作。虽然科学运用媒体、及时公开信息已经成为各级政府处置危机的共识,但在具体实践中,面对不同种类的突发公共事件,政府运用媒体的理念和方式各不相同。

我国2006年颁布的《国家突发公共事件总体应急预案》中,根据事件的发生过程、性质和处置,将突发公共事件分为自然灾害、事故灾害、公共卫生事件和社会安全事件四大类。就处置事件中政府和媒体的互动而言,在自然灾害中，政府和媒体良性互动模式渐趋成熟。无论是"5·12"汶川地震，还是各种水灾、台风，面对自然灾害，政府已经形成透明、公开、高效的危机传播机制，媒体也成为救灾体系中不可或缺的组成部分。而对于事故灾害、公共卫生事件和社会安全等"人祸"类的突发公共事件，由于涉及政府责任和部门利益，政府应用媒体的策略依然较多地沿用传统危机传播的理念，消极被动应对媒体。笔者将以2014年5月杭州余杭区中泰乡发生的百姓反对中泰乡九峰村生活垃圾焚烧发电厂项目，引发封堵高速公路省道、打砸车辆等群体性事件为例，对我国突发公共事件中政府运用媒体策略存在的问题进行剖析。

1. 反应迟缓 信息发布不及时

突发事件爆发之时，无论政府是否发声，信息会通过各种渠道传播。此时，政府的第一要务就是主动通过媒体提供信息，掌握主动。但事实上，当突发事件发生时，很多政府部门还存在着淡化处理的侥幸心理，常常选择回避媒体、捂住信息，最终错失信息发布的时机，将舆论主导权拱手相让。

2014年5月11日发生在余杭中泰乡的群体性事件，严格来说并非突发事件。在2014年3月，杭州市规划局就在网上发布《杭州市环境卫生专业规划修编修改完善稿》，首次公示九峰山垃圾焚烧项目；之后4月，杭州又公示2014年重点规划工程项目，包括在中泰乡建造一座亚洲最大的垃圾焚烧发电厂。连续两份文件的亮相，引起了项目所在地余杭中泰乡居民的强烈反感，4月24日，居民向杭州市规划局提交了一份2万多人反对建厂的联合签名，52人提出对《杭州市环境卫生专业规划修编（2008~2020年）修改完善稿》公示听证的申请。从项目公示到冲突爆发，长达一个半月的时间里，余杭中泰乡居民通过网络、媒体、提交申请等各种渠道，表达诉求，但政府相关部门始终沉默应对，不但没有通过媒体，发布官方声音，而且禁止本地媒体参与事件报道。当地居民所关心的建造垃圾焚烧厂会不会污染余杭中泰乡水源地、茶产区；焚烧垃圾产生二噁英会不会影响当地空气质量；频繁往来的垃圾车会不会加剧城西的交通压力等问题，始终得不到官方的正面回应。也正是在政府的信息空窗期，长达数万字的中泰居民请愿书、建造

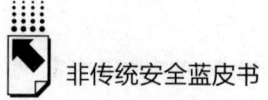

垃圾焚烧厂的种种危害等帖子通过微博、微信以及杭州各大论坛，在网上迅速传播，各种质疑、猜测以及对政府置之不理的抱怨迅速集聚，形成强大的负面舆论，为5月11日恶性群体事件埋下伏笔。

2. 被动沟通 信息公开不彻底

新闻发布制度是突发公共事件发生后政府信息公开的主要渠道，也是政府和媒体沟通、互动的重要平台。然而在实践中，新闻发布制度的功能却没有得到充分的发挥，或是政府沟通被动，欠缺沟通诚意，关键时刻信息发布缺位；或是政府变双向的信息共享为单向的政府宣传，变披露真相为隐藏信息、推卸责任，政府只说自己想说的，无视媒体和公众的关切，使新闻发布流于形式。

首先，欠缺沟通诚意，关键时刻信息发布缺位。2014年5月7日，开进九峰村的工程车，成为中泰垃圾焚烧厂事件的直接导火线。村民看见隆隆作响的施工车辆，以为垃圾焚烧厂开工在即，但此时冲突并没有发生，附近多个村庄的村民只是轮流蹲守工地，阻止施工进行，并商讨对策。3天后，5月10日，一直希望和政府沟通的村民在多次要求协商未果后，开始集聚，群众的不满情绪得到煽动，事态演变成封堵高速，不法分子开始乘机打砸、围攻民警和群众。试想，如果在村民集聚之初，政府的信息发布及时跟进，告知工程进展、施工方案，及时听取公众诉求，解答村民质疑，负面舆论会得到有效阻断，不法分子难有可乘之机，大规模的群体事件可以得到预防和疏导。可见，政府拒绝沟通的冷漠态度，关键时刻的信息缺位，人为地造成了和公众的对立，让危机迅速升级，原本的诉求表达转变为聚众破坏交通秩序、公共秩序，危害公共安全等严重违法犯罪活动，危机处置的难度大大增加。

其次，核心信息欠缺。5月11日下午，事件造成的恶劣影响，倒逼政府不得不召开新闻发布会。但姗姗来迟的官方发布，以中泰聚集堵路打砸事件的嫌疑人处置为主要内容，虽然杭州市相关负责人也现场承诺："在没有履行完法定程序和取得群众理解支持的情况下，九峰项目不开工建设"，有效平息了事态，但由于公众关心的九峰山垃圾焚烧发电厂项目规划是否履行合法程序、项目实施究竟会对环境产生怎样的影响、公众究竟如何参与项目推进等问题，都没有深入进行解答，致使对项目本身的质疑仍然在网上发酵，有民众甚至直接通过媒体对政府承诺表示不信任。舆论并没有因为政府的发声，得到有效的扭转。可见，回避媒体和公众最为关心的问题，答非所问、避重就轻的信息发布，会让政府处置公共突发事件的效果大打折扣。

早在中泰垃圾焚烧厂事件前，"7·23"动车事故的新闻发布会上，由于新闻发言人爆出"不管你信不信，反正我是信了"、"这是一个奇迹"等一系列"神回复"，引发了全社会对政府新闻发布制度的大讨论。《人民日报》曾在"7·23"动车事故后发表文章《中国新闻发言人遭遇"七年制痒"》，把新闻发言人归为七类：无可奉告型、大包大揽型、照本宣科型、自我辩护型、报喜不报忧型、恼羞成怒型、感情错位型。① 可见，政府运用新闻发布制度应对媒体的理念、技巧，还有很大的改进空间。

3. 议程单一　官方媒体公信力下降

在我国，官方媒体的主要功能是"把党和国家的路线、方针、政策按照要求通过媒体的舆论导向来约束和引导大众思想、意识形态和行动言论的自由"② 在突发公共事件中，官方媒体可以确保来自政府的信息最高效、准确地传播，不至于走样或被过度解读。在公众看来，官方媒体拥有独家垄断的政府资源，有其他媒体无可替代的权威优势，是了解政府的态度、决策的重要渠道。但事实上，当突发公共事件的信息传播中，政府片面地强调官方媒体的"喉舌"功能，深度介入官方媒体的新闻议程设置，单一地以政府形象、政府举措、政府意图为主要传播议题，而忽视公众全方位的信息诉求；而官方媒体对政府的宣传指令全盘服从，往往以宣传代替新闻，使突发公共事件的报道常常只见救援不见灾情、只见领导不见群众。这种漠视新闻规律和舆论需求的媒体策略，不但使政府的信息传播达不到预想的效果，也使官方媒体丧失其公信力和影响力，在争夺受众关注的激烈媒体竞争中处于

---

① 《中国新闻发言人遭遇"七年制痒"》，《人民日报》2011 年 8 月 12 日。
② 冯华昕：《构建政府与媒体间的和谐关系》，《青年记者》2009 年第 24 期，第 40～41 页。

下风。

其实在余杭中泰乡垃圾焚烧厂事件中，政府并非听之任之，任由负面舆论集聚蔓延，相反，也有针对性地设置新闻议题，通过其管辖范围内的主流媒体策划新闻选题，表达其传播意图。以《杭州日报》对事件的报道为例。如表1所示，事件发生后，《杭州日报》的相关版面内容主要体现在四个方面：政府对事件的处置、倡导垃圾分类、国外建设垃圾焚烧厂的成功经验以及对民众"邻避思维"的批判。通过以上新闻议题的设置，一方面体现政府对事件的积极处置，极力修复政府形象；另一方面通过它山之石的经验借鉴以及垃圾分类的宣传倡导，指明垃圾焚烧项目的必要性和可行性，为项目推进营造舆论氛围。而对于民众普遍关心的，项目是否继续推进、如何推进、如何公开项目信息、监督项目进程，没有任何涉及。这并非媒体不了解受众的信息需求，而是所有官方媒体在组织报道时都统一宣传口径：把握正面报道的总基调，尽力引导舆论，为项目推进造势，而项目本身涉及的敏感问题一律淡化。由于政府的议程设置没有覆盖公众的信息诉求，导致公众无法通过主流媒体获得自己需要的信息，所以纷纷转向网络、人际等传播渠道寻求意见表达。于是，政府舆论和公众舆论相背离，政府舆论阵地失去公信力，引导舆论乏力。

表1 2014年《杭州日报》对中泰乡垃圾焚烧厂事件的相关报道内容

时期	报道内容
5月12日	市政府举行九峰垃圾处理项目新闻发布会
	垃圾处理需要政府和社会共同担起责任
	九峰垃圾处理项目进展情况
5月13日	余杭中泰事件中53名犯罪嫌疑人被依法刑拘
	市民提出：垃圾分类可以更简便些
5月14日	中北欧进口垃圾发电为何民众无怨
5月15日	垃圾分类是一场生活方式变革
5月16日	日本：垃圾焚烧环保实用不扰民
5月20日	垃圾分类在澳大利亚已成习惯
5月23日	"手把手"教垃圾分类　为执着的志愿者和社工点个赞吧
5月24日	如何面对"邻避思维"

4. 忽视新媒体　网络舆论引导乏力

根据2013年中国互联网发展状况统计报告，截至2013年6月，我国网络新闻的网民达到4.61亿人，同比增长17.5%，网民对网络新闻的使用率高达78%。尤其是微博、微信等互联网应用，凭借其低门槛发布、传播迅速等特点，成为网民获取信息的重要渠道。在突发公共事件中，微博不仅以其即时发布、迅速传播的特性，成为信息公开的载体，更凭借其交互传播的特性，在传播信息的同时集结民意，给公众提供了一个围观、议论甚至参与事件处置的平台，从而形成巨大的网络舆论，对推动、监督事件的解决起到重要作用。

然而，在微博等新媒体迅猛发展的同时，政府运用媒体的策略却没有相应升级，应对和引导网络舆论往往习惯于"怒、怕、删、躲、拖"的"五线谱"模式：面对微博即时、迅速的信息直播，政府信息不更新；面对网民的关切质疑，政府态度不明朗；面对公众借助微博形成的议题，政府的议题缺乏有效的引导和融合；面对微博传播的负面消息，政府采用删帖、禁言等手段强制管理，其结果往往是引起网民的强烈反感，政府完全陷入被动、丧失新媒体的舆论阵地和话语权。

和很多群体性事件一样，5月10日晚，余杭中泰乡爆发大规模冲突，现场的照片迅速在网络传播，一些政商文娱界的名人也转发和评论了相关微博，使网络舆论迅速升温。有人宣称：大量特警进驻现场，对当地村民大打出手，一时间激起众多网友的愤怒。针对微博、微信朋友圈迅速传播的网络谣言，相关部门仅仅采取删帖的方式粗暴阻断，而处置事件的市、区两级职能机构的官方微博，没有向公众发布一条来自冲突现场的真相信息。当网络现场图片被删帖时，谣言并没有止步，相反，不少为现场百姓鸣不平的言论，继续盛传。一味地网络禁言，使真相严重缺位，急剧激化的矛盾，将网络舆论由质疑推向愤怒，舆情进一步失控。

（二）存在问题的原因分析

1. 错误的政绩观导致媒体沟通意识不强

尽管"非典"之后，从中央到地方，我国各级政府反复强调突发公共事件中政府信息公开的重要性；但是，每当突发公共事件爆发时，政府部门迅速主动和媒体合作、共享信息的意愿还是不强，晚报、瞒报甚至封锁消息的情况仍然屡见不鲜。究其原因，是因为突发公共事件，无论是自然灾害还是人为事故，都事关政府利益，其起因涉及政府监管，其造成的损伤涉及政府形象，其处置力度涉及政府绩效，一旦经媒体报道，公之于众，就意味着政府要接受问责，事件的处置要接受监督。处理不当，相关责任人的政绩会受到严重影响。因此，面对公共突发事件，是否公开、何时公开、公开到什么程度，政府部门通常以地方利益、部门利益甚至是官员自身前途为第一考量，而漠视公众知情权和相关公共利益。

长期以来，我国政府部门片面强调媒体的"喉舌"功能，从"稳定是压倒一切的大局"出发，提出"以正面报道为主"的主方针，单一地把媒体当作为政府歌功颂德的工具，凡涉及政绩、成就的宣传会主动积极和媒体取得互动；而对于突发公共事件，往往大事化小、淡化处理，或拒绝沟通，希望媒体少介入、不报道，或采取指令式的沟通方式，要求媒体单一报道领导行动、政府举措，将"灾难唱作赞歌"。然而，事实证明，在信息多渠道传播的今天，消极应对媒体、掩盖事实的做法，往往会引起公众的反感，导致危机的继续蔓延。

2. 片面的媒体观导致应用媒体手段陈旧

长期以来，我国实行的是"党管媒体"的管理方针，党委领导下的宣传部门对官方媒体进行全方位监管，媒体的资产配置、业务考核，以及主要领导的任免等重大事项都要听命党委决策。这意味着我国媒体尽管步入市场，实现"企业化管理"，但"事业单位"的身份决定了其必须坚持政治属性。

这种不合理的管理体制，使得在很多政府官员的意识中，媒体是政府的"下级"，理所应当为政府所用，在任何时候任何情况下，都应该替政府说话。而这种片面的媒体观，也被赋予了现实的权利和路径。尤其是面临突发公共事件时，一方面，政府可以通过宣传部门掌控信息传播的各个环节，媒体是否报道、由谁报道、何时报道、报道到什么程度，宣传部门都会以宣传口径的形式进行传达；另一方面，党委领导下的宣传部门在参与危机传播时，往往将党的宣传职能带入政府的危机处置职能之中，单方面干预媒体报道，设置新闻议程时剔除不利于政府形象的新闻要素，而过多地注重政府形象的正面宣传，强制媒体将新闻做成宣传。

片面强调媒体的"喉舌"属性，加上与之相匹配的围绕保障媒体"喉舌"功能建立起来的管理体制，使得政府和媒体互动时，缺乏平等对话、沟通合作的主观意愿和客观需求，也欠缺依据传播规律组织媒体策略的内在动力。因此，长期以来，以单向信息管控替代双向沟通，以官方媒体为单一阵地，以领导活动、政府举措为单一议题，成了政府应对危机的主要媒体策略。而在媒体多元化发展的今天，宣传系统的"有形之手"无法掌控信息传播的所有通道，片面将媒体当作"传声筒"、"鼓吹手"，只能加速官方、民众形成两个背道而驰的"舆论场"，使官方媒体在媒体竞争中被受众抛弃，失去影响力和公信力。

3. 不完善的法治环境导致媒体权利保障不力

法治是社会生活中政府和公民必须遵守的基本原则，也是公共机构和社会个体约束自身的行为标尺。从现实情况看，截至目前，广电总局共出台部门规章39件、规范性文件301件，文化部出台部门规章12件，新闻出版总署出台部门规章33件、规范性文件170件。这些规章制度对我国新闻出版、广播电视机构开展新闻宣传作出了较为具体的规定。

但尽管如此，我国新闻领域的法律法规仍可说基本处于空白状态，主要是因为时至今日，我国仍没有出台一部专门的新闻法。《新闻法》缺位，给政府部门和新闻媒体开展舆论传播都造成了不利影响，特别是在突发事件的危机传播中，政府与媒体的关系到底如何？媒体的权利和责任有哪些？媒体披露事实的自由度如何界定？公民的知情权与相关的保密规定又该如何协调？等等，这些问题都没有一个明确的法律依据。这就造成，政府部门在处置突发事件时，官员通常"捂盖子"、"搞封锁"，一方面，记者的采访权得不到保障；另一方面，也会纵容小部分记者或借突发事件、公共危机敲诈、勒索事发单位，或暗中收受贿赂，损害媒体公信力。凡此种种，不完善的新闻法治环境，既导致媒体权利保障不力，也对政府处置突发事件造成被动。

三 公共突发事件中政府优化媒体策略的举措

如前所述，现阶段我国各级政府在处置突发公共事件过程中，组织媒体的策略所存在的种种问题，究其原因是政府和媒体互动的意识和公众满足知情权的诉求不相适应；政府运用媒体的手段和信息传播技术、传媒环境的发展不相适应；确保政府和媒体合作的政策环境，与危机事件信息管理的客观需求不相适应。本部分将从政府应用媒体的意识、手段和政策环境三方面入手，就如何优化政府处置突发公共事件的媒体策略提出设想。

（一）树立和媒体合作共赢的传播意识

1. 主动传播意识 掌握舆论主动权

中国社会科学院新闻与传播研究所学者明安香曾经提出，当公共突发事件发生时，公众会处于"危机信息的渴求状态"。此时作为危机信息掌控者和管理者的政府，应该具备率先发声、主动传播的意识，只有第一时间发布权威信息，满足公众的信息渴求，才能建立政府公信力，掌握舆论主动权，获取公众支持。

图 1 政府发布信息的作用

在信息渠道多样化的今天，政府发布已经不是公众获取信息的唯一渠道，危机面前，政府一旦拒绝沟通保持缄默，只能迫使媒体和公众在官方以外的渠道寻求信息源，给谣言开辟传播空间。因此，政府只有具备主动发声的意识，充分调动媒体的力量，传播真实信息，才能在与媒体、公众的动态博弈中取得主动，引领舆论走向。在美国遭遇"9·11"恐怖袭击之后几分钟内，美国官方就和主流媒体充分沟通，第一时间告诉公众"发生了什么"；事故之后45分钟，美国总统布什发表电视讲话，向全美公众公布了袭击的相关内容；随后，布什先后发表4次讲话，号召全美团结一致共渡难关，表明美国政府保护本国人民、打击恐怖主义的信心和决心。正因为美国政府在第一时间协同媒体主动传播，使在整个危机的处置过程中，美国媒体自始至终和政府步调一致，舆论一边倒维护国家利益；而政府公开透明的信息处置，也使布什政府果断、冷静的形象深入人心，为危机的处置争取到民众的广泛支持。

2. 平等沟通意识　尊重媒体报道权

按照西方传统的新闻传播学理论，"媒体应是监督机构，不依赖于政府"，被称作拥有独立地位的"第四权力"、"无冕之王"。但在中国，党管媒体的体制导致政府和媒体的地位不对等，政府可以通过行政指令干预、指挥媒体行为。政府和媒体间上下级的行政体制，导致双方的沟通主要是自上而下的单向指令传达，缺乏平等对话的互动意识。

美国知名记者詹姆斯·雷斯顿曾说过：聪明的政府官员不会"操纵"记者，聪明的记者事实上也不可能"打败"政府。如果双方互相合作，而不是把对方当"敌人"的话，他们都将会得到更多的收获。① 可见，政府如果想要利用媒体动员全社会力量参与危机治理，必须改变传统的"媒体观"，破除"操纵"式的媒体管理方式，变媒体由原来单一的"舆论工具"为合作伙伴，将单向的指令转化为双向的、柔性的可以交流互动的平等对话，双方携手共同参与危机处置。

3. 以人为本意识　满足公众知情权

在突发公共事件中，成功的媒体策略可以集结社会力量，共同参与事件处置，提高化解危机的效率，而这要求政府树立以人为本的传播意识，以人的安全为第一考量，以人的信息需求、情感需求为第一导向，组织媒体策略

---

① 叶皓：《政府新闻学》，江苏人民出版社，2006，第200~209页。

和传播内容。一方面,依据受众的信息诉求,提供及时、准确的信息,告诉受众真实、准确的事态进展,以消除公众面临突发危机时因信息真空带来的不安定感;另一方面,充分发挥媒体社会"向心棒"的作用,关注危机中人的命运,将生命的救援,伤者的救助作为危机管理的重要议题,在最大限度抚慰事件造成伤害的同时,也通过媒体传导人文关怀,建立社会公众和危机当事人的情感联系,凝聚全社会守望相助、共渡难关的力量。

(二)顺应媒体环境 更新传播手段

著名传播学家拉斯韦尔在《传播的社会职能与结构》一文中曾经提出信息传播的"5W模式":即"描述传播行为的一个方便的方法是回答五个'W'的问题——谁(Who)、说什么(What)、通过什么渠道(Which channel)、对谁(To whom)、取得怎样的效果(What effect)"。据此,可以引申出信息传播过程研究中的五个要素,即传播主体、传播内容、传播渠道、传播受众和传播效果(见图2)。① 其中,传播主体、传播内容、传播渠道是政府更新媒体运用手段的三大组成要素。

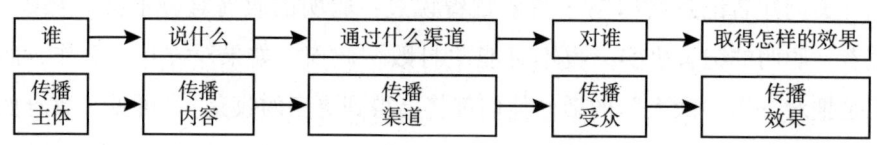

图2 拉斯韦尔"5W"传播模式

1. 传播主体策略:规范政府信息发布

在突发公共事件中,政府作为传播信息的主体,主动的发布信息是其处置事件的重要工作,也是其组织媒体策略的核心环节。政府要确保整个突发事件的处置,有权威、正确、正面的舆论引导公众,需要从以下方面入手,完善信息发布。

第一,"第一时间"发布。所谓的"第一时间"首先是指,政府应该在

---

① 邵培仁:《传播学导论》,浙江大学出版社,1997,第85~86页。

突发事件发生后的第一时间发出自己的声音,告诉媒体和公众发生了什么。曾任美国白宫新闻发言人的弗莱彻打过一个比喻:"突发事件发生后,公众对信息的渴求,就好像很多饥饿的人等待着一只正在烤制的火鸡,如果鸡翅膀已经烤熟了,就应该把它切下来,让人们先填饱肚子再说,再继续烤其他部分,不要让人们饿着肚子等到火鸡全部烤熟。"① 也就是说,面对突如其来的突发事件,政府的信息发布但求快,不求全。事件发生后的 12 小时,是信息传播的黄金时间,一般来说,在这"黄金 12 小时"中政府必须根据收集到的突发事件信息和公众的舆论动向,将有关事件的信息和政府态度传递出去,占据"首因效应",杜绝谣言传播的可乘之机。

此外,"第一时间"发布还包括,在整个事件发展进程中,政府要及时通报最新情况,第一时间纠正或者补充发布中不清晰、不全面的信息要素。在危机信息的后续发布中,始终占据最新信息权威发布者的地位。在"5·12"汶川地震发生的第二天开始,国务院新闻办每天都举行新闻发布会,通报最新的地震灾害和救灾情况,政府不间断发布事件的最新进展,不但能充分满足受众的知情权,还能巩固政府的权威信息渠道,增强政府话语的影响力。

第二,"第一现场"发布。公共突发事件的第一现场,既是政府要着力处置的地方,又是信息的主要来源地。作为大众传媒如果离事发现场和当事人很近,那么他所说的话可信度就高。因此,政府应该尽可能选择靠近现场的地方作为信息发布的地点,为媒体获取现场第一手资料创造条件、提供服务。在"5·12"汶川地震中,温家宝总理在地震震中位置——汶川县映秀镇救灾现场拿着手持大喇叭回答记者提问的形象深入人心。当时有外国记者问,以后出现类似事件,是不是还会像这次这样公开透明,允许采访?温家宝作答:"面对这样大的震情,我们欢迎世界各国的记者前来采访,相信大家会用你们的良知、人道主义精神,公正、客观、实事求是地报道震情、灾情和我们所做的工作。"总理的这段话向全世界表明了中国政府对外开放、

---

① 邹建华:《如何面对媒体——政府和企业新闻发言人实用手册》,复旦大学出版社,2006。

信息公开的立场，而将发布会选择在灾情最为严重的地震现场，允许各国记者在现场自由出入、采访，本身就是对总理态度最有力的佐证。

第三，"第一责任人"发布。突发事件处置中，从事件的现场管理到新闻的滚动发布，再到回应媒体关切、解答公众疑问，新闻发言人都是关键环节。新闻发言人的工作成效，直接关系到政府形象和事件处置的成败。因此，突发事件的新闻发布工作，必须指定专人负责，明确信息发布的"第一责任人"。作为政府信息披露的"第一责任人"，新闻发言人要迅速参与事件处置，了解事件最新进展和处置工作的各个细节，并和相关人员一起拟定新闻通稿和明确发布口径，对媒体可能的关注点，有充分的准备，以应对现场提问。2011年日本"3·11"地震发生后，内阁官房长官枝野幸男身着浅蓝色工作服，出现在公众面前，连续105小时不眠不休，用大量翔实可靠的数据、事实与公众、媒体互动，其专业、踏实的作风，为危机后的政府树立起勇于担当、身体力行、可靠务实的形象，迅速挽回公众对政府的信心，成为危机信息发布的典范。

第四，"第一把关"发布。突发事件发生后，政府面对媒体发布信息的过程，也是政府对输出信息进行把关的过程。此时政府充当的是危机信息的"第一把关人"，需要在汇总、梳理危机信息的基础上，明确口径，对发布信息进行删选、编排，一方面提高对外发布的信息量；另一方面，通过选择发布信息，参与媒体议程设置，引导媒体准确表达政府立场。

2. 内容策略：参与媒体议程设置

众所周知，媒体有着"议程设置"的功能。议程设置的理论创始人麦考姆斯和肖对议程设置功能理论的核心内容做了经典的概括：大众媒体对某些命题的着重强调和这些命题在受众中受重视的程度形成强烈正比。[①] 也就是说，大众媒体重视什么，公众就关注什么，媒体可以按照其新闻价值的标准，对信息进行选择性报道，通过时效、版面、时段、篇幅等报道手段，区别新闻的重要程度，从而影响人们对重大事件及其重要性的判断。

---

① 费爱华、李程骅：《政府媒体公关》，江苏人民出版社，2011。

在突发公共事件中，利用媒体议程设置的功能，政府将要传达的信息，通过媒体的议程安排，"设置"成为公众乐于关注的焦点，使政府的权威发布借助新闻报道的影响力，形成公众广泛讨论的议题。政府议程、媒体议程、公众议程三者有机统一，最终形成合力，有效引导舆论、主导舆论。

在中国，及时将政府的决策和应对危机的举措传达给受众，是媒体议程的重要组成部分。因此，政府参与媒体议程设置，首先需要做的就是将事件的处置和媒体的报道形成联动，将事件推进过程中各个发展阶段的主要举措及时设置成媒体的中心议题，通过媒体的传播，影响受众。

浙江各级政府在历年的抗击台风的实践中，积累了丰富的政府设置新闻议程的经验。以2012年强台风"海葵"登陆浙江时，浙江卫视的主新闻栏目《浙江新闻联播》的议程设置为例，报道从台风逼近时的抗台风部署、台风升级时的启动应急响应、到台风登陆时的各地抢险、再到台风过境后的灾后自救，这期间政府按照防台风预案启动的各项举措分步骤、分层次地成为新闻的核心议程，成为新闻栏目内容编排的重点。灾害的发展、政府的作为和媒体的报道环环相扣、层层递进，将整个防灾、救灾过程清晰地展现在公众面前，起到了很好的引导舆论效果。

当然在激烈的媒体竞争环境中，媒体不会满足于充当政府的"传声筒"，尤其在突发事件中，媒体通常更多倾向于以公众议题和新闻价值判断为指向，形成自身议题。此时，政府需要掌控信息发布的主动权对媒体议题进行引导和转化。

"新闻源掌握在谁手里，谁就很大程度上控制着新闻传播权和新闻话语权。"[1]

在公共突发事件处置过程中，政府掌握核心信息，完全可以针对媒体的议程需求，及时提供政府新闻线索，引导媒体议程向政府议程转变。在标榜新闻自由的美国，自尼克松政府开始，白宫就设立传播办公室，以不同的形式运作政府的新闻发布，确保媒体刊发的都是政府发布的，以占据媒体议题

---

[1] 费爱华、李程骅：《政府媒体公关》，江苏人民出版社，2011。

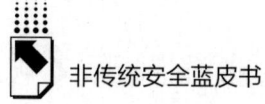

设置的主动权。美国报人理查·霍奇曾经说过,"美国报纸的读者并不知道,他们所阅读的新闻,很多并非出自记者的挖掘和思考,而是来自某份政府机构发布的、上面印有'请勿引述来源'的新闻资料"。可见,政府的主动发布已经深度介入媒体的内容选择。

当然,不是所有的政府发布都能被媒体接纳。在"7·23"动车事故发生后铁道部的首个新闻发布会上,当记者问到事故原因,发言人只是笼统地说由于雷电原因。回避核心问题和公众关切、避重就轻、答非所问,引起现场记者的强烈反感,加速了负面舆论的升级。可见不和媒体沟通互动的单向发布,游离于媒体议程之外,会让媒体从质疑、批评的角度加以利用,形成和危机处置相背离的负面舆论,严重破坏政府的形象。

因此,策划政府的信息发布,必须从新闻传播规律出发,尽可能多地提供媒体所需要的有信息量、有时效性、有关注度的新闻元素,只有这样才能引发媒体关注,使政府立场和媒体议程步调一致,实现传播效果。

3. 渠道策略:多媒体融合传播

首先,发挥主流媒体的权威优势。在我国,主流媒体作为党和政府的代言机构,是政府发布消息的主要渠道。长期以来,公众已经养成信息接收习惯,认为主流媒体发布的必定是来自官方的声音,其真实性、权威性不容置疑。因此,当突发事件发生,社会处于信息真空状态时,政府应充分发挥主流媒体的传播优势,第一时间通过主流媒体发布信息,以授权发布等方式让主流媒体首先播发报道,一方面,可以用权威的声音截断流言的通路,减少公众疑虑;另一方面,也可以进一步维护主流媒体的渠道优势,增强其公信力,扩大其影响力。

其次,发挥非官方媒体的贴近优势。在我国,非官方媒体在管理体制上不隶属于各级宣传部门,其报道内容形式不受宣传管理系统的各种口径限制,可以更多地从新闻价值出发,公正客观报道事件,满足受众的信息需求。因而非官方媒体往往凭借更多元的内容、更犀利的观点赢得公众的信任。

相对于主流媒体发布信息、表明政府立场的主体功能,非官方媒体在满足受众知情权的基础上,更多体现社会监测和公众情感宣泄的职能。因此在媒体的议程设置上,会更多关注事件的背景、原因、引发的连锁反应,以及事件中人物命运、情感变化、现实需求等各个层面。2014年3月24日晚,马来西亚航空公司客机MH370在失联17天后,马来西亚总理宣布其落入南印度洋,《南方都市报》第二天的报道除了《马总理宣布:MH370落入南印度洋》、《外交部要求马方提供所有信息》两条主消息外,还刊发了《英国空难调查处拒评论"落入南印度洋"结论》、《如何判断已落入南印度洋》、《MH370究竟发生了什么》等报道对马方的发布进行质疑;同时刊发《家属:收到马方通知 不祥之感已经显现》关注事件最直接关系人的情感状态;并以《17天的追击历程》对客机失联后的各个关键节点的关键事件进行回顾。多版面、大篇幅的报道,有对事件本身的思考,有对人物的关切和对背景的梳理,每项议题都指向公众的关注点,满足了受众多方面多层次的需求。

因此,在突发公共事件中,政府需要在充分了解各类非主流媒体受众定位、功能定位的基础上,根据不同媒体差别化的传播需求,有针对性地提供有效信息,主动融入媒体新闻议程,若将非主流媒体贴近受众的优势为我所用,引导非主流媒体的议程和政府的传播策略相呼应,则可以将政府的声音更好地传达到公众。

再次,发挥新媒体的迅速传播优势。近年来,从杭州"5·7"飙车案,到温州"7·23"动车事故、宁波PX项目引发的全市大游行,一系列浙江省内的重大突发事件,都是借助网络持续发酵,在全国形成重大影响。在网络时代,对传统媒体行之有效的新闻管理办法,已经失去效用,政府需要更新观念,主动出击,利用网络的传播优势和受众覆盖,以我为主地传播政府声音,主动构建一个迅速传播、广泛参与、有序互动的网络舆论新环境。

一方面,新媒体环境下政府需要树立全时段信息发布的意识,随时更新事态信息、回应网民疑问,充当网络第一信息源,以取得网络话语主动权;另一方面,政府处置突发公共事件时,要积极引导具有广泛网民影响力的"意见领袖"代表政府的立场,主动发声,以扩大政府言论的网络影响力。

一个更加直接有效的方法,是引导政府官员积极运用微博并成为"意见领袖",以网民的语态、网络传播规律,发表政府言论,拉近政府和网民的距离。在浙江省,曾任省委常委、常务副省长的蔡奇,副省长郑继伟,宣传部副部长胡坚等都是著名的微博大V,其中蔡奇的微博迄今为止拥有粉丝将近1032万,在"7·23"动车事故发生当晚,他先后发布36条微博,第一时间向网民通报了浙江省委应对事故的各项措施,被网友广泛转发,成为一个更加亲民的权威发布,收到了很好的传播效果。

最后,整合多种媒体,组织实施立体化传播策略。综上所述,在传媒多元发展的今天,不同媒体有着不同的传播规律、言论倾向和目标受众,政府的危机信息不可能只是依赖某一类媒体进行单通道的传播,而是需要依据不同形态的媒体特性,制定差别化的传播方案,整合各种媒体的优势,进行多通道融合传播,以确保政府信息得到全面而充分的传播。

一方面,注重官方媒体的权威发布和非官方媒体的民生发布相结合。官方媒体注重"政府本位",掌握领导活动,政府立场、决策和举措的第一手资料,在危机处置中,适合传播来自政府的权威消息;而非官方媒体注重"受众本位",更多关注受众在危机中的情感需求以及其监督、反思社会,参与危机处置的需求。因此,政府的媒体策略应充分利用两者不同的功能定位,使之相互配合、优势互补、形成合力。

另一方面,注重新媒体的即时交互发布和传统媒体的系统发布相结合。以网络为主的新媒体,有着即时发布、碎片化传播的特性,传播危机信息在时效性上占有明显优势,而传统媒体拥有广泛的社会资源和专业的新闻采编团队,有能力对新闻事件进行全方位多角度的深入挖掘和解读,在信息呈现的深度和广度上有网络媒体无法比拟的优势;另外,网络媒体在突发公共事件中,为公众提供了相对自由的舆论平台,允许公众低门槛发表议论,有及时聚集民意的优势,而传统媒体虽不能和公众即时互动,但具有真实、权威的公信力优势;由此可见,两种媒体各有优势,并覆盖不同受众群体。因此,如果一个新闻事件引起网民关注,政府需要迅速组织网络媒体和传统媒体同时介入,通过网上发布,和事件发展同步更新消息,掌握时效;通过传统媒体跟进报道，全面采访，深度挖掘，给公众呈现一个观点全面、分析深入、故事完整的新闻事件，通过两者的互动报道，实现舆论的叠加效应。

（三）建立健全机制　确保信息畅通

1. 完善相关法律　明确政府信息公开职责

信息公开、新闻发布是政府开展宣传思想文化工作的重要组成部分，是主动引导舆论的重要手段。自1983年我国正式开始建立新闻发言人制度以来，到2009年底，我国已有31个省（区、市）、国务院70多个部门和单位建立了新闻发布和新闻发言人制度。应该说发布制度日益完善，发布形式更加多样，发布影响日趋扩大，发布队伍不断壮大。但从法律意义上看，我国虽然出台了从上到下的新闻发言人制度等规章，也借助"SARS"、"汶川特大地震"倒逼"零报告"、"零通报"等突发事件信息公开工作，但这些相关法规制度，对于政府承担的信息工作，更多地采用"应当"、"及时"等模糊字眼、抽象概念加以约束。改变这样的情况，不能单纯地依靠政府自身的责任意识完善，而需要通过法律"硬举措"来进行"硬约束"。当前形势下，应当在原有新闻发言人制度的基础上，增加问责机制，对政府在公共突发事件中信息发布的责任、权利、义务进行明确规定，加以法律约束。

2. 创新媒体监管和调控机制

在传统情况下，当发生公共突发事件时，我国的媒体首先做的并不是赶赴现场、抢发报道，而是听从指示、获得政府的采访许可。但随着网络的发达，特别是以手机终端、微博微信为代表的自媒体的崛起，信息传播更加多元、迅捷，传统媒体等待政府指令再进行报道，反而会造成"官方失语"。因此，新形势下，政府必须创新媒体监管和调控机制，变消极的管制为积极的监管，变强硬的压制为有效的合作，变被动的坐等为主动的沟通，促进政府与媒体的良性互动。

加强媒体监管与调控，关键是要在政府与媒体之间建立一套迅捷、机动、灵活、高效的联动机制。此联动机制包括民情民意的收集机制、突发报道的快反机制、特殊情况的应急机制和实时信息的公开机制。一有事件发生，就第一时间通知媒体，根据事件进程进行及时、有效的信息发布和舆论引导。

3. 改革新闻管理体制　立法保障媒体权利

法律具有刚性的约束力量，当前形势下，亟须改革新闻管理机制，建立完善新闻领域的相关法律法规，进一步明确政府和媒体的责、权、利，从而以法律的刚性约束使政府和媒体进行良性互动，更好协作沟通。

一方面，应尽快制定出台新闻方面的专门法律。特别是早日出台《新闻法》，对新闻在社会进程中的性质、任务和职责、边界作一个明确的界定，对舆论监督在社会发展中发挥的作用提供法律意义上的可靠保障，同时也对新闻自由进行法律制约，防止媒体监督权力被超越范围的滥用。另一方面，需要立法保障突发事件中的舆论监督权和新闻报道权。目前，我国已出台《突发事件应对法》等相关法律，但其更多地偏重于如何对突发事件进行管理、预警、应对、宣传等，对突发事件中媒体记者如何采访、享有何种权益等几乎没有涉及。对此，需要对我国《突发事件应对法》进行修订完善，增加"媒体在突发事件中舆论监督权力和义务"内容，更好发挥新闻媒体在突发事件中的报道和监督作用，更好保障记者采访权、社会知情权、政府管理权，进一步提高媒体公信力和社会透明度。

综上所述，面对公共突发事件频发的信息社会，政府需要启用新眼光、新理念、新思维、新方法、新态度，以全新的媒体策略，科学传播、高效传播，只有这样才能顺应公共危机治理的需求，顺应传媒发展的态势，构建一个更加安全、更加民主的社会环境。

皮书起源

"皮书"起源于十七、十八世纪的英国,主要指官方或社会组织正式发表的重要文件或报告,多以"白皮书"命名。在中国,"皮书"这一概念被社会广泛接受,并被成功运作、发展成为一种全新的出版型态,则源于中国社会科学院社会科学文献出版社。

皮书定义

皮书是对中国与世界发展状况和热点问题进行年度监测,以专业的角度、专家的视野和实证研究方法,针对某一领域或区域现状与发展态势展开分析和预测,具备权威性、前沿性、原创性、实证性、时效性等特点的连续性公开出版物,由一系列权威研究报告组成。皮书系列是社会科学文献出版社编辑出版的蓝皮书、绿皮书、黄皮书等的统称。

皮书作者

皮书系列的作者以中国社会科学院、著名高校、地方社会科学院的研究人员为主,多为国内一流研究机构的权威专家学者,他们的看法和观点代表了学界对中国与世界的现实和未来最高水平的解读与分析。

皮书荣誉

皮书系列已成为社会科学文献出版社的著名图书品牌和中国社会科学院的知名学术品牌。2011年,皮书系列正式列入"十二五"国家重点图书出版规划项目;2012~2014年,重点皮书列入中国社会科学院承担的国家哲学社会科学创新工程项目;2015年,41种院外皮书使用"中国社会科学院创新工程学术出版项目"标识。

中国皮书网
www.pishu.cn

发布皮书研创资讯，传播皮书精彩内容
引领皮书出版潮流，打造皮书服务平台

栏目设置：

- □ 资讯：皮书动态、皮书观点、皮书数据、皮书报道、皮书发布、电子期刊
- □ 标准：皮书评价、皮书研究、皮书规范
- □ 服务：最新皮书、皮书书目、重点推荐、在线购书
- □ 链接：皮书数据库、皮书博客、皮书微博、在线书城
- □ 搜索：资讯、图书、研究动态、皮书专家、研创团队

中国皮书网依托皮书系列"权威、前沿、原创"的优质内容资源，通过文字、图片、音频、视频等多种元素，在皮书研创者、使用者之间搭建了一个成果展示、资源共享的互动平台。

自2005年12月正式上线以来，中国皮书网的IP访问量、PV浏览量与日俱增，受到海内外研究者、公务人员、商务人士以及专业读者的广泛关注。

2008年、2011年中国皮书网均在全国新闻出版业网站荣誉评选中获得"最具商业价值网站"称号；2012年，获得"出版业网站百强"称号。

2014年，中国皮书网与皮书数据库实现资源共享，端口合一，将提供更丰富的内容，更全面的服务。

法 律 声 明

"皮书系列"（含蓝皮书、绿皮书、黄皮书）之品牌由社会科学文献出版社最早使用并持续至今，现已被中国图书市场所熟知。"皮书系列"的 LOGO（ ）与"经济蓝皮书""社会蓝皮书"均已在中华人民共和国国家工商行政管理总局商标局登记注册。"皮书系列"图书的注册商标专用权及封面设计、版式设计的著作权均为社会科学文献出版社所有。未经社会科学文献出版社书面授权许可，任何使用与"皮书系列"图书注册商标、封面设计、版式设计相同或者近似的文字、图形或其组合的行为均系侵权行为。

经作者授权，本书的专有出版权及信息网络传播权为社会科学文献出版社享有。未经社会科学文献出版社书面授权许可，任何就本书内容的复制、发行或以数字形式进行网络传播的行为均系侵权行为。

社会科学文献出版社将通过法律途径追究上述侵权行为的法律责任，维护自身合法权益。

欢迎社会各界人士对侵犯社会科学文献出版社上述权利的侵权行为进行举报。电话：010-59367121，电子邮箱：fawubu@ssap.cn。

社会科学文献出版社

权威·前沿·原创

社会科学文献出版社

皮书系列

2015年

盘点年度资讯　预测时代前程

社会科学文献出版社 学术传播中心 编制

社会科学文献出版社
SOCIAL SCIENCES ACADEMIC PRESS (CHINA)

社会科学文献出版社成立于1985年，是直属于中国社会科学院的人文社会科学专业学术出版机构。

成立以来，特别是1998年实施第二次创业以来，依托于中国社会科学院丰厚的学术出版和专家学者两大资源，坚持"创社科经典，出传世文献"的出版理念和"权威、前沿、原创"的产品定位，社科文献立足内涵式发展道路，从战略层面推动学术出版五大能力建设，逐步走上了智库产品与专业学术成果系列化、规模化、数字化、国际化、市场化发展的经营道路。

先后策划出版了著名的图书品牌和学术品牌"皮书"系列、"列国志"、"社科文献精品译库"、"全球化译丛"、"全面深化改革研究书系"、"近世中国"、"甲骨文"、"中国史话"等一大批既有学术影响又有市场价值的系列图书，形成了较强的学术出版能力和资源整合能力。2014年社科文献出版社发码5.5亿字，出版图书1500余种，承印发行中国社科院院属期刊71种，在多项指标上都实现了较大幅度的增长。

凭借着雄厚的出版资源整合能力，社科文献出版社长期以来一直致力于从内容资源和数字平台两个方面实现传统出版的再造，并先后推出了皮书数据库、列国志数据库、中国田野调查数据库等一系列数字产品。数字出版已经初步形成了产品设计、内容开发、编辑标引、产品运营、技术支持、营销推广等全流程体系。

在国内原创著作、国外名家经典著作大量出版，数字出版突飞猛进的同时，社科文献出版社从构建国际话语体系的角度推动学术出版国际化。先后与斯普林格、荷兰博睿、牛津、剑桥等十余家国际出版机构合作面向海外推出了"皮书系列""改革开放30年研究书系""中国梦与中国发展道路研究丛书""全面深化改革研究书系"等一系列在世界范围内引起强烈反响的作品；并持续致力于中国学术出版走出去，组织学者和编辑参加国际书展，筹办国际性学术研讨会，向世界展示中国学者的学术水平和研究成果。

此外，社科文献出版社充分利用网络媒体平台，积极与中央和地方各类媒体合作，并联合大型书店、学术书店、机场书店、网络书店、图书馆，逐步构建起了强大的学术图书内容传播平台。学术图书的媒体曝光率居全国之首，图书馆藏率居于全国出版机构前十位。

上述诸多成绩的取得，有赖于一支以年轻的博士、硕士为主体，一批从中国社科院刚退出科研一线的各学科专家为支撑的300多位高素质的编辑、出版和营销队伍，为我们实现学术立社，以学术品位、学术价值来实现经济效益和社会效益这样一个目标的共同努力。

作为已经开启第三次创业梦想的人文社会科学学术出版机构，2015年的社会科学文献出版社将迎来她30周岁的生日，"三十而立"再出发，我们将以改革发展为动力，以学术资源建设为中心，以构建智慧型出版社为主线，以社庆三十周年系列活动为重要载体，以"整合、专业、分类、协同、持续"为各项工作指导原则，全力推进出版社数字化转型，坚定不移地走专业化、数字化、国际化发展道路，全面提升出版社核心竞争力，为实现"社科文献梦"奠定坚实基础。

社长致辞

我们是图书出版者,更是人文社会科学内容资源供应商;

我们背靠中国社会科学院,面向中国与世界人文社会科学界,坚持为人文社会科学的繁荣与发展服务;

我们精心打造权威信息资源整合平台,坚持为中国经济与社会的繁荣与发展提供决策咨询服务;

我们以读者定位自身,立志让爱书人读到好书,让求知者获得知识;

我们精心编辑、设计每一本好书以形成品牌张力,以优秀的品牌形象服务读者,开拓市场;

我们始终坚持"创社科经典,出传世文献"的经营理念,坚持"权威、前沿、原创"的产品特色;

我们"以人为本",提倡阳光下创业,员工与企业共享发展之成果;

我们立足于现实,认真对待我们的优势、劣势,我们更着眼于未来,以不断的学习与创新适应不断变化的世界,以不断的努力提升自己的实力;

我们愿与社会各界友好合作,共享人文社会科学发展之成果,共同推动中国学术出版乃至内容产业的繁荣与发展。

社会科学文献出版社社长
中国社会学会秘书长

2015 年 1 月

社会科学文献出版社　皮书系列

❖ 皮书起源 ❖

"皮书"起源于十七、十八世纪的英国，主要指官方或社会组织正式发表的重要文件或报告，多以"白皮书"命名。在中国，"皮书"这一概念被社会广泛接受，并被成功运作、发展成为一种全新的出版形态，则源于中国社会科学院社会科学文献出版社。

❖ 皮书定义 ❖

皮书是对中国与世界发展状况和热点问题进行年度监测，以专业的角度、专家的视野和实证研究方法，针对某一领域或区域现状与发展态势展开分析和预测，具备权威性、前沿性、原创性、实证性、时效性等特点的连续性公开出版物，由一系列权威研究报告组成。皮书系列是社会科学文献出版社编辑出版的蓝皮书、绿皮书、黄皮书等的统称。

❖ 皮书作者 ❖

皮书系列的作者以中国社会科学院、著名高校、地方社会科学院的研究人员为主，多为国内一流研究机构的权威专家学者，他们的看法和观点代表了学界对中国与世界的现实和未来最高水平的解读与分析。

❖ 皮书荣誉 ❖

皮书系列已成为社会科学文献出版社的著名图书品牌和中国社会科学院的知名学术品牌。2011年，皮书系列正式列入"十二五"国家重点出版规划项目；2012~2014年，重点皮书列入中国社会科学院承担的国家哲学社会科学创新工程项目；2015年，41种院外皮书使用"中国社会科学院创新工程学术出版项目"标识。

经济类

皮书系列
重点推荐

经 济 类

经济类皮书涵盖宏观经济、城市经济、大区域经济，提供权威、前沿的分析与预测

经济蓝皮书
2015年中国经济形势分析与预测

李 扬 / 主编　　2014年12月出版　　定价:69.00元

◆ 本书课题为"总理基金项目"，由著名经济学家李扬领衔，联合数十家科研机构、国家部委和高等院校的专家共同撰写，对2014年中国宏观及微观经济形势进行了深入分析，并且提出了2015年经济走势的预测。

城市竞争力蓝皮书
中国城市竞争力报告 No.13

倪鹏飞 / 主编　　2015年5月出版　　估价:89.00元

◆ 本书由中国社会科学院城市与竞争力研究中心主任倪鹏飞主持编写，汇集了众多研究城市经济问题的专家学者关于城市竞争力研究的最新成果。本报告构建了一套科学的城市竞争力评价指标体系，采用第一手数据材料，对国内重点城市年度竞争力格局变化进行客观分析和综合比较、排名，对研究城市经济及城市竞争力极具参考价值。

西部蓝皮书
中国西部发展报告（2015）

姚慧琴　徐璋勇 / 主编　　2015年7月出版　　估价:89.00元

◆ 本书由西北大学中国西部经济发展研究中心主编，汇集了源自西部本土以及国内研究西部问题的权威专家的第一手资料，对国家实施西部大开发战略进行年度动态跟踪，并对2015年西部经济、社会发展态势进行预测和展望。

皮书系列重点推荐　经济类

中部蓝皮书
中国中部地区发展报告（2015）

喻新安 / 主编　　2015年5月出版　　估价：69.00元

◆ 本书敏锐地抓住当前中部地区经济发展中的热点、难点问题，紧密地结合国家和中部经济社会发展的重大战略转变，对中部地区经济发展的各个领域进行了深入、全面的分析研究，并提出了具有理论研究价值和可操作性强的政策建议。

世界经济黄皮书
2015年世界经济形势分析与预测

王洛林　张宇燕 / 主编　　2015年1月出版　　定价：69.00元

◆ 本书为"十二五"国家重点图书出版规划项目，中国社会科学院创新工程学术出版资助项目，作者来自中国社会科学院世界经济与政治研究所。该书总结了2014年世界经济发展的热点问题，对2015年世界经济形势进行了分析与预测。

中国省域竞争力蓝皮书
中国省域经济综合竞争力发展报告（2013~2014）

李建平　李闽榕　高燕京 / 主编　　2015年2月出版　　定价：198.00元

◆ 本书充分运用数理分析、空间分析、规范分析与实证分析相结合、定性分析与定量分析相结合的方法，建立起比较科学完善、符合中国国情的省域经济综合竞争力指标评价体系及数学模型，对2012~2013年中国内地31个省、市、区的经济综合竞争力进行全面、深入、科学的总体评价与比较分析。

城市蓝皮书
中国城市发展报告 No.8

潘家华　魏后凯 / 主编　　2015年9月出版　　估价：69.00元

◆ 本书由中国社会科学院城市发展与环境研究中心编著，从中国城市的科学发展、城市环境可持续发展、城市经济集约发展、城市社会协调发展、城市基础设施与用地管理、城市管理体制改革以及中国城市科学发展实践等多角度、全方位地立体展示了中国城市的发展状况，并对中国城市的未来发展提出了建议。

经济类　皮书系列重点推荐

金融蓝皮书
中国金融发展报告（2015）

李　扬　王国刚 / 主编　2014 年 12 月出版　定价 :75.00 元

◆　由中国社会科学院金融研究所组织编写的《中国金融发展报告（2015）》，概括和分析了 2014 年中国金融发展和运行中的各方面情况，研讨和评论了 2014 年发生的主要金融事件。本书由业内专家和青年精英联合编著，有利于读者了解掌握 2014 年中国的金融状况，把握 2015 年中国金融的走势。

低碳发展蓝皮书
中国低碳发展报告（2015）

齐　晔 / 主编　2015 年 4 月出版　估价 :89.00 元

◆　本书对中国低碳发展的政策、行动和绩效进行科学、系统、全面的分析。重点是通过归纳中国低碳发展的绩效，评估与低碳发展相关的政策和措施，分析政策效应的制度背景和作用机制，为进一步的政策制定、优化和实施提供支持。

经济信息绿皮书
中国与世界经济发展报告（2015）

杜　平 / 主编　2014 年 12 月出版　定价 :79.00 元

◆　本书由国家信息中心继续组织有关专家编撰。由国家信息中心组织专家队伍编撰，对 2014 年国内外经济发展环境、宏观经济发展趋势、经济运行中的主要矛盾、产业经济和区域经济热点、宏观调控政策的取向进行了系统的分析预测。

低碳经济蓝皮书
中国低碳经济发展报告（2015）

薛进军　赵忠秀 / 主编　2015 年 5 月出版　估价 :69.00 元

◆　本书是以低碳经济为主题的系列研究报告，汇集了一批罗马俱乐部核心成员、IPCC 工作组成员、碳排放理论的先驱者、政府气候变化问题顾问、低碳社会和低碳城市计划设计人等世界顶尖学者，对气候变化政策制定、特别是中国的低碳经济经济发展有特别参考意义。

皮书系列重点推荐 社会政法类

社会政法类

社会政法类皮书聚焦社会发展领域的热点、难点问题，
提供权威、原创的资讯与视点

社会蓝皮书

2015年中国社会形势分析与预测

李培林　陈光金　张　翼/主编　2014年12月出版　定价:69.00元

◆ 本报告是中国社会科学院"社会形势分析与预测"课题组2014年度分析报告，由中国社会科学院社会学研究所组织研究机构专家、高校学者和政府研究人员撰写。对2014年中国社会发展的各个方面内容进行了权威解读，同时对2015年社会形势发展趋势进行了预测。

法治蓝皮书

中国法治发展报告 No.13（2015）

李　林　田　禾/主编　2015年3月出版　定价:105.00元

◆ 本年度法治蓝皮书一如既往秉承关注中国法治发展进程中的焦点问题的特点，回顾总结了2014年度中国法治发展取得的成就和存在的不足，并对2015年中国法治发展形势进行了预测和展望。

环境绿皮书

中国环境发展报告（2015）

刘鉴强/主编　2015年5月出版　估价:79.00元

◆ 本书由民间环保组织"自然之友"组织编写，由特别关注、生态保护、宜居城市、可持续消费以及政策与治理等版块构成，以公共利益的视角记录、审视和思考中国环境状况，呈现2014年中国环境与可持续发展领域的全局态势，用深刻的思考、科学的数据分析2014年的环境热点事件。

社会政法类 — 皮书系列重点推荐

反腐倡廉蓝皮书
中国反腐倡廉建设报告 No.4
李秋芳 张英伟 / 主编　2014年12月出版　定价:79.00元

◆ 本书抓住了若干社会热点和焦点问题，全面反映了新时期新阶段中国反腐倡廉面对的严峻局面，以及中国共产党反腐倡廉建设的新实践新成果。根据实地调研、问卷调查和舆情分析，梳理了当下社会普遍关注的与反腐败密切相关的热点问题。

女性生活蓝皮书
中国女性生活状况报告 No.9（2015）
韩湘景 / 主编　2015年4月出版　估价:79.00元

◆ 本书由中国妇女杂志社、华坤女性生活调查中心和华坤女性消费指导中心组织编写，通过调查获得的大量调查数据，真实展现当年中国城市女性的生活状况、消费状况及对今后的预期。

华侨华人蓝皮书
华侨华人研究报告(2015)
贾益民 / 主编　2015年12月出版　估价:118.00元

◆ 本书为中国社会科学院创新工程学术出版资助项目，是华侨大学向世界提供最新涉侨动态、理论研究和政策建议的平台。主要介绍了相关国家华侨华人的规模、分布、结构、发展趋势，以及全球涉侨生存安全环境和华文教育情况等。

政治参与蓝皮书
中国政治参与报告（2015）
房　宁 / 主编　2015年7月出版　估价:105.00元

◆ 本书作者均来自中国社会科学院政治学研究所，聚焦中国基层群众自治的参与情况介绍了城镇居民的社区建设与居民自治参与和农村居民的村民自治与农村社区建设参与情况。其优势是其指标评估体系的建构和问卷调查的设计专业，数据量丰富，统计结论科学严谨。

行业报告类

行业报告类皮书立足重点行业、新兴行业领域，提供及时、前瞻的数据与信息

房地产蓝皮书
中国房地产发展报告No.12（2015）
魏后凯 李景国/主编　2015年5月出版　估价:79.00元

◆ 本书汇集了众多研究城市房地产经济问题的专家、学者关于城市房地产方面的最新研究成果。对2014年我国房地产经济发展状况进行了回顾，并做出了分析，全面翔实而又客观公正，同时，也对未来我国房地产业的发展形势做出了科学的预测。

保险蓝皮书
中国保险业竞争力报告（2015）
姚庆海　王 力/主编　2015年12出版　估价:98.00元

◆ 本皮书主要为监管机构、保险行业和保险学界提供保险市场一年来发展的总体评价，外在因素对保险业竞争力发展的影响研究；国家监管政策、市场主体经营创新及职能发挥、理论界最新研究成果等综述和评论。

企业社会责任蓝皮书
中国企业社会责任研究报告（2015）
黄群慧　彭华岗　钟宏武　张蒽/编著
2015年11月出版　估价:69.00元

◆ 本书系中国社会科学院经济学部企业社会责任研究中心组织编写的《企业社会责任蓝皮书》2015年分册。该书在对企业社会责任进行宏观总体研究的基础上，根据2014年企业社会责任及相关背景进行了创新研究，在全国企业中观层面对企业健全社会责任管理体系提供了弥足珍贵的丰富信息。

投资蓝皮书

中国投资发展报告（2015）

杨庆蔚/主编　　2015年4月出版　　估价:128.00元

◆ 本书是中国建银投资有限责任公司在投资实践中对中国投资发展的各方面问题进行深入研究和思考后的成果。投资包括固定资产投资、实业投资、金融产品投资、房地产投资等诸多领域，尝试将投资作为一个整体进行研究，能够较为清晰地展现社会资金流动的特点，为投资者、研究者、甚至政策制定者提供参考。

住房绿皮书

中国住房发展报告（2014~2015）

倪鹏飞/主编　　2014年12月出版　　定价:79.00元

◆ 本报告从宏观背景、市场主体、市场体系和公共政策四个方面，对中国住宅市场体系做了全面系统的分析、预测与评价，并给出了相关政策建议，并在评述2013~2014年住房及相关市场走势的基础上，预测了2014~2015年住房及相关市场的发展变化。

人力资源蓝皮书

中国人力资源发展报告（2015）

余兴安/主编　　2015年9月出版　　估价:79.00元

◆ 本书是在人力资源和社会保障部部领导的支持下，由中国人事科学研究院汇集我国人力资源开发权威研究机构的诸多专家学者的研究成果编写而成。作为关于人力资源的蓝皮书，本书通过充分利用有关研究成果，更广泛、更深入地展示近年来我国人力资源开发重点领域的研究成果。

汽车蓝皮书

中国汽车产业发展报告（2015）

国务院发展研究中心产业经济研究部 中国汽车工程学会
大众汽车集团（中国）/主编　　2015年7月出版　　估价:128.00元

◆ 本书由国务院发展研究中心产业经济研究部、中国汽车工程学会、大众汽车集团（中国）联合主编，是关于中国汽车产业发展的研究性年度报告，介绍并分析了本年度中国汽车产业发展的形势。

国别与地区类

国别与地区类

国别与地区类皮书关注全球重点国家与地区，提供全面、独特的解读与研究

亚太蓝皮书

亚太地区发展报告（2015）

李向阳/主编　　2015年1月出版　　定价:59.00元

◆ 本书是由中国社会科学院亚太与全球战略研究院精心打造的品牌皮书，关注时下亚太地区局势发展动向里隐藏的中长趋势，剖析亚太地区政治与安全格局下的区域形势最新动向以及地区关系发展的热点问题，并对2015年亚太地区重大动态做出前瞻性的分析与预测。

日本蓝皮书

日本研究报告（2015）

李　薇/主编　　2015年4月出版　　估价:69.00元

◆ 本书由中华日本学会、中国社会科学院日本研究所合作推出，是以中国社会科学院日本研究所的研究人员为主完成的研究成果。对2014年日本的政治、外交、经济、社会文化作了回顾、分析与展望，并收录了该年度日本大事记。

德国蓝皮书

德国发展报告（2015）

郑春荣　伍慧萍/主编　　2015年6月出版　　估价:69.00元

◆ 本报告由同济大学德国研究所组织编撰，由该领域的专家学者对德国的政治、经济、社会文化、外交等方面的形势发展情况，进行全面的阐述与分析。德国作为欧洲大陆第一强国，与中国各方面日渐紧密的合作关系，值得国内各界深切关注。

国别与地区类 皮书系列重点推荐

国际形势黄皮书
全球政治与安全报告（2015）
李慎明 张宇燕/主编　2015年1月出版　定价:69.00元

◆ 本书为"十二五"国家重点图书出版规划项目、中国社会科学院创新工程学术出版资助项目，为"国际形势黄皮书"系列年度报告之一。报告旨在对本年度国际政治及安全形势的总体情况和变化进行回顾与分析，并提出一定的预测。

拉美黄皮书
拉丁美洲和加勒比发展报告（2014~2015）
吴白乙/主编　2015年4月出版　估价:89.00元

◆ 本书是中国社会科学院拉丁美洲研究所的第14份关于拉丁美洲和加勒比地区发展形势状况的年度报告。本书对2014年拉丁美洲和加勒比地区诸国的政治、经济、社会、外交等方面的发展情况做了系统介绍，对该地区相关国家的热点及焦点问题进行了总结和分析，并在此基础上对该地区各国2015年的发展前景做出预测。

美国蓝皮书
美国研究报告（2015）
黄平　郑秉文/主编　2015年7月出版　估价:89.00元

◆ 本书是由中国社会科学院美国所主持完成的研究成果，它回顾了美国2014年的经济、政治形势与外交战略，对2014年以来美国内政外交发生的重大事件以及重要政策进行了较为全面的回顾和梳理。

大湄公河次区域蓝皮书
大湄公河次区域合作发展报告（2015）
刘稚/主编　2015年9月出版　估价:79.00元

◆ 云南大学大湄公河次区域研究中心深入追踪分析该区域发展动向，以把握全面、突出重点为宗旨，系统介绍和研究大湄公河次区域合作的年度热点和重点问题，展望次区域合作的发展趋势，并对新形势下我国推进次区域合作深入发展提出相关对策建议。

地方发展类

地方发展类皮书关注大陆各省份、经济区域，
提供科学、多元的预判与咨政信息

北京蓝皮书
北京公共服务发展报告（2014~2015）

施昌奎/主编　2015年1月出版　定价：69.00元

◆ 本书是由北京市政府职能部门的领导、首都著名高校的教授、知名研究机构的专家共同完成的关于北京市公共服务发展与创新的研究成果。内容涉及了北京市公共服务发展的方方面面，既有综述性的总报告，也有细分的情况介绍，既有对北京各个城区的综合性描述，也有对局部、细部、具体问题的分析，对年度热点问题也都有涉及。

上海蓝皮书
上海经济发展报告（2015）

沈开艳/主编　2015年1月出版　定价：69.00元

◆ 本书系上海社会科学院系列之一，报告对2015年上海经济增长与发展趋势的进行了预测，把握了上海经济发展的脉搏和学术研究的前沿。

广州蓝皮书
广州经济发展报告（2015）

李江涛　朱名宏/主编　2015年5月出版　估价：69.00元

◆ 本书是由广州市社会科学院主持编写的"广州蓝皮书"系列之一，本报告对广州2014年宏观经济运行情况作了深入分析，对2015年宏观经济走势进行了合理预测，并在此基础上提出了相应的政策建议。

文化传媒类 　　皮书系列 重点推荐

文化传媒类

文化传媒类皮书透视文化领域、文化产业，探索文化大繁荣、大发展的路径

新媒体蓝皮书
中国新媒体发展报告 No.5（2015）

唐绪军 / 主编　　2015 年 6 月出版　　估价：79.00 元

◆ 本书由中国社会科学院新闻与传播研究所和上海大学合作编写，在构建新媒体发展研究基本框架的基础上，全面梳理2014 年中国新媒体发展现状，发表最前沿的网络媒体深度调查数据和研究成果，并对新媒体发展的未来趋势做出预测。

舆情蓝皮书
中国社会舆情与危机管理报告（2015）

谢耘耕 / 主编　　2015 年 8 月出版　　估价：98.00 元

◆ 本书由上海交通大学舆情研究实验室和危机管理研究中心主编，已被列入教育部人文社会科学研究报告培育项目。本书以新媒体环境下的中国社会为立足点，对2014 年中国社会舆情、分类舆情等进行了深入系统的研究，并预测了2015 年社会舆情走势。

文化蓝皮书
中国文化产业发展报告（2015）

张晓明　王家新　章建刚 / 主编　　2015 年 4 月出版　　估价：79.00 元

◆ 本书由中国社会科学院文化研究中心编写。从 2012 年开始，中国社会科学院文化研究中心设立了国内首个文化产业的研究类专项资金——"文化产业重大课题研究计划"，开始在全国范围内组织多学科专家学者对我国文化产业发展重大战略问题进行联合攻关研究。本书集中反映了该计划的研究成果。

经济类

G20国家创新竞争力黄皮书
二十国集团(G20)国家创新竞争力发展报告(2015)
著(编)者：黄茂兴 李闽榕 李建平 赵新力
2015年9月出版 / 估价:128.00元

产业蓝皮书
中国产业竞争力报告(2015)
著(编)者：张其仔 2015年5月出版 / 估价:79.00元

长三角蓝皮书
2015年全面深化改革中的长三角
著(编)者：张伟斌 2015年10月出版 / 估价:69.00元

城乡一体化蓝皮书
中国城乡一体化发展报告(2015)
著(编)者：付崇兰 汝信 2015年12月出版 / 估价:79.00元

城市创新蓝皮书
中国城市创新报告(2015)
著(编)者：周天勇 旷建伟 2015年8月出版 / 估价:69.00元

城市竞争力蓝皮书
中国城市竞争力报告(2015)
著(编)者：倪鹏飞 2015年5月出版 / 估价:89.00元

城市蓝皮书
中国城市发展报告NO.8
著(编)者：潘家华 魏后凯 2015年9月出版 / 估价:69.00元

城市群蓝皮书
中国城市群发展指数报告(2015)
著(编)者：刘新静 刘士林 2015年10月出版 / 估价:59.00元

城乡统筹蓝皮书
中国城乡统筹发展报告(2015)
著(编)者：潘晨光 程志强 2015年4月出版 / 估价:59.00元

城镇化蓝皮书
中国新型城镇化健康发展报告(2015)
著(编)者：张占斌 2015年5月出版 / 估价:79.00元

低碳发展蓝皮书
中国低碳发展报告(2015)
著(编)者：齐晔 2015年4月出版 / 估价:89.00元

低碳经济蓝皮书
中国低碳经济发展报告(2015)
著(编)者：薛进军 赵忠秀 2015年5月出版 / 估价:69.00元

东北蓝皮书
中国东北地区发展报告(2015)
著(编)者：马克 黄文艺 2015年8月出版 / 估价:79.00元

发展和改革蓝皮书
中国经济发展和体制改革报告(2015)
著(编)者：邹东涛 2015年11月出版 / 估价:98.00元

工业化蓝皮书
中国工业化进程报告(2015)
著(编)者：黄群慧 吕铁 李晓华 2015年11月出版 / 估价:89.00元

国际城市蓝皮书
国际城市发展报告(2015)
著(编)者：屠启宇 2015年1月出版 / 定价:79.00元

国家创新蓝皮书
中国创新发展报告(2015)
著(编)者：陈劲 2015年6月出版 / 估价:59.00元

环境竞争力绿皮书
中国省域环境竞争力发展报告(2015)
著(编)者：李建平 李闽榕 王金南
2015年12月出版 / 估价:198.00元

金融蓝皮书
中国金融发展报告(2015)
著(编)者：李扬 王国刚 2014年12月出版 / 定价:75.00元

金融信息服务蓝皮书
金融信息服务发展报告(2015)
著(编)者：鲁广锦 殷剑峰 林义相 2015年6月出版 / 估价:89.00元

经济蓝皮书
2015年中国经济形势分析与预测
著(编)者：李扬 2014年12月出版 / 定价:69.00元

经济蓝皮书·春季号
2015年中国经济前景分析
著(编)者：李扬 2015年5月出版 / 估价:79.00元

经济蓝皮书·夏季号
中国经济增长报告(2015)
著(编)者：李扬 2015年7月出版 / 估价:69.00元

经济信息绿皮书
中国与世界经济发展报告(2015)
著(编)者：杜平 2014年12月出版 / 定价:79.00元

就业蓝皮书
2015年中国大学生就业报告
著(编)者：麦可思研究院 2015年6月出版 / 估价:98.00元

临空经济蓝皮书
中国临空经济发展报告(2015)
著(编)者：连玉明 2015年9月出版 / 估价:79.00元

民营经济蓝皮书
中国民营经济发展报告(2015)
著(编)者：王钦敏 2015年12月出版 / 估价:79.00元

农村绿皮书
中国农村经济形势分析与预测(2014~2015)
著(编)者：中国社会科学院农村发展研究所 国家统计局农村社会经济调查司
2015年4月出版 / 估价:69.00元

农业应对气候变化蓝皮书
气候变化对中国农业影响评估报告(2015)
著(编)者：矫梅燕 2015年8月出版 / 估价:98.00元

经济类·社会政法类

企业公民蓝皮书
中国企业公民报告（2015）
著(编)者：邹东涛　2015年12月出版 / 估价：79.00元

气候变化绿皮书
应对气候变化报告（2015）
著(编)者：王伟光　郑国光　2015年10月出版 / 估价：79.00元

区域蓝皮书
中国区域经济发展报告（2015）
著(编)者：梁昊光　2015年4月出版 / 估价：79.00元

全球环境竞争力绿皮书
全球环境竞争力报告（2015）
著(编)者：李建建　李闽榕　李建平　王金南
2015年12月出版 / 估价：198.00元

人口与劳动绿皮书
中国人口与劳动问题报告No.15
著(编)者：蔡昉　2015年1月出版 / 定价：59.00元

世界经济黄皮书
2015年世界经济形势分析与预测
著(编)者：王洛林　张宇燕　2015年1月出版 / 定价：69.00元

世界旅游城市绿皮书
世界旅游城市发展报告（2015）
著(编)者：鲁勇　周正宇　宋宇　2015年6月出版 / 估价：88.00元

商务中心区蓝皮书
中国商务中心区发展报告No.1（2014）
著(编)者：魏后凯　李国红　2015年1月出版 / 定价：89.00元

西北蓝皮书
中国西北发展报告（2015）
著(编)者：赵宗福　孙发平　苏海红　鲁顺元　段庆林
2014年12月出版 / 定价：79.00元

西部蓝皮书
中国西部发展报告（2015）
著(编)者：姚慧琴　徐璋勇　2015年7月出版 / 估价：89.00元

新型城镇化蓝皮书
新型城镇化发展报告（2015）
著(编)者：李伟　2015年10月出版 / 估价：89.00元

新兴经济体蓝皮书
金砖国家发展报告（2015）
著(编)者：林跃勤　周文　2015年7月出版 / 估价：79.00元

中部竞争力蓝皮书
中国中部经济社会竞争力报告（2015）
著(编)者：教育部人文社会科学重点研究基地
　　　　　南昌大学中国中部经济社会发展研究中心
2015年9月出版 / 估价：79.00元

中部蓝皮书
中国中部地区发展报告（2015）
著(编)者：喻新安　2015年5月出版 / 估价：69.00元

中国省域竞争力蓝皮书
中国省域经济综合竞争力发展报告（2013~2014）
著(编)者：李建平　李闽榕　高燕京
2015年2月出版 / 定价：198.00元

中三角蓝皮书
长江中游城市群发展报告（2015）
著(编)者：秦尊文　2015年10月出版 / 估价：69.00元

中小城市绿皮书
中国中小城市发展报告（2015）
著(编)者：中国城市经济学会中小城市经济发展委员会
　　　　　《中国中小城市发展报告》编纂委员会
　　　　　中小城市发展战略研究院
2015年10月出版 / 估价：98.00元

中央商务区蓝皮书
中国中央商务区发展报告（2015）
著(编)者：中国商务区联盟
　　　　　中国社会科学院城市发展与环境研究所
2015年10月出版 / 估价：69.00元

中原蓝皮书
中原经济区发展报告（2015）
著(编)者：李英杰　2015年6月出版 / 估价：88.00元

社会政法类

北京蓝皮书
中国社区发展报告（2015）
著(编)者：于燕燕　2015年6月出版 / 估价：69.00元

殡葬绿皮书
中国殡葬事业发展报告（2015）
著(编)者：李伯森　2015年4月出版 / 估价：59.00元

城市管理蓝皮书
中国城市管理报告（2015）
著(编)者：谭维克　刘林　2015年12月出版 / 估价：158.00元

城市生活质量蓝皮书
中国城市生活质量报告（2015）
著(编)者：中国经济实验研究院　2015年6月出版 / 估价：59.00元

城市政府能力蓝皮书
中国城市政府公共服务能力评估报告（2015）
著(编)者：何艳玲　2015年7月出版 / 估价：59.00元

创新蓝皮书
创新型国家建设报告（2015）
著(编)者：詹正茂　2015年4月出版 / 估价：69.00元

慈善蓝皮书
中国慈善发展报告（2015）
著(编)者：杨团　2015年5月出版 / 估价：79.00元

大学生蓝皮书
中国大学生生活形态研究报告（2015）
著(编)者：张新洲　2015年12月出版 / 估价：69.00元

皮书系列 2015全品种　社会政法类

地方法治蓝皮书
中国地方法治发展报告No.1（2014）
著(编)者：李林　田禾　2015年1月出版 / 定价:98.00元

法治蓝皮书
中国法治发展报告No.13（2015）
著(编)者：李林　田禾　2015年3月出版 / 定价:105.00元

反腐倡廉蓝皮书
中国反腐倡廉建设报告No.4
著(编)者：李秋芳　张英伟　2014年12月出版 / 定价:79.00元

非传统安全蓝皮书
中国非传统安全研究报告（2015）
著(编)者：余潇枫　魏志江　2015年6月出版 / 估价:79.00元

妇女发展蓝皮书
中国妇女发展报告（2015）
著(编)者：王金玲　2015年9月出版 / 估价:148.00元

妇女教育蓝皮书
中国妇女教育发展报告（2015）
著(编)者：张李玺　2015年1月出版 / 估价:78.00元

妇女绿皮书
中国性别平等与妇女发展报告（2015）
著(编)者：谭琳　2015年12月出版 / 估价:99.00元

公共服务蓝皮书
中国城市基本公共服务力评价（2015）
著(编)者：钟君　吴正昌　2015年12月出版 / 估价:79.00元

公共服务满意度蓝皮书
中国城市公共服务评价报告（2015）
著(编)者：胡伟　2015年12月出版 / 估价:69.00元

公民科学素质蓝皮书
中国公民科学素质报告（2015）
著(编)者：李群　许佳军　2015年6月出版 / 估价:79.00元

公益蓝皮书
中国公益发展报告（2015）
著(编)者：朱健刚　2015年5月出版 / 估价:78.00元

管理蓝皮书
中国管理发展报告（2015）
著(编)者：张晓东　2015年9月出版 / 估价:98.00元

国际人才蓝皮书
中国国际移民报告（2015）
著(编)者：王辉耀　2015年2月出版 / 定价:79.00元

国际人才蓝皮书
中国海归发展报告（2015）
著(编)者：王辉耀　苗绿　2015年4月出版 / 估价:69.00元

国际人才蓝皮书
中国留学发展报告（2015）
著(编)者：王辉耀　苗绿　2015年9月出版 / 估价:69.00元

国家安全蓝皮书
中国国家安全研究报告（2015）
著(编)者：刘慧　2015年5月出版 / 估价:98.00元

行政改革蓝皮书
中国行政体制改革报告（2014~2015）
著(编)者：魏礼群　2015年4月出版 / 估价:89.00元

华侨华人蓝皮书
华侨华人研究报告（2015）
著(编)者：贾益民　2015年12月出版 / 估价:118.00元

环境绿皮书
中国环境发展报告（2015）
著(编)者：刘鉴强　2015年5月出版 / 估价:79.00元

基金会蓝皮书
中国基金会发展报告（2015）
著(编)者：刘忠祥　2015年6月出版 / 估价:69.00元

基金会绿皮书
中国基金会发展独立研究报告（2015）
著(编)者：基金会中心网　2015年8月出版 / 估价:88.00元

基金会透明度蓝皮书
中国基金会透明度发展研究报告（2015）
著(编)者：基金会中心网　清华大学廉政与治理研究中心
2015年9月出版 / 估价:78.00元

教师蓝皮书
中国中小学教师发展报告（2015）
著(编)者：曾晓东　2015年7月出版 / 估价:59.00元

教育蓝皮书
中国教育发展报告（2015）
著(编)者：杨东平　2015年5月出版 / 估价:79.00元

科普蓝皮书
中国科普基础设施发展报告（2015）
著(编)者：任福君　2015年6月出版 / 估价:59.00元

劳动保障蓝皮书
中国劳动保障发展报告（2015）
著(编)者：刘燕斌　2015年6月出版 / 估价:89.00元

老龄蓝皮书
中国老年宜居环境发展报告(2015)
著(编)者：吴玉韶　2015年9月出版 / 估价:79.00元

连片特困区蓝皮书
中国连片特困区发展报告（2015）
著(编)者：冷志明　游俊　2015年4月出版 / 估价:79.00元

民间组织蓝皮书
中国民间组织报告(2015)
著(编)者：潘晨光　黄晓勇　2015年8月出版 / 估价:69.00元

民调蓝皮书
中国民生调查报告（2015）
著(编)者：谢耘耕　2015年5月出版 / 估价:128.00元

民族发展蓝皮书
中国民族区域自治发展报告（2015）
著(编)者：王希恩　郝时远　2015年6月出版 / 估价:98.00元

女性生活蓝皮书
中国女性生活状况报告No.9（2015）
著(编)者：《中国妇女》杂志社　华坤女性生活调查中心
华坤女性消费指导中心
2015年4月出版 / 估价:79.00元

社会政法类 — 皮书系列 2015全品种

企业公众透明度蓝皮书
中国企业公众透明度报告(2014~2015)No.1
著(编)者:黄速建　王晓光　肖红军
2015年1月出版　/　定价:98.00元

企业国际化蓝皮书
中国企业国际化报告(2015)
著(编)者:王辉耀　2015年10月出版 / 估价:79.00元

汽车社会蓝皮书
中国汽车社会发展报告（2015）
著(编)者:王俊秀　2015年4月出版 / 估价:59.00元

青年蓝皮书
中国青年发展报告No.3
著(编)者:廉思　2015年4月出版 / 估价:59.00元

区域人才蓝皮书
中国区域人才竞争力报告（2015）
著(编)者:桂昭明　王辉耀　2015年6月出版 / 估价:69.00元

群众体育蓝皮书
中国群众体育发展报告（2015）
著(编)者:刘国永　杨桦　2015年8月出版 / 估价:69.00元

人才蓝皮书
中国人才发展报告（2015）
著(编)者:潘晨光　2015年8月出版 / 估价:85.00元

人权蓝皮书
中国人权事业发展报告（2015）
著(编)者:中国人权研究会　2015年8月出版 / 估价:99.00元

森林碳汇绿皮书
中国森林碳汇评估发展报告（2015）
著(编)者:闫文德　胡文臻　2015年9月出版 / 估价:79.00元

社会保障绿皮书
中国社会保障发展报告（2015）
著(编)者:王延中　2015年6月出版 / 估价:79.00元

社会工作蓝皮书
中国社会工作发展报告（2015）
著(编)者:民政部社会工作研究中心
2015年8月出版 / 估价:79.00元

社会管理蓝皮书
中国社会管理创新报告（2015）
著(编)者:连玉明　2015年9月出版 / 估价:89.00元

社会蓝皮书
2015年中国社会形势分析与预测
著(编)者:李培林　陈光金　张翼
2014年12月出版 / 定价:69.00元

社会体制蓝皮书
中国社会体制改革报告（2015）
著(编)者:龚维斌　2015年5月出版 / 估价:79.00元

社会心态蓝皮书
中国社会心态研究报告（2015）
著(编)者:王俊秀　杨宜音　2015年10月出版 / 估价:69.00元

社会组织蓝皮书
中国社会组织评估发展报告（2015）
著(编)者:徐家良　廖鸿　2015年12月出版 / 估价:69.00元

生态城市绿皮书
中国生态城市建设发展报告（2015）
著(编)者:刘举科　孙伟平　胡文臻
2015年6月出版 / 估价:98.00元

生态文明绿皮书
中国省域生态文明建设评价报告（ECI 2015）
著(编)者:严耕　2015年9月出版 / 估价:85.00元

世界社会主义黄皮书
世界社会主义跟踪研究报告（2015）
著(编)者:李慎明　2015年4月出版 / 估价:198.00元

水与发展蓝皮书
中国水风险评估报告（2015）
著(编)者:王浩　2015年9月出版 / 估价:69.00元

土地整治蓝皮书
中国土地整治发展研究报告No.2
著(编)者:国土资源部土地整治中心　2015年5月出版 / 估价:89.00元

危机管理蓝皮书
中国危机管理报告（2015）
著(编)者:文学国　2015年8月出版 / 估价:89.00元

形象危机应对蓝皮书
形象危机应对研究报告（2015）
著(编)者:唐钧　2015年6月出版 / 估价:149.00元

医改蓝皮书
中国医药卫生体制改革报告（2015～2016）
著(编)者:文学国　房志武　2015年12月出版 / 估价:79.00元

医疗卫生绿皮书
中国医疗卫生发展报告（2015）
著(编)者:申宝忠　韩玉珍　2015年4月出版 / 估价:75.00元

应急管理蓝皮书
中国应急管理报告（2015）
著(编)者:宋英华　2015年10月出版 / 估价:69.00元

政治参与蓝皮书
中国政治参与报告（2015）
著(编)者:房宁　2015年7月出版 / 估价:105.00元

政治发展蓝皮书
中国政治发展报告（2015）
著(编)者:房宁　杨海蛟　2015年5月出版 / 估价:88.00元

中国农村妇女发展蓝皮书
流动女性城市融入发展报告（2015）
著(编)者:谢丽华　2015年11月出版 / 估价:69.00元

宗教蓝皮书
中国宗教报告（2015）
著(编)者:金泽　邱永辉　2015年9月出版 / 估价:59.00元

行业报告类

保险蓝皮书
中国保险业竞争力报告（2015）
著(编)者：王力　2015年12月出版／估价：98.00元

彩票蓝皮书
中国彩票发展报告（2015）
著(编)者：益彩基金　2015年10月出版／估价：69.00元

餐饮产业蓝皮书
中国餐饮产业发展报告（2015）
著(编)者：邢颖　2015年6月出版／估价：69.00元

测绘地理信息蓝皮书
智慧中国地理空间智能体系研究报告（2015）
著(编)者：库热西·买合苏提　2015年12月出版／估价：98.00元

茶业蓝皮书
中国茶产业发展报告（2015）
著(编)者：杨江帆　李闽榕　2015年10月出版／估价：78.00元

产权市场蓝皮书
中国产权市场发展报告（2015）
著(编)者：曹和平　2015年12月出版／估价：79.00元

电子政务蓝皮书
中国电子政务发展报告（2015）
著(编)者：洪毅　杜平　2015年11月出版／估价：79.00元

杜仲产业绿皮书
中国杜仲橡胶资源与产业发展报告（2014~2015）
著(编)者：杜红岩　胡文臻　俞锐
2015年1月出版／定价：85.00元

房地产蓝皮书
中国房地产发展报告No.12（2015）
著(编)者：魏后凯　李景国　2015年5月出版／估价：79.00元

服务外包蓝皮书
中国服务外包产业发展报告（2015）
著(编)者：王晓红　刘德军　2015年6月出版／估价：89.00元

工业设计蓝皮书
中国工业设计发展报告（2015）
著(编)者：王晓红　于炜　张立群　2015年9月出版／估价：138.00元

互联网金融蓝皮书
中国互联网金融发展报告（2015）
著(编)者：芮晓武　刘烈宏　2015年8月出版／估价：79.00元

会展蓝皮书
中外会展业动态评估年度报告（2015）
著(编)者：张敏　2015年1月出版／估价：78.00元

金融监管蓝皮书
中国金融监管报告（2015）
著(编)者：胡滨　2015年5月出版／估价：69.00元

金融蓝皮书
中国商业银行竞争力报告（2015）
著(编)者：王松奇　2015年12月出版／估价：69.00元

客车蓝皮书
中国客车产业发展报告（2014~2015）
著(编)者：姚蔚　2015年2月出版／定价：85.00元

老龄蓝皮书
中国老年宜居环境发展报告（2015）
著(编)者：吴玉韶　党俊武　2015年9月出版／估价：79.00元

流通蓝皮书
中国商业发展报告（2015）
著(编)者：荆林波　2015年5月出版／估价：89.00元

旅游安全蓝皮书
中国旅游安全报告（2015）
著(编)者：郑向敏　谢朝武　2015年5月出版／估价：98.00元

旅游景区蓝皮书
中国旅游景区发展报告（2015）
著(编)者：黄安民　2015年7月出版／估价：79.00元

旅游绿皮书
2014~2015年中国旅游发展分析与预测
著(编)者：宋瑞　2015年1月出版／定价：98.00元

煤炭蓝皮书
中国煤炭工业发展报告（2015）
著(编)者：岳福斌　2015年12月出版／估价：79.00元

民营医院蓝皮书
中国民营医院发展报告（2015）
著(编)者：庄一强　2015年10月出版／估价：75.00元

闽商蓝皮书
闽商发展报告（2015）
著(编)者：王日根　李闽榕　2015年12月出版／估价：69.00元

能源蓝皮书
中国能源发展报告（2015）
著(编)者：崔民选　王军生　2015年8月出版／估价：79.00元

农产品流通蓝皮书
中国农产品流通产业发展报告（2015）
著(编)者：贾敬敦　张东科　张玉玺　孔令羽　张鹏毅
2015年9月出版／估价：89.00元

企业蓝皮书
中国企业竞争力报告（2015）
著(编)者：金碚　2015年11月出版／估价：89.00元

企业社会责任蓝皮书
中国企业社会责任研究报告（2015）
著(编)者：黄群慧　彭华岗　钟宏武　张蒽
2015年11月出版／估价：69.00元

行业报告类

皮书系列 2015全品种

汽车安全蓝皮书
中国汽车安全发展报告（2015）
著（编）者：中国汽车技术研究中心　2015年4月出版／估价：79.00元

汽车蓝皮书
中国汽车产业发展报告（2015）
著（编）者：国务院发展研究中心产业经济研究部
　　　　　中国汽车工程学会　大众汽车集团（中国）
2015年7月出版／估价：128.00元

清洁能源蓝皮书
国际清洁能源发展报告（2015）
著（编）者：国际清洁能源论坛（澳门）
2015年9月出版／估价：89.00元

人力资源蓝皮书
中国人力资源发展报告（2015）
著（编）者：余兴安　2015年9月出版／估价：79.00元

融资租赁蓝皮书
中国融资租赁业发展报告（2014~2015）
著（编）者：李光荣　王力　2015年1月出版／定价：89.00元

软件和信息服务业蓝皮书
中国软件和信息服务业发展报告（2015）
著（编）者：陈新河　洪京一　2015年12月出版／估价：198.00元

上市公司蓝皮书
上市公司质量评价报告（2015）
著（编）者：张跃文　王力　2015年10月出版／估价：118.00元

食品药品蓝皮书
食品药品安全与监管政策研究报告（2015）
著（编）者：唐民皓　2015年7月出版／估价：69.00元

世界能源蓝皮书
世界能源发展报告（2015）
著（编）者：黄晓勇　2015年6月出版／估价：99.00元

碳市场蓝皮书
中国碳市场报告（2015）
著（编）者：低碳发展国际合作联盟
2015年11月出版／估价：69.00元

体育蓝皮书
中国体育产业发展报告（2015）
著（编）者：阮伟　钟秉枢　2015年4月出版／估价：69.00元

投资蓝皮书
中国投资发展报告（2015）
著（编）者：杨庆蔚　2015年4月出版／估价：128.00元

物联网蓝皮书
中国物联网发展报告（2015）
著（编）者：黄桂田　2015年4月出版／估价：59.00元

西部工业蓝皮书
中国西部工业发展报告（2015）
著（编）者：方行明　甘犁　刘方健　姜凌　等
2015年9月出版／估价：79.00元

西部金融蓝皮书
中国西部金融发展报告（2015）
著（编）者：李忠民　2015年8月出版／估价：75.00元

新能源汽车蓝皮书
中国新能源汽车产业发展报告（2015）
著（编）者：中国汽车技术研究中心
　　　　　日产（中国）投资有限公司　东风汽车有限公司
2015年8月出版／估价：69.00元

信托市场蓝皮书
中国信托业市场报告（2014~2015）
著（编）者：用益信托工作室　2015年2月出版／定价：198.00元

信息产业蓝皮书
世界软件和信息技术产业发展报告（2015）
著（编）者：洪京一　2015年8月出版／估价：79.00元

信息化蓝皮书
中国信息化形势分析与预测（2015）
著（编）者：周宏仁　2015年8月出版／估价：98.00元

信用蓝皮书
中国信用发展报告（2015）
著（编）者：田侃　2015年4月出版／估价：69.00元

休闲绿皮书
2015年中国休闲发展报告
著（编）者：刘德谦　2015年6月出版／估价：59.00元

医药蓝皮书
中国中医药产业园战略发展报告（2015）
著（编）者：裴长洪　房书亭　吴篠心　2015年5月出版／估价：89.00元

邮轮绿皮书
中国邮轮产业发展报告（2015）
著（编）者：汪泓　2015年9月出版／估价：79.00元

支付清算蓝皮书
中国支付清算发展报告（2015）
著（编）者：杨涛　2015年5月出版／估价：45.00元

中国上市公司蓝皮书
中国上市公司发展报告（2015）
著（编）者：许雄斌　张平　2015年9月出版／估价：98.00元

中国总部经济蓝皮书
中国总部经济发展报告（2015）
著（编）者：赵弘　2015年5月出版／估价：79.00元

住房绿皮书
中国住房发展报告（2014~2015）
著（编）者：倪鹏飞　2014年12月出版／定价：79.00元

资本市场蓝皮书
中国场外交易市场发展报告（2015）
著（编）者：高峦　2015年8月出版／估价：79.00元

资产管理蓝皮书
中国资产管理行业发展报告（2015）
著（编）者：智信资产管理研究院　2015年7月出版／估价：79.00元

文化传媒类

传媒竞争力蓝皮书
中国传媒国际竞争力研究报告（2015）
著(编)者:李本乾　2015年9月出版　估价:88.00元

传媒蓝皮书
中国传媒产业发展报告（2015）
著(编)者:崔保国　2015年4月出版　估价:98.00元

传媒投资蓝皮书
中国传媒投资发展报告（2015）
著(编)者:张向东　2015年7月出版　估价:89.00元

动漫蓝皮书
中国动漫产业发展报告（2015）
著(编)者:卢斌　郑玉明　牛兴侦　2015年7月出版　估价:79.00元

非物质文化遗产蓝皮书
中国非物质文化遗产发展报告（2015）
著(编)者:陈平　2015年4月出版　估价:79.00元

非物质文化遗产蓝皮书
中国少数民族非物质文化遗产发展报告（2015）
著(编)者:肖远平　柴立　2015年4月出版　估价:79.00元

广电蓝皮书
中国广播电影电视发展报告（2015）
著(编)者:杨明品　2015年7月出版　估价:98.00元

广告主蓝皮书
中国广告主营销传播趋势报告（2015）
著(编)者:黄升民　2015年5月出版　估价:148.00元

国际传播蓝皮书
中国国际传播发展报告（2015）
著(编)者:胡正荣　李继东　姬德强
2015年7月出版　估价:89.00元

国家形象蓝皮书
2015年国家形象研究报告
著(编)者:张昆　2015年5月出版　估价:79.00元

纪录片蓝皮书
中国纪录片发展报告（2015）
著(编)者:何苏六　2015年9月出版　估价:79.00元

科学传播蓝皮书
中国科学传播报告（2015）
著(编)者:詹正茂　2015年4月出版　估价:69.00元

两岸文化蓝皮书
两岸文化产业合作发展报告（2015）
著(编)者:胡惠林　李保宗　2015年7月出版　估价:79.00元

媒介与女性蓝皮书
中国媒介与女性发展报告（2015）
著(编)者:刘利群　2015年8月出版　估价:69.00元

全球传媒蓝皮书
全球传媒发展报告（2015）
著(编)者:胡正荣　2015年12月出版　估价:79.00元

世界文化发展蓝皮书
世界文化发展报告（2015）
著(编)者:张庆宗　高乐田　郭熙煌
2015年5月出版　估价:89.00元

视听新媒体蓝皮书
中国视听新媒体发展报告（2015）
著(编)者:庞井君　2015年6月出版　估价:148.00元

文化创新蓝皮书
中国文化创新报告（2015）
著(编)者:于平　傅才武　2015年4月出版　估价:79.00元

文化建设蓝皮书
中国文化发展报告（2015）
著(编)者:江畅　孙伟平　戴茂堂
2015年4月出版　估价:138.00元

文化科技蓝皮书
文化科技创新发展报告（2015）
著(编)者:于平　李凤亮　2015年10月出版　估价:89.00元

文化蓝皮书
中国文化产业供需协调检测报告（2015）
著(编)者:王亚南　2015年2月出版　定价:79.00元

文化蓝皮书
中国文化消费需求景气评价报告（2015）
著(编)者:王亚南　2015年2月出版　定价:79.00元

文化蓝皮书
中国文化产业发展报告（2015）
著(编)者:张晓明　王家新　章建刚
2015年4月出版　估价:79.00元

文化蓝皮书
中国公共文化投入增长测评报告(2015)
著(编)者:王亚南　2014年12月出版　定价:79.00元

文化蓝皮书
中国文化政策发展报告（2015）
著(编)者:傅才武　宋文玉　燕东升　2015年9月出版　估价:98.00元

文化品牌蓝皮书
中国文化品牌发展报告（2015）
著(编)者:欧阳友权　2015年4月出版　估价:79.00元

文化遗产蓝皮书
中国文化遗产事业发展报告（2015）
著(编)者:刘世锦　2015年12月出版　估价:89.00元

文学蓝皮书
中国文情报告（2015）
著(编)者:白烨　2015年5月出版　估价:49.00元

新媒体蓝皮书
中国新媒体发展报告（2015）
著(编)者:唐绪军　2015年6月出版　估价:79.00元

文化传媒类・地方发展类

皮书系列 2015全品种

新媒体社会责任蓝皮书
中国新媒体社会责任研究报告（2015）
著(编)者:钟瑛　2015年10月出版 / 估价:79.00元

舆情蓝皮书
中国社会舆情与危机管理报告（2015）
著(编)者:谢耘耕　2015年8月出版 / 估价:98.00元

移动互联网蓝皮书
中国移动互联网发展报告（2015）
著(编)者:官建文　2015年6月出版 / 估价:79.00元

地方发展类

安徽经济蓝皮书
芜湖创新型城市发展报告（2015）
著(编)者:杨少华　王开玉　2015年4月出版 / 估价:69.00元

安徽蓝皮书
安徽社会发展报告（2015）
著(编)者:程桦　2015年4月出版 / 估价:79.00元

安徽社会建设蓝皮书
安徽社会建设分析报告（2015）
著(编)者:黄家海　王开玉　蔡宪　2015年4月出版 / 估价:69.00元

澳门蓝皮书
澳门经济社会发展报告（2015）
著(编)者:吴志良　郝雨凡　2015年4月出版 / 估价:79.00元

北京蓝皮书
北京公共服务发展报告（2014~2015）
著(编)者:施昌奎　2015年1月出版 / 定价:69.00元

北京蓝皮书
北京经济发展报告（2015）
著(编)者:杨松　2015年4月出版 / 估价:79.00元

北京蓝皮书
北京社会治理发展报告（2015）
著(编)者:殷星辰　2015年4月出版 / 估价:79.00元

北京蓝皮书
北京文化发展报告（2015）
著(编)者:李建盛　2015年4月出版 / 估价:79.00元

北京蓝皮书
北京社会发展报告（2015）
著(编)者:缪青　2015年5月出版 / 估价:79.00元

北京蓝皮书
北京社区发展报告（2015）
著(编)者:于燕燕　2015年1月出版 / 定价:79.00元

北京旅游绿皮书
北京旅游发展报告（2015）
著(编)者:北京旅游学会　2015年7月出版 / 估价:88.00元

北京律师蓝皮书
北京律师发展报告（2015）
著(编)者:王隽　2015年12月出版 / 估价:75.00元

北京人才蓝皮书
北京人才发展报告（2015）
著(编)者:于淼　2015年4月出版 / 估价:89.00元

北京社会心态蓝皮书
北京社会心态分析报告（2015）
著(编)者:北京社会心理研究所　2015年4月出版 / 估价:69.00元

北京社会组织蓝皮书
北京社会组织发展研究报告(2015)
著(编)者:李东松　唐军　2015年4月出版 / 估价:79.00元

北京社会组织蓝皮书
北京社会组织发展报告（2015）
著(编)者:温庆云　2015年9月出版 / 估价:69.00元

滨海金融蓝皮书
滨海新区金融发展报告（2015）
著(编)者:王爱俭　张锐钢　2015年9月出版 / 估价:79.00元

城乡一体化蓝皮书
中国城乡一体化发展报告（北京卷）（2015）
著(编)者:张宝秀　黄序　2015年4月出版 / 估价:69.00元

创意城市蓝皮书
北京文化创意产业发展报告（2015）
著(编)者:张京成　2015年11月出版 / 估价:65.00元

创意城市蓝皮书
无锡文化创意产业发展报告（2015）
著(编)者:谭军　张鸣年　2015年10月出版 / 估价:75.00元

创意城市蓝皮书
武汉市文化创意产业发展报告（2015）
著(编)者:袁堃　黄永林　2015年11月出版 / 估价:85.00元

创意城市蓝皮书
重庆创意产业发展报告（2015）
著(编)者:程宇宁　2015年4月出版 / 估价:89.00元

创意城市蓝皮书
青岛文化创意产业发展报告（2015）
著(编)者:马达　张丹妮　2015年6月出版 / 估价:79.00元

福建妇女发展蓝皮书
福建省妇女发展报告（2015）
著(编)者:刘群英　2015年10月出版 / 估价:58.00元

皮书系列 2015全品种 — 地方发展类

甘肃蓝皮书
甘肃舆情分析与预测（2015）
著(编)者：陈双梅 郝树声　2015年1月出版 / 定价：79.00元

甘肃蓝皮书
甘肃文化发展分析与预测（2015）
著(编)者：安文华 周小华　2015年1月出版 / 定价：79.00元

甘肃蓝皮书
甘肃社会发展分析与预测（2015）
著(编)者：安文华 包晓霞　2015年1月出版 / 定价：79.00元

甘肃蓝皮书
甘肃经济发展分析与预测（2015）
著(编)者：朱智文 罗哲　2015年1月出版 / 定价：79.00元

甘肃蓝皮书
甘肃县域经济综合竞争力评价（2015）
著(编)者：刘进军　2015年4月出版 / 估价：69.00元

甘肃蓝皮书
甘肃县域社会发展评价报告（2015）
著(编)者：刘进军 柳民 王建兵　2015年1月出版 / 定价：79.00元

广东蓝皮书
广东省电子商务发展报告（2015）
著(编)者：程晓　2015年12月出版 / 估价：69.00元

广东蓝皮书
广东社会工作发展报告（2015）
著(编)者：罗观翠　2015年6月出版 / 估价：89.00元

广东社会建设蓝皮书
广东省社会建设发展报告（2015）
著(编)者：广东省社会工作委员会　2015年10月出版 / 估价：89.00元

广东外经贸蓝皮书
广东对外经济贸易发展研究报告（2015）
著(编)者：陈万灵　2015年5月出版 / 估价：79.00元

广西北部湾经济区蓝皮书
广西北部湾经济区开放开发报告（2015）
著(编)者：广西北部湾经济区规划建设管理委员会办公室
　　　　　广西社会科学院广西北部湾发展研究院
2015年8月出版 / 估价：79.00元

广州蓝皮书
广州社会保障发展报告（2015）
著(编)者：蔡国萱　2015年4月出版 / 估价：65.00元

广州蓝皮书
2015年中国广州社会形势分析与预测
著(编)者：张强 陈怡霓 杨秦　2015年5月出版 / 估价：69.00元

广州蓝皮书
广州经济发展报告（2015）
著(编)者：李江涛 朱名宏　2015年5月出版 / 估价：69.00元

广州蓝皮书
广州商贸业发展报告（2015）
著(编)者：李江涛 王旭东 荀振英　2015年6月出版 / 估价：69.00元

广州蓝皮书
2015年中国广州经济形势分析与预测
著(编)者：庾建设 沈奎 郭志勇　2015年6月出版 / 估价：79.00元

广州蓝皮书
中国广州文化发展报告（2015）
著(编)者：徐俊忠 陆志强 顾涧清　2015年6月出版 / 估价：69.00元

广州蓝皮书
广州农村发展报告（2015）
著(编)者：李江涛 汤锦华　2015年8月出版 / 估价：69.00元

广州蓝皮书
中国广州城市建设与管理发展报告（2015）
著(编)者：董皞 冼伟雄　2015年7月出版 / 估价：69.00元

广州蓝皮书
中国广州科技和信息化发展报告（2015）
著(编)者：邹采荣 马正勇 冯元　2015年7月出版 / 估价：79.00元

广州蓝皮书
广州创新型城市发展报告（2015）
著(编)者：李江涛　2015年7月出版 / 估价：69.00元

广州蓝皮书
广州文化创意产业发展报告（2015）
著(编)者：甘新　2015年8月出版 / 估价：79.00元

广州蓝皮书
广州志愿服务发展报告（2015）
著(编)者：魏国华 张强　2015年9月出版 / 估价：69.00元

广州蓝皮书
广州城市国际化发展报告（2015）
著(编)者：朱名宏　2015年9月出版 / 估价：59.00元

广州蓝皮书
广州汽车产业发展报告（2015）
著(编)者：李江涛 杨再高　2015年9月出版 / 估价：69.00元

贵州房地产蓝皮书
贵州房地产发展报告（2015）
著(编)者：武廷方　2015年10月出版 / 估价：89.00元

贵州蓝皮书
贵州人才发展报告（2015）
著(编)者：于杰 吴大华　2015年4月出版 / 估价：69.00元

贵州蓝皮书
贵州社会发展报告（2015）
著(编)者：王兴骥　2015年4月出版 / 估价：69.00元

贵州蓝皮书
贵州法治发展报告（2015）
著(编)者：吴大华　2015年4月出版 / 估价：69.00元

贵州蓝皮书
贵州国有企业社会责任发展报告（2015）
著(编)者：郭丽　2015年10月出版 / 估价：79.00元

海淀蓝皮书
海淀区文化和科技融合发展报告（2015）
著(编)者：孟景伟 陈名杰　2015年5月出版 / 估价：75.00元

地方发展类

皮书系列 2015全品种

海峡西岸蓝皮书
海峡西岸经济区发展报告（2015）
著(编)者：黄端　2015年9月出版 / 估价:65.00元

杭州都市圈蓝皮书
杭州都市圈发展报告（2015）
著(编)者：董祖德 沈翔　2015年5月出版 / 估价:89.00元

杭州蓝皮书
杭州妇女发展报告（2015）
著(编)者：魏颖　2015年6月出版 / 估价:75.00元

河北经济蓝皮书
河北省经济发展报告（2015）
著(编)者：马树强 金浩 张贵　2015年4月出版 / 估价:79.00元

河北蓝皮书
河北经济社会发展报告（2015）
著(编)者：周文夫　2015年1月出版 / 定价:79.00元

河南经济蓝皮书
2015年河南经济形势分析与预测
著(编)者：胡五岳　2015年2月出版 / 定价:69.00元

河南蓝皮书
河南城市发展报告（2015）
著(编)者：谷建全 王建国　2015年3月出版 / 定价:79.00元

河南蓝皮书
2015年河南社会形势分析与预测
著(编)者：刘道兴 牛苏林　2015年4月出版 / 估价:69.00元

河南蓝皮书
河南工业发展报告（2015）
著(编)者：龚绍东 赵西三　2015年1月出版 / 定价:79.00元

河南蓝皮书
河南文化发展报告（2015）
著(编)者：卫绍生　2015年3月出版 / 定价:79.00元

河南蓝皮书
河南经济发展报告（2015）
著(编)者：喻新安　2014年12月出版 / 定价:79.00元

河南蓝皮书
河南法治发展报告（2015）
著(编)者：丁同民 闫德民　2015年4月出版 / 估价:69.00元

河南蓝皮书
河南金融发展报告（2015）
著(编)者：喻新安 谷建全　2015年4月出版 / 估价:69.00元

河南商务蓝皮书
河南商务发展报告（2015）
著(编)者：焦锦淼 穆荣国　2015年5月出版 / 估价:88.00元

黑龙江产业蓝皮书
黑龙江产业发展报告（2015）
著(编)者：于渤　2015年9月出版 / 估价:79.00元

黑龙江蓝皮书
黑龙江经济发展报告（2015）
著(编)者：曲伟　2015年1月出版 / 定价:79.00元

黑龙江蓝皮书
黑龙江社会发展报告（2015）
著(编)者：张新颖　2015年1月出版 / 定价:79.00元

湖北文化蓝皮书
湖北文化发展报告（2015）
著(编)者：江畅 吴成国　2015年5月出版 / 估价:89.00元

湖南城市蓝皮书
区域城市群整合
著(编)者：童中贤 韩未名　2015年12月出版 / 估价:79.00元

湖南蓝皮书
2015年湖南电子政务发展报告
著(编)者：梁志峰　2015年4月出版 / 估价:128.00元

湖南蓝皮书
2015年湖南社会发展报告
著(编)者：梁志峰　2015年4月出版 / 估价:128.00元

湖南蓝皮书
2015年湖南产业发展报告
著(编)者：梁志峰　2015年4月出版 / 估价:128.00元

湖南蓝皮书
2015年湖南经济展望
著(编)者：梁志峰　2015年4月出版 / 估价:128.00元

湖南蓝皮书
2015年湖南县域经济社会发展报告
著(编)者：梁志峰　2015年4月出版 / 估价:128.00元

湖南蓝皮书
2015年湖南两型社会发展报告
著(编)者：梁志峰　2015年4月出版 / 估价:128.00元

湖南县域绿皮书
湖南县域发展报告No.2
著(编)者：朱有志　2015年4月出版 / 估价:69.00元

沪港蓝皮书
沪港发展报告（2015）
著(编)者：尤安山　2015年9月出版 / 估价:89.00元

吉林蓝皮书
2015年吉林经济社会形势分析与预测
著(编)者：马克　2015年2月出版 / 定价:89.00元

济源蓝皮书
济源经济社会发展报告（2015）
著(编)者：喻新安　2015年4月出版 / 估价:69.00元

健康城市蓝皮书
北京健康城市建设研究报告（2015）
著(编)者：王鸿春　2015年4月出版 / 估价:79.00元

江苏法治蓝皮书
江苏法治发展报告（2015）
著(编)者：李力 龚廷泰　2015年9月出版 / 估价:98.00元

京津冀蓝皮书
京津冀发展报告（2015）
著(编)者：文魁 祝尔娟　2015年4月出版 / 估价:79.00元

经济特区蓝皮书
中国经济特区发展报告（2015）
著(编)者：陶一桃　　2015年4月出版 / 估价:89.00元

辽宁蓝皮书
2015年辽宁经济社会形势分析与预测
著(编)者：曹晓峰　张晶　梁启东　2014年12月出版 / 定价:79.00元

南京蓝皮书
南京文化发展报告（2015）
著(编)者：南京文化产业研究中心
2015年12月出版 / 估价:79.00元

内蒙古蓝皮书
内蒙古反腐倡廉建设报告（2015）
著(编)者：张志华　无极　　2015年12月出版 / 估价:69.00元

浦东新区蓝皮书
上海浦东经济发展报告（2015）
著(编)者：沈开艳　陆沪根　2015年1月出版 / 定价:69.00元

青海蓝皮书
2015年青海经济社会形势分析与预测
著(编)者：赵宗福　　2014年12月出版 / 定价:69.00元

人口与健康蓝皮书
深圳人口与健康发展报告（2015）
著(编)者：曾序春　　2015年12月出版 / 估价:89.00元

山东蓝皮书
山东社会形势分析与预测（2015）
著(编)者：张华　唐洲雁　2015年6月出版 / 估价:89.00元

山东蓝皮书
山东经济形势分析与预测（2015）
著(编)者：张华　唐洲雁　2015年6月出版 / 估价:89.00元

山东蓝皮书
山东文化发展报告（2015）
著(编)者：张华　唐洲雁　2015年6月出版 / 估价:98.00元

山西蓝皮书
山西资源型经济转型发展报告（2015）
著(编)者：李志强　　2015年5月出版 / 估价:98.00元

陕西蓝皮书
陕西经济发展报告（2015）
著(编)者：任宗哲　白宽犁　裴成荣　2015年1月出版 / 定价:69.00元

陕西蓝皮书
陕西社会发展报告（2015）
著(编)者：任宗哲　白宽犁　牛昉　2015年1月出版 / 定价:69.00元

陕西蓝皮书
陕西文化发展报告（2015）
著(编)者：任宗哲　白宽犁　王长寿　2015年1月出版 / 定价:65.00元

陕西蓝皮书
丝绸之路经济带发展报告（2015）
著(编)者：任宗哲　石英　白宽犁
2015年8月出版 / 估价:79.00元

上海蓝皮书
上海文学发展报告（2015）
著(编)者：陈圣来　2015年1月出版 / 定价:69.00元

上海蓝皮书
上海文化发展报告（2015）
著(编)者：荣跃明　2015年1月出版 / 定价:74.00元

上海蓝皮书
上海资源环境发展报告（2015）
著(编)者：周冯琦　汤庆合　任文伟
2015年1月出版 / 定价:69.00元

上海蓝皮书
上海社会发展报告（2015）
著(编)者：杨雄　周海旺　2015年1月出版 / 定价:69.00元

上海蓝皮书
上海经济发展报告（2015）
著(编)者：沈开艳　2015年1月出版 / 定价:69.00元

上海蓝皮书
上海传媒发展报告（2015）
著(编)者：强荧　焦雨虹　2015年1月出版 / 定价:69.00元

上海蓝皮书
上海法治发展报告（2015）
著(编)者：叶青　　2015年4月出版 / 定价:69.00元

上饶蓝皮书
上饶发展报告（2015）
著(编)者：朱寅健　2015年4月出版 / 估价:128.00元

社会建设蓝皮书
2015年北京社会建设分析报告
著(编)者：宋贵伦　冯虹　2015年7月出版 / 定价:79.00元

深圳蓝皮书
深圳劳动关系发展报告（2015）
著(编)者：汤庭芬　2015年6月出版 / 估价:75.00元

深圳蓝皮书
深圳经济发展报告（2015）
著(编)者：张骁儒　2015年7月出版 / 定价:79.00元

深圳蓝皮书
深圳社会发展报告（2015）
著(编)者：叶民辉　张骁儒　2015年7月出版 / 估价:89.00元

深圳蓝皮书
深圳法治发展报告（2015）
著(编)者：张骁儒　2015年4月出版 / 定价:79.00元

四川蓝皮书
四川文化产业发展报告（2015）
著(编)者：侯水平　2015年4月出版 / 定价:69.00元

四川蓝皮书
四川企业社会责任研究报告（2015）
著(编)者：侯水平　盛毅　2015年3月出版 / 定价:79.00元

地方发展类·国别与地区类

皮书系列 2015全品种

四川蓝皮书
四川法治发展报告（2015）
著(编)者：郑泰安　2015年1月出版／定价:69.00元

四川蓝皮书
2015年四川生态建设报告
著(编)者：四川省社会科学院
2015年4月出版／估价:69.00元

四川蓝皮书
四川城镇化发展报告（2015）
著(编)者：四川省城镇发展研究中心
2015年4月出版／估价:69.00元

四川蓝皮书
2015年四川社会发展形势分析与预测
著(编)者：郭晓鸣　李羚　2015年5月出版／估价:69.00元

四川蓝皮书
2015年四川经济发展形势分析与预测
著(编)者：杨钢　2015年1月出版／定价:89.00元

四川法治蓝皮书
四川依法治省年度报告No.1（2015）
著(编)者：李林　杨天宗　田禾　2015年3月出版／定价:108.00元

天津金融蓝皮书
天津金融发展报告（2015）
著(编)者：王爱俭　杜强　2015年9月出版／估价:89.00元

图们江区域合作蓝皮书
中国图们江区域合作开发发展报告（2015）
著(编)者：李铁　朱显平　吴成章　2015年4月出版／估价:79.00元

温州蓝皮书
2015年温州经济社会形势分析与预测
著(编)者：潘忠强　王春光　金浩　2015年4月出版／估价:69.00元

扬州蓝皮书
扬州经济社会发展报告（2015）
著(编)者：丁纯　2015年12月出版／估价:89.00元

云南蓝皮书
中国面向西南开放重要桥头堡建设发展报告（2015）
著(编)者：刘绍怀　2015年12月出版／估价:69.00元

长株潭城市群蓝皮书
长株潭城市群发展报告（2015）
著(编)者：张萍　2015年4月出版／估价:69.00元

郑州蓝皮书
2015年郑州文化发展报告
著(编)者：王哲　2015年9月出版／估价:65.00元

中医文化蓝皮书
北京中医文化发展报告（2015）
著(编)者：毛嘉陵　2015年4月出版／估价:69.00元

珠三角流通蓝皮书
珠三角商圈发展研究报告（2015）
著(编)者：林至颖　王先庆　2015年7月出版／估价:98.00元

国别与地区类

阿拉伯黄皮书
阿拉伯发展报告（2015）
著(编)者：马晓霖　2015年4月出版／估价:79.00元

北部湾蓝皮书
泛北部湾合作发展报告（2015）
著(编)者：吕余生　2015年8月出版／估价:69.00元

大湄公河次区域蓝皮书
大湄公河次区域合作发展报告（2015）
著(编)者：刘稚　2015年9月出版／估价:79.00元

大洋洲蓝皮书
大洋洲发展报告（2015）
著(编)者：喻常森　2015年8月出版／估价:89.00元

德国蓝皮书
德国发展报告（2015）
著(编)者：郑春荣　伍慧萍　2015年6月出版／估价:69.00元

东北亚黄皮书
东北亚地区政治与安全（2015）
著(编)者：黄凤志　刘清才　张慧智
2015年5月出版／估价:69.00元

东盟黄皮书
东盟发展报告（2015）
著(编)者：崔晓麟　2015年5月出版／估价:75.00元

东南亚蓝皮书
东南亚地区发展报告（2015）
著(编)者：王勤　2015年4月出版／估价:79.00元

俄罗斯黄皮书
俄罗斯发展报告（2015）
著(编)者：李永全　2015年7月出版／估价:79.00元

非洲黄皮书
非洲发展报告（2015）
著(编)者：张宏明　2015年7月出版／估价:79.00元

国别与地区类

国际形势黄皮书
全球政治与安全报告（2015）
著(编)者：李慎明 张宇燕 2015年1月出版 / 定价:69.00元

韩国蓝皮书
韩国发展报告（2015）
著(编)者：刘宝全 牛林杰 2015年8月出版 / 估价:79.00元

加拿大蓝皮书
加拿大发展报告（2015）
著(编)者：仲伟合 2015年4月出版 / 估价:89.00元

拉美黄皮书
拉丁美洲和加勒比发展报告（2014~2015）
著(编)者：吴白乙 2015年4月出版 / 估价:89.00元

美国蓝皮书
美国研究报告（2015）
著(编)者：黄平 郑秉文 2015年7月出版 / 估价:89.00元

缅甸蓝皮书
缅甸国情报告（2015）
著(编)者：李晨阳 2015年8月出版 / 估价:79.00元

欧洲蓝皮书
欧洲发展报告（2015）
著(编)者：周弘 2015年6月出版 / 估价:89.00元

葡语国家蓝皮书
葡语国家发展报告（2015）
著(编)者：对外经济贸易大学区域国别研究所 葡语国家研究中心
2015年4月出版 / 估价:89.00元

葡语国家蓝皮书
中国与葡语国家关系发展报告·巴西（2014）
著(编)者：澳门科技大学 2015年4月出版 / 估价:89.00元

日本经济蓝皮书
日本经济与中日经贸关系研究报告（2015）
著(编)者：王洛林 张季风 2015年5月出版 / 估价:79.00元

日本蓝皮书
日本研究报告（2015）
著(编)者：李薇 2015年4月出版 / 估价:69.00元

上海合作组织黄皮书
上海合作组织发展报告（2015）
著(编)者：李进峰 吴宏伟 李伟
2015年9月出版 / 估价:89.00元

世界创新竞争力黄皮书
世界创新竞争力发展报告（2015）
著(编)者：李闽榕 李建平 赵新力
2015年12月出版 / 估价:148.00元

土耳其蓝皮书
土耳其发展报告（2015）
著(编)者：郭长刚 刘义 2015年7月出版 / 估价:89.00元

亚太蓝皮书
亚太地区发展报告（2015）
著(编)者：李向阳 2015年1月出版 / 定价:59.00元

印度蓝皮书
印度国情报告（2015）
著(编)者：吕昭义 2015年5月出版 / 估价:89.00元

印度洋地区蓝皮书
印度洋地区发展报告（2015）
著(编)者：汪戎 2015年4月出版 / 估价:79.00元

中东黄皮书
中东发展报告（2015）
著(编)者：杨光 2015年11月出版 / 估价:89.00元

中欧关系蓝皮书
中欧关系研究报告（2015）
著(编)者：周弘 2015年12月出版 / 估价:98.00元

中亚黄皮书
中亚国家发展报告（2015）
著(编)者：孙力 吴宏伟 2015年9月出版 / 估价:89.00元

中国皮书网

www.pishu.cn

发布皮书研创资讯,传播皮书精彩内容
引领皮书出版潮流,打造皮书服务平台

栏目设置:

- □ 资讯:皮书动态、皮书观点、皮书数据、皮书报道、皮书发布、电子期刊
- □ 标准:皮书评价、皮书研究、皮书规范
- □ 服务:最新皮书、皮书书目、重点推荐、在线购书
- □ 链接:皮书数据库、皮书博客、皮书微博、在线书城
- □ 搜索:资讯、图书、研究动态、皮书专家、研创团队

中国皮书网依托皮书系列"权威、前沿、原创"的优质内容资源,通过文字、图片、音频、视频等多种元素,在皮书研创者、使用者之间搭建了一个成果展示、资源共享的互动平台。

自 2005 年 12 月正式上线以来,中国皮书网的 IP 访问量、PV 浏览量与日俱增,受到海内外研究者、公务人员、商务人士以及专业读者的广泛关注。

2008 年、2011 年,中国皮书网均在全国新闻出版业网站荣誉评选中获得"最具商业价值网站"称号;2012 年,获得"出版业网站百强"称号。

2014 年,中国皮书网与皮书数据库实现资源共享,端口合一,将提供更丰富的内容,更全面的服务。

权威报告　热点资讯　海量资源

当代中国与世界发展的高端智库平台

皮书数据库 www.pishu.com.cn

皮书数据库是专业的人文社会科学综合学术资源总库，以大型连续性图书——皮书系列为基础，整合国内外相关资讯构建而成。包含七大子库，涵盖两百多个主题，囊括了近十几年间中国与世界经济社会发展报告，覆盖经济、社会、政治、文化、教育、国际问题等多个领域。

皮书数据库以篇章为基本单位，方便用户对皮书内容的阅读需求。用户可进行全文检索，也可对文献题目、内容提要、作者名称、作者单位、关键字等基本信息进行检索，还可对检索到的篇章再做二次筛选，进行在线阅读或下载阅读。智能多维度导航，可使用户根据自己熟知的分类标准进行分类导航筛选，使查找和检索更高效、便捷。

权威的研究报告，独特的调研数据，前沿的热点资讯，皮书数据库已发展成为国内最具影响力的关于中国与世界现实问题研究的成果库和资讯库。

皮书俱乐部会员服务指南

1. 谁能成为皮书俱乐部成员？
- 皮书作者自动成为俱乐部会员
- 购买了皮书产品（纸质书/电子书）的个人用户

2. 会员可以享受的增值服务
- 免费获赠皮书数据库100元充值卡
- 加入皮书俱乐部，免费获赠该纸质图书的电子书
- 免费定期获赠皮书电子期刊
- 优先参与各类皮书学术活动
- 优先享受皮书产品的最新优惠

3. 如何享受增值服务？

（1）免费获赠100元皮书数据库体验卡

第1步 刮开皮书附赠充值的涂层（右下）；

第2步 登录皮书数据库网站（www.pishu.com.cn），注册账号；

第3步 登录并进入"会员中心"—"在线充值"—"充值卡充值"，充值成功后即可使用。

（2）加入皮书俱乐部，凭数据库体验卡获赠该书的电子书

第1步 登录社会科学文献出版社官网（www.ssap.com.cn），注册账号；

第2步 登录并进入"会员中心"—"皮书俱乐部"，提交加入皮书俱乐部申请；

第3步 审核通过后，再次进入皮书俱乐部，填写页面所需图书、体验卡信息即可自动兑换相应电子书。

4. 声明

解释权归社会科学文献出版社所有

皮书俱乐部会员可享受社会科学文献出版社其他相关免费增值服务，有任何疑问，均可与我们联系。
图书销售热线：010-59367070/7028　图书服务QQ：800045692　图书服务邮箱：duzhe@ssap.cn
数据库服务热线：400-008-6695　数据库服务QQ：2475522410　数据库服务邮箱：database@ssap.cn
欢迎登录社会科学文献出版社官网（www.ssap.com.cn）和中国皮书网（www.pishu.cn）了解更多信息

皮书大事记
（2014）

☆ 2014年10月，中国社会科学院2014年度皮书纳入创新工程学术出版资助名单正式公布，相关资助措施进一步落实。

☆ 2014年8月，由中国社会科学院主办，贵州省社会科学院、社会科学文献出版社承办的"第十五次全国皮书年会（2014）"在贵州贵阳隆重召开。

☆ 2014年8月，第二批淘汰的27种皮书名单公布。

☆ 2014年7月，第五届优秀皮书奖评审会在京召开。本届优秀皮书奖首次同时评选优秀皮书和优秀皮书报告。

☆ 2014年7月，第三届皮书学术评审委员会于北京成立。

☆ 2014年6月，社会科学文献出版社与北京报刊发行局签订合同，将部分重点皮书纳入邮政发行系统。

☆ 2014年6月，《中国社会科学院皮书管理办法》正式颁布实施。

☆ 2014年4月，出台《社会科学文献出版社关于加强皮书编审工作的有关规定》《社会科学文献出版社皮书责任编辑管理规定》《社会科学文献出版社关于皮书准入与退出的若干规定》。

☆ 2014年1月，首批淘汰的44种皮书名单公布。

☆ 2014年1月，"2013(第七届)全国新闻出版业网站年会"在北京举办，中国皮书网被评为"最具商业价值网站"。

☆ 2014年1月，社会科学文献出版社在原皮书评价研究中心的基础上成立了皮书研究院。

皮书数据库
www.pishu.com.cn

皮书数据库三期

- 皮书数据库（SSDB）是社会科学文献出版社整合现有皮书资源开发的在线数字产品，全面收录"皮书系列"的内容资源，并以此为基础整合大量相关资讯构建而成。

- 皮书数据库现有中国经济发展数据库、中国社会发展数据库、世界经济与国际政治数据库等子库，覆盖经济、社会、文化等多个行业、领域，现有报告30000多篇，总字数超过5亿字，并以每年4000多篇的速度不断更新累积。

- 新版皮书数据库主要围绕存量+增量资源整合、资源编辑标引体系建设、产品架构设置优化、技术平台功能研发等方面开展工作，并将中国皮书网与皮书数据库合二为一联体建设，旨在以"皮书研创出版、信息发布与知识服务平台"为基本功能定位，打造一个全新的皮书品牌综合门户平台，为您提供更优质更到位的服务。

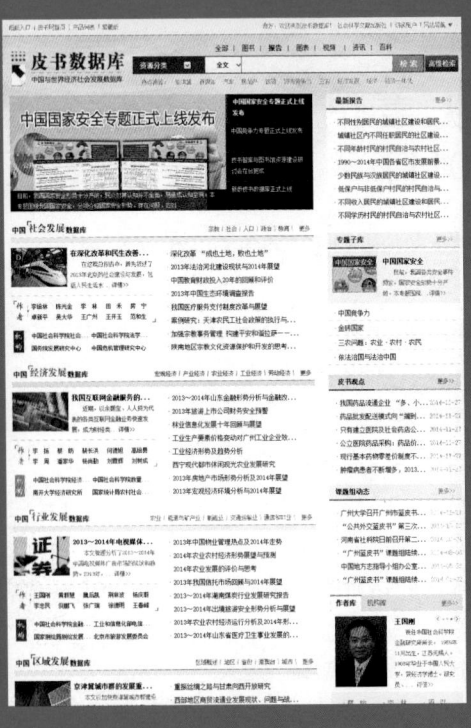

更多信息请登录

中国皮书网
http://www.pishu.cn

皮书微博
http://weibo.com/pishu

皮书博客
http://blog.sina.com.cn/pishu

皮书微信
皮书说

请到各地书店皮书专架/专柜购买，也可办理邮购

咨询/邮购电话：010-59367028　59367070　　　邮　　箱：duzhe@ssap.cn
邮购地址：北京市西城区北三环中路甲29号院3号楼华龙大厦13层读者服务中心
邮　编：100029
银行户名：社会科学文献出版社
开户银行：中国工商银行北京北太平庄支行
账　号：0200010019200365434
网上书店：010-59367070　　　qq：1265056568
网　址：www.ssap.com.cn　　　www.pishu.cn